KB083311

명유학안 역주明儒學案譯註

An Annotated Translation of "Records of the Ming Scholars"

【5권】

명유학안 역주 【5권】 明儒學案譯註 五
An Annotated Translation of "Records of the Ming Scholars"

—

1판 1쇄 인쇄   2024년 8월 16일
1판 1쇄 발행   2024년 8월 30일

—

저   자 ㅣ 황종희黃宗羲
역주자 ㅣ 전병욱
발행인 ㅣ 이방원
발행처 ㅣ 세창출판사
　　　　신고번호 · 제1990-000013호
　　　　주소 · 서울 서대문구 경기대로 58 경기빌딩 602호
　　　　전화 · 02-723-8660 팩스 · 02-720-4579
　　　　http://www.sechangpub.co.kr ㅣ e-mail: edit@sechangpub.co.kr

—

ISBN 979-11-6684-243-6 94150
　　　979-11-6684-238-2 (세트)

—

이 역주서는 2018년 대한민국 교육부와 한국연구재단의 지원을 받아 수행된 연구임.
(NRF-2018S1A5A7032306)

—

이 책은 한국연구재단의 지원으로 세창출판사가 출판, 유통합니다.
잘못 만들어진 책은 구입하신 서점에서 바꾸어 드립니다.

명유학안 역주 明儒學案譯註

An Annotated Translation of "Records of the Ming Scholars"

【5권】

황종희黃宗羲 저

전병욱 역주

세창출판사

● 명유학안 5권 차례

● 명유학안 역주 전체 차례

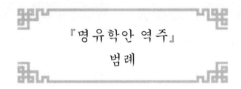

『명유학안 역주』
범례

1. 역주 저본

❶ 참고 저본: 황종희(黃宗羲) 저, 심지영(沈芝盈) 점교(點校), 『명유학안(明儒學案)』 상하(上下) 수정본(修訂本), 북경: 중화서국(中華書局), 2008.

❷ 대조본: 사고전서본 『명유학안』과 해당 개별 문집.

2. 표점과 교감

❶ 저본의 표점을 사용하고, 일부 부호를 변경하였다. 판본에 따라 글자가 다른 경우 역자의 판단에 따라 교감을 가하고 필요하다고 생각되는 경우 저본의 표점에 변경을 가하였다.

❷ 저본의 인용부호 (「 」), (『 』)를 (" "), (' ')으로 표기하였다.

❸ 저본의 종지부호 (。)를 (.)로 표기하였다.

❹ 저본의 책명부호 (『 』)를 (『 』)와 (「 」)로 표기하였다.

❺ 저본에서 작은 글자로 표기한 황종희의 원주는 원문과 번역문에서 모두 (【 】)로 변경하였다.

3. 역주 원칙

❶ 저본의 편제에 따라 단락마다 권-단락을 숫자로 표시하였다. 예컨대 "25-7"은 "제25권 南中學案 7번째 단락"을 의미한다.

❷ 저본의 한 단락이 길 경우, 역자의 판단에 따라 단락을 나누고 숫자를 붙이지 않았다. 따라서 숫자 표기가 없는 단락은 앞의 숫자 표기 단락의 한 부분임을 의미한다.

❸ 유종주(劉宗周)의 평어는 번역문에서 '[유종주평어]'의 표제어를 부가하였다.

명유학안 권16, 강우왕문학안1

明儒學案 卷十六,
江右王門學案 一

16-1 왕양명의 학문은 강우(江右, 강서성) 지역 학자들이 적통을 계승하였다. 동곽(東廓: 鄒守益, 1491-1562) · 염암(念菴: 羅洪先, 1504-1564) · 양봉(兩峰: 劉文敏, 1490-1572) · 쌍강(雙江: 聶豹, 1487-1563)이 대표적이고, 다음 세대는 당남(塘南: 王時槐, 1522-1605)과 사묵(思默: 萬廷言)인데 모두 왕양명의 사상을 본원까지 연구하여 미비점을 보완할 수 있었다. 당시 절강성 지역에는 양명학의 폐단이 여기저기 나타나서 왕양명의 권위를 내세워 논적의 입을 틀어막곤 하였는데 강우 지역의 학자들만이 그 허점을 공파할 수 있어서 양명학이 그 덕에 땅에 떨어지지 않았다. 양명의 한평생 정신이 모두 강우 지역에 있었던 것을 생각하면 감응이라는 이치로 볼 때 당연한 일이기는 하다.

16-1 姚江之學, 惟江右爲得其傳, 東廓 · 念菴 · 兩峰 · 雙江其選也. 再傳而爲塘南 · 思默, 皆能推原陽明未盡之旨. 是時越中流弊錯出, 挾師說以杜學者之口, 而江右獨能破之, 陽明之道賴以不墜. 蓋陽明一生精神, 俱在江右, 亦其感應之理宜也.

문장공 동곽 추수익 선생

(아들인 추선과 손자인 추덕함, 추덕부,
추덕영을 함께 붙임.)

文莊鄒東廓先生守益

【附子善, 孫德涵·德溥·德泳.】

|16-2| 추수익鄒守益은 자字가 겸지謙之이고 호
號가 동곽東廓이며 강서성 안복安福[1] 사람이다.
9세에 그의 부친이 남경南京에서 벼슬하게 되
어 따라갔더니 문장공文莊公 나흠순羅欽順이 그
를 보고서 기특하게 여겼다.

정덕正德 6년 회시會試에서는 장원을 차지하
고 정시廷試에서는 3등을 차지하여 한림원翰林
院 편수관編修官이 되었다. 이듬해에 부친상을
당하였는데 주신호朱宸濠가 반란을 일으키자
왕양명을 따라 의병을 일으켰다.

가정(嘉靖: 1522-1566)으로 연호가 바뀐 뒤 기
용되었는데, 대례의大禮議[2]가 일어났을 때 상소

|16-2| 鄒守益,
字謙之, 號東廓, 江
西安福人. 九歲從
父宦於南都, 羅文莊
欽順見而奇之.

正德六年會試第
一, 廷試第三, 授翰
林編修. 踰年丁憂,
宸濠反, 從文成建義.

嘉靖改元, 起用.
大禮議起, 上疏忤

1 　안복(安福): 지금은 江西省 吉安市의 한 현으로 편입되어 있다.
2 　대례의(大禮議): 朱厚熜은 明나라 武宗의 당형제였는데 무종이 후사가 없어서 '형이
　　세상을 떠나면 동생이 계승한다'는 원칙에 따라 즉위하여 世宗이 되고 연호를 嘉靖으
　　로 바꿨다. 그런데 내각의 수상 楊廷和 등은 세종이 황실을 이어받은 것이므로 武宗
　　과는 친형제가 되어야 하며 무종의 부모가 세종의 부모이고 세종의 친부모는 숙부와

하여 황제의 뜻을 거슬렀기 때문에 조옥詔獄에 넘겨졌다. 광덕주(廣德州: 지금의 安徽省의 廣德市)의 판관判官으로 내쳐지자 그곳에서 불합리한 종교시설을 허물고 복초서원復初書院을 세워 강학하였다. 남경주객낭중(南京主客郎中)에 발탁되어 임기를 채우고 귀향하였다. 남고공南考功에 기용되었다가 곧 한림원으로 돌아갔고 사경국세마司經局洗馬로서 『성공도聖功圖』를 바쳤지만 세종世宗은 여전히 대례의 때의 상소 때문에 내키지 않아서 그 『성공도』를 예부에 보내 감수하도록 하는 데서 그쳤다. 태상소경太常少卿으로 옮겼고 시강학사侍讀學士의 직임을 겸하고 남원南院을 관장하였다. 남경국자제주南京國子祭酒로 승진하였는데 구묘九廟에 화재가 발생하여 세종이 대신大臣들에게 자기 잘못을 자진해서 보고하도록 명하였다. 대신들이 모두 겁에 질려 자기 잘못을 자신해서 밝히고 사직하였지만, 선생은 상소하여 군주와 신하란 원칙적으로 서로의 잘못을 지적하는 관계임을 홀로 언급하다가 결국 파직되어 은거하였다.

가정嘉靖 41년에 세상을 떠나니 나이는 일흔둘이었다.

旨, 下詔獄, 謫判廣德州. 毀淫祠, 建復初書院講學. 擢南京主客郎中, 任滿告歸. 起南考功, 尋還翰林, 司經局洗馬, 上『聖功圖』. 世宗猶以議禮前疏弗悅也, 下禮部參勘而止. 遷太常少卿, 兼侍讀學士, 掌南院. 陞南京國子祭酒, 九廟災, 有旨大臣自陳. 大臣皆惶恐引罪, 先生上疏獨言君臣交儆之義, 遂落職閑住.

四十一年卒, 年七十二.

숙모가 되어야 한다고 주장하고, 觀政進士인 張璁은 황위를 계승하였을 뿐이므로 친부모를 부모로 인정해야 한다고 주장하면서 논쟁이 발생하였다. 세종이 즉위한 正德 16년(1521)부터 嘉靖 3년(1524)까지 지속되었으며 세종이 친부모를 부모로 인정하는 大禮를 확정하면서 마무리되었다.

융경隆慶³ 원년에 예부우시랑禮部右侍郎에 추증되었으며 시호는 문장文莊이다.

|16-3| 처음 문성공(文成公: 王守仁)을 건태虔台⁴에서 뵈었을 때 부친의 묘표墓表를 써 달라고 청하였을 뿐이고 배울 생각은 전혀 없었다. 문성공은 그저 밤낮으로 학문을 담론하였을 뿐인데 선생이 깨달은 바가 있어서, "예전에 나는 '정자程子와 주자朱子가 『대학大學』의 빠진 부분을 보완해 넣고 격물궁리格物窮理에 대한 내용을 앞에 배치하였는데, 『중용中庸』은 신독愼獨을 맨 처음에 말하고 있어서 (정자와 주자의 방식대로) 그렇게 되면 두 경전이 서로 관련성이 없어지게 된다'라고 의심하였는데 이제야 석연해졌습니다. 격물치지가 곧 신독이었던 것이군요."라고 말하고는 드디어 제자로 자칭하였다. 또 절강성浙江省 지역으로 가서 문성공을 뵙고 한 달 남짓 머물렀다. 선생과 헤어진 뒤에 문성공이 그를 그리워하며 말하기를, "'능한 사람으로서 능하지 못한 사람한테 질문할 수 있다'라는 덕목⁵에는 겸지謙之가 가까이

隆慶元年, 贈禮部右侍郎, 謚文莊.

|16-3| 初見文成於虔台, 求表父墓, 殊無意於學也. 文成顧日夕談學, 先生忽有省曰: "往吾疑程朱補 『大學』, 先格物窮理, 而 『中庸』首愼獨, 兩不相蒙, 今釋然, 格致之卽愼獨也." 遂稱弟子. 又見文成於越, 留月餘, 旣別而文成念之曰: "以能問於不能, 謙之近之矣." 又自廣德至越, 文成歎其不以遷謫爲意, 先生曰: "一官應迹, 優人隨遇爲故事耳." 文成

---

3   隆慶(1567-1572): 명나라 12대 황제인 穆宗의 연호이다.

4   건태(虔台): 南贛巡撫衙門을 가리킨다. 南贛巡撫는 江西布政使司 관할의 南安府·贛州府, 福建布政使司 관할의 汀州府·漳州府, 湖廣布政司 관할의 郴州 등을 관장하였다. 왕수인은 1517년에 이 직책을 南贛巡撫가 되었다.

5   능한 … 덕목: 『논어』 「태백」, "曾子曰: '以能問於不能.'"

다가서셨었다."라고 말하였다. 또 광덕주廣德州에서 절강성까지 온 것에 대해서도, 조정에서 내처지는 것을 마음에 두지 않는다며 탄복하였다. 그러자 선생이 말하기를, "'관리는 처지에 맞게 행동하고 우인優人은 상황에 맞게 연기한다.'라는 말을 따랐을 뿐입니다."라고 하였다. 문성공이 묵묵히 수긍하면서 한참 있더니, "『서경』에서 '참으로 공손하고 겸양하였다[允恭克讓].'"라고 하였네.[6] 겸지謙之는 공손하고 겸양하긴 한데, 정말 참다운지 스스로 반성해 보시게."라고 하였다. 선생은 겸연쩍은 마음이 들면서 비로소 평소 자신의 공손하고 겸양하는 태도에는 과연 세상 사람들을 진중하게 대하지 않는 점이 있었다는 것을 깨달았다.

| 16-4 | 추선鄒善은 자字가 아무개이고 호號는 영천潁泉이다. 가정嘉靖 병진년(1556)에 진사에 급제하였다. 비부랑比部郎의 신분으로 포정사布政使와 안찰사按察使를 역임하고 관직이 태상시경太常寺卿까지 이르렀다.

| 16-5 | 추덕함鄒德涵은 자가 여해汝海이고 호가 취소聚所이다. 융경隆慶 신미년(1571)에 진사에 급제하였다. 사의祀議[7]가 일어났을 때부터

默然, 良久曰: "『書』稱'允恭克讓', 謙之信恭讓矣. 自省允克如何?" 先生欷然, 始悟平日之恭讓, 不免於玩世也.

| 16-4 | 善, 字某, 號潁泉. 嘉靖丙辰進士. 由比部郎, 藩臬使, 歷官至太常寺卿.

| 16-5 | 德涵, 字汝海, 號聚所. 隆慶辛未進士. 從祀議起,

상소하여 문성공을 종사從祀하여야 한다고 극력 주장하였으며, 형부주사刑部主事에 제수되었다. 강릉(江陵: 張居正)이 국정을 장악하여 학금學禁이 한창 엄하였는데 선생은 더욱 급한 마음으로 벗을 찾아다녔다. 부신소傅愼所와 유외소劉畏所가 전후로 강릉의 미움을 샀는데 모두 선생의 고을 사람이었기 때문에 강릉은 드디어 선생을 그들의 일당이라고 여기고 하남첨사河南僉事의 직임으로 쫓아냈다. 어사御史가 강릉의 마음을 헤아려 상소하여 선생을 논핵하자, 관직이 삭탈되어 귀향하였다. 얼마 지나지 않아 세상을 떠났고 향년 56세였다.

선생은 경천대(耿天臺: 耿定向, 1524-1596)에게서 수학하였고, 향시에 합격한 뒤에 태학太學에서 학업을 마쳤다. 천대天臺가 그에 대해 평가하기를, "귀한 집 자식인지 한미한 집 자식인지는 단번에 보고 알 수 있으니, 사는 환경이 기질을 결정하는 것이 이와 같다. 그런데 유독 여해汝海는 어떤 집 자식인지 판가름할 수가 없다."라고 하였다. 경초공(耿楚倥: 耿定理, 1534-1584)에게 배움을 구했는데 초공楚倥이 답을 하지 않았다. 선생이 성을 내며, "나라고 해서 스스로 알아내지 못하고 남에게 물어야 한단 말

上疏極言文成應祀, 授刑部主事. 江陵當國, 方嚴學禁, 而先生求友愈急. 傅愼所 · 劉畏所先後詆江陵, 皆先生之邑人, 遂疑先生爲一党, 以河南僉事出之. 禦史承江陵意, 疏論鐫秩而歸. 未幾卒, 年五十六.

先生受學於耿天臺, 鄕擧後卒業太學. 天臺謂: "公子寒士, 一望而知, 居之移氣若此. 獨汝海不可辨其爲何如人." 問學於耿楚倥, 楚倥不答, 先生憤然曰: "吾獨不能自參, 而向人求乎?" 反閉一室, 攻苦至忘寢食, 形軀減

---

7   사의(祀議): 왕수인을 文廟에 종사하는 문제와 관련한 쟁론을 말한다. 徐軾과 趙參魯 등이 종사를 주장하였고, 石槶를 비롯하여 陸樹聲과 張居正 등은 반대하였다.

인가?"라고 하고는 돌아가 방문을 닫고 그 안에서 침식을 잊을 정도로 힘들게 탐구하여 몸이 축났다. 나가서는 양도남(楊道南: 楊希淳)·초약후(焦弱侯: 焦竑, 1540-1620)와 토론을 펼쳤는데, 얼마 뒤 번쩍하며 갑자기 환해지면서 본진本眞을 통철하게 깨달았다. 상산象山의 이른바 "이 리理가 이미 나타났다."라는 경지였다.[8] 하지만 영천(潁泉: 그의 아버지 추선)의 논학論學은 문장(文莊: 그의 할아버지 추수익)의 가르침을 조금도 벗어나지 않아서 현묘한 경지에 들어가거나 통달하는 것을 모두 환장(幻障, 헛것에 빠지는 병통)으로 간주하였는데, 선생의 경우에는 깨달음을 입문처로 삼았으니 가학家學에 있어 또 차례 전환이 생긴 것이다.

| 16-6 | 추덕부鄒德溥는 자가 여광汝光이고 호가 사산四山이다. 진사에 급제하여 관직이 태자세마太子洗馬에 이르렀다. 『춘추春秋』에 대한 그의 주해서는 유생들이 많이들 떠받들었는데, 다시 문을 걸어 잠그고 조용히 거처하며 이치를 곰곰이 사색하여 『역회易會』를 지었다. 그 자서自敍에 자신의 저작은 사성四聖의 『역易』이 아니고 천지자연의 『역』이며 또 천지의 『역』이 아니고 마음의 『역』이라고 하였다. 『역』의

削. 出而與楊道南·焦弱侯討論, 久之, 一旦雪然, 忽若天牗, 洞徹本眞, 象山所謂"此理已顯也". 然潁泉論學, 於文莊之教, 無所走作, 入妙通玄, 都成幻障, 而先生以悟爲入門, 於家學又一轉手矣.

| 16-6 | 德溥, 字汝光, 號四山. 擧進士, 官至太子洗馬. 所解『春秋』, 逢掖之士多宗之. 更掩關宴居, 覃思名理, 著爲『易會』. 自敍非四聖之『易』, 而天壤自然之『易』, 又

이치에 대해 발명發明한 바가 많았다. 선생은 점점 세상에 쓰이게 될 듯하더니 갑자기 중도에 세상을 떠났다. 그의 경사(京師: 수도인 북경) 거처는 곽문병霍文炳의 고거故居였다. 곽문병은 엄인(奄人: 환관)인 장성張誠의 노비였는데 죄를 지어 적몰籍沒되었다. 그러다 보니 그 집에 금이 묻혀 있었다. 선생의 가인家人이 발견하고는 관아에 알리지 않았다. 일이 발각되어 선생에게도 죄가 가해져서 파직을 당하고 장물이 추징되었지만 문생들이 금을 갹출하여 갚아주었다. 영천潁泉은 평소에 엄한 사람이어서 그 소식을 듣고 노여움이 심하였기 때문에 선생이 오랫동안 감히 부모의 집에 돌아가지 못하였다.

|16-7| 추덕영鄒德泳의 호는 노수潧水이고, 만력萬曆 병진년(1586)의 진사에 급제하여 행인行人에 제수되었다가 운남어사雲南御史로 전직되었다 임진년(1592) 정월에 예과도급사중禮科都給事中 이헌가李獻可[9] 공이 상소하여 황장자皇長子를 미리 교육시키자고 청하였는데, 황상이 진노해서 이헌가를 파직하여 민民으로 격하시켰다. 선생도 이헌가李獻可를 구제하다가 결국

非天壤之『易』, 而心之『易』. 其於『易』道, 多所發明. 先生浸浸向用, 忽而中廢, 其京師邸寓, 爲霍文炳之故居. 文炳奄人, 張誠之奴也, 以罪籍沒, 有埋金在屋. 先生之家人發之, 不以聞官. 事覺, 罪坐先生, 革職追贓, 門生爲之釀金以償. 潁泉素嚴, 聞之怒甚, 先生不敢歸者久之.

|16-7| 德泳, 號潧水, 萬曆丙戌進士, 授行人, 轉雲南禦史. 壬辰正月, 禮科都給事中李獻可公疏請皇長子豫教, 上怒, 革獻可爲民. 先生救獻可, 亦遂革

---

9 이헌가(李獻可): 字가 堯俞이고 號가 松汀이다. 福建省 同安縣 사람이다. 1583년 진사에 급제하였다.

파직되었다. 그 뒤 다른 이들이 여러 차례 상소를 올려 천거하였지만 벼슬에 나가지 않았다. 선생은 이미 가학을 계승하여 '치양지致良知'의 종지를 지켰지만 '격물格物'에 대해서는 별도의 깊은 깨달음이 있었다. 논자들은 "회남(淮南: 楊艮)의 격물에 대한 깨달음은 양명보다 뛰어나다."라고 하는데, 선생의 말을 기준으로 따져 보면 회남의 격물설도 정론定論이라고 할 수 없다.

추동곽의 논학 서신

|16-8| 이전에 '생겼다 없어졌다 한다'라는 견해는 여전히 개별적 일들에서 체인體認하는 수준에 머무른 것이지, 본체本體의 유행流行에 대한 것이 아닙니다. 내 마음의 본체는 '정미하고 밝고 신령하고 깨어 있는[精明靈覺]' 것이어서 해와 달이 늘 세계를 비추고 있는 것처럼 성대하고 장강長江과 황하黃河가 늘 흐르고 있는 것처럼 심원합니다. 가리고 덮는 것이 있거나 걸리고 거리끼는 것이 있으면 쓸어내고 터서 다시 본체를 보아야 합니다. 옛사람들이 창졸간에도 이것을 떠나지 않고 곤경에 처해서도 이것을 떠나지 않은 것은 바로 이 '늘 비추고 늘 밝은' 본체를 온전히 하려는 것이었습니다. 【「군량(君亮: 劉邦采, 1490-1578)과 백광(伯光: 劉曉)에게 보내는 편지」】

職. 累疏薦不起. 先生旣承家學, 守"致良知"之宗, 而於格物則別有深悟. 論者謂"淮南之格物, 出陽明之上", 以先生之言較之, 則淮南未爲定論也.

東廓論學書

|16-8| 向來起滅之意, 尙是就事上體認, 非本體流行. 吾心本體, 精明靈覺, 浩浩乎日月之常照, 淵淵乎江河之常流. 其有所障蔽, 有所滯礙, 掃而決之, 復見本體. 古人所以造次於是, 顚沛於是, 正欲完此常照・常明之體耳.【「與君亮・伯光」】

|16-9| 양지良知라는 가르침은 '천명지성天命之性'이라는 개념 중에서 그 정신영각(精神靈覺: 정묘하고 신묘하고 영명하며 깨어 있음)의 측면에 주목하여 말한 것입니다. 측은惻隱·수오羞惡·사양辭讓·시비是非는 어느 것이나 양지良知의 운용이 아닌 것이 없기 때문에 계신공구(戒愼恐懼: 삼가고 두려워함)의 공부로 중화(中和: 천하의 大本인 中과 천하의 達道인 和)를 온전히 이루면 천지를 제자리 잡게 하고 만물을 육성할 수 있으며, 사단四端을 확충하면 사해四海를 보전할 수 있는 것이니 애초에 부족할까 염려할 것이 없고 염려할 것은 명덕明德을 온전히 밝히지 못하는 경우일 뿐입니다. 묻기 좋아하고 살피기 좋아하여 중용의 방법을 적용해 가며, (옛사람이) 남긴 시詩를 외우고 남긴 글을 읽어서 옛사람을 벗으로 삼으며 옛사람의 언행이 담긴 기록을 살펴서 덕을 쌓아 가는 일들은 모두 명덕을 밝혀 가는 과정에 해당합니다. 그런데 명덕을 밝히고 보면 단지 원래의 그 명덕일 뿐이지 천하 고금의 명덕을 합쳐서 더 보탠 무엇이 아닙니다. 세상이 견문을 넓히는 일에 함몰되고 경전을 외우느라 고생하는 이유는 바로 양지良知로는 부족하다고 보고 외부에서 구해서 더 보태려고 하기 때문입니다. 그래서 비유는 갈수록 치밀해지고 탐구는 갈수록 공교해지지만 본체가 가려지는 것은 갈수록 심해집니다. 박문博文과 격물格物이 곧 '계신공구'와 '확충'인 것

|16-9| 良知之教, 乃從天命之性, 指其精神靈覺而言. 惻隱·羞惡·辭讓·是非, 無往而非良知之運用, 故戒懼以致中和, 則可以位育, 擴充四端, 則可以保四海, 初無不足之患, 所患者未能明耳. 好問好察以用中也, 誦詩讀書以尙友也, 前言往行以畜德也, 皆求明之功也. 及其明也, 只是原初明也, 非合天下古今之明而增益之也. 世之沒溺於聞見, 勤苦於記誦, 正坐以良知爲不足, 而求諸外以增益之, 故比擬愈密, 揣摩愈巧, 而本體障蔽愈甚. 博文格物, 卽戒懼擴充, 一箇功夫, 非有二也. 果以爲有二者, 則子思開卷之首, 得

이어서 하나의 공부인 것이지 둘이 있는 것이 아닙니다. 정말 둘이 있는 것이라고 한다면 자사子思가 책머리에 문에 대해서는 언급하지 않고 곧장 당堂에 대해 말한 것이 되어 버리지 않겠습니까.[10] 【「하돈부(夏敦夫: 夏尙朴)에게 답하는 서신」】

▌16-10▌ 월중(越中: 王守仁)의 이론은 참으로 지나치게 고원한 점이 있습니다. '말을 잊고 생각을 끊음'과 관련한 논변에 대해서는 예전에 저도 경악스러웠습니다. 그러다 강상江上에 몸져누워 서산(緒山: 錢德洪, 1496-1574)·용계(龍溪: 王畿, 1498-1583)를 따라 학문을 연마할 기회를 얻게 되면서 점점 마음이 가라앉았습니다. 명료하게 꿰뚫어 보고 사람을 깨우쳐 주는 점에서 가르침을 아주 많이 받았습니다. 경건한 마음으로 성실함을 견지하는 것은 치양지致良知의 방법이며, 분노를 누르고 욕심을 막으며 선한 쪽으로 옮기고 잘못을 고치는 것은 모두 치양지의 조목條目입니다. 만약 분노를 누르는 공부를 부차적인 일이라고 여긴다면 이른바

無舍其門而驟語其堂乎?【復夏敦夫】

▌16-10▌ 越中之論, 誠有過高者. 忘言絶意之辨, 向亦駭之. 及臥病江上, 獲從緒山、龍溪切磋, 漸以平實. 其明透警發處, 受教甚多. 夫乾乾不息於誠, 所以致良知也; 懲忿窒欲, 遷善改過, 皆致良知之條目也. 若以懲忿之功爲第二義, 則所謂"如好好色, 如惡惡臭""己百己千"

---

10 정말 … 않겠습니까: 박문(博文)과 격물(格物)은 앎과 관련한 공부이고 '계신공구'와 '확충'은 실천과 관련한 공부인데 이것을 통합적인 것으로 보지 않고 둘로 나눠서 보게 되면 아마도 앎이 먼저이고 실천이 뒤라고 생각하기 마련인데, 그런 견해에 비춰볼 때 『중용』에서 박문과 격물에 대한 언급 없이 먼저 계신공구와 확충을 말한 것은 순서가 전도된 것이 되어 버리지 않느냐는 논리이다.

'좋은 색을 좋아하듯이 하고 나쁜 냄새를 싫어하듯이 하며'[11] '남이 한 번에 할 수 있는 일이라면 자기는 백 번을 해보고 남이 열 번에 할 수 있는 일이라면 자기는 천 번을 해본다'[12]라는 경전의 말이 모두 군더더기 말이 되고 말 것입니다. 원천이 있는 물이 넘실넘실 흘러 사해까지 이르는 것이 '성性의 본체'이니, 막고 가로막는 것이 있을 경우 터서 치우는 것일 뿐이고 인위적인 힘으로 더하거나 덜어 낸 적이 없습니다. 그래서 '아무 문젯거리가 생기지 않는 쪽으로 행한다'[13]라고 하는 것입니다. 그런데 만약 분노와 욕심이라는 '막힘'에 대해 누르거나 막는 대응을 하지 않으면서 '본체는 원래 저절로 유행한다'라고 말한다면 이것은 (막은 것을) 터서 치우지 않으면서 (물이) 사해까지 이르기를 바라는 것입니다. 누르거나 막는 일이 본성을 잘 기르는 공부임을 인정하긴 하더라도 유행하는 본체란 원래 인위적인 힘으로 더하거나 덜어서는 안 된다는 사실을 살피지 못한다면 또한 '아무 문젯거리가 생기지 않는 쪽으로 행한다'는 종지에 맞지 않습니다. 【「섭쌍강(聶雙江: 聶豹, 1487-1563)에게 답하는 서신」】

者, 皆爲剩語矣. 源泉混混以放乎四海, 性之本體也, 有所壅蔽, 則決而排之, 未嘗以人力加損, 故曰"行所無事". 若忿欲之壅, 不加懲窒, 而曰"本體原自流行", 是不決不排, 而望放乎海也. 苟認定懲窒爲治性之功, 而不察流行之體, 原不可以人力加損, 則亦非行所無事之旨矣.

【「答聶雙江」】

---

11   좋은 … 하며:『대학』「전6장」에 있는 말이다.

12   남이 … 해본다:『중용』「20장」에 있는 말이다.

13   아무 … 행한다:『孟子』「離婁」: "所惡於智者, 以其鑿也. 如智者若禹之行水也, 則無惡於智矣. 禹之行水也, 行其所無事也. 如智者亦行其所無事, 則智亦大矣."

┃16-11┃ 명덕明德의 '밝음[明]'은 사람마다 완전하게 갖추고 있습니다. 부모에 대해서는 효성으로 드러나고 어른에 대해서는 공손함으로 드러나며 군주에 대해서는 충성으로 드러나고 부부의 관계에 대해서는 분별함으로 드러나며 붕우의 관계에 대해서는 믿음으로 드러나는데, 어느 것 하나 명덕의 유행이 아닌 것이 없습니다. 그 유행이 합당하게 드러난 것을 '선'이라고 하고 가려지고 막힌 것을 '불선'이라고 합니다. 학문의 길은 다른 것이 아닙니다. 그 불선한 것을 없애고 선으로 돌아가는 것일 뿐입니다. 【「포복지(鮑復之)에게 보내는 서신」】

┃16-12┃ 옛사람은 이해利害의 문제를 다루는 것이 의리義理에 합당하였는데, 요즘 사람들은 의리의 문제를 다룰 때에도 이해를 염두에 둡니다. 【「감천(甘泉: 湛若水)에게 답하는 서신」】

┃16-13┃ 양지良知라는 이 정명精明한 능력 안에는 자연히 본래부터 정해진 법칙이 있으니, 행할 만하면 행하고 그칠 만하면 그칩니다. 참으로 매가 하늘 높이 날고 물고기가 연못에서 뛰어오르듯[14] 본연적인 생명력이 활발히 펼쳐지니 애초에 방애가 되는 것도 없고 애초에 가려

┃16-11┃ 明德之明, 人人完足. 遇親而孝, 遇長而弟, 遇君而忠, 遇夫婦而別, 遇朋友而信, 無往非明德之流行. 流行之合宜處, 謂之善, 其障蔽而壅塞處, 謂之不善. 學問之道無他也, 去其不善以歸於善而已矣. 【「與鮑復之」】

┃16-12┃ 古人理會利害, 便是義理; 今人理會義理, 猶是利害. 【「答甘泉」】

┃16-13┃ 良知精明處, 自有天然一定之則, 可行則行, 可止則止, 眞是鳶飛魚躍, 天機活潑, 初無妨礙, 初無揀擇. 所

---

14   매가 … 뛰어오르듯:『중용』「12장」에 있는 말이다.

택해야 하는 것도 없습니다. 염려스러운 바는 이름을 좋아하고 이득을 좋아하는 사사로움이 그 정명精明한 능력을 한번 가리게 되면 겨나 쭉정이가 눈에 들어간 것과 같아서 하늘과 땅이 그로 인해 자리가 바뀌게 된다는 점입니다. 【「주순지(周順之: 周怡, 1505-1569)에게 답하는 서신」】

患者好名好利之私, 一障其精明, 則糠秕眯目, 天地爲之易位矣.【「答周順之」】

|16-14| '경敬'자가 어떤 개념인지 실제로 볼 수 있게 되면 그것이 바로 성분(性分: 본성)이고 그것이 바로 예문(禮文: 禮로 꾸밈)이니 또 무슨 내면으로 치우치거나 외면으로 치우칠 염려가 있겠습니까. 만약 성분과 예문을 둘로 나눈다면 이미 '경敬'의 의미를 모르는 것이니 어찌 성학聖學에서 말하는 중정中正에 대해 논할 수 있겠습니까. 【「방시면(方時勉)에게 보내는 서신」】

|16-14| 果能實見 "敬"字面目, 則卽是性分, 卽是禮文, 又何偏內偏外之患乎? 若歧性分禮文而二之, 則已不識敬, 何以語聖學之中正乎? 【「與方時勉」】

|16-15| 보내신 서신에서 "마음에 주재主宰가 있으면 예禮에 맞지 않는 것을 만날 경우 보지 않으려고 하게 되고 하고 듣지 않으려고 하게 될 것이다."라고 하였는데, 그러면 '예에 맞지 않는 것'을 사사물물(事事物物: 개별적 일들이나 대상)에서 찾는 것이 되지 않겠습니까? 마음에 주재가 있으면 그것이 바로 경敬이고 그것이 바로 예禮인 것이며, 마음에 주재가 없으면 그것이 바로 불경不敬이고 그것이 바로 비례非禮입니다. 【「임조상(林朝相)에게 답하는 서신」】

|16-15| 來教謂: "心有主宰, 遇非禮則勿視, 勿聽." 將無以非禮爲在事事物物上求之乎? 心有主宰, 便是敬, 便是禮; 心無主宰, 便是不敬, 便是非禮. 【「答林朝相」】

│16-16│ 성문聖門의 핵심적인 사상은 단지 경敬으로 자기를 수양하는 데 있습니다. '경'이란 양지良知가 정명(精明: 정미하고 밝음)을 유지하며 진속塵俗에 뒤섞이지 않는 상태를 말합니다. 계신공구戒愼恐懼의 공부를 하여 늘 정명精明함을 유지할 수 있으면 '문을 나가서는 사람을 손님처럼 공손히 대하고 일을 맡아서는 제사를 지내듯 경건하게 수행할'[15] 수 있습니다. 그래서 (『논어』에서) '천승千乘의 나라를 다스리는' 원칙과 관련하여 곧바로 '일을 경건히 수행하라'는 말을 강령으로 제시한 것입니다.[16] (『논어』에서 '일을 경건히 수행하라'는 말과 함께 제시된) '믿음信'이란 '경'이 그침 없이 지속되는 상태를 가리키는 것이지 '경' 이외에 다시 '믿음'이라는 것이 있는 것이 아닙니다. 그리고 '씀씀이를 조절하여 사람을 아껴 주고 백성을 부릴 때는 시기에 맞춰서 한다'라는 것은 곧 '경'이 행정에 적용될 때의 구체적인 모습들입니다. 선유(先儒: 주희)가 '구체적인 행정까지는 언급하지 않았다.(『논어집주』)'라고 해석한 것은 '자기를 수양함'과 '백성이 편안하도록 행정을 펼침'을 두 가지 일로 나눈 혐의가 없을 수 있겠습니까. 【「호녹애(胡鹿厓)에게 보내는 서신」】

│16-16│ 聖門要旨, 只在修己以敬. 敬也者, 良知之精明而不雜以塵俗也. 戒愼恐懼, 常精常明, 則出門如賓, 承事如祭, 故道千乘之國, 直以敬事爲綱領. 信也者, 敬之不息者也, 非敬之外復有信也. 節用愛人, 使民以時, 卽敬之流行於政者也. 先儒謂"未及爲政", 得毋以修己·安百姓爲二乎? 【「與胡鹿厓」】

---

15   문을 … 수행할:『논어』「顔淵」: "仲弓問仁. 子曰: '出門如見大賓, 使民如承大祭. 己所不欲, 勿施於人. 在邦無怨, 在家無怨.'"

16   그래서 … 것입니다:『논어』「학이」: "道千乘之國, 敬事而信, 節用而愛人, 使民以時."

| 16-17 | 천선개과(遷善改過: 개과천선)는 곧 치양지致良知의 조목條目입니다. 실제로 계신공구戒愼恐懼의 공부를 하여 늘 정명精明함을 유지하고 물욕에 가로막히거나 가리지 않으면 이것이 바로 선인 것이니 다시 어디로 옮길 데가 있겠습니까. 이것이 바로 '잘못이 아님'이니 다시 무슨 고칠 것이 있겠습니까. 한번 가로막히거나 가리는 것이 있으면 바로 쓸어내 없애 버려서 우레처럼 맹렬하고 바람처럼 신속하게 다시 본체를 보게 될 것입니다. '하승(下乘)이 되고 만다'[17]라는 말은 단지 구체적인 일들에 대해 점검하는 정도에만 머물면 양지가 생겼다가 없어졌다가 해서 본체가 면면히 유행하는 상태일 수 없다는 의미일 뿐입니다. 【「서자필(徐子弼: 徐良傅, 1505-1565)에게 답하는 서신」】

| 16-17 | 遷善改過, 卽致良知之條目也. 果能戒愼恐懼, 常精常明, 不爲物欲所障蔽, 則卽此是善, 更何所遷? 卽此非過, 更何所改? 一有障蔽, 便與掃除, 雷厲風行, 復見本體. 其謂"落在下乘"者, 只是就事上點撿, 則有起有滅, 非本體之流行耳. 【「答徐子弼」】

| 16-18 | 옳고 그름, 거스름과 순탄함에 구분을 두는 경계(境界: 경지)는 여전히 '거리끼는 때가 있음'이니, 그것은 소리나 냄새가 완전히 없지는 않은 생태[18]여서 여전히 형이하의 학문이라는 것을 알 수 있다. 【설중리(薛中離)의 말】 [19]

| 16-18 | 是非逆順境界, 猶時有礙, 乃知聲臭未泯, 還是形而下學問. 【薛中離語】

---

17   수준 … 만다: 불교 용어로서 "落入下乘"이라고도 한다. 下乘은 辟支小乘이라고도 한다. 辟支佛은 스승 없이 홀로 수행하여 無上의 깨달음을 얻지 못하였다.

18   소리나 … 생태: 『中庸』에서 인용한 『詩經』「文王」의 "상천의 일은 소리도 없고 냄새도 없다.(上天之載, 無聲無臭.)"를 염두에 둔 표현이다.

19   설중리(薛中離)의 말: 이 부분은 추수익이 薛侃(1486-1546)에게 보낸 서신 중에서 설간의 말을 인용한 부분이다. 설간은 자가 尙謙이고 中離山에서 강학하였기 때문에 中

❘16-19❘ 정명精明함이 무엇에 의해 가로막히거나 거리낌이 없는 상태임을 말할 때는 '지智로 그런 경지에 이르렀다'라고 하고, 그 정명함이 끊어짐이 없는 상태임을 말할 때는 '인仁으로 지키고 있다'라고 합니다. 【「서파석(徐波石: 徐樾, ?-1551)에게 답한 서신」】

❘16-20❘ 경敬이란 양지가 정명精明함을 유지하며 사욕에 뒤섞이지 않은 상태를 가리킵니다. 그래서 문을 나면 큰 손님을 응접하듯 하고 백성을 부릴 때 큰 제사를 받들 듯하며, 창졸간이나 곤경에 처했을 때도 반드시 인仁에 따르고,[20] 서 있을 때는 눈앞에 참여하고 있음을 느끼고 수레 위에 있을 때는 형목衡木에 기대고 있는 것을 알아[21] 언제나 계신공구戒愼恐懼의 공부가 면면히 유행하는 상태가 아닌 적이 없어야 '잠시도 (敬을) 떠나지 않은' 상태라고 할 수 있습니다.

❘16-21❘ '천리天理와 인욕人欲은 동일한 모습으로 보이더라도 속은 다르다'라는 (胡宏의) 말은

❘16-19❘ 自 其 精 明 之 無 障 礙, 謂 之 智 及, 自 其 精 明 之 無 間 斷, 謂 之 仁 守.【「答 徐 波 石」】

❘16-20❘ 敬 也 者, 良知 之 精明, 而 不 雜 以 私 欲 也. 故 出 門 使 民 · 造 次 顚 沛 · 參 前 倚 衡, 無 往 非 戒 懼 之 流 行, 方 是 須 臾 不 離.

❘16-21❘ 天 理 · 人 欲, 同 行 異 情, 此 正

離先生이라고 불렀다.

20 창졸간이나 … 따르고: 『논어』「里仁」, "富與貴是人之所欲也, 不以其道得之, 不處也; 貧與賤是人之所惡也, 不以其道得之, 不去也. 君子去仁, 惡乎成名? 君子無終食之間違仁, 造次必是, 顚沛必是."

21 서 있을 … 알아: 『논어』「衛靈公」, "言忠信, 行篤敬, 雖蠻貊之邦行矣; 言不忠信, 行不篤敬, 雖州里行乎哉? 立, 則見其參於前也; 在輿, 則見其倚於衡也. 夫然後行."

바로 가을 터럭만 한 작은 차이로부터 천 리만큼 차이가 벌어지는 기미에 대해 말한 것입니다. 양지良知의 정명精明함이 유행하는 것에 따르면, 문왕과 무왕이 용기를 좋아한 것이나 공류公劉와 태왕太王이 각각 재화와 미색을 좋아한 일들[22]이 모두 천리天理입니다. 만약 사욕에 뒤섞이면, 제齊나라 환공桓公이 노魯나라를 구하고 진晉나라 문공文公이 위衛나라를 구하여 이적夷狄을 물리치고 화하華夏를 안정시킨 것이 모두 인욕입니다. 선사先師의 이른바 '근본에서 살고 죽는 문제를 따져야지 지류에서 흐린가, 맑은가를 논하지 말라'라는 가르침[23]이 바로 이 의미입니다.

毫釐千里之幾, 從良知精明流行, 則文·武之好勇, 公劉·太王之好貨色, 皆是天理. 若雜之以私欲, 則桓·文之救魯·救衛, 攘夷安夏, 皆是人欲. 先師所謂 "須從根上求生死, 莫向支流論濁淸".

┃16-22┃ 성인聖人의 공부는 처음 배우는 사람의 그것과는 다르리라는 의혹을 가진 이가 있어서, "왕일소(王逸少: 王羲之, 321-379)가 쓴 「대인大人에게 올리는 글」은 주모硃模에 처음 글씨를 써넣은 이[24]와 비교할 때 점 하나, 세로 획

┃16-22┃ 有疑聖人之功異於始學者, 曰: "王逸少所寫「上大人」 與初塡硃模者, 一點一直, 不能

---

22 문왕과 … 일들:『孟子』「梁惠王下」: "王曰: '寡人有疾 , 寡人好貨.' 對曰: '昔者公劉好貨. 詩云:「乃積乃倉, 乃裹餱糧, 于橐于囊. 思戢用光, 弓矢斯張. 干戈戚揚, 爰方啓行.」 故居者有積倉, 行者有裹囊也. 然後可以爰方啓行. 王如好貨, 與百姓同之, 於王何有?' 王曰: '寡人有疾, 寡人好色.' 對曰: '昔者太王好色, 愛厥妃. 詩云:「古公亶父, 來朝走馬. 率西水滸, 至於岐下. 爰及姜女, 聿來胥宇.」 當是時也, 內無怨女, 外無曠夫. 王如好色, 與百姓同之, 於王何有?'"

23 근본에서 … 말라:『王文成公全書』권20, 「居越诗三十四首」에 있는 구절이다.

24 주모(硃模)에 … 이: 주모(硃模)는 글씨를 써넣기 위해 친 붉은 줄 칸이다. 거기에 글씨를 채우고 있는 사람이란 글씨를 처음 배우는 이를 가리킨다.

하나까지 조금도 더하거나 덜 수 없다."라고 말해 주었습니다. 【이상은 「여경야(呂涇野: 呂柟, 1479-1542)에게 보내는 서신」】

16-23 소인小人이 사의를 일으키고 혼미하고 함부로 굴며 편협하게 무엇을 좋아하고 무엇을 싫어하는 것에서부터 담장을 뚫고 들어가 도적질을 하는 것에 이르기까지 어느 것이나 마음이 하는 일이 아닌 것이 없습니다. 단지 마음의 본체가 아닐 뿐입니다. 물이 이마 위까지 튀거나 산으로 거슬러 올라가는 것에서부터 하늘까지 넘치고 큰 언덕을 넘나들게 되는 것에 이르기까지 어느 것이나 어디 물이 아닌 것이 있겠습니까. 그러나 물의 본체는 아닙니다. 계신공구戒愼恐懼의 공부를 해서 그 본체를 잃지 않은 것은 우禹임금이 물을 다스리는 방식입니다. 둑을 쌓아 막는 방식과 막힌 상태로 그대로 둔 채 트지 않고 치우지 않는 방식은 둘 다 잘못된 것입니다. 【「증홍지(曾弘之)에게 답하는 서신」】

16-24 세속의 일반적 병통은 재능이 있거나 공적이 있거나 저술이 있는 성인만을 인정하고 재능이 없고 공적이 없고 저술이 없는 성인을 인정하지 않는다는 데 있습니다. 【「홍준지(洪峻之: 洪垣, 1507-1593)에게 보내는 서신」】

16-23 小人之起私意, 昏迷放逸, 作好作惡, 至於穿窬剝劫, 何往非心? 特非心之本體耳. 水之過顙在山, 至於滔天襄陵, 何往非水? 然非水之本體矣. 戒懼以不失其本體, 禹之所以行水也. 隄而遏之, 與聽其壅橫而不決不排, 二者胥失之矣. 【「答曾弘之」】

16-24 世俗通病, 只認得箇有才能・有勳業・有著述的聖人, 不認得箇無技能・無勳業・無著述的聖人. 【「與洪峻之」】

|16-25| 요사이에 한 친구가 내게 말하길, "군자의 처세는 단지 시비를 고려하면 되는 것이지 달리 더 이해利害를 고려할 필요가 없다."라고 하기에 내가 대답하기를, "천하의 참된 이해利害는 바로 천하의 참된 시비이다. 예컨대 삶을 버리고 의義를 취하는 경우나 자신을 죽여서 인仁을 이루는 경우는 어찌 해로움이라 할 수 있겠는가. 공동묘지에서 고기를 배불리 얻어먹는 경우[25]나 언덕에 올라가 좋은 목을 찾아 이득을 그물질하듯이 독차지하는 경우[26]는 어떻게 이득이라고 할 수 있겠는가. 만약 세상 사람들이 말하는 이해利害에 대해 논하는 것이라면, 또한 세상 사람들이 말하는 바의 시비가 있는 것이다."라고 하였습니다. 【「사천(師泉: 劉邦采)에게 보내는 서신」】

|16-26| 우리의 병통은 구체적인 일에 당면하였을 때 잘못된 마음이 생기는 걸 여전히 그대로 지나친다는 것입니다. 그래서 이치를 변별

|16-25| 近有友人相語曰: "君子處世, 只顧得是非, 不須更顧利害." 仆答之曰: "天下眞利害, 便是天下眞是非. 卽如捨生取義, 殺身成仁, 安得爲害? 而墦肉乞飽, 壟上罔斷, 安得爲利? 若論世情利害, 亦有世情是非矣."【「與師泉」】

|16-26| 吾輩病痛, 尚是對景時放過, 故辨究雖精, 終受用不

---

25   공동묘지에서 … 경우: 『맹자』 「離婁下」, "齊人有一妻一妾而處室者, 其良人出則必饜酒肉而後反. 其妻問所與飮食者, 則盡富貴也. 其妻告其妾曰: '良人出則必饜酒而後反, 問其與飮食者, 盡富貴也, 而未嘗有顯者來. 吾將瞷良人之所之也.' 蚤起, 施從良人之所之, 徧國中無與立談者, 卒之東郭墦間之祭者, 乞其餘, 不足, 又顧而之他. 此其爲饜足之道也."

26   언덕에 … 경우: 『맹자』 「公孫丑下」, "古之爲市也, 以其所有易其所無者, 有司者治之耳. 有賤丈夫焉, 必求龍斷而登之, 以左右望, 而罔市利, 人皆以爲賤, 故從而征之. 征商自此賤丈夫始矣."

하고 탐구하는 것이 비록 정밀하더라도 끝내 그 이치를 자신의 것으로 만들지는 못하는 것입니다. 모름지기 상산象山이 말한 대로 '관문이나 나루의 길목에서 한 명의 적군도 지나가게 하지 않아야 하는 것이니'[27] 그래야 '잠시도 (道를) 떠나지 않는' 학문일 수 있습니다. 【「주순지(周順之)에게 보내는 서신」】

|16-27| "집안일에 대해 상의할 때 서로 의견이 맞지 않을 경우에는 자기를 내세우고 의견이 맞을 경우에는 사정을 봐준다면 이것은 상황에 따라 더하고 줄이는 것이니, 또 어떻게 성인들과 같은 당堂에서 지낼 수 있을 것이며 천지와 나란히 자리를 차지할 수 있겠는가?"라고 하셨는데, 정말 그렇습니다. 정말 그렇습니다. 하지만 재물, 미색, 명성, 이득을 안개, 아지랑이, 도깨비들 같은 괴물에 비유하는 것은 온당치 못한 점이 있습니다. 형색形色은 천성天性을 잘 담고 있는 것이어서 애초에 기욕嗜欲으로 간주할 수 없는 것이니, 오직 성인聖人만이 형색대로 온전히 살 수 있습니다.[28] 단지 크고 공정한 마음으로 순리에 맞게 대응할 수 있으면 어느 순간에서나 해와 달이 아닌 경우가 없

得. 須如象山所云, "關津路口, 一人不許放過", 方是須臾不離之學.【「與周順之」】

|16-27| 云"商量家事, 矛盾則有我, 合同則留情, 自是對景增減, 又安能與千聖同堂, 天地並位?" 誠然, 誠然. 至以貨色名利, 比諸霧靄魑魅, 則有所未穩. 形色天性, 初非嗜欲, 惟聖踐形, 只是大公順應之, 無往非日月, 無往非郊野鸞凰. 若一有增減, 則妻子家事, 猶爲霧靄魑魅, 心體之損益, 其

---

27 관문과 … 것이니: 『상산전집』 권35, 「語錄上」, "學者須是有志, 讀書只理會文義, 便是無志. 善學者, 如關津不可胡亂放人過."

28 형색(形色)은 … 있습니다: 『맹자』 「盡心上」: "形色,天性也. 惟聖人, 然後可以踐形."

고 어느 순간에서나 교야郊野의 난鸞새나 봉황이 아닌 경우가 없습니다.[29] 만약 조금이라도 더하거나 덜어낼 경우에는 처자식 등 집안일에 대해서마저 안개·아지랑이·도깨비들 같은 괴물로 여기게 것이니 심체心體가 줄어들거나 늘어 가는 것을 면할 수 있겠습니까. 범인과 성인은 구체적인 일에 당면하는 상황은 같지만, 더하거나 덜어 내는 것이 없으면 본체이고 더하거나 덜어 내는 것이 있으면 병증입니다. 오늘날 또한 별다른 방법이 있지 않으니, 병증을 제거하고 본체를 회복해 가는 길밖에 없습니다. 【「사천(師泉)에게 보내는 서신」】

能免乎? 凡人與聖人, 對景一也. 無增減是本體, 有增減是病症. 今日亦無別法, 去病症以復本體而已矣.【「與師泉」】

┃16-28┃ 양성(兩城: 靳學顔, ?-1571)이 몇 조항을 질문해 왔는데 그 대의는 "눈과 귀의 주의력을 거둬 들이고 티끌 하나도 붙지 않고 물결 하나도 일지 않는 상태가 미발未發의 때인데, 이 티끌 하나도 붙지 않고 물결 하나도 일지 않아 의意가 움직이지 않은 상태를 우리 유가儒家는 '잘 보존함[存存]'이라고 말하며, 잘 보존할 수 있으면 의意가 발생할 때 성誠을 이루게 된다'라는 내용을 위주로 하였습니다. 나는 거기에

┃16-28┃ 兩城有數條相問, 大意主於'收視斂聽, 一塵不攪, 一波不興, 爲未發之時. 當此不攪不興, 意尙未動, 吾儒謂之存存, 存存則意發卽誠.' 仆答之曰: "收視是誰收? 斂聽是

---

[29] 어느 순간에서나 … 경우가 없습니다: 邵雍의 〈蒼蒼吟寄答曹州李審言龍圖〉라는 시에 나오는 내용을 활용한 것이다. "一般顔色正蒼蒼, 今古人曾望斷腸. 日往月來無少異, 陽舒陰慘不相妨. 迅雷震後山川裂, 甘露零時草木香. 幽暗岩崖生鬼魅, 清平郊野見鸞凰. 千花爛爲三春雨, 萬木凋因一夜霜. 此意分明難理會, 直須賢者入消詳."

대해, "눈의 주의력을 거둬 들인다니 무엇이 거둬 들이는 것인가? 귀의 주의력을 거둬 들인다니 무엇이 거둬 들이는 것인가? 계신공구戒愼恐懼의 공부와 천덕天德·왕도王道는 단지 이 하나의 혈맥이다. 이른바 '귀와 눈의 지리支離한 활동을 없애고, 원융圓融하여 헤아릴 수 없는 신神을 온전히 한다'라는 말에서 신神은 대체 어디에 있는 것인가? 보이지 않고 들리지 않으며 형체와 소리가 없지만 밝디 밝고 너무나 영묘하여 만사만물의 근간이어서 배제될 수 없는 존재이니, 고요함 속에서나 움직임 속에서나 늘 존재하고 본체로서나 작용으로서나 늘 존재한다. 단지 사계절이 늘 순환하고 만물이 늘 생성되는 자연의 현상 속에서 천심天心을 온전히 이해할 수 있기만 하면 무극無極이라는 참된 존재를 저절로 체득하게 된다."라고 대답하였습니다.【「쌍강(雙江: 聶豹, 1487-1563)에게 보내는 서신」】

| **16-29** | 하늘이 명한 성性은 순수하고 지선至善하며 밝디 밝고 너무나 영묘하여 속이거나 어둡게 할 수가 없지만 형체와 소리가 없어 볼 수도 들을 수도 없습니다. 학자들이 이것에 대해 체인體認할 길이 없다 보니 더러 홀로 깨우치는 방법을 억지로 찾느라 가로막거나 가리는 것들을 스스로가 더 증가시킵니다. 이 학문은 세태로 인해 더럽혀지지도 않고 박문博聞을

誰斂? 卽是戒懼功課, 天德王道, 只是此一脈. 所謂去耳目支離之用, 全圓融不測之神, 神果何在? 不睹不聞, 無形與聲, 而昭昭靈靈, 體物不遺, 寂感無時, 體用無界. 第從四時常行, 百物常生處, 體當天心, 自得無極之眞."【「與雙江」】

| **16-29** | 天命之性, 純粹至善, 昭昭靈靈, 瞞昧不得, 而無形與聲, 不可睹聞. 學者於此, 無從體認, 往往以強索懸悟, 自增障蔽. 此學不受世態點汙, 不賴

통한 확충에 의존하지도 않으며, 속으로 추측해서 헤아릴 필요도 없고 의기意氣만으로 짊어질 수도 없으며, 세부적인 것을 점검하는 데 있지도 않고 또한 저술을 해야 하는 것도 아닙니다. 옛 도통을 계승하여 미래의 도통을 여는 데 있어 조금이라도 의존하는 바가 있으면 바로 '소리와 냄새가 있는 경지'에 머물고 맙니다. 【「곽평천(郭平川)에게 보내는 서신」】

博聞充拓, 不須億中測度, 不可意氣承擔, 不在枝節點檢, 亦不藉著述. 繼往開來, 凡有倚著, 便涉聲臭.【「與郭平川」】

| 16-30 | 세상의 논자들은 증자曾子는 노둔했기에 결국 도道를 얻을 수 있었고 자공子貢은 명민했기에 결국 도를 얻지 못하였다고 평가합니다. 정말 그 말대로라면 명민함이 노둔함보다 못한 것이 됩니다. 고인古人의 학문은 꼭 기질氣質의 한계를 벗어난 지점을 '근원으로 돌아가서 성명性命을 회복한 경지'로 삼았습니다. (자공이) '속으로 계산을 하면 자주 들어맞았다'라는 것은 기습(氣習: 기질이나 습성)에 가까운 점이 없지 않으니 여전히 무엇인가에 의존하는 상태입니다. 그리고 (증자가) '전전긍긍戰戰兢兢하는 신중한 마음자세'를 가지며 '짐은 무겁고 길은 멀다'는 우환의식을 가진 것은 어찌 노둔한 이가 해낼 수 있는 일이겠습니까. 그래서 저는 "증자는 노둔한 기질의 한계를 벗어날 수 있었기 때문에 끝내 공자의 종통宗統을 계승할 수 있었던 것이며 자공은 명민한 기질의 한계를 벗어날 수 없었기 때문에 끝내 '그릇[器]'이

| 16-30 | 世之論者, 謂曾子得之以魯, 子貢失之於敏. 果若而言, 則敏劣於魯矣. 古人學術, 須到氣質脫化處, 方是歸根復命. 億則屢中, 是不免挨傍氣習, 猶有倚著. 而戰戰兢兢, 任重道遠, 豈魯者所能了? 故嘗謂"曾子能脫化得魯, 故卒傳其宗; 子貢不能脫化得敏, 故終止於器."【「與劉兩江」】

되는 데 그친 것이다."라고 말한 적이 있습니다.【「유양강(劉兩江)에게 보내는 서신」】

|16-31| 명체(明體: 밝은 본체, 즉 본심)의 '크게 공정하여 편벽됨이 없음'을 가리켜 중中이라고 부르고 명체明體의 '주어진 만사만물의 본성에 잘 맞게 대응하여 어긋남이 없음'을 가리켜 화和라고 부르는 것이니 동일한 것의 두 이름입니다. 세상에 '중'과 '화'를 서로 다른 두 가지라고 생각하는 사람들이 있는데 이것은 '고요히 있을 때는 존양存養의 공부를 하고 움직일 때는 성찰省察의 공부를 해야 한다'라는 (주자의) 주장에 의해 그르쳐진 것이고, 성性의 차원에 대해서는 계신공구戒愼恐懼의 공부를 할 수가 없다고 생각하는 사람들이 있는데 이것은 '미친 것처럼 함부로 행동하지만 대원칙을 지킨다'라는 말[30]에 의해 그르쳐진 것입니다.【「고앙지(高仰之)에게 보내는 서신」】

|16-32| 근래의 강학은 대부분 의념의 발흥 차원에 그치고 계신공구戒愼恐懼의 실제 공부에 대해서는 전혀 힘을 기울이지 않으면서, 그랬다가는 자연적인 본체에 방애가 된다고 주장

|16-31| 指其明體之大公而無偏也, 命之曰中; 指其明體之順應而無所乖也, 命之曰和, 一物而二稱. 世之以中和二致者, 是靜存動省之說誤之也; 以性上不可添戒懼者, 是倡狂而蹈大方之說誤之也.【「答高仰之」】

|16-32| 近來講學, 多是意興, 於戒懼實功, 全不著力, 便以爲妨礙自然本體, 故

---

30 미친 … 말:『莊子』「山木」: "南越有邑焉, 名爲建德之國. 其民愚而樸, 少私而寡欲; 知作而不知藏, 與而不求其報; 不知義之所適, 不知禮之所將; 猖狂妄行, 乃蹈乎大方; 其生可樂, 其死可葬."

합니다. 그래서 정신은 들떠 있고 전혀 근본으로 돌아가 성명性命을 확립하는 점이 없습니다. 간혹 계신공구의 공부를 하려 하는 이가 있지만 구체적인 행위를 점검하고 구체적인 상념을 단속하는 수준에서 그치고 '보이지 않고 들리지 않는 마음의 본체'에 대해서는 정미한 단계까지 파고든 적이 없습니다.

| 16-33 | '고요히 움직임이 없음'과 '대상을 감지하여 움직임'은 서로 다른 시간의 두 가지 일이 아니고 체體와 용用은 차원이 다른 세계의 일이 아니니, 마치 이름과 자字를 별도로 부르는 것과 같을 뿐입니다. 하지만 이름을 부르면 자字가 그 안에 있고 자字를 부르면 이름이 그 안에 있기 때문에 중中과 화和는 두 가지 명칭이 있지만 신독愼獨은 두 가지의 다른 공부가 있지 않은 것입니다. 지금 집사執事[31]께서는 굳건히 자신감을 가지고 '고요히 움직임이 없는' 차원 내지 본체의 차원에서 '공부'를 하시고 '사물을 감지하여 대응하는' 차원 내지 작용의 차원은 '효험'에 해당한다고 여겨 거기에서는 아무 공부를 하지 않으시니, 사방에서 일어나 논하지만 한 마디도 마음이 드는 의견이 없습니다. 제 생각에 이는 은연중에 '의견'이 있어

精神浮泛, 全無歸根立命處. 間有肯用戒懼之功者, 止是點檢於事爲, 照管於念慮, 不曾從不睹不聞上入微.

| 16-33 | 寂感無二時, 體用無二界, 如稱名與字. 然稱名而字在其中, 稱字而名在其中, 故中和有二稱, 而愼獨無二功. 今執事毅然自信, 從寂處·體處用功夫, 而以感應·運用處爲效驗, 無所用其力, 環起而議之, 無一言當意者. 竊恐有隱然意見, 默制其中, 而不自覺. 此於未發之中, 得無已有倚乎? 倚於感, 則爲

---

31   집사(執事): 상대의 집사를 거명함으로써 자신을 낮추고 그를 통해 상대를 높인 것이다.

서 가만히 마음 안에서 제어하고 있는데도 스스로 깨닫지 못하기 때문입니다. 이러 태도는 미발未發인 중中으로 이미 치우친 것이 아니겠습니까. '사물을 감지하여 대응하는' 일에 치우치면 외물을 따라가게 되고 '고요히 움직임이 없는' 상태에 치우치면 내면에 전념하게 됩니다. 비록 높고 낮은 수준의 차이는 있지만 본성本性에 해악을 준다는 점에서는 동일합니다. 【이상은 『어유계(余柳溪)에게 보낸 서신』에 있는 내용】

| 16-34 | 보내신 서신에서 "양지良知는 사람의 삶에서 하나의 참된 종자種子이니 본래 옳고 그름이나 적합함과 그렇지 않음이 상대해 있지 않습니다. 그런데도 옳고 그름이나 적합함과 그렇지 않음이 상대해 있다고 말하는 것은 '앎[知]' 중에서 기氣에 속하는 부분을 거론한 것입니다."라고 하였습니다. 그렇다면 '정묘하고 밝으며 곧고 순수하여 그름이 없고 적합하지 못함이 없는' 부분은 기氣에 속하지 않는다는 말입니까? 【「쌍강(雙江)에게 답하는 서신」】

| 16-35 | 과거와 미래에 대한 생각은 모두 현재의 공부를 잃게 하니, 이것을 빌미로 마음을 묶게 되는 꼴을 면치 못합니다. 이는 평소 계신공구戒愼恐懼의 공부가 엉성하여 이 마음이 편히 머물 곳이 없기 때문입니다. 불가佛家에서는 이것을 '원숭이가 나무에서 떨어져 더 이

逐外, 倚於寂, 則爲專內, 雖高下殊科, 其病於本性均也. 【以上「與余柳溪」】

| 16-34 | 來教謂"良知是人生一箇眞種子, 本無是非·可否相對. 而言是非·可否相對, 此知之屬氣者." 不知精明貞純·無非無否處, 將不屬氣否?【「答雙江」】

| 16-35 | 過去·未來之思, 皆是失卻見在功夫, 不免借此以系其心. 緣平日戒懼功疏, 此心無安頓處. 佛家謂之猢猻

상 아무 기량도 없게 된 상태'라고 합니다. 만약 형체가 없는데도 볼 수 있고 소리가 없는데도 들을 수 있으면, 삼가고 조심하는 마음가짐을 가지게 되어 정신이 늘 여기에 있게 됩니다. 삼가고 조심하기에도 여념이 없는데 어디 한가한 시간이 있어 과거를 돌아보고 미래를 생각할 수 있겠습니까. 그래서 "허둥지둥하는 마음으로 갔다 왔다 하다가는 친구들만 너의 생각을 따라 줄 것이다."[32]라고 한 것이니, 이것은 과거에 미련을 두거나 미래를 미리 생각하는 태도의 병증이고, "사유를 하면 지혜롭게 되고 지혜로우면 성인聖人이 된다."[33]라고 하였으니 이것은 현재의 본체에 대해 공부를 하는 과정입니다. 이 둘은 작은 차이로 인해 나중에는 서로 천리나 사이가 벌어진 것입니다. 【「복치소(濮致昭)에게 답하는 서신」】

｜16-36｜ 양명 선생이 양광兩廣 지역의 변란을 평정하러 떠날 때 전덕홍錢德洪과 왕기王畿 두 사람이 부양富陽까지 전송하였다. 양명 선생이 "나는 떠난다! 어찌 각자 자신의 학문에 대해 말해 보지 않는가?"라고 하였다. 전덕홍이 대답하기를, "지극히 선하고 악이 없는 것은 심心

失樹, 更無伎倆. 若是視於無形, 聽於無聲, 洞洞屬屬, 精神見在, 兢業不暇, 那有閒工夫思量過去, 理會未來? 故"憧憧往來, 朋從爾思", 此是將迎病症. "思曰睿, 睿作聖", 此是見在本體功程, 毫釐千里. 【「答濮致昭」】

｜16-36｜ 陽明夫子之平兩廣也, 錢·王二子送於富陽. 夫子曰: "予別矣! 盡各言所學?" 德洪對曰: "至善無惡者心, 有

---

32 허둥지둥 … 것이다:『周易』「咸」, "九四, 貞吉, 悔亡. 憧憧往來, 朋從爾思."
33 사유를 … 된다:『尙書』「洪範」, "二五事, 一曰貌, 二曰言, 三曰視, 四曰聽, 五曰思. 貌曰恭, 言曰從, 視曰明, 聽曰聰, 思曰睿. 恭作肅, 從作乂, 明作哲, 聽作謀, 睿作聖."

이고, 선이 있고 악이 있는 것은 의意이며, 선善을 알고 악惡을 아는 것은 양지이고, 선을 행하고 악을 없애는 것은 격물格物입니다."라고 하였고, 왕기가 대답하기를, "심心은 선이 없고 악이 없고, 의意는 선이 없고 악이 없으며, 지知는 선이 없고 악이 없고, 물物은 선이 없고 악이 없습니다."라고 하였다. 선생이 웃으면서 말하기를, "홍보(洪甫: 전덕홍)는 여중(汝中: 왕기)의 본체를 알아야 할 것이고, 여중은 홍보의 공부를 알아야 할 것이다. 두 사람의 주장을 하나로 합치면 내가 전수한 학문의 전통을 잃지 않을 것이다."라고 하였다.

|16-37| 성문聖門에서 지학(志學: 학문에 뜻을 둠)이란 바로 '법도를 넘지 않는' 경지[34]에 이르는 학문에 뜻을 두는 것이다. 우리가 학문을 강구하고 덕을 닦으면서 평소에 법도를 넘는 것에 대해서는 작은 허물이라며 그냥 편안히 넘겨 버리니 어찌 통합시킬 수 있겠는가. 가슴속에 조금이라도 불안한 마음이 있을 때에 스스로 조심하고 스스로 두려워하는 것이 바로 그때 그때 일상의 일들에서 공부를 해서 그때그때 높은 경지로 도달해 가는 길이다. 사해의 여러 현인들에 견줘 보고 미래의 수많은 성인들에

善有惡者意, 知善知惡是良知, 爲善去惡是格物." 畿對曰: "心無善而無惡, 意無善而無惡, 知無善而無惡, 物無善而無惡." 夫子笑曰: "洪甫須識汝中本體, 汝中須識洪甫功夫, 二子打並爲一, 不失吾傳矣."

|16-37| 聖門志學, 便是志"不踰矩"之學. 吾儕講學以修德, 而日用踰矩處, 乃以小過安之, 何以協一? 胸中一有所不安, 自戒自懼, 正是時時下學, 時時上達. 准四海, 俟百聖, 合德合明, 只是一矩. 【以上「靑原贈處」】

---

34 법도를 … 경지: 『論語』 「爲政」: "七十, 而從心所欲, 不踰矩."

비춰 보더라도 모두 덕이 합치되고 견해가 합치될 것이니 단지 하나의 동일한 법도이다. 【이상은 『청원증처(靑原贈處)』에 있는 내용】

추동곽의 어록

┃16-38┃ 묻기를 "'성性은 당연히 선하지만 악도 성이라고 하지 않을 수 없다'라는 말은 어떤 의미입니까?"라고 하니, 대답하기를, "눈을 예로 들어 말하자면 사물을 잘 보는 것은 당연히 눈의 능력이지만 사물을 흐릿하게 보는 경우에도 눈의 작용이라고 하지 않을 수 없는 것과 같다. 사물을 흐릿하게 보고 있을 때에는 눈의 본체가 아니다."라고 하였다.

┃16-39┃ 옛사람들은 '심체心體를 온전히 보존하고 있느냐 잃어버렸느냐'로 길함과 흉함을 말하였는데 지금 사람들은 '외물을 가졌느냐 잃었느냐'로 길함과 흉함을 말한다. 덕에 맞게 행하면 날로 훌륭해지고 거짓으로 행하면 날로 졸렬해지니 그림자와 메아리는 본래의 형상과 소리와 어긋나지 않는다는 것을 볼 수 있다. 육신을 봉양하는 것들에 대해서는 하나하나 잘 치장하면서 자신의 신심身心은 스스로 먼저 망쳐 버리니 상서롭지 못하기가 이보다 큰 것이 없다.

東廓語錄

┃16-38┃ 問: "性固善也, 惡亦不可不謂之性." 曰: "以目言之, 明固目也, 昏亦不可不謂之目. 當其昏也, 非目之本體矣."

┃16-39┃ 古人以心體得失爲吉凶, 今人以外物得失爲吉凶. 作德日休, 作僞日拙, 方見影響不爽. 奉身之物, 事事整飾, 而自家身心, 先就破蕩, 不祥莫大焉.

| 16-40 | '성性'자는 '심心'자와 '생生'자로 구성되어 있다. 이 심의 생리(生理: 생명을 가질 수 있게 하는 이치)는 정묘하고 밝고 참되고 순수하니 만물을 생성하고 길러 지극한 덕에 이르는 과정의 근본에 해당한다. 계신공구戒愼恐懼를 통해 이 '생리'를 길러서 군신君臣 사이 내지 부자父子 사이에서 두루 가득하게 흘러나오게 하고 잠시도 줄지 않게 하면 그것이 바로 '예의禮儀 3백 가지이고 위의威儀 3천 가지'[35]이다.

| 16-41 | 옛사람이 만물을 생성하고 길러 지극한 덕에 이른 것은 단지 '위의威儀 3천 가지와 예의禮儀 3백 가지'라는 일상의 규범으로부터 확충한 결과일 뿐이지 아무 현실적 토대도 없이 그런 일을 담당한 것이 아니었다. 그리고 '위의 3천 가지와 예의 3백 가지'는 단지 계신공구戒愼恐懼하는 태도로 잘 지키는 참된 본체로부터 흘러나온 것이지 구체적인 사안들을 점검하여 만들어 낸 것이 아니다.

| 16-42 | 천자로부터 서인에 이르기까지 모두 나름의 중中과 화和의 덕이 있고 나름대로 천지가 제자리를 잡게 하고 만물을 잘 기르는 일이

| 16-40 | 性字從心從生, 這心之生理, 精明眞純, 是發育峻極的根本. 戒愼恐懼, 養此生理, 從君臣父子交接處, 周貫充出, 無須臾虧損, 便是禮儀三百, 威儀三千.

| 16-41 | 古人發育峻極, 只從三千三百充拓, 不是懸空擔當. 三千三百, 只從戒懼眞體流出, 不是技節檢點.

| 16-42 | 自天子至於庶人, 皆有中和位育. 中和不在戒懼

---

35 예의(禮儀) … 가지: "大哉, 聖人之道! 洋洋乎發育萬物, 峻極于天. 優優大哉, 禮義三百, 威儀三千. 待其人而後行."

문장공 동곽 추수익 선생

가능하다. 중과 화의 덕은 계신공구戒愼恐懼라는 공부와 별개인 것이 아니고 단지 희로애락이 크고 공정하며 만사만물의 본성대로 잘 대응하는 데 있을 뿐이다. 그리고 천지가 제자리를 잡게 하고 만물을 잘 기르는 일은 중과 화의 덕과 별개인 것이 아니고 단지 크게 공정하며 만사만물의 본성대로 잘 대응하는 것이 군신 관계나 부자 관계와 이어지는 데 있을 뿐이다.

| 16-43 | 나와 인륜 관계에 있는 사람들이나 여러 사물들은 날마다 내가 접하는 것이어서 잠시도 떠날 수 없다. 그래서 일상적인 덕을 행하고 일상적인 말을 삼가는 데 있어 조심하고 두려워하는 마음으로 하나도 놓쳐서는 안 된다. 마치 실을 짜는 사람이 가닥 가닥을 모두 바디 속으로 들어가게 하고 한 가닥도 끊어지지 않게 해야 하는 것과 같으니, 그래야 천하의 대경大經을 경륜經綸할 수 있는 것이다.

| 16-44 | 학생들에게 "새벽의 기운이란 어떤 것이겠는가?"라고 묻자, "맑고 밝은 것 같습니다. 호오好惡가 없는 것 같습니다."라고 대답하였다. "맑고 밝은 것이 심心인데 호오好惡가 없는 것이라면 심은 있지만 의意는 없는 것이고, 맑고 밝은 것이 지知인데 호오가 없는 것이라면 지知는 있고 물物은 없는 것이다. 자네들은

外, 只是喜怒哀樂, 大公順應處; 位育不在中和外, 只是大公順應, 與君臣父子交接處.

| 16-43 | 人倫庶物, 日與吾相接, 無一刻離得. 故庸德之行, 庸言之謹, 兢業不肯放過, 如織絲者絲絲入筬, 無一絲可斷, 乃是經綸大經.

| 16-44 | 問諸生: "平旦之氣奚若?" 曰 "覺得清明, 覺得無好惡." 曰: "清明者心也, 而無好惡則有心而無意; 清明者知也, 而無好惡則有知

한번 사유해 보라. 과연 의意가 없는 심이나 물物이 없는 지知가 있을 수 있는가?"라고 묻자, "새벽의 기운은 말갛게 비고 밝습니다. 높은 해가 공중에 떠서 아무것도 남아 있지 않습니다."라고 대답하였다. 그래서 "아무것도 남아 있지 않다면 만물을 모두 비추는 상황이다. 아무것도 남아 있지 않음은 '늘 고요한' 본체이고 만물을 모두 비추는 것은 '늘 감지하여 대응하는' 운용이다."라고 말하였다.

|16-45| 염계(濂溪: 주돈이)가 말한 '주정主靜'의 '정靜'은 '동動'과 대립되는 의미가 아니다. 사람들이 오인할까봐 스스로 '무욕無欲'이라고 주석을 달았다.[36] 이 '정靜'자는 '사람이 막 태어나 아직 고요한 상태[人生而靜]'[37]라고 할 때의 그 참된 본체로서 모든 변화를 주재하고 그 법칙을 구성하는 존재이다. '천기天機'의 차원에서는 (『中庸』에서) '소리도 없고 냄새도 없다[無聲無臭]'라고 규정하기 때문에 (염계는) '무극無極'이라는 두 글자를 제시한 것이고, '성학聖學'의 차원에서는 (『중용』에서) '보이지 않고 들리지

而無物. 二三子試思之, 果有無意之心, 無物之知乎?" 曰: "平旦之氣, 湛然虛明. 杲日當空, 一物不留." 曰: "一物不留, 卻是萬物畢照. 一物不留, 是常寂之體; 萬物畢照, 是常感之用."

|16-45| 濂溪主靜之靜, 不對動而言. 恐人誤認, 故自註無欲. 此靜字是指人生而靜眞體, 常主宰綱維萬化者. 在天機, 名之曰"無聲無臭", 故揭"無極"二字; 在聖學, 名之曰"不睹不聞", 故揭"無欲"二字. 天心無言, 而

---

36 염계(濂溪: 주돈이)가 … 달았다: 『太極圖說』에서 "성인은 中正仁義의 덕에 따른 행동을 함으로써 인성의 불안정성을 해소하는데 靜을 위주로 한다[聖人定之以中正仁義而主靜]"라고 하였고, '靜'에 대해 "無欲이기 때문에 靜이다[無欲故靜]."라는 주석이 있다.

37 사람이 … 고요하다: 『禮記』 「樂記」에 있는 말이다. "사람이 막 태어나 아직 고요한 상태는 천연적인 본성이다(人生而靜, 天之性也)."

않는다[不睹不聞]'라고 규정하기 때문에 (염계는) '무욕無欲'이라는 두 글자를 제시한 것이다. 하늘의 마음은 말이 없지만 원형이정元亨利貞은 운행을 멈추지 않기 때문에 만물이 끊임없이 생성되는 것이며, 성인의 마음은 바라는 것이 없지만 인의중정仁義中正의 덕은 활동을 멈추지 않기 때문에 만물이 본성을 구현하는 것이다. '태극太極이 본래 무극無極이다'라는 것을 알면 천도天道의 오묘함을 알 수 있을 것이고 인의중정仁義中正의 덕을 따르되 '정靜을 위주로 할' 줄 알면 성학聖學의 전체를 알 수 있을 것이다.

|16-46| 계신공구戒愼恐懼의 공부는 이름은 비록 같지만 그 말이 쓰이는 맥락은 각기 다르다. 구체적인 일에 대해 계신공구하는 경우 그 일에 대해서는 (계신공구해야 하는 줄) 알지만 의념에 대해서는 (계신공구할 줄) 모른다. 의념에 대해 계신공구하는 경우 의념에 대해서는 알지만 본체에 대해서는 모른다. 보이지 않고 들리지 않는 본체에 대해 계신공구하여 항구적으로 규구規矩에 부합하고 항구적으로 허령虛靈한 상태를 유지할 수 있으면, 고요하여 아무 조짐이 없는 '아직 사물에 반응하지 않은 상태'가 시간적으로 앞선 것이 아니며 만물의 형상이 삼연森然하게 갖추어져 있는 '이미 사물에 반응한 상태'가 시간적으로 뒤진 것이 아니게 되어 사물에 대한 내면적 의념이나 사물에 대

元亨利貞無停機, 故百物生; 聖心無欲, 而仁義中正無停機, 故萬物成. 知太極本無極, 則識天道之妙; 知仁義中正而主靜, 則識聖學之全.

|16-46| 戒愼恐懼之功, 命名雖同, 而血脈各異. 戒懼於事, 識事而不識念; 戒懼於念, 識念而不識本體. 本體戒懼, 不睹不聞, 常規常矩, 常虛常靈, 則沖漠無朕, 未應非先, 萬象森然, 已應非後, 念慮事爲, 一以貫之. 是爲全生全歸, 仁孝之極.

한 대응적 행동이 일이관지一以貫之하게 된다. 이것이 타고난 생명을 온전히 보전하여 돌아가는 것이니 인효仁孝의 지극한 경지이다.

|16-47| "천하의 만사만물이 지닌 다양성은 반드시 공부해서 파악해야 하는 것이 아닙니까?"라고 묻자, "성문聖門에서 공부해서 알아내려고 하는 대상은 단지 '그림쇠와 곱자[規矩]'일 뿐이다. 그림쇠와 곱자가 확립되었다면 천 가지 사각형이나 만 가지 원을 저절로 무궁무진하게 그려 낼 수 있을 것이다. 천하를 태평하게 하는 방법은 '곱자로 재는 방식[絜矩]'을 벗어나지 않는다. 경태瓊台[38]에 이르러서야 비로소 숱한 절목을 보충하였는데, 어찌 증자曾子가 경태보다 소략하거나 흠결이 있는 것이겠는가."라고 대답하였다.

|16-48| "격치格致란 무엇입니까?"라고 묻자, "마음[心]은 의념[意]과 분리되어 있지 않고 양지[知]는 의념의 소재[物]와 분리되어 있지 않다. 그런데 지금 양지는 내면이라고 하고 의념의 대상은 외물이라고 하며, 양지는 '고요히 움직이지 않음'이라고 하고 의념의 대상은 '사물

|16-47| 問: "天下事變, 必須講求." 曰: "聖門講求, 只在規矩. 規矩誠立, 千方萬圓, 自運用無窮. 平天下之道, 不外絜矩. 直至瓊台, 方補出許多節目, 豈是曾子比丘氏疏略欠缺?"

|16-48| 問: "格致." 曰: "心不離意, 知不離物. 而今卻分知為內, 物為外; 知為寂, 物為感. 故動靜有二時, 體用有二

---

38   경태(瓊台): 瓊台는 明나라 시기의 학자 丘濬(1421-1495)의 호이다. 그는 『大學衍義補』를 지었다.

을 감지하여 움직인 상태'라고 한다. 그래서 움직임과 고요함이 서로 다른 시간의 일로 간주되고 체體와 용用이 서로 다른 세계로 간주된다. 이는 분명히 심체心體를 둘로 갈라놓는 것이다. 그러므로 일과 행동에서 점검하는 데 양지에 병통이 잠복된 경우도 있고 일과 행동을 초탈하는 데 스스로 '양지良知가 맑고 밝다'라고 하는 경우도 있는데, 모두 도道를 해치는 일이다."

界, 分明是破裂心體. 是以有事爲點檢, 而良知卻藏伏病痛; 有超脫事爲, 而自謂良知瑩徹, 均之爲害道."

| 16-49 | 서소초徐少初가 "진성眞性을 향해 초탈해 가는 길목은 반드시 무극無極과 태극太極에 대한 이해로부터 깨우쳐 진입해 가야 한다."라고 말하기에, 거기에 대해 "나는 요사이에 비로소 이 의미를 깨달아 알게 되었다. 하지만 그것은 단지 음양오행의 운동 속에 존재하는 것일 뿐이다. 그러므로 '사시가 늘 운행하고 만물이 늘 자라나는' 자연의 현상 속에서 태극을 인식하고 '3백 가지 예의와 3천 가지 위의'라는 규범 속에서 진성眞性을 인식해야 통합적으로 이해할 수 있다. 만약 진성의 본체를 어렴풋이 인식하기만 하고 일상에서 만사만물을 제대로 대응해 나갈 수 없다면, 여전히 틈이 존재하는 것이다. 선사(先師: 왕수인)가 '일상의 일반적 행위 속에서 곧장 선천先天이라는 (易의 괘가) 아직 그려지기 이전의 세계로 나아간다.'라고 말한 적이 있는데 이것을 이해할 수 있으

| 16-49 | 徐少初謂: "眞性超脫之幾, 須從無極太極悟入." 曰: "某近始悟得此意. 然只在二氣五行流運中, 故從四時常行, 百物常生處見太極; 禮儀三百·威儀三千處見眞性, 方是一滾出來. 若隱隱見得眞性本體, 而日用應酬, 湊泊不得, 猶是有縫隙在. 先師有云: '不離日用常行內, 直造先天未畫前.' 了此便是下學上達之旨."

면 그것이 바로 '낮은 일들을 배워서 높은 경지로 도달해 간다'라는 말의 진정한 의미이다."라고 말하였다.

| 16-50 | "박약(博約: 博文과 約禮)이 무엇입니까?"라고 묻기에, "성문聖門의 학문은 단지 일상의 인륜과 일들 속에서 삼가는 마음가짐으로 자신의 진성眞性에 관심을 기울여 늘 '정묘하고 밝은 심체'가 유행流行할 수 있도록 하는 것이다. '정묘하고 밝은 심체'를 통해 유행의 실제를 알 수 있으면 '3백 가지 예의와 3천 가지 위의'가 우주에 가득 차게 될 텐데 그것이 바로 박문(博文: 文을 통해 앎을 넓힘)이다. 유행流行으로부터 '정묘하고 밝은 심체'의 주재主宰를 알 수 있으면 형체가 없고 소리가 없으면서 내밀한 곳에 물러나 간직되어질 텐데 그것이 바로 약례(約禮: 禮를 기준으로 단속함)이다. 그래서 '(드러나지 않은 것에 대해서도) 또한 임해 있는 듯이 조심하고 (싫어하는 이가 없을 때도) 또한 자신의 본모습을 잘 보전하여'[39] '상제上帝를 밝게 잘 섬긴다'[40]라는 것이나 '하늘을 원망하지 않고 사람을 탓하지도 않으며, 나를 아는 이는 하늘일 것이다!'라는 태도[41]가 애초에 두 가지

| 16-50 | 問: "博約." 曰: "聖門之學, 只從日用人倫庶物, 兢兢理會自家眞性, 常令精明流行. 從精明識得流行實際, 三千三百, 彌綸六合, 便是博文. 從流行識得精明主宰, 無形無聲, 退藏於密, 便是約禮. 故'亦臨亦保, 昭事上帝', '不怨不尤, 知我其天', 初無二塗轍."

---

39 또한 … 보전하여: 『詩經』「思齊」: "不顯亦臨, 無射亦保."
40 상제를 … 섬긴다: 『詩經』「大明」: "維此文王, 小心翼翼, 昭事上帝, 聿懷多福."
41 하늘을 … 태도: 『論語』「憲問」: "不怨天, 不尤人, 下學而上達. 知我者其天乎!"

길이 있는 것이 아니다."라고 대답하였다.

|16-51| "'보이지 않고 들리지 않는다'라는 것이 무슨 의미입니까?"라고 묻기에, "자네는 양지良知를 믿는가?"라고 되물었다. "양지는 정묘하고 밝으니 정말로 속일 수가 없습니다."라고 대답하기에, "정묘하고 밝다는 것은 형체가 있는가?"라고 물었다. "형체가 없습니다."라고 대답하기에, "소리가 있는가?"라고 물었다. "소리가 없습니다."라고 대답하기에, "'형체와 소리가 없는' 것이 바로 '보이지 않는 것이고 들리지 않는 것'이다. '속일 수 없는' 것이 바로 '무엇보다 잘 보이고 무엇보다 잘 드러나는' 것이다."[42]라고 말해 주었다.

|16-52| "계신공구戒愼恐懼가 무엇입니까?"라고 묻기에, "제군들이 심체가 어떠한 것인지 한번 시험해 보라. 방종한 상태인가, 방종하지 않은 상태인가? 만약 방종한 상태라면 계신공구의 공부를 추가한다는 것은 어느 하나를 더하는 것이 된다. 만약 방종한 것이 아니라면 계신공구의 공부란 본체로 다시 돌아가는 길인 것이다. 몇 년 사이에 나온 높고 오묘한 이론은 입

|16-51| 問: "不睹不聞." 曰: "汝信得良知否?" 曰: "良知精明, 眞是瞞昧不得." 曰: "精明有形乎?" 曰: "無形." 曰: "有聲乎?" 曰: "無聲." 曰: "無形與聲, 便是不睹不聞; 瞞昧不得, 便是莫見莫顯."

|16-52| 問: "戒懼." 曰: "諸君試驗心體, 是放縱的, 是不放縱的? 若是放縱的, 添箇戒懼, 卻是加了一物. 若是不放縱的, 則戒懼是復還本體. 年來一種高妙口❶

42　형체와 … 것이다: 전체적으로 『中庸』의 "莫見乎隱, 莫顯乎微."를 둘러싼 설명이다.

❶　口: 賈本에는 "口"가 "開口"로 되어 있다.

만 열면 '생각하지 않고 힘쓰지 않아도 자연스럽게 도道에 부합한다'라는 말의 깊은 의미를 논하면서 계신공구를 통해 심체를 구속하게 되는 것을 두려워해서 마치 외진 시골구석에 떨어지는 일인 것처럼 여긴다. 그래서 종묘宗廟의 아름다움이나 백관의 성대함을 다투어 묘사한다. 하지만 그런 것은 자기에게 도움이 되는 일과는 전혀 관계가 없다."라고 대답하였다.

|16-53| 괜한 생각과 잡념으로 괴로움을 겪는 이가 있어서 꾸짖기를, "자네 스스로 괜한 일을 생각하면서 괜한 생각을 싫어하고, 자네 스스로 잡된 것을 생각하면서 잡념을 싫어한다. 비유하자면 자네 스스로 술에 취해 놓고 술에 취하는 것을 싫어하는 것과 같다. 계신공구의 일념을 관철하여 잠시도 떠나지 않을 수 있다면 어느 겨를에 이런 저런 잡생각을 할 수 있겠는가?"라고 하였다.

|16-54| 전서산(錢緒山: 錢德洪)이 '의견意見'의 폐해에 대해서 논하면서 "양지良知의 본체에 '의견'을 더하는 것은 마치 그림쇠와 곱자에 사각형과 원을 더하는 것과 같다. 사각형과 원을 그리지도 못한 채 그림쇠와 곱자가 먼저 망가질 것이다."라고 말하였다. 거기에 대해 "이 주장의 병통은 여전히 양지를 대강만 이해하고 있다는 데 있다. 양지는 정묘하고 밝으며 간절

|16-53| 有苦閑思雜念者, 詰之曰: "汝自思閑, 卻惡閑思; 汝自念雜, 卻惡雜念. 辟諸汝自醉酒, 卻惡酒醉. 果能戒懼一念須臾不離, 如何有功夫去浮思?"

|16-54| 錢緒山論意見之弊, 謂: "良知本體著於意見, 猶規矩上著以方圓, 方圓不可得而規矩先裂矣." 曰: "此病猶是認得良知粗了. 良知精明, 肫肫皓皓,

하고 결백하여 어떤 것도 그 위에 붙지 못한다. '의意'는 곧 양지의 운행이고 '견見'은 곧 양지의 발현이다. 만약 '의'에 의존한다면 곧 의장(意障: 의념의 장애)이 되고 '견'에 의존한다면 곧 견장(見障: 견해의 장애)이 된다. 마치 저울질을 하는 사람이 손아귀를 조금 힘을 주어 무겁게 만들면 곧 폐단이 되는 것과 같다."라고 말하였다.

|16-55| 왕천석王泉石이 "옛사람들은 만물의 본성을 잘 알아서 해야 할 일들을 이루었다. 실제 운용방식들에 대해 연구하여 확정할 수 있어야만 자신이 정치를 맡게 되었을 때 실착하지 않는다."라고 말하기에, 거기에 대해, "내가 일찍이 기보棋譜를 본 적이 있는데 한 판 한 판이 모두 기발하였지만 내 심체의 '변화하고 움직이며 머물지 않음'에 부합하였을 뿐이었다. 만약 그것을 고정된 방식으로 삼는다면 또한 자유롭게 활용하는 자신의 실력이 되지 못할 것이다. 2,30년간 바둑을 두었지만 한 판도 기보대로 둔 적이 없기 때문이다. 차라리 온 마음을 집중하여 '기러기가 날아올 시기가 되었지'라고 생각하지도 말고 활과 화살을 들지도 말아서[43] 자신의 온 정신을 다해 상황에 따

不粘帶一物. 意卽良知之運行, 見卽良知之發越. 若倚於意, 便爲意障, 倚於見, 便爲見障. 如秤天平者, 手勢稍重便是弊端."

|16-55| 王泉石云: "古人開物成務, 實用須講求得定, 庶當局時不失著." 曰: "某嘗看棋譜, 局局皆奇, 只是印我心體之變動不居. 若執定成局, 亦受用不得, 緣下了二三十年棋, 不曾遇得一局棋譜. 不如專心致志, 勿思鴻鵠, 勿援弓矢, 儘自家精神, 隨機應變, 方是權度在我, 運用不窮."

---

43 기러기가 … 말아서: 『孟子』「告子上」: "弈秋, 通國之善弈者也. 使弈秋誨二人弈, 其一

라 적절하게 변화해 가며 대응하는 것이 낫다. 그래야 저울과 잣대가 나에게 있어 운용하는 것이 무궁무진할 것이다."라고 하였다.

|16-56| 용계(龍溪: 王畿, 1498-1583)가 "'의견意見' 의 차원에 떨어지지도 않고 언어적 설명이 되지도 않게 한다면 어떠합니까?"라고 묻기에, "무엇이 '의견'인가?"라고 되물었더니, "어렴풋하게 자신의 본체를 보았지만 일상 속에서 구현되지는 못하는 상태이니 이는 본체와 자아가 끝내 둘이 된 상태입니다."라고 대답하였다. "무엇이 언어적 설명인가?"라고 묻자, "문답을 할 때에 그 말이 첫 서두가 있고 끝에는 결론이 있으며 중간에는 무궁한 의미를 담아놓는 방식은 모두 언어적 설명에 속박된 것입니다."라고 대답하였다. "이 두 가지 증세를 없앨 수 있으면 어떠한가?"라고 묻자, "그래야만 간절하고 결백한 실제가 될 수 있습니다."라고 대답하였다.

|16-57| 정문程門에서 말하는 "선과 악은 모두 천리天理이다. 단지 지나치거나 미치지 못한 것이 바로 악이다."[44]라는 이론은 바로 배우는

|16-56| 龍溪 曰: "不落意見, 不涉言詮, 如何?" 曰: "何謂意見?" 曰: "隱隱見得自家本體, 而日用湊泊不得, 是本體與我終爲二物." 曰: "何謂言詮?" 曰: "凡問答時, 言語有起頭處, 末稍有結束處, 中間有說不了處, 皆是言詮所縛." 曰: "融此二證如何?" 曰: "只方是肫肫皜皜實際."

|16-57| 程門所云 "善惡皆天理, 只過不及處便是惡", 正

人專心致志, 惟弈秋之爲聽, 一人雖聽之, 一心以爲有鴻鵠將至, 思援弓繳而射之, 雖與之俱學弗若之矣."

44 선과 … 악이다: 『二程遺書』 卷二上, "天下善惡, 皆天理, 謂之惡者, 非本惡, 但或過或

사람들에게 천칙天則을 잘 살펴보아서 조금도 더하거나 덜지 못하게 하려는 의도이다. 비록 (더하거나 던 것이) 조금일 뿐이라도 끝내 규범을 벗어나게 되는 것을 면할 수 없다. 이것이 바로 미세한 갈림길을 궁구하는 이유이다.

|16-58| 『대학大學』에서는 '좋아함과 싫어함'을 말하였고『중용中庸』에서는 '기뻐함, 노여워함, 슬퍼함, 즐거워함'을 말하였으며『논어論語』에서는 '기뻐함, 즐거워함, 성나지 않음'을 말하였다. 자신의 성정性情 이외에 달리 공부를 할 곳이 없다.

|16-59| 순탄한 상황과 역경인 상황은 단지 날씨가 맑거나 비가 오는 것과 같을 뿐이고 벼슬을 선택하는 것과 집안에 머무름을 선택하는 것은 단지 말을 하거나 침묵하는 차이와 같을 뿐이다. 여기에서 맑고 깨끗할 수 있으면 어느 순간에서나 맑고 깨끗할 것이고, 여기에서 불순한 것이 붙어 있으면 어느 순간에서나 불순한 것이 붙어 있을 것이다.

|16-60| "도道와 기器는 어떻게 구별됩니까?"라고 묻기에, "천지를 가득 채운 것이 모두 형

欲學者察見天則, 不容一毫加損. 雖一毫, 終不免踰矩. 此正研幾脈絡.

|16-58| 『大學』言好惡,『中庸』言喜怒哀樂,『論語』言說樂不慍. 舍自家性情, 更無用功處.

|16-59| 順逆境界, 只是晴雨, 出處節度, 只是語默. 此中潔淨, 無往不潔淨, 此中粘帶, 無往不粘帶.

|16-60| 問: "道器之別." 曰: "盈天地

___

不及便如此, 如楊墨之類."

색形色이다. 볼 수 없고 들을 수 없으며 소리와 냄새를 초연히 벗어난 측면을 가리켜서는 도道라고 하고, 볼 수 있고 들을 수 있으며 사물의 근간이 되어 배제할 수 없는 측면을 가리켜서는 기器라고 하는 것이니 두 존재가 아니다. 그런데도 지금 사람들은 형체가 없는 것을 도道라고 하고 형체가 있는 것을 기器라고 하니 바로 종지宗旨를 무너뜨리는 것이다. 희로애락은 형색形色이다. 아직 발출하지 않고 혼연하게 존재하며 보거나 들을 수 없는 측면을 가리켜서는 중中이라고 하고, 이미 발출하여 절도에 맞으며 찬연히 볼 수 있고 들을 수 있는 측면을 가리켜서는 화和라고 한다. 그런데도 지금 사람들은 희로애락이 없는 것을 중中이라고 하고 희로애락이 있는 것을 화和라고 하니 어찌 합일시킬 수 있겠는가. 사람이 만약 희로애락이 없다면 감정이 없는 것인데 마른 나무나 꺼진 재가 아니고서야 어찌 그럴 수 있겠는가."라고 답하였다.

│16-61│ 왕년에 주순지(周順之: 周怡, 1505-1569)와 함께 학문을 강마하였는데 꿈에 동지들과 강학하고 있을 때 주방장 하나가 옆에서 고기를 자르고 있는데 칼질이 몹시 빨랐다. 고양이 한 마리가 기회를 보고 다가오자 칼로 쫓아내고서는 곧장 다시 고기를 아까처럼 잘 잘랐다. 그래서 같은 자리에 있는 사람들에게 그걸 가

皆形色也. 就其不可睹·不可聞, 超然聲臭處指爲道, 就其可睹·可聞, 體物不遺指爲器, 非二物也. 今人卻以無形爲道, 有形爲器, 便是裂了宗旨. 喜怒哀樂卽形色也, 就其未發渾然, 不可睹聞指爲中, 就其發而中節, 燦然可睹聞指爲和. 今人卻以無喜怒哀樂爲中, 有喜怒哀樂爲和, 如何得合? 人若無喜怒哀樂則無情, 除非是槁木死灰."

│16-61│ 往年與周順之切磋, 夢與同志講學, 一廚子在旁切肉, 用刀甚快. 一貓升其幾, 以刀逐之, 旋復切肉如故. 因指語同座曰: "使廚

리키며 말하기를, "만약 주방장이 단지 고양이 쫓는 데만 마음을 썼다면 고양이야 가 버리겠지만 어떻게 고기를 손질해서 손님을 대접할 수 있겠는가?"라고 하였다. 잠에서 깨고 나서 그것을 주순지에게 말하니 흔연하게 깨우치는 바가 있었다.

┃16-62┃ 천성天性과 기질氣質은 두 개의 존재가 아니다. 사람의 이 몸은 모두 기질에 의해서 작동한다. 눈이 볼 수 있고 귀가 들을 수 있고 입이 말할 수 있고 손과 발이 물건을 쥐거나 걸을 수 있는 것은 모두 기질에 의한 것이고, 천성은 바로 이런 활동 속에서 유행流行한다. 선사(先師: 왕수인)께서는 "측은지심惻隱之心은 기질지성氣質之性이다."라고 말한 적이 있는데, 바로 맹자孟子의 '형색形色은 천성天性이다'와 동일한 의미의 말이다. 맹자가 "호연지기浩然之氣는 천지를 가득 채우고 있고 도의道義와 짝을 이룬다."라고 한 대목[45]은 기질과 천성을 함께 거론한 표현이니, 어떻게 "성性만 논하고 기氣를 논하지 않았다."라고 할 수 있겠는가.[46] 뒷날의

┃16-62┃ 天性與氣質, 更無二件. 人此身都是氣質用事, 目之能視·耳之能聽·口之能言·手足之能持行, 皆是氣質, 天性從此處流行. 先師有曰: "惻隱之心, 氣質之性也." 正與孟子形色天性同旨. 其謂"浩然之氣, 塞天地, 配道義", 氣質與天性, 一滾出來, 如何說得"論性不論

---

45 맹자가 … 대목: 『孟子』「公孫丑上」, "'敢問何謂浩然之氣?' 曰: '難言也. 其爲氣也, 至大至剛. 以直養而無害, 則塞于天地之間. 其爲氣也, 配義與道, 無是餒也. 是集義所生者, 非義襲而取之也. 行有不慊於心, 則餒矣.'"

46 어떻게 … 있겠는가: 『朱子語類』 권4, 「人物之性·氣質之性」, "孟子之論, 盡是說性善, 至有不善, 說是陷溺, 是說其初無不善, 後來方有不善耳. 若如此, 却似論性不論氣, 有些不備."

학자들이 두 가지 존재인 것처럼 말해 놓은 것은 도리어 더욱 불분명하게 만든 꼴이다. 기질을 빼고 어디에서 천지지성天地之性을 찾는단 말인가? 양지良知의 허령虛靈한 능력은 밤낮으로 멈추지 않아서 하늘과 함께 운행하고 시내와 함께 흐른다. 그래서 '반드시 집중하여 일삼는 바가 있는' 것이니 움직일 때이거나 고요할 때이거나 구분이 없다. 만약 움직일 때와 고요할 때를 구분하여 공부하게 되면 그중 한 상황에서 다른 상황으로 바뀔 때 그 중간에 해당하는 시간이 있을 텐데, 비록 아무리 교묘한 솜씨를 가졌더라도 그 중간 시간을 없애는 솜씨를 부릴 수 없다. 원공(元公: 周敦頤)이 말하기를, "고요하되 고요함이 없으며, 움직이되 움직임이 없다."[47]라고 하였는데, 양지良知의 신묘함을 잘 표현한 것이라고 할 수 있을 것이다!

영천 선생 어록

┃16-63┃ 배우는 이가 진정 성인聖人이 꼭 되고자 하는 마음이 있다면 이 꼭 되고자 하는 마음이 성인이 될 수 있는 기초이다. 맹렬히 분발하여 한번 뛰어올라서는 훌쩍 뛰어넘어 문

氣"？ 後儒說兩件, 反更不明. 除卻氣質, 何處求天地之性？ 良知虛靈, 晝夜不息, 與天同運, 與川同流. 故必有事焉, 無分於動靜. 若分動靜而學, 則交換時須有接續, 雖妙手不能措巧. 元公謂 "靜而無靜, 動而無動", 其善發良知之神乎!

潁泉先生語錄

┃16-63┃ 學者眞有必求爲聖人之心, 則卽此必求一念, 是作聖之基也. 猛自奮

47　고요하되 … 없다: 『通書』「動靜」: "動而無靜, 靜而無動, 物也; 動而無動, 靜而無靜, 神也."

득 이 몸이 세속을 멀리 벗어나 있음을 깨닫게 되면 어찌 천년 만의 통쾌함이 아니겠는가!

|16-64| 윤화정(尹和靖: 尹焞, 1071-1142)이 "경敬이 무슨 형상이 있겠는가. 단지 몸과 마음을 수렴하면 그게 주일(主一: 집중함)이다. 사람이 신사神祠에 가서 공경을 다할 때 그 마음이 수렴되어 조금도 다른 일이 끼어들지 못한다. 주일主一이 아니고 무엇인가?"라고 말하였다. 이것이 주렴계(周濂溪: 周敦頤)와 이정(二程: 程顥와 程頤) 학맥의 정통을 가장 잘 얻은 것이다.

|16-65| 학문은 인仁이 무엇인지 아는 일보다 긴요한 것이 없다. '인仁'은 사람의 마음이다. 우리 인류는 하늘이 처음 품부할 때 순전히 천리天理 하나만을 받았고, 나중에 갖가지 욕망이나 갖가지 잡념이 섞이면서 그걸 망가뜨렸다. 그러니 반드시 가만히 앉아 마음을 맑게 해야 한다. 그렇게 오랫동안 체인體認해야 (仁의) 모습을 저절로 볼 수 있게 될 것이다. 공자께서 "가만히 (마음을 맑게 하여) 알아 간다."[48]라고 했을 때 '안다'라는 건 뭘 안다는 걸까? '가만히'라고 하였으니 견문에 의존하지 않는 것이고 지식에 기대지 않는 것이며 강론에 의지하지 않

迅, 一躍躍出, 頓覺此身迥異塵寰, 豈非千載一快哉!

|16-64| 和靖謂: "敬有甚形影? 只收斂身心, 便是主一. 如人到神祠中致敬時, 其心收斂, 更著不得毫髮事, 非主一而何?" 此最得濂·洛一脈.

|16-65| 學莫要於識仁. 仁, 人心也. 吾人天與之初, 純是一團天理, 後來種種嗜欲, 種種思慮, 雜而壞之. 須是默坐澄心, 久久體認, 方能自見頭面. 子曰: "默而識之." 識是識何物? 謂之默則不靠聞見, 不倚知識, 不藉講論, 不涉想

---

48   가만히 … 알아 간다: 『논어』 「술이」, "默而識之, 學而不厭, 誨人不倦, 何有於我哉!"

는 것이고 상상과도 다른 것이다. 이것이야말로 공문孔門의 종지宗旨이고 이렇게 해야만 '지겨워하지 않고 피곤해 하지 않을'[49] 수 있다. 그렇기 때문에 반드시 이 모습[體]을 알고 난 뒤에야 조존(操存: 붙잡아 보존함)이나 함양涵養과 같은 공부를 비로소 할 수 있게 된다.

|16-66| 학문은 독실한 실천보다 절실히 필요한 것이 없다. 인仁이 어찌 허구적인 이치이겠는가. '예의禮儀 3백 가지와 위의威儀 3천 가지' 중에서 하나라도 인仁과 관련 없는 것이 없다. 세상의 온갖 일들 이외에 별도의 인仁이 있지 않으며 인체仁體[50]가 끊임없이 세계를 관류하고 있다는 것을 안다면 크게는 인륜人倫의 여러 일들을 감히 살피지 않을 수 없을 것이고 작게는 세상일들을 감히 명료히 인식하지 않는 짓을 할 수 없을 것이다. 사람이 어찌 인류이나 세상일들을 떠날 수 있겠는가. 그러니 어찌 잠시인들 인仁을 체인하는 공부를 떠날 수 있겠는가. 잠시라도 떠난다면 그만 인仁이 아니게 되고 (창피해서) 남에게 얘기할 수 없게 된다. 안자顏子는 보고 듣고 말하고 행동하는 데 있어 조금도 비례非禮가 섞여 있지 않았다. 이것이

像，方是孔門宗旨，方能不厭不倦. 是故必識此體，而後操存涵養始有著落.

|16-66| 學莫切於敦行, 仁豈是一箇虛理? 禮儀三百, 威儀三千，無一而非仁也. 知事外無仁, 仁體時時流貫, 則日用之間, 大而人倫, 不敢以不察，小而庶物, 不敢以不明. 人何嘗一息離卻倫物, 則安可一息離卻體仁之功? 一息離便非仁, 便不可以語人矣．顏子視・聽・言・動, 一毫不雜以非禮，正是時時敦

---

49 지겨워하지 … 않을: 주 48) 참조.

50 인체(仁體): 여기서는 '인(仁)'이라는 실체' 정도의 의미로 사용되었다.

바로 끊임없이 돈독히 실천하고 끊임없이 내 마음에 주의를 잘 집중하는 방법이다.

|16-67| 선유先儒가 말하기를 '학문은 정靜에서 이루어진다'라고 하였다.[51] 이것은 사람들이 분잡한 일들에 마음이 치달리기에 그 마음을 좀 거둬들이게 하려는 의도였다. 만약 공부의 궁극적인 방법을 논한다면 이른바 '보이지 않을 때 (삼가고)' '들리지 않을 때 (두려워함)'이다. '주정主靜'의 '정靜'은 내 마음의 참모습인 것이지 본래가 '동動'의 반대말로 사용한 것이 아니다. 곧 주렴계의 이른바 '일一'[52]이고, 정자程子의 이른바 '정定'[53]이다. 시간상으로는 움직임과 고요함의 다름이 있지만 마음의 측면으로는 움직임과 고요함이 없는 것이 참된 정靜이다. 어떤 때는 고요히 마음을 보존하고 어떤 때는 움직이는 마음을 관찰하는 방식은 곧 후유後儒[54]가 공부의 방법을 (부당하게) 쪼갠 이론이다. "공자께서 강가에 서서" 장[55]을 자세히

行, 時時善事吾心.

|16-67| 先儒謂: "學成於靜." 此因人馳於紛擾, 而欲其收斂之意. 若究其極, 則所謂不睹不聞. 主靜之靜, 乃吾心之眞, 本不對動而言也. 卽周子所謂"一"·程子所謂"定". 時有動靜, 而心無動靜, 乃眞靜也. 若時而靜存, 時而動察, 乃後儒分析之說. 細玩 "子在川上"章, 可自見矣.

---

51 선유(先儒)가 … 하였다: 선유는 揭傒斯를 가리킨다. 揭傒斯(1274-1344)는 자가 曼碩이고 호가 貞文이며 龍興 富州(지금의 豐城市 杜市鎭 大屋場村) 사람이다. 『揭傒斯全集』卷9, "君子學成於靜, 益受於虛. 非靜虛無以成君子, 況聖人乎?"

52 주렴계의 이른바 '일(一)': 『通書』「聖學」, "聖可學乎?" 曰: "可." 曰: "有要乎?" 曰: "有." "請問焉." 曰: "一爲要. 一者, 無欲也. 無欲, 則靜虛動直. 靜虛則明, 明則通; 動直則公, 公則溥. 明通公溥, 庶矣乎!"

53 정자(程子)의 이른바 '정(定)': 「定性書」, "所謂定者, 動亦定, 靜亦定, 無將迎, 無內外."

54 후유(後儒): 주자를 가리킨다.

55 공자께서 … 장: 『論語』「子罕」, "子在川上曰: '逝者如斯夫! 不舍晝夜'!"

완미한다면 저절로 알게 될 것이다.

|16-68| 공자께서 "어질게 살겠다는 뜻을 세웠다면 악한 짓을 하는 일은 없다."라고 말씀하였다.[56] 만약 이런 참된 뜻이 없다면 종일 마음이 마구 얽혀 있어서 모두 사적인 생각들일 것이니 어찌 '허물'이라고만 말할 수 있겠는가.

|16-68| 孔子謂: "苟志於仁, 無惡也." 若非有此眞志, 則終日縈縈, 皆是私意, 安可以言過?

|16-69| 이탁오(李卓吾: 李贄, 1527-1602)가 이단적인 학설을 창도하여 도덕규범을 무너뜨렸는데 초楚 지역[57] 사람들 중에 추종하는 이들이 아주 많아서 풍습이 그로 인해 한번 바뀌었다. 유원경(劉元卿, 1544~1609)이 선생에게 "어찌하여 요사이에 이탁오를 따르는 자들이 많은 것입니까?"라고 물으니, "사람의 마음이 누군들 성현이 되고 싶지 않겠는가. 단지 성현이 되는 걸 가로막는 것들이 문제일 뿐이다. 그런데 지금 그 사람은 주색과 노름이 전부 문제가 되지 않는다고 한다. 부처가 되는 이렇게 편한 길이 있는데 누가 그 길을 따르지 않겠는가?"라고 대답하였다.

|16-69| 李卓吾倡爲異說, 破除名行, 楚人從者甚衆, 風習爲之一變. 劉元卿問於先生曰: "何近日從卓吾者之多也?" 曰: "人心誰不欲爲聖賢? 顧無奈聖賢礙手耳. 今渠謂酒色財氣, 一切不礙 · 菩提路有此便宜事, 誰不從之?"

|16-70| 공자께서 "자신의 허물을 직시하고

|16-70| 夫子謂能

---

56 공자께서 … 하셨다: 『論語』「里仁」에 있는 말이다.
57 초(楚) 지역: 호북성을 가리킨다. 이지는 호북성 黃安(현재의 호북성 紅安현)과 麻城 등지에서 강학하였고 제자가 수천 명일 때도 있었다.

61
문장공 동곽 추수익 선생

속으로 자신을 질책할 수 있는 사람은 드물다."라고 하였다.[58] 대개 정말 허물을 볼 수 있으면 자신이 원래는 허물이 없음을 볼 수 있을 것이고, 정말 자신을 질책할 수 있으면 늘 죄안에 대해 판결을 내리는 옥리처럼 한 구절 한 구절 반드시 자신의 잘못된 점을 이겨 내려고 노력할 것이다. 하지만 인간사든 세상원리든 나 자신과 동떨어진 것이 아니므로 자기 자신에게서 찾아본다면 또 어찌 뜻에 어긋나고 마음에 걸리는 일이 많겠는가. 대개 자기가 원하지 않는 일은 남에게도 하게 하지 않는다면 남과 나 사이의 간격이 없어질 것이고, 주어지는 상황에 따라 이치에 맞게 대응하고 선입견을 가지고 대응하지 않는다면 세상원리 중에서 내 판단이 맞지 않는 경우가 있겠는가.

|16-71| 격물치지의 공부는 '하나로 모든 것을 관통한다'며 전수해 준 공자의 가르침을 증자曾子가 새롭게 해석한 내용이다.[59] 천하의 만사만물은 내 마음에 근원이 있지 않은 것이 없으니 이곳(마음)이 올바르고 어긋남이 없으면

見其過而內自訟者
爲鮮. 蓋眞能見過,
則卽能見吾原無過
處, 眞能自訟, 則常
如對讞獄吏, 句句必
求以自勝矣. 但人情
物理, 不遠於吾身,
苟能反身求之, 又何
齟齬困衡之多? 蓋
己所不欲, 勿施於人,
則人我無間, 其順物
之來, 而毋以逆應之,
則物理有不隨我而
當者乎?

|16-71| 格致之功,
乃曾子發明一貫之
傳. 天下萬事萬物,
莫不原於吾之一心,
此處停妥, 不致參

---

58 공자께서 … 하였다:『論語』「公冶長」, "子曰: '已矣乎! 吾未見能見其過而內自訟者也!'"

59 격물치지의 … 내용이다: 일반적으로『대학』을 증자의 저작으로 간주하곤 한다.『論語』「里仁」에 "子曰: '參乎! 吾道一以貫之.' 曾子曰: '唯!' 子出, 門人問曰: '何謂也?' 曾子曰: '夫子之道, 忠恕而已矣.'"라는 문답이 있다.

그것이 바로 공명정대한 주체이다. 이 주체가 주어진 상황에 맞게 대응하고 더하거나 덜거나 만들어 내거나 없애는 행태를 하지 않는다면 그것이 바로 올바르게 자연에 맞게 대응하는 유행流行이다. '몸짓을 예의에 맞게 행하고 말투를 온당하게 유지하며 낯빛을 올바로 가진다'[60]라는 증자의 여러 행위규범들은 이것을 가지고 관통하는 않는 것이 없다.

|16-72| 보내온 서신에 "일상에서 일에 대응할 때든 사람을 대할 때든 오직 본심本心에 편안하고 온당하기만 구하면 됩니다. 그렇지 않으면, 비록 세상과 어긋나게 되더라도 신경 쓸 것이 없습니다."라고 하였습니다. 학문이 늘 이와 같을 수 있으면 본심이 시시각각으로 주도적으로 활동할 것이고, 오랜 시간이 지나다 보면 성誠의 경지에 들어설 수 있을 것입니다. 세상에 나를 진실되다고 부러워하는 사람이 있으면 내가 그로 인해서 더욱 힘을 내서 노력하겠지만, 나를 세상물정에 어둡다고 꾸짖는 사람이 있다고 해서 내가 그로 인해서 조금이라도 바뀌거나 그러지 않습니다. 왜냐면, 학문이란 자신의 도덕적 능력을 믿게 되기를 추구

差, 卽是大公之體. 以此隨事應之, 無所增損起滅, 卽是順應之流行矣. 動容貌, 出辭氣, 正顏色, 莫非以此貫之.

|16-72| 所論"應事接物, 惟求本心安妥便行. 否, 雖違衆勿恤." 學能常常如是, 本心時時用事, 久之可造於誠. 世有以眞實見羨者, 吾因之以加勉, 有以迂闊見誚者, 吾不因之而稍改. 何也? 學所以求自信而已, 非爲人也. 然所謂本心安妥, 更亦當有辨. 眞無私心, 眞無世界

60　몸짓을 … 가진다:『論語』「泰伯」, "曾子有疾, 孟敬子問之. 曾子言曰: '鳥之將死, 其鳴也哀; 人之將死, 其言也善. 君子所貴乎道者三: 動容貌, 斯遠暴慢矣; 正顏色, 斯近信矣; 出辭氣, 斯遠鄙倍矣. 籩豆之事, 則有司存.'"

할 뿐이지 남에게 보여 주기 위한 것이 아니기 때문입니다. 하지만 이른바 '본심에 편안하고 온당하다'라는 말도 또한 분별을 해야 합니다. 참으로 사심私心이 없고 참으로 세상에 대한 마음이 없으면 그것이 바로 본심입니다. 이것을 토대로 편안하고 온당해진 것이라면 참된 편안함과 온당함입니다. 그렇지 않다면 세속적인 셈법을 따른 것이거나 일반적인 견해에 의한 것일 가능성이 높으니 '본심에 편안하고 온당하다'라고 할 수가 없습니다.

|16-73| 내 한 몸의 주인이며 천지만물의 주인인 것으로서 어느 것인들 '마음'이 아닌 것이 있겠습니까. 그 주인인 것을 잘 건사하여 천지만물의 주인 노릇을 할 수 있는 방도로는 '마음을 보존함'보다 나은 것이 어디 있겠습니까. 우리 공公이 자신의 몸으로 직접 체험한 일이 아니라면 어떻게 이와 같은 정도로 친근하고 절실하게 묘사할 수 있겠습니까. 다만 마음을 보존하자면 마음을 아는 것보다 먼저 해야 할 일이 없고 마음을 알자면 마음을 고요히 하는 일보다 먼저 해야 할 일이 없습니다. 이른바 '마음'이란 물론 우리의 몸 바깥에 있는 것이 아니지만 '은밀한 내면 안에 물러나 감추어져 있는 것'도 이것이고 '우주를 가득 채우고 있는 것'도 또한 이것입니다. 이른바 '안다'라는 것은 물론 자신을 들여다보고 묵묵히 알아 가는

心, 乃爲本心, 從此安妥, 乃爲眞安妥. 不然, 恐夾帶世情, 夾帶習見, 未可以語本心安妥也.

|16-73| 夫爲吾一身之主, 爲天地萬物之主, 孰有外於心? 所以握其主以主天地萬物, 孰有過於存心? 非我公反身體貼, 安能言之親切若此? 第存心莫先於識心, 識心莫先於靜. 所謂心, 固不出乎腔子裏, 然退藏於密者此也, 彌滿於六合者亦此也. 所謂識, 固始於反觀默認, 然淨掃其塵念, 而自識其靈明之體

것에서 시작하는 것이지만, 잡념을 깨끗이 쓸어내고 그 영명靈明한 본체를 알아 가는 것은 괜찮아도 이 영명함이 드러나는 것을 알기만 하고 끝까지 깊이 연구하여 그 전체를 알아내지 못해서는 안 됩니다. 이른바 '보존한다'는 것은 물론 고요할 때 집중하는 데서 시작하지만, '깊은 방구석에서도 부끄럽지 않게 하는 것'도 이 마음을 보존하는 공부이고 '군자를 벗으로 사귀는 것'도 이 마음을 보존하는 공부입니다. 이른바 '고요함'이란 것도 또한 둘이 있습니다. 시점으로 말하는 경우가 있는데 '움직일 때도 평온하고 고요할 때도 평온하다'라고 할 때의 그 움직임과 고요함이 이 경우이다. 본체로 말하는 경우도 있는데 그것은 움직이는 때에 상대해서 말한 것이 아니고 고요한 마음으로 외부의 영향에 주도적으로 대응하고 집중된 마음으로 그 마음이 발산하는 모든 순간을 주도해 나가는 그런 것이어서, 언제나 집중되어 있지 않은 때가 없고 동시에 언제나 풀려 있지 않은 때가 없어서 이른바 '하고자 함이 없기 때문에 고요하다'[61]라고 할 때의 그 고요함이고, 곧 이정二程 학파의 '안정됨[定]'이 바로 이것입니다. 만약 '고요한 상황을 좋아한다'라고 한다면 움직이는 상황을 싫어하지 않을 수

可也; 識此靈明之呈露, 而不極深研窮以得其全體不可也. 所謂存, 固始於靜時凝結, 然"屋漏", 此操存之功也, "友君子", 亦此操存之功也. 所謂靜亦有二: 有以時言者, 則動亦定, 靜亦定之動靜是也; 有以體言者, 則不對動說, 寂以宰感, 翕聚以宰發散, 無時不凝結, 亦無時不融釋, 所謂無欲故靜, 卽程門之定是也. 若曰有嗜靜處, 則能必其無厭動處耶? 若曰常在裏面, 停停當當, 則方其在外時, 又何者在裏面耶? 心者, 天下至神至靈者也. 存心者, 握其至神至靈, 以應

61　하고자 … 고요하다: 『태극도설』에 있는 말이다.

있겠습니까. 만약 '늘 내면에 있기에 온당하다'라고 한다면 마음이 바깥에 있을 때는 또 어느 것이 안에 있다는 것입니까. 마음은 천하에서 가장 신묘하고 영명한 것입니다. '마음을 보존한다'라는 것은 '그 지극히 신묘하고 지극히 영명한 것을 잘 간수하여 천하의 온갖 감지된 일에 대응하는 것'을 말합니다. 내 영명한 마음의 형상을 인식하기는 해도 내 참된 마음의 전체를 다 발휘하지 못한다면 마음이 안에 있는 것인지 밖에 있는 것인지를 알지 못하는 상태를 벗어나지 못할 것입니다. 마음을 보존하고 있는 상황과 세상의 일들에 대응하는 상황을 두 가지 시점으로 구분하게 되면 고요할 때는 집중되어 있고 움직일 때는 성가신 상태라고 잘못 알게 될 것입니다. 바라건대 공은 이미 도달한 경지를 지극한 것으로 간주하지 말고 이 마음의 전체를 깊이 인식하고 마음을 보존하는 전체 공부를 온전하게 다 마치십시오. 그러면 저절로 스르르 얼음이 녹는 듯한 느낌이 있게 될 것입니다.

天下之感者也. 苟認定吾靈明之相, 而未盡吾眞體之全, 卽不免在內在外之疑. 苟分存心與應務爲二時, 卽不能免靜時凝結, 動時費力之疑. 願公不以其所已得爲極至, 而深識此心之全體, 盡得存心之全功, 則自有渙然冰釋處矣.

|16-74| 학문이 마음에서 훤히 아는 데 이르지 못하면 그 도덕실천은 지리멸렬할 것이고 훤히 아는 것을 행동으로 드러내지 못한다면 그 훤히 아는 것이 헛될 것입니다. 훤하다는 것은 그 실천할 바를 훤히 아는 것이고, 행동한다는 것은 그 훤히 아는 바를 실천하는 것입

|16-74| 學不明諸心, 則行爲支; 明不見諸行, 則明爲虛. 明者, 明其所行也; 行者, 行其所明也. 故欲明吾孝德, 非超

니다. 그러므로 나의 효도라는 덕을 훤히 알고 싶거든 효도의 이치를 초월적으로 깨닫는 데서 그치는 것이 아니라 진정으로 부모 섬기는 내 도리를 다 할 수 있어야만 효의 덕이 그로 인해 훤히 이해될 것입니다. 나의 공손이라는 덕을 알고 싶거든 공손의 이치를 초월적으로 깨닫는 데서 그치는 것이 아니라 진정으로 형을 공손히 섬기는 내 도리를 다 할 수 있어야만 공손의 덕이 그로 인해 훤히 이해될 것입니다. 순舜임금은 고금에 걸친 큰 성인이지만 그도 또한 '일상사를 훤히 알고 인륜을 잘 살폈다'[62]라고 칭송되었을 뿐입니다. 인륜과 일상사를 버리고서는 그 '훤히 안다'거나 '살핀다'는 공부를 할 곳이 없습니다. 만약 내 참된 마음에 근본을 두고 경전이든 역사든 무엇을 강설하게 되면 이 강설하는 것이 곧 그 훤히 아는 바를 행하는 일입니다. 이것을 어떻게 외물을 좇는 일이라고 할 수 있겠습니까. 내 참된 마음에 근본을 두고 예를 익히고 소학小學을 강론하면 이 강론하고 익히는 것이 곧 그 훤히 아는 바를 행하는 일입니다. 이것을 어찌 말단의 학업이라고 하겠습니까. 하지만 지금 세상에서 말하는 '마음을 훤히 안다'라는 것은 마음의 그림자나 메아리를 깨닫고 그 글자의 뜻이 이

悟乎孝之理已也, 眞竭吾之所以事父者, 而後孝之德以明. 欲明吾弟德, 非超悟乎弟之理已也, 眞盡吾之所以事兄者, 而後弟之德以明. 舜爲古今大聖, 亦惟曰: "明於庶物, 察於人倫." 舍人倫庶物, 無所用其明察矣. 若本吾之眞心, 以陳說經史, 卽此陳說, 卽行其所明也, 安可以爲逐物? 本吾之眞心, 以習禮講小學, 卽此講習, 卽行其所明也, 安可以爲末藝? 然今世所謂明心者, 不過悟其影響, 解其字義耳. 果超果神者誰與? 若能神解超識, 則自不離日用常行矣. 故

---

62 일상사를 … 뿐입니다: 『맹자』 「離婁下」에 있는 말이다.

문장공 동곽 추수익 선생

해하는 것에 지나지 않을 뿐입니다. 정말로 초월적으로 알고 정말로 신묘하게 이해하는 이가 누구이겠습니까. 만약 신묘하게 이해하고 초월적으로 안다면 저절로 일상의 행위를 벗어나지 않을 것입니다. 그렇기 때문에 '천근한 일들을 배움[下學]'과 '수준 높은 이치를 깨달음[上達]'63은 원래 두 가지 다른 시점에서 벌어지는 일이 아닙니다. 나누게 되면 '깨달음'이라는 말을 쓸 수도 없고 '배움'이라는 말을 쓸 수도 없습니다. 그래서 공자는 '나는 어떤 일도 자네들과 함께 하지 않은 적이 없네. 이것이 바로 나일세.'라고 말한 것입니다.64 무슨 일을 하고 있거나 무슨 말을 하고 있을 때는 당연히 '행동'이지만 가만히 있거나 침묵하고 있을 때도 또한 '행동'입니다. 사람이 하루에 어느 시점인들 행동이 아닌 때가 있겠습니까. '행동'이 본래 중대한 것이기는 하지만 실로 '훤히 안다'라는 공부를 벗어나 있는 것이 아닙니다.

下學·上達, 原非二時, 分之卽不可以語達, 卽不可以語學. 故曰: "吾無行而不與二三子者, 是丘也." 作與語固爲行, 止與默亦爲行, 人一日何時可離行耶? 行本重, 然實不在明之外也.

| 16-75 | 이른바 '학문을 해 나감'에는 단지 신독愼獨만 필요할 뿐 방비하고 점검하는 일은 필요하지 않다고는 하지만, 이전에 있던 일상의 허물이나 습관화된 마음이 아직 물러나지 않

| 16-75 | 所謂將來學問, 只須愼獨, 不須防檢, 而旣往愆尤習心未退, 當何以處

---

63 천근한 … 깨달음[上達]: 『論語』「憲問」, "不怨天, 不尤人, 下學而上達."
64 공자는 … 것입니다: 『論語』「述而」, "子曰: 二三子以我爲隱乎? 吾無隱乎爾, 吾無行而不與二三子者, 是丘也!"

은 상태에서는 어떻게 대처해야 하겠습니까? 무릇 나의 '홀로[獨]'인 순간은 온전히 지극한 하나여서 그것에 대립하는 것이 없습니다. 이 '홀로'인 순간을 인식할 수 있고 시시각각으로 삼갈 수 있으면 또 어떤 일상의 허물이 밖에서부터 침입해 들어올 수 있겠으며 어떤 습관화된 마음이 안으로부터 생겨날 수 있겠습니까. 다만 우리의 습관화된 마음이란 두 가지가 있습니다. 첫째는 그 뿌리를 잘라 내지 못한 채 눈앞에서는 잠시 물러나 있는 그런 경우인데, 이때는 이 병통이 '홀로'인 순간에서도 존재하여 '홀로'인 순간에도 여러 병통이 생기니 또 어찌 '삼간다'라고 말할 여지가 있겠습니까. 둘째는 이미 병근을 끊어 내었지만 옛날의 익숙한 광경을 만났을 때 자기도 모르게 가만히 다시 그 병통이 생겨나는 경우인데, 이 상황에서 그 사실을 깨달아 바로 말끔히 쓸어 내고 깨끗하게 하는 것도 또한 '삼가는' 공부가 아닌 것이 없습니다. 비유하자면 의사들이 위급한 상황에서는 그 증상부터 먼저 치료하는 것과 같으니 그렇게 하는 것도 또한 원기元氣를 잘 기르는 과정의 하나입니다. 그리고 비유하자면 치수治水 사업을 하는 것과 같으니 비록 막힌 곳을 뚫어서 물을 그쪽으로 흘려보내는 인위적인 일을 하더라도 그런 것도 다 물의 본성을 그대로 따르는 일이 아닌 것이 없습니다. '남이 사냥을 하는 것을 보고서는 흥분하는 마음

之? 夫吾之獨處, 純然至一, 無可對待. 識得此獨, 而時時愼之, 又何愆尤能入, 習心可發耶? 但吾輩習心有二: 有未能截斷其根, 而目前暫卻者, 此病尙在獨處, 獨處受病, 又何愼之可言? 有旣與之截斷, 而舊日熟境不覺竊發者, 於此處覺悟, 卽爲之掃蕩, 爲之廓淸, 亦莫非愼之之功. 譬之醫家, 急治其標, 亦所以調攝元氣. 譬之治水, 雖加疏鑿決排, 亦莫非順水之性. 見獵有喜心, 正見程子用功密處, 非習心之不去也. 人一能之, 己百之, 人十能之, 己千之, 此正是困勉之功, 安可以爲著意? 但在本體上用, 雖困且苦, 亦不可以言防

이 생겼다'[65]라고 말한 것은 바로 정자程子의 공부가 엄밀하다는 것을 보여 주는 일화이지, 습관화된 마음이 제거되지 않았다는 의미가 아닙니다. '남이 한 번에 해낼 수 있는 일이면 자기는 백 번을 해보고, 남이 열 번에 해낼 수 있는 일이면 자기는 천 번을 해보는' 이 방식[66]은 바로 '곤란을 겪은 뒤에 배워서 알아 가거나 억지로라도 노력해서 실천해 가는' 공부[67]에 해당하니, 어찌 그 안에 다른 목적이 들어 있겠습니까. 단지 본체의 차원에서 공부를 할 수 있으면 비록 곤란하거나 괴롭더라도 또한 '방비하고 점검하는 것'[68]이라고 말할 수는 없을 것입니다. 지금 세상의 '방비하고 점검하는' 이들도 또한 익숙하게 해낼 때가 있는데 그렇다

檢. 今世之防檢者, 亦有熟時, 不可以其熟時爲得操存之要, 何如? 何如?

---

65 남이 … 생겼다:『二程遺書』권7에 나오는 말이다. 程明道는 16세경에 江西省 南安에서 周濂溪에게 배웠다. 그때 주렴계의 영향으로 道를 추구하게 된 정명도가 이제부터는 사냥을 좋아하지 않을 것이라고 말하자 주렴계가 '말을 어떻게 그리 쉽게 하느냐. 단지 이 마음이 잠재된 채 드러나지 않고 있을 뿐 어느 날 갑자기 동하게 되면 다시 이전과 같아진다.'라고 하였다. 12년 뒤에 과연 그 마음이 없어지지 않고 있었다는 것을 확인하게 되었다. 다른 판본에 따르면 정명도는 16,7세에 사냥을 좋아했는데 12년이 지난 어느 저녁에 집으로 돌아가다가 들녘에서 사냥을 하는 사람을 보고서는 자기도 모르게 흥분하는 마음이 들었다고 한다.("獵自謂今無此好, 周茂叔曰: '何言之易也. 但此心潛隱未發, 一日萌動, 復如前矣.' 後十二年, 因見果知未.〈一本注云: '明道年十六七時好田獵, 十二年暮歸, 在田野間見田獵者, 不覺有喜心.'〉")

66 남이 … 방식:『중용』20장에 나오는 말이다.

67 곤란을 … 실천해 가는: 역시『중용』20장에 나오는 말이다. "或生而知之, 或學而知之, 或困而知之, 及其知之一也; 或安而行之, 或利而行之, 或勉强而行之, 及其成功一也."

68 방비하고 점검하는 것:『二程遺書』권2상, "學者須先識仁, 仁者渾然與物同體, 義禮知信皆仁也. 識得此理, 以誠敬存之而已, 不須防檢, 不須窮索."

고 그 익숙한 때를 '마음을 잡고 보존하는 공부의 요체'를 얻었다고 할 수는 없을 것입니다. 어떻게 생각하십니까, 어떻게 생각하십니까?

|16-76| 이정二程 문하에서는 신독愼獨의 의미를 공자께서 강가에서 하신 말씀과 연관시켜 설명하였으니 바로 '밤낮으로 쉬지 않고 흐르는' 기틀을 잘 형상화한 것입니다.[69] 예가 아니면 보지도 듣지도 말하지도 행동하지도 말라고 했는데 시시각각으로 예에 힘을 쏟는다면 그것이 곧 신독입니다. 시시각각으로 예에 맞는다면 시시각각으로 예가 아닌 것이 없게 되는 것이지 어찌 경계(境界: 객관적 상황)를 논하겠습니까. 시험삼아 천근하게 말해 보겠습니다. 비록 어둑어둑해져서 편히 쉬게 되었을 때도 내 마음은 여전히 또렷하여 어둡지 않고 내 귀와 눈과 몸과 입으로부터도 또한 떠날 수 없는 것이니, 또 어떻게 보고 듣고 말하고 행동함이 없는 때라는 것이 존재할 수 있겠습니까. 비록 꿈속에서라고 하더라도 부르는 소리가

|16-76| 程門愼獨之旨, 發於川上, 正是不舍晝夜之幾. 非禮勿視·聽·言·動, 時時在禮上用力, 卽愼獨也. 時時是禮, 時時無非禮, 安論境界? 試淺言之, 雖向晦宴息, 吾心亦炯然不昧, 吾耳目身口亦不能離, 又安有無視·聽·言·動之時? 雖在夢中, 有呼卽醒, 何嘗俱入於滅? 『易』所謂寂者, 指吾心之

69 　이정(二程) … 것입니다: 『二程遺書』 권14에 있는 내용이다. 정명도는 공자가 강가에서 '가는 것은 다 이와 같다. 밤낮을 쉬지 않고 흐른다'라는 말은 성인의 마음이 순일하여 하늘처럼 그침이 없다는 의미이고, 그렇게 할 수 있는 요체는 신독이라고 하였다.("佛言前後際斷, 純亦不已, 是也. 彼安知此哉! 子在川上曰: '逝者如斯夫! 不舍晝夜!' 自漢以來, 儒者皆不識此義, 此見聖人之心, 純亦不已也. 詩曰: '維天之命, 於穆不已', 蓋曰天之所以爲天也. '於乎不顯, 文王之德之純', 蓋曰文王之所以爲文也. 純亦不已, 此乃天德也. 有天德便可語王道, 其要只在愼獨.")

있으면 바로 깨어나니 어찌 아무 의식이 없는 상태로 전부 들어간 적이 있겠습니까. 『주역』에서 말한 '적연寂然'이란 내 마음의 본체가 움직이지 않음을 가리켜서 한 말이지 한가하고 고요한 시간을 가리키는 것이 아닙니다. 공부는 단지 하나이니, 그래서 '낮과 밤의 도道를 통틀어서 다 안다.'[70]라고 한 것입니다. '앎'의 능력을 밝게 하는 데 달려 있는 것이지 객관적 상황에서 분별하는 데 달려 있지 않습니다.

本體不動者言也, 非指閒靜之時也. 功夫只是一箇, 故曰"通乎晝夜之道而知", 在知處討分曉, 不在境上生分別.

|16-77| 보내온 서신에 "원성元城[71]의 학문은 7년간 힘껏 실천한 뒤에 완성한 것이었고, 상채(上蔡: 謝良佐)는 정자程子를 떠나서 지낸 지 몇 년 만에 비로소 '으스댐[矜]'이라는 병통을 없앨 수 있었습니다. 어떻게 그리 어려운 것입니까? 그에 반해 공자께서는 '어질고[仁] 싶으면 바로 어질게 된다'라고 하였습니다. 또 어떻게 그리 쉬운 것입니까?"라고 하였습니다. 이것은 절실한 질문이라고 하겠습니다. 무릇 어짊[仁]이란 무엇일까요? 마음이 바로 그것입니다. 마음이란 어디 있는 것일까요? 내가 한

|16-77| 承示元城之學, 力行七年而後成, 上蔡別程子數年, 始去一"矜"字, 何其難? 子曰: "欲仁而仁至", 又何其易? 切問也. 夫仁何物也? 心也. 心安在乎? 吾一時無心, 不可以爲人, 則心在吾, 與生俱生者也.

---

70 낮과 … 안다: 『周易』「繫辭上」, "範圍天地之化而不過, 曲成萬物而不遺, 通乎晝夜之道而知. 故神无方而易无體."

71 원성(元城): 劉安世(1048~1125)는 字가 器之이고 號가 元城 혹은 讀易老人이었다. 司馬光의 제자로서 左諫議大夫와 樞密院 都承旨를 역임하였다. 直諫으로 이름이 높아서 '殿上虎'로 불렸다. 그로 인해 여러 차례 유배 생활을 하였으며 시호는 忠定이었다. 『盡言集』을 남겼다.

시각이라도 마음이 없으면 사람일 수가 없으니 마음은 나에게 있어서 태어날 때 같이 생긴 것입니다. 내가 태어날 때 같이 생긴 것을 찾는 일인데 어찌 시일이 걸리겠습니까? 시험 삼아 한번 해 보시지요. 내 한 생각이 참되고 절실해서 오직 내 참된 마음의 본체를 회복하기를 추구할 경우 이 어질고 싶다는 하나의 생각 자체가 이미 혼연한 인仁의 본체이니, 무슨 거짓된 것이 거기 있겠으며 어디에서 으스대는 마음을 찾을 수 있겠습니까. 거짓됨이 없고 으스대는 마음이 없으면 인의 본체가 아니고 무엇이겠습니까. 물론 힘을 기울인 것이 아주 난숙해지고 잡된 마음이 완전히 녹아 없어지게 되려면 몇 해고 몇 달이고 필요하지 않을 수는 없습니다. 지금 고명高明은 공자님의 '어질고 싶으면 어질게 된다'라는 말을 믿고 있으니 여기에서 방법을 찾으면 될 것입니다. 굳이 다시 옛사람의 일이 대해 의심을 가질 필요가 없습니다. 이것이 인을 잘 찾는 방법입니다.

취소선생어록

| 16-78 | 지금 사람들은 단지 '나는 크게 악한 일을 한 적이 없고 크게 나쁜 마음을 가진 적이 없다. 사람됨이 이런 정도면 충분하다.'라고 한다. 평소에 혼매하고 어지러운 마음으로 마치 술에 취한 듯 꿈을 꾸듯이 지내는 것이

求吾之與生俱生者,安可以時日限？　試自驗之。　吾一念眞切，　惟求復吾之眞體，　則此欲仁一念,已渾然仁體矣,何有於妄？何處覓矜？無妄無矜，　非仁體而何？　至於用力之熟,消融之盡，則不能不假以歲月耳．　今高明旣信我夫子"欲仁仁至"之語，　則卽此處求之足矣,不必更於古人身上生疑,斯善求仁矣.

聚所先生語錄

| 16-78 | 今人只說我未嘗有大惡的事，未嘗有大惡的念頭，如此爲人，　也過得.不知日間昏昏憒憒，

바로 큰 잘못이라는 것을 모르는 것이다. 천지가 나를 사람으로 낳았으니 어찌 천지간에서 혼매하고 어지러운 꼴로 개미 따위의 벌레와 어울려 지내기만 해서야 되겠는가.

|16-79| 학생들이 밤에 모시고 있다가 유사징劉思徵이 "요순堯舜의 마음이 지금까지 남아 있다는 말이 있는데 그 말이 맞습니까?"라고 여쭤보니, 선생이 "자네는 요순이 성인이라는 것을 알고 있는가?"라고 되물었다. "알고 있습니다."라고 하니, "이것이 바로 요순의 마음이 지금까지 남아 있다는 증거이다."라고 하였다. 이때 이초李肖와 잠대행岑大行이 그 자리에 있었는데 학생들에게 "요순의 도道는 부모에 대한 효성과 형에 대한 공경일 뿐이다. 사람이 누군들 부모에게는 효도해야 하고 형에게는 공경해야 한다는 것을 모르겠는가. 이 마음은 도척盜蹠도 가지고 있는 것이다. 다만 사람들은 모두 자신의 나쁜 기질과 물욕에 의해 가려져서 이 마음에 따라서 행동하지 못할 뿐이다."라고 하였다. 선생이 학생들에게, "자네들은 믿을 수 있는가?"라고 물으니, 학생들이 "믿을 수 있습니다."라고 대답하였다. 선생이 "이 마음은 사람마다 모두 가지고 있는 것이다. 이것이 바로 사람마다 모두 요순이 될 수 있는 근거이다. 그런데 세상사람들은 이 요순의 마음을 가지고 있으면서도 도척과 같은 일을 하며 자잘

如醉如夢, 便是大惡了. 天地生我爲人, 豈徒昏憒天地間, 與蟲蟻並活已耶?

|16-79| 諸生夜侍, 劉思徵問曰: "堯·舜之心至今在, 其說如何?" 先生曰: "汝知得堯·舜是聖人否?" 曰: "知之." 曰: "卽此便是堯·舜之心在." 時李肖·岑大行在坐, 謂諸生曰: "堯·舜之道, 孝弟而已矣. 人孰不曉得父母當孝, 兄弟當弟? 這點心, 卽盜蹠亦是有的. 但人都是爲氣欲蔽了, 不能依著這心行去." 先生謂諸生曰: "汝信得及否?" 諸生對曰: "信得." 先生曰: "這箇心是人人都有的, 是人人都做得堯·舜的, 世人卻以堯·

한 이욕利欲을 도모하니, 이것은 마치 천금의 옥벽玉璧을 가지고 저녁밥 한 단지와 바꾸는 것과 같다. 아깝도다."라고 하였다.

| 16-80 | 이여진李如眞이 이런 이야기를 하였다. 몇 년 전에 초동楚侗 선생[72]의 집에 가서 그의 아우인 초공楚倥[73]과 9일간 함께 묵었는데 몇 번이나 질문을 해도 말을 해 주지 않았다. 그러다가 떠날 때가 되었을 때 초공이 마침내, "『논어』에서 '어떻게 하나, 어떻게 하나 하지 않으면'[74]이라는 말을 자네는 평소에 어떻게 해석하는가?"라고 물었다. 그래서 이여진이 "제가 이번에 천리를 멀다 하지 않고 특별히 와서 제 견해가 옳은지 여쭤보는 것도 또한 '어떻게 하나, 어떻게 하나' 하는 심정이라고 할 만합니다. 그런데 선생님이 한 마디도 가르쳐 주지 않으시는 것입니까?"라고 되물었더니. 초공이 "자네는 '어떻게 하나, 어떻게 하나' 하며 애쓰지도 않고 또 나에게 '어떻게 하나' 하며 애달프게 하고 있네."라고 대답하였다는 것이다. 선생은 초공의 그 말이 절묘하다고 감탄하

舜的心去做盜蹠的事, 圖小小利欲, 是猶以千金之璧而易壺湌也. 可惜!"

| 16-80 | 李如眞述前年至楚侗先生家, 與其弟楚倥同寢九日, 數叩之不語. 及將行時, 楚倥乃問曰: "『論語』上不曰如之何, 如之何? 汝平日如何解?" 如眞對以爲"我今日不遠千里特來究證, 亦可謂如之何, 如之何矣. 子全無一言相教耶?" 楚倥曰: "汝到不去如之何, 如之何, 又教我如之何." 先生甚歎其妙. 凡至會者, 輒以此語

---

72 초동(楚侗) 선생: 耿定向(1524-1596)은 字가 在倫 혹은 子衡이고 號가 楚侗이었으며 天台先生으로 불렸다. 저서에『冰玉堂語錄』,『碩輔寶鑒要覽』,『耿子庸言』,『先進遺風』,『耿天台文集』등이 있고 시호는 恭簡이다.
73 초공(楚倥): 耿定理는 字가 子庸이고 號가 楚倥이었다.
74 어떻게 … 하나:『論語』「衛靈公」, "不曰'如之何, 如之何'者, 吾末如之何也已矣."

였다. 그리고 누구든 오는 사람이 있으면 그때마다 이 이야기를 해 주었다. 한 벗이 "만약 길이 올바르다면 '어떻게 하나, 어떻게 하나'라는 심정을 가지기만 하면 훌륭합니다만, 만약 길이 바르지 않으면 '어떻게 하나, 어떻게 하나'라는 심정을 가지더라도 아무 소용없습니다."라고 말하자, 선생이 웃으면서 "단지 '어떻게 하나, 어떻게 하나'라고 하지 않아서 문제일 뿐이지, 만약 '어떻게 하나, 어떻게 하나'라고 하기만 하면 길은 저절로 잘못될 수가 없다."라고 대답하였다. 한 벗이 자신의 견해를 밝히며 그 말을 해석하였더니, 선생은 "중간에 해석할 필요 없이 단지 '어떻게 하나, 어떻게 하나' 하는 노력만 있다면 되는 것이다."라고 하였다.

|16-81| '스스로 선다'라는 말과 '스스로 발전해 간다'라는 말의 의미가 무엇인지 물었더니, "스스로 선다는 것은 천지 사이에 우뚝하게 스스로 서서 조금도 의존하는 데가 없어 남이 그를 밀어 넘어뜨릴 수 없는 것을 말한다. 마치 태산이 천지 사이에 서서 바람과 우레가 몰아치더라도 조금도 움직일 수 없는 것과 같아야 스스로 선다고 할 수 있다. 이미 스스로 서게 된 뒤에는 스스로 발전해 가서 남에게 아무 도움도 받을 필요가 없고 그를 정체시킬 수도 없다. 마치 황하의 물이 터져 한 번 만에 천리를 흘러가서 어떤 것도 막을 수 없는 것과 같아야

之. 一友云: "若行得路正, 他如之何, 如之何便好. 若路不正, 就是如之何, 如之何也無用." 先生笑曰: "只是不曰如之何, 如之何, 若曰如之何, 如之何, 路道自不會差了." 一友呈其見解之, 先生曰: "解得不中用, 只是要如之何, 如之何就是."

|16-81| 問: "自立自達." 曰: "自立是卓然自立於天地間, 再無些倚靠, 人推倒他不得. 如太山之立於天地間, 任他風雷俱不能動, 這方是自立. 既自立了, 便能自達, 再不假些幫助, 停滯他不得. 如黃河之決, 一瀉千里, 任是甚麼不能沮

만 스스로 발전해 간다라고 할 수 있다. 요새 사람들은 듣고 본 것에 의존하고 있어서 듣고 보지 못한 부분에서는 밀려 넘어지거나 막혀 정체된다. 아이가 길을 걸을 때는 반드시 벽을 기대거나 담을 짚어야 하지만 어른인 경우에는 반드시 스스로 힘으로 걸어야 한다."라고 대답하였다.

|16-82| 공부에 틈이 생기는 것은 단지 뜻이 아직 세워지지 못했기 때문이다. 하지만 뜻이란 보통의 뜻이 아니라 반드시 성인이 되려는 뜻이어야 한다. 만약 성인이 되려는 뜻이 아니라면 또한 뜻을 세우는 것이 아니다. 만약 성인이 되려는 뜻이라면 한 가지 좋은 일을 하거나 한 가지 좋은 공부를 했다고 해서 그것을 대단한 일로 삼지 않는다.

|16-83| 한 벗이 자기가 조카에게 음악과 여색을 조금 줄이도록 가르쳤다고 말하였다. 그러자 선생이 "내 가르침의 방식은 이것과 다르다. 나는 단지 뜻을 세우고 학문을 지향하도록 권한다. 만약 학문을 지향하는 뜻이 어떤 것보다 커지도록 권할 수 있으면 음악과 여색에 대한 그의 관심은 자연히 줄어들게 되고 내가 (멀리 그것을 하도록) 권할 필요가 없을 것이다. 옛날 맹자는 제齊나라 왕이 음악을 좋아한다는

他, 這方是自達. 若如今人靠著聞見的, 聞見不及處, 便被他推倒了, 沮滯了. 小兒行路, 須是倚牆靠壁, 若是大人, 須是自行."

|16-82| 凡功夫有間, 只是志未立得起. 然志不是凡志, 須是必爲聖人之志. 若不是必爲聖人之志, 亦不是立志. 若是必爲聖人之志, 則凡行得一件好事, 做得一上好功夫, 也不把他算數.

|16-83| 一友言己教姪在聲色上放輕些. 先生曰: "我則異於是. 我只勸他立志向學. 若勸得他向學之志重了, 他於聲色上便自輕, 不待我勸. 昔孟子於齊王好樂, 而曰'好

것에 대해 '음악을 좋아하는 마음이 깊다면 제나라는 이제 희망이 있다.'라고 하였고,[75] 제나라 왕이 용맹스러움을 좋아한다고 했을 때에는 '큰 용맹스러움을 좋아하도록 하십시오'라고 대답하였으며,[76] 제나라 왕이 재물을 좋아한다고 했을 때는 '재물을 좋아하는 것도 괜찮습니다. 공류公劉와 같은 방식으로 재물을 좋아하기만 하면 됩니다.'라고 하였고, 제나라 왕이 여색을 좋아한다고 했을 때는 '여색을 좋아하는 것도 괜찮습니다. 태왕太王이 했던 방식으로 여색을 좋아하기만 하면 됩니다.'라고 대답하였다.[77] 지금 사람들은 만약 누가 재물을 좋아한다거나 여색을 좋아한다는 말을 듣게 되면 바로 재물을 좋아하고 여색을 좋아하는 것은 아주 좋지 않은 것이라고 말해 버려서 더 이상 상대를 변화시킬 수 없게 된다. 요즘 사람들은 맹자가 당시에 어쩔 수 없이 돌려 말

樂甚, 則齊其庶幾乎!' 於好勇, 則曰 '請好大勇'. 曰好貨, 就曰'好貨也好, 只要如公劉之好貨'. 曰好色, 就曰'好色也好, 只要如太王之好色'. 今人若聽見說好貨·好色, 便就說得好貨·好色甚不好了, 更轉他不得. 今人只說孟子是不得已遷就的話, 其實不知孟子."

---

75 옛날 … 하였고:『孟子』「梁惠王下」, "莊暴見孟子曰: '暴見於王, 王語暴以好樂, 暴未有以對也. 曰好樂何如?' 孟子曰: '王之好樂甚, 則齊國其庶幾乎!'"

76 제나라 … 대답하였으며:『孟子』「梁惠王下」, "王曰: '大哉言矣! 寡人有疾, 寡人好勇.' 對曰: '王請無好小勇. 夫撫劍疾視曰:「彼惡敢當我哉!」此匹夫之勇, 敵一人者也. 王請大之!'"

77 제나라 … 대답하였다:『孟子』「梁惠王下」, "王曰: '寡人有疾, 寡人好貨.' 對曰: '昔者公劉好貨. 詩云:「乃積乃倉, 乃裹餱糧, 于橐于囊. 思戢用光, 弓矢斯張. 干戈戚揚, 爰方啓行.」故居者有積倉, 行者有裹囊也, 然後可以爰方啓行. 王如好貨, 與百姓同之, 於王何有?' 王曰: '寡人有疾, 寡人好色.' 對曰: '昔者太王好色, 愛厥妃.' 詩云:「古公亶父, 來朝走馬, 率西水滸, 至於岐下. 爰及姜女, 聿來胥宇.」當是時也, 內無怨女, 外無曠夫. 王如好色, 與百姓同之, 於王何有?'"

한 것일 뿐이라고 해석하곤 하는데 사실은 그들이 맹자를 모르는 것이다."라고 하였다.

│16-84│ 선생이 강康에게 "학문이란 '사람이 모두 요순堯舜이 될 수 있다'라는 한 구절을 믿을 수 있기만 하면 된다."라고 하자, 강이 "요사이에 저도 믿을 수 있게 되기는 했는데 단지 큰 진보가 없습니다."라고 대답하였다. "시험 삼아 믿게 되었다는 것이 무엇인지 한번 말해 보게."라고 하자, 강이 "단지 한 생각이 선한 생각이면 그것이 바로 요순입니다."라고 대답하였다. "이와 같다면 아직 믿지 못한 것이다. 하루 안에 선한 생각이 몇 번인가? 숱한 시간 동안은 요순이 아닌 것이다. 단지 불선한 것이 없는 지점만이 바로 요순이다."라고 말하자 강이 "현재에 선하지 않는 바가 있는데 어찌 요순일 수 있겠습니까?"라고 묻기에 "단지 선하지 못한 것이라는 것을 알고 있는 것만으로도 요순이 아니고 무엇이겠는가?"라고 대답하였다.

│16-85│ 선생이 강康에게 "요사이에 공부는 어떠하냐?"고 물어서 강이 "고요히 보존하고 있습니다."라고 대답하였다. "어떻게 고요히 보존한다는 것인가?"라고 다시 물어서 강이 "시시각각으로 천리天理를 생각하고 있습니다."라고 대답하였다. 그러자 "이것은 '인위적

│16-84│ 先生謂康曰:"爲學只好信得'人皆可以爲堯·舜'一句."康曰:"近來亦信得及, 只是無長進."曰:"試言信處何如?"康曰:"只一念善念, 便是堯·舜."曰:"如此卻是信不及矣. 一日之中, 善念有幾, 卻有許多時不是堯·舜了. 只無不善處, 便是堯·舜."康曰:"見在有不善處, 何以是堯·舜?"曰:"只曉得不善處, 非堯·舜而何?"

│16-85│ 先生問康曰:"近日用功何如?"康曰:"靜存."曰:"如何靜存?"康曰:"時時想著箇天理."曰:"此是人理, 不是

인 리理'이지 천리가 아니다. 천리는 천연적으로 원래 존재하는 리理이니 조금이라도 '생각'이라는 것을 허용하지 않는다. 그래서 양명 선생이 '양지良知는 생각을 하지 않고도 아는 것이다.'라고 말하였던 것이다. 『주역』에서 '무슨 생각을 하고 무슨 사려를 하겠는가.'라고 하였고 안연顏淵은 '무엇인가 우뚝 선 것이 있는 듯하였다.'라고 하였는데[78] '있는 듯하였다'라고만 말하였으니 정말로 어떤 사물이 앞에 있는 것은 아니었다. 본래 위치도 없고 형체도 없는 것이니 어떻게 위치와 형체의 범주로 인식할 수 있겠는가. 오히려 지금 책을 읽은 적이 없는 사람은 누가 무엇을 지도해 주면 그대로 하려고 하기 때문에 차라리 쉽다. 왜냐하면 그에게는 하나의 '욕망'이라는 장애만 있기 때문이다. 반면 책을 읽은 사람들에게는 '리理'라는 장애가 있어서 더욱 벗어나기가 어렵다. 생각을 일제히 내려놓으면 푸른 하늘과 같이 한 점 운무의 장애도 없게 되는데 그렇게 되어야만 깨닫는 것이 있게 된다. 만약 한결같은 마음으로 천리를 생각하면 그 속박을 받게 되니 아무 이득이 없을 뿐 아니라 도리어 해를 입게 된다. 『서경』에서 '인위적인 마음은 위태롭고

天理. 天理天然自有之理, 容一毫思想不得. 所以陽明先生說'良知是不慮而知的'. 『易』曰: '何思何慮.' 顏淵曰: '如有所立卓爾.' 說如有, 非眞有一件物在前. 本無方體, 如何可以方體求得? 到是如今不曾讀書人, 有人指點與他, 他肯做, 還易得, 緣他止有一箇欲障. 讀書的人, 又添了一箇理障, 更難擺脫. 你只靜坐, 把念頭一齊放下, 如青天一般, 絶無一點雲霧作障, 方有會悟處. 若一心想箇天理, 便受他纏縛, 非惟無益, 而反害之. 『書』曰: '人心

---

78 안연(顏淵)은 … 하였는데: 『論語』「子罕」, "顏淵喟然歎曰: '仰之彌高, 鑽之彌堅. 瞻之在前, 忽焉在後. 夫子循循然善誘人, 博我以文, 約我以禮. 欲罷不能, 旣竭吾才, 如有所立卓爾, 雖欲從之, 末由也已.'"

도리에 맞는 마음은 은미하다'라고 하였는데 지금 자네가 천리를 생각하게 되면 도리어 이 인위적인 마음을 하나 더 보태는 꼴이어서 자신이 늘 불안해진다. 도리에 맞는 마음은 소리도 없고 냄새도 없는 것이니 무엇을 의도하거나 헤아리는 마음이 들어 있지 않다. 헤아리는 마음이 들어 있게 되면 또 은미하지 않게 된다. 『중용』에서 '희로애락이 발하지 않은 것을 중中이라고 한다.'라고 하였는데, 분노하지만 특정한 어떤 것을 악으로 간주하지 않고 기뻐하지만 특정한 어떤 것을 선으로 간주하지 않는 것이다.[79] 이른바 '감정이 만물의 실제에 자연스럽게 반응하기에 감정이라고 할 것이 없으며, 마음이 만물을 전부 아우르기에 마음이라고 할 것이 없다.'[80]라는 경지이다. '움직임이 없고 고요함이 없는 것'이 바로 공부의 가장 적절한 방식이다. 비유하자면 거울과 같으니 그 본체가 밝게 빛나서 예쁜 것이 오면 예쁜 대로 비춰 주고 못생긴 것이 오면 못생긴 대로

惟危, 道心惟微.' 你今想箇天理, 反添了這箇人心, 自家常是不安的. 若是道心, 無聲無臭, 容意想測度不得. 容意測度又不微了. 『中庸』曰: '喜怒哀樂之未發, 謂之中.' 怒而無有作惡, 喜而無有作好, 所謂情順萬物而無情, 心普萬物而無心, 無動無靜, 方功夫的當處. 譬之鏡然, 本體光明, 妍來妍照, 媸來媸照, 鏡裏原是空的, 沒有妍媸. 你今如此就謂之作好." 康曰: "如

---

79 중용에서 … 것이다: 일상어에서 '감정을 드러낸다'라는 말은 마음속에 품고 있던 감정을 표정이나 언행으로 표현한다는 뜻일 때가 많다. 鄒德涵은 『중용』의 '희로애락이 발하지 않았다'라는 말을 '마음속에 희로애락의 감정이 생기지 않았다'라는 의미라고 주장하였다. 마음속에는 희로애락이 없지만 기쁜 일이 생기면 기뻐하는 모습을 보이고 슬픈 일이 생기면 슬퍼하는 모습을 보이기는 하기 때문에 희로애락이라는 감정의 표현이 없는 것은 아니다.

80 감정이 … 경지이다: 『二程文集』「答橫渠先生定性書」, "夫天地之常, 以其心普萬物而無心; 聖人之常, 以其情順萬事而無情."

비춰 주지만 거울 안은 원래 비어 있고 예쁘거나 못생긴 것이 없다. 자네가 지금 이와 같이 하는 것은 바로 '특정한 어떤 것을 선善으로 간주하는' 태도라고 한다."라고 하였다. 강이 "말씀하신 대로 하게 되면 공空에 떨어지지 않겠습니까?"라고 묻자, "공空을 두려워하지 말게. 정말 공空을 이룰 수 있으면 자연히 깨달음이 있게 된다."라고 하였다. 강이 "말씀하신 대로 하게 되면 불학佛學으로 흐르게 될 것 같습니다."라고 하니, "공空도 다 같은 것이 아니다. '그냥 보통 사람들의 공空'이 있는데 이런 공은 어둡고 어지러워서 가슴속에 전혀 주재가 없기에 무슨 일이 닥치자마자 바로 밀려서 자빠진다. 취한 듯하고 꿈꾸는 듯하여 헛되이 생을 보내는 경우이다. '이교도의 공'이 있는데 이들은 의식적으로 공을 이루려고 노력하여 사물이 닥쳐오면 그것을 모두 자신의 공을 방해하는 것으로 간주하여 비고 아무 작용이 없는 상태에 둔다. '우리 유학의 공'이 있는데 마치 태허와 같아서 해와 달, 바람과 우레, 산과 강, 인류와 동식물 등 형색이 있고 모양이 있는 것들이 모두 이 태허 속에서 활동하고 유행하며 천변만화하지만 주재가 늘 안정되어서 어떤 것도 그것을 방해하지 못한다. 없으면서 있고, 비어 있으면서 곧 찬 것이어서 앞의 두 경우와 전혀 다르다."라고 하였다. 강이 "저도 처음에는 공空의 방식으로 공부를 하였습니다. 단지

此莫落空否?" 曰: "不要怕空, 果能空得, 自然有會悟處." 康曰: "如此恐流於佛學也." 曰: "空亦不同. 有一等閒人的空, 他這空, 是昏昏憒憒, 胸中全沒主宰, 才遇事來, 便被推倒, 如醉如夢, 虛度一生. 有異教家的空, 是有心去做空, 事物之來, 都是礙他空的, 一切置此心於空虛無用之地. 有吾儒之空, 如太虛一般, 日月 · 風雷 · 山川 · 民物, 凡有形色象貌, 俱在太虛中發用流行, 千變萬化, 主宰常定, 都礙他不得的, 即無即有, 即虛即實, 不與二者相似." 康曰: "康初亦從空上用功, 只緣不識空有三等之異, 多了這箇意見, 便添一

공에는 이런 세 가지 차이가 있다는 것을 알지 못하였기 때문에 이런 쓸데없는 의견이 하나 더 생긴 것이고 그래서 '리理'라는 장애를 하나 더 보태게 되었습니다. 지금 이미 의미를 알게 되었으니 바로 공의 상태로 들어가겠습니다." 라고 하니, "이런 공부는 원래 급하게 해서는 안 된다. 오늘 조금 줄여 내고 내일 또 조금 줄여 내어서 점점 줄여 나가면 자연히 사의私意가 말끔히 없어지고 마음이 태허처럼 되는 때가 올 것이다. 수양의 일정은 바쁘게 해서는 안 되는 것이니 바쁘게 하면 또 조장助長하는 것이어서 또 앞의 병통이 다시 일어나게 된다."라고 하였다.

| 16-86 | 강康이 "맹자가 '반드시 일삼는 바를 가진다'라고 하였으니[81] 모름지기 시시각각으로 선을 행해야 하는 것입니다. 그런데 평상시에 선한 생각이 없는 때나 악한 생각이 없는 때는 아마도 '일삼는 바를 가진다'라고 할 수 없을 것 같습니다."라고 물었더니, 선생이 "이미 악한 생각이 없다면 그것이 바로 선한 생각이다. 다시 또 무슨 선한 생각이 있겠는가. (자네처럼 그런 생각을 하는 것이) 또 이 한 가지 생각을 더 보태는 것이다."라고 하였다. 강이 "또한

箇理障. 今已省得此意, 當下卻空不來." 曰: "這等功夫, 原急不得, 今日減得些, 明日又減得些, 漸漸減得去, 自有私意淨盡, 心如太虛. 日子忙不得, 如忙, 又是助長, 又是前病復發了."

| 16-86 | 康問: "孟子云'必有事焉', 須時時去爲善方是. 卽平常無善念時, 無惡念時, 恐也算不得有事否?" 先生曰: "旣無惡念, 便是善念, 更又何善念? 卻又多了這分意思." 康曰: "亦有惡念發而

---

81   맹자가 … 하였으니: 『孟子』「公孫丑上」, "必有事焉而勿正, 心勿忘, 勿助長也."

83
문장공 동곽 추수익 선생

악한 생각이 생겼는데도 자신은 모르는 경우가 있습니다."라고 하니 선생이 "이 양지良知는 머리부터 꼬리까지 관철되어 처음도 없고 끝도 없으니 '악한 생각이 생겼는데 자신은 모르는 경우'란 존재할 수 없다. 지금 사람들은 양지를 선한 생각이라고 잘못 이해하기도 하는데 이는 '이 생각이 선함을 아는 것도 양지이고 이 생각이 악함을 아는 것도 양지이며 선한 생각도 없고 악한 생각도 없음을 아는 것도 양지라는' 사실을 모르는 것이다. 이렇게 늘 아는 것이 바로 '반드시 일삼는 바를 가짐'에 해당한다. 알지 못하는 상황이 있지만 그것은 양지가 알지 못하는 것이 아니고 자네의 뜻이나 기운이 어둡거나 나태해서 그런 것이다. 옛사람의 말에 '맑고 밝음이 자신에게 갖추어져 있으면 뜻과 기운이 신과 같다'라고 하였다.[82] 어찌 스스로 알지 못하는 것이 있겠는가. 단지 맑고 밝음이 자신에게 갖추어져 있지 않아서 그런 것일 뿐이다. 자네는 단지 뜻이 어두운 것을 탓해야 한다. 한 가닥 사욕이 싹틀 때 단지 이 뜻이 세워지지 못한 것을 탓하기만 하면 사욕이 바로 물러나 명을 들을 것이다. 그러므로 양명 선생의 '뜻을 탓하라'[83]라는 말씀이 가장

不自知者." 先生曰: "這點良知, 徹頭徹尾, 無始無終, 更無有惡念發而不自知者. 今人錯解良知作善念, 不知知此念善是良知, 知此念惡亦是良知, 知此無善念無惡念也是良知. 常知, 便是必有事焉. 其不知者, 非是你良知不知, 卻是你志氣昏惰了. 古人有言曰: '清明在躬, 志氣如神.' 豈有不自知的? 只緣清明不在躬耳. 你只去責志. 如一毫私欲之萌, 只責此志不立, 則私欲便退聽. 所以陽明先生責志之說最妙."

---

82 옛사람의 … 하였다: 『禮記』 「孔子閒居」, "孔子曰: '淸明在躬, 志氣如神, 嗜欲將至, 有開必先, 天降時雨, 山川出雲.'"

83 뜻을 탓하라: 『王文成公全書』 권7, "君子之學無時無處, 而不以立志爲事, 正目而視之

절묘한 것이다."라고 하였다.

|16-87| 선생이 강康에게 "사람이 이 사단四端을 가진 것이 마치 이 사지를 가진 것과 비슷하다는 말을 믿을 수 있게 되었는가?"라고 묻자 강이 "제가 지금 믿을 수 있게 되었다고 말씀을 드리면 단지 입으로만 믿는 것이고 마음으로 믿는 것이 아닙니다. 한번 생각해 본 적이 없기 때문에 감히 '믿을 수 있다'고 말씀드릴 수가 없습니다."라고 대답하였다. 선생이 "그렇게 복잡하게 생각할 필요 없다. 무릇 세속 학문의 병통은 모두 그림자와 메아리를 재어 본다는 점이다. 마치 가위바위보를 하는 것과 같다. 성인의 문하에서 안자顔子 같은 분은 바로 가위바위보를 낼 때도 수를 분명하게 보았다. 자네가 지금 대적하려고 한다면 반드시 분명하게 헤아려 보아야 한다. 반쯤 밝고 반쯤 어두우면 아무것도 할 수 없다."라고 하였다. 강이 가만히 자신을 돌아보니 깨닫는 바가 있었다. 그래서 "단지 선생님의 질문으로 인해서 아직 실제로 체인하지는 못하였습니다만, 여기가 아프게 느껴지니 아마 그것이 바로 측은지심일 것이고, 알지 못하는 것이 부끄러우니

|16-87| 先生謂康曰: "人之有是四端, 猶其有是四體, 信得及否?" 康對曰: "康今說信得, 只是口裏信得, 不是心裏信得. 緣未思量一番, 未敢便謂信得." 先生曰: "倒不要思量. 大抵世學之病, 都是揣摩影響, 如猜拳一般. 聖門若顔子, 便是開拳, 見子箇數分明. 且汝今要回, 須要討箇分明, 半明半暗, 不濟得事." 康默自省有覺, 因對曰: "只因老師之問, 未實體認得, 便在這裏痛, 恐便是惻隱之心; 愧其不知, 恐便

無他見也 … 凡一毫私欲之萌, 只責此志不立, 即私欲便退聽 … 無一息而非立志責志之時, 無一事而非立志責志之地, 故責志之功, 其於去人欲, 有如烈火之燎毛, 太陽一出而魍魎潛消也."

아마 그것이 바로 수오지심일 것이며, 마음이 숙연해지니 아마 그것이 바로 공경지심恭敬之心일 것이고, 마음에서 있음과 없음이나 옳고 그름을 판단되니 아마 그것이 바로 시비지심일 것입니다. 이 질문 하나에 사단四端이 모두 드러났으니 참으로 사람이 사지를 가지고 있는 것과 같습니다. 단지 평소에 살펴보지 못하였을 뿐입니다."라고 대답하자, 선생이 기뻐하면서 "이것이 바로 믿게 된 상태이다."라고 하였다. 강이 또 "사단四端은 결국 하나의 단端이니 전부 시비지심에 속합니다. 측은지심이 들 때 그것이 측은지심이라는 것을 알고, 수오지심이 들 때 그것이 수오지심이라는 것을 알며, 공경지심이 들 때 그것이 공경지심이라는 것을 아는 것이니, 만약 시비지심이 없다면 어떻게 알 수가 있겠습니까. 어떻게 믿을 수가 있겠습니까. 이것이 바로 양지입니다. 넓혀서 채워 가는 것이 곧 양지를 다 발휘하는 것입니다."라고 하니, 선생이 "할 수 있게 되었을 때는 측은지심이라고만 해도 되는 것이고 수오지심이라고만 해도 되는 것이며 공경지심이라고만 해도 되는 것이다."라고 하였다.

|16-88| "어진 사람은 그것을 보고는 인仁이라고 하고 지혜로운 사람은 그것을 보고 지智라고 한다."라고 하였는데,[84] '보는 바'가 있다면 이미 도道가 아니다. 어리석은 백성들은 이

是羞惡之心; 中心肅然, 恐便是恭敬之心; 心中辨決有無當否, 恐便是是非之心. 卽此一問, 四端盡露, 眞如人之有四體一般, 但平日未之察耳." 先生喜曰: "這便是信得及了." 康又曰: "四端總是一端, 全在是非之心上, 惻隱知其爲惻隱, 羞惡知其爲羞惡, 恭敬知其爲恭敬. 若沒是非之心, 何由認得? 亦何由信得? 此便是良知, 擴而充之則致矣." 先生曰: "會得時止說惻隱亦可, 說羞惡亦可, 說恭敬亦可."

|16-88| "仁者見之, 謂之仁, 智者見之, 謂之智", 有所見, 便不是道. 百姓

런 '보는 바'가 없지만 그것을 실생활에 활용하고 있다. 단지 그것이 도道라는 것을 모를 뿐이다. 그래서 공자께서는 "중용(中庸)은 해낼 수가 없다."라고 한 것이다. '중中'은 어디 기대는 바가 없다는 의미이고 '용庸'은 '평상의 도리'라는 뜻이다. 그래서 맹자孟子는 효도에 대해 말할 때 한번도 허벅지 살을 벤다거나 여묘살이를 하는 것에 대해서 말하지 않고, '방긋 웃을 수 있고 손에 무엇을 쥘 수 있는 정도의 아이라도 그 부모를 사랑할 줄 모르는 이는 없다.'라고 하였으며, 공경스러움에 대해 말할 때는 '천천히 걸어서 어른의 뒤에 가는 것을 공경스러움이라고 한다.'라고 하였다. 지금 사람들은 충신이 되려고 하면 단지 '충忠'이라는 가치에만 치우쳐 있으니 이미 중中이 아니며, 세상을 놀라게 만들 이런 일들을 하니 이미 용庸이 아니다. 성인의 관점에서 보면 그런 사람들은 남들 모르는 것을 찾아내고 해괴한 일을 하는 자들일 뿐이니 후세에 그런 사람들을 칭송하는 이가 있다고 하더라도 성인은 반드시 그런 짓을 하려고 하지 않을 것이다. 몇 년 전에 한 벗이 심재(心齋: 王艮) 선생에게 "어떤 것이 '생각을 하지 않고도 통하지 않는 것이 없는' 경지입니

之愚，沒有這見，卻常用著他，只不知是道．所以夫子曰："中庸不可能也．" 中是無所依著，庸是平常的道理． 故孟子言孝，未嘗以割股廬墓的，卻曰："孩提之童，無不知愛其親." 言弟則曰："徐行後長者謂之弟." 今人要做忠臣的，只倚著在忠上，便不中了；爲此驚世駭俗之事，便不庸了．自聖人看來， 他還是索隱行怪，縱後世有述，聖人必不肯爲． 往年有一友問心齋先生云 "如何是無思而無不通？" 先生呼其仆，卽應，命之取茶，卽捧茶至． 其友復

---

84 어진 … 하였는데: 『周易』「繫辭上」, "一陰一陽之謂道. 繼之者善也, 成之者性也. 仁者見之, 謂之仁; 知者見之, 謂之知; 百姓日用而不知. 故君子之道鮮矣."

까?"라고 물었는데, 선생이 노복을 부르자 그 노복이 즉시 대답하였고 차를 내오라고 하자 즉시 차를 가지고 왔다. 그 벗이 다시 묻자 선생이 "이 노복은 내가 그를 부르기를 고대하는 마음이 먼저 있었던 것이 아닌데 내가 한번 부르자 바로 응대하였다. 이것이 바로 생각을 하지 않고도 통하지 않는 것이 없는 것이다."라고 대답하였다. 그 벗이 "이와 같다면 천하에 가득한 사람이 모두 성인이겠습니다."라고 하자 선생이 "바로 날마다 그렇게 생활하고 있으면서 알지 못하는 경우에 해당한다. 간혹은 피곤해서 일부러 거짓으로 대답을 하지 않기도 하는데 이런 것은 이때의 마음이 아니다."라고 하였다. 양명 선생이 하루는 문인에게 '대공무사大公無私한 마음으로 자연의 도리에 맞게 응한다.'[85]라는 말을 설명하였는데 이해하지 못하였다. 홀연히 문인들과 함께 들녘에서 거닐다가 밭 가는 이의 아내가 밥을 이고 오자 그 지아비가 그 밥을 받아서 먹고 다 먹고 난 뒤에는 지어미에게 주어서 가져가게 하는 것을 보게 되었다. 선생이 "이것이 바로 대공무사한 마음으로 자연의 도리에 맞게 응하는 모습이다."라고 하였다. 문인들이 이해를 못 하자 선

問, 先生曰: "才此仆未嘗先有期我呼他的心, 我一呼之便應, 這便是無思無不通." 是友曰: "如此則滿天下都是聖人了." 先生曰: "卻是日用而不知, 有時懶困著了, 或作詐不應, 便不是此時的心." 陽明先生一日與門人講大公順應, 不悟. 忽同門人游田間, 見耕者之妻送飯, 其夫受之食, 食畢與之持去. 先生曰: "這便是大公順應." 門人疑之, 先生曰: "他卻是日用不知的. 若有事惱起來, 便失這心體." 所以大人者, 不失其赤子之心. 赤子是

85　대공무사(大公無私)한 … 응한다: 『二程全書』권2「答橫渠先生定性書」, "君子之學, 莫若廓然而大公, 物來而順應."

생이 "그들은 날마다 그런 식으로 행동하며 살아가면서도 그것의 의미를 모른다. 무슨 일이 생겨서 신경을 쓰게 되면 바로 이 심체心體를 잃어버리게 된다."라고 하였다. 그래서 대인이란 그 어린아이의 마음을 잃지 않는 사람이라고 하는 것이다. 어린아이는 참된 성인이고 진정으로 대공무사한 마음으로 자연의 도리에 맞게 응하는 사람이어서 천지와 덕이 합치되고 일월과 밝기가 같으며 사시四時와 순서가 합치되고 귀신과 길흉이 합치된다.

箇眞聖人, 眞正大公順應, 與天地合德, 日月合明, 四時合序, 鬼神合吉凶的.

|16-89| 한 벗이 "사람을 알기가 가장 어렵습니다."라고 하자 선생이 엄지손가락으로 '인仁'자를 하나 썼다. 그리고서는 "이 인仁이 가장 알기 어렵다. 반드시 이 인仁을 알아야만 그제야 사람이 무엇인지 알 수 있게 된다."라고 하였다. 그 벗이 놀라서 묻자, 선생은 "오직 어진 사람만이 사람을 좋아할 수 있고 사람을 미워할 수 있다."[86]라고 하였다. 그 친구가 모골이 송연해졌다.

|16-89| 一友謂"知人最難". 先生擘畫一"仁"字, 且曰: "這箇仁難知, 須是知得這箇仁, 才知得那箇人." 是友駭問, 先生曰: "唯仁人能好人, 能惡人." 是友悚然.

|16-90| 어떤 이가 "인仁의 본체가 가장 큰데 요사이에 이미 이 본체를 인식하게 되었습니다. 단지 고요할 때와 움직일 때가 같지 않아

|16-90| 有問"仁體最大, 近已識得此體, 但靜時與動時不同,

---

86   오직 … 있다: 『論語』「里仁」편에 있는 말이다.

서 중단되는 순간이 없지 않은 듯합니다."라고
하자, "자네가 본 것은 거짓된 것이어서 그 이
른바 인仁이란 인仁이 아니다. 이와 같이 허공
에 매달린 채로 상상하는 것은 곧 성인의 '묵묵
히 안다'라는 방식에 어긋난다. 비록 평생 동
안 힘들게 노력하더라도, 법도에 맞지 못하여
하루도 쉬지 못할 것이다. 무릇 '인仁을 인식한
다'[87]라는 말은 나 자신이 본래 가지고 있는 인
仁을 인식한다는 의미이다. 그래서 '인仁은 사
람이다.'[88]라고 말하는 것이다. 지금 자네의 견
지는 '인仁은 인이고 사람은 사람이라고 보는'
수준에 머문 것이니 생각할 때는 존재하다가
생각하지 않으면 없어져 버리며 고요할 때는
밝다가 움직이자마자 바로 어두워진다. 어찌
인仁인데도 떠날 수 있겠으며 떠날 수 있다면
어찌 인이라고 할 수 있겠는가. 그러므로 상상
을 빌리지 않고도 저절로 볼 수 있는 것이 인仁
이며, 반드시 상상을 거쳐야만 볼 수 있는 것
은 인이 아니다. 안배하고 조정하지 않더라도
저절로 평온해지는 것이 인이고 반드시 안배
하고 조정한 뒤에야 평온해지는 것은 인이 아

似不能不息". 曰: "爾
所見者, 妄也. 所謂
仁者, 非仁也. 似此
懸想, 乃背於聖門默
識之旨, 雖勞苦終身,
不能觳一日不息.
夫識仁者, 識吾身本
有之仁, 故曰: '仁
者, 人也.' 今爾所
見, 是仁自仁, 而人
自人, 想時方有, 不
想即無, 靜時方明,
才動即昏, 豈有仁而
可離者哉? 豈有可
離而謂之仁哉? 故
不假想像而自見者
仁也, 必俟想像而後
見者非仁矣; 不待安
排佈置而自定者仁
也, 必俟安排佈置而
後定者非仁矣; 無所

---

87 '인(仁)을 인식한다: 『二程遺書』 권2상, "學者須先識仁, 仁者渾然與物同體, 義禮知信
皆仁也. 識得此理, 以誠敬存之而已, 不須防檢, 不須窮索."
88 인(仁)은 사람이다: 『중용』 「20장」, "仁者, 人也. 親親爲大; 義者, 宜也, 尊賢爲大."
『맹자』 「盡心上」, "仁也者, 人也; 合而言之, 道也." 『예기』 「表記」, "仁者, 人也; 道者,
義也."

니다. 아무런 노림수 없이 하는 것은 인이고 노림수를 가지고 하는 것은 인이 아니다. 모르는 것은 모른다고 하는 것이 인이고 모르는 것을 억지로 안다고 하는 것은 인이 아니다. 나 자신과 떨어질 수 없는 것은 인이고 결합할 수도 있고 떨어질 수도 있는 것은 인이 아니다. 직업에 상관없이 할 수 있는 일은 인이고 반드시 직업을 버리고 난 뒤에 할 수 있는 것은 인이 아니다. 시시각각으로 멈출 수 없는 것은 인이고 일각이라도 멈출 수 있다면 인이 아니다. 곳곳에서 모두 체인할 수 있는 것은 인이고 한곳에서도 체인할 수 없는 것은 인이 아니다. 사람마다 모두 할 수 있는 것은 인이고 한 사람도 할 수 없는 것은 인이 아니다. 공자는 '길은 두 갈래이니 인仁하냐 불인不仁하냐의 갈래일 따름이다.'라고 하였다. 이것에서 나오면 저것으로 들어가니 하루라도 인을 알지 못하면 하루 동안은 불인한 것이고 일시라도 인을 알지 못하면 그 일시 동안은 불인한 것이다. 불인하면 사람이 아니며 인은 사람의 밖에 있지 않다. 인을 인식하려고 하는 사람은 그것을 형상이 있는 사물이라고 생각하고 찾아서는 안 되고, 형상이 없는 것을 돌이켜 구해서 인식하기만 하면 된다."라고 하였다.

|16-91| 선생이 "'말은 충실하게 하기를 생각

爲而爲者仁也, 有所爲而爲者非仁矣; 不知爲不知者仁也, 強不知以爲知者非仁矣; 與吾身不能離者仁也, 可合可離非仁矣; 不妨職業而可爲者仁也, 必棄職業而後可爲者非仁矣; 時時不可息者仁也, 有一刻可息非仁矣; 處處皆可體者仁也, 有一處不可體者非仁矣; 人皆可能者仁也, 有一人不可能者非仁矣. 孔子曰: '道二, 仁與不仁而已矣.' 出乎此則入乎彼, 一日不識仁, 便是一日之不仁, 一時不識仁, 便是一時之不仁. 不仁則非人矣, 仁則不外於人矣. 識仁者, 毋求其有相之物, 惟反求其無相者而識之, 斯可矣."

|16-91| 先生曰:

하고 일은 경건하게 행하기를 생각하라.'**89** 단지 이것이 바로 학문이다."라고 하자 한 벗이 "그리고 다시 본체를 알아야 합니다."라고 하였다. 그러자 선생이 "또 무슨 본체가 있겠는가? 충실함과 경건함이 바로 본체이다. 만약 충실함과 경건함이 없으면 본체를 어디에서 볼 수 있겠는가. 우리의 학문은 단지 꼭 필요하고 실지에 맞도록 해야 하는 것일 뿐이니 공연히 본체라는 말을 하기만 한다면 무슨 쓸모가 있겠는가. 그래서 맹자는 '자신이 평소에 하지 않던 일은 하지 말고, 평소에 바라지 않던 일은 바라지 말라.'**90**라고 하였다. 이와 같이 하면 될 뿐이다. 다른 무엇이 있겠는가. 사람마다 하지 않고 바라지 않는 것이 있다. 자신이 무엇을 하지 않는지 무엇을 바라지 않는지 잘 알아보고 그런 일을 계속해서 하지 않고 바라지 않으면 되는 것이다."라고 하였다.

| 16-92 | "배우기만 하고 사색하지 않으면 몽매해지게 되고, 사색하기만 하고 배우지 않으면 위태롭다."라고 하였다.**91** 사람이 단지 좋은 일을 실천하기만 하고 그 이치를 사색해 보지

"言思忠, 事思敬, 只此便是學." 一友曰: "還要本體." 曰: "又有甚麼本體? 忠敬便是本體, 若無忠敬, 本體在何處見得? 吾輩學問, 只要緊切, 空空說箇本體, 有何用? 所以孟子曰: '無爲其所不爲, 無欲其所不欲.' 如此而已矣, 便有甚麼? 人人有箇不爲不欲的, 人只要尋究自家那件是不爲不欲的, 不爲不欲他便了."

| 16-92 | "學而不思則罔, 思而不學則殆." 人只行些好事, 而不思索其理, 則習

---

89 말은 … 생각하라: 『論語』「季氏」, "君子有九思: 視思明, 聽思聰, 色思溫, 貌思恭, 言思忠, 事思敬, 疑思問, 忿思難, 見得思義."

90 자신이 … 말라: 『맹자』「盡心上」, "無爲其所不爲, 無欲其所不欲, 如此而已矣."

91 배우기만 … 하였다: 『논어』「爲政」에 있는 말이다.

92

명유학안 권16, 강우왕문학안 1

않는다면 그것은 익숙하게 행하기만 하고 그 것에 대해 살펴보지 않는 태도여서 결국은 어둡고 어지럽게 되어 전혀 조금도 자득自得하는 맛이 없을 것이니 아무렇게나 행하는 사람이 되어 버린다. 사람이 단지 그 이치만 사색하고 착실히 그것을 행하지 않으면 공중에 매달려 사색하는 것이어서 결국은 아무 참된 견해를 가지지 못하고 그림자와 메아리만 조금 엿보는 것에 지나지 않을 것이니 망녕되게 생각하는 사람이 된다. 그러므로 앎과 실천은 합일되어야 하는 것이다.

| 16-93 | 선생이 "세상 사람들은 소리가 있는 것을 듣는 것으로 간주하고 형체가 있는 것을 보는 것으로 간주한다. 소리가 없고 형체가 없는 것이어야만 참된 보고 들음임을 알지 못한다."라고 하자, 강康이 "'보지 않을 때 삼가고 듣지 않을 때 두려워한다'라고 하였으니, 만약 삼가고 두려워하는 바가 있을 때가 곧 보고 들을 때라고 한다면 공부는 밤과 낮을 관통할 수 없습니다."라고 하였다. 선생이 "사람은 마음이 잠시라도 멈추게 되면 곧 죽게 된다. 살아서 숨 쉴 수가 없다."라고 하였다.

| 16-94 | 사람을 너무 통속적으로 보는 것이 학자들의 병통이다.

矣而不察, 終是昏昏懵懵, 全無一毫自得意思, 做成一箇冥行的人. 人只思索其理, 而不著實去行, 懸空思索, 終是無有眞見, 不過窺得些影響, 做成一箇妄想的人. 所以知行要合一.

| 16-93 | 先生曰: "世人把有聲的作聞, 有形的作見, 不知無聲無形的方是眞見聞." 康曰: "戒愼不睹, 恐懼不聞, 若有所戒愼·恐懼, 便睹·聞了, 功夫便通不得晝夜." 先生曰: "人心才住一毫便死了, 不能生息."

| 16-94 | 看人太俗, 是學者病痛.

| 16-95 | "어떠해야 본심이라고 할 수 있습니까?"라고 묻자 "묻고 있는 것이 바로 본심이다."라고 하였다. 또 "어떻게 보존하고 길러야 합니까?"라고 묻자 "늘 이와 같이 어떻게 해야 할까 하는 마음을 가질 수 있으면 된다."라고 하였다.

| 16-96 | '현재 그대로가 본심이다.'라는 말에 대해 의심하는 이가 있었는데 그가 맹자의 '확충'[92]을 거론하면서 질문하였다. 선생이 "천년만년 할 것 없이 단지 하나의 '현재 그대로'일 뿐이다. 이 '현재 그대로'를 믿을 수 있으면 천년만년이 늘 지금과 같다는 것을 믿을 수 있을 것이다. 어떻게 어질지 않고 의롭지 않으며 예의 없고 지혜 없는 그런 문제가 있을 수 있겠는가. 맹자의 이른바 확충이란 곧 자사子思의 '치중화致中和'라는 말에서 '치致'와 같은 말이다.[93] 곧 '어느 때이고 그렇지 않은 때가 없고 잠시도 떠날 수 없다'라는 의미이다. 본심 밖에서 무엇을 더 첨가해야 한다는 의미가 아니다. 무엇을 더하려고 한다면 그것은 본심이 아니다. 뱀을 그리다 다리를 그려 넣는 병통을

| 16-95 | 問: "如何是本心?" 曰: "卽此便是." 又問: "如何存養?" 曰: "常能如此便是."

| 16-96 | 有疑於"當下便是"之說者, 乃擧孟子之擴充爲問. 先生曰: "千年萬年只是一箇當下. 信得此箇當下, 便信得千萬箇常如此際, 有何不仁不義, 無禮無智之失? 孟子所謂擴充, 卽子思致中和之致, 乃是無時不然, 不可須臾離意思, 非是從本心外要加添些子. 加些子便非本心, 恐不免有

---

92 맹자의 확충:『맹자』「公孫丑上」, "惻隱之心, 仁之端也; 羞惡之心, 義之端也; 辭讓之心, 禮之端也; 是非之心, 智之端也. 人之有是四端也, 猶其有四體也. 有是四端, 而自謂不能者, 自賊者也; 謂其君不能者, 賊其君者也. 凡有四體於我者, 知皆擴而充之矣."

93 자사(子思)의 … 말이다: '致'자를 '끝까지 유지하다'라는 의미로 해석한 것이다.

벗어나지 못할 것이다."라고 하였다.

|16-97| '실천實踐'이란 다른 것이 아니라, 깨닫는 것이 바로 그것이며, 깨달음이란 다른 것이 아니라 실천이 바로 그것이다. 깨달음 밖에 실천이라는 것이 없고 실천 밖에 깨달음이라는 것이 없다. 깨달음 밖에서 실천을 말하는 것은 '지식(知識 이론적인 앎)'에 해당하고 실천 밖에서 깨달음을 말하는 것도 지식이다. 모두 상제上帝의 준칙에 맞지 않으며 모두 '삼가고 두려워한다'라는 공부의 방식에 맞지 않다.

사산의 논학

|16-98| 요새 세상에 해탈을 추구하는 이들은 자연自然을 숭상하고, 화제가 학문에 미치면 곧장 '이것은 진리의 속박일 뿐이다'라고 말한다. 그들은 사람 사는 세상의 여러 법도라는 범위를 벗어나고 싶고 편안히 받아들이지 못하는 마음을 가지고 있으면서도 그 원인이 무엇인 줄 모른다. 내 생각에 '삼가고 두려워하는 마음'[戒愼恐懼]을 떠나서 성性을 말하는 것은 '성性을 따른다[率性]'라는 『중용』의 취지에 맞지 않는다. 요새 세상에 '근원으로 돌아감[歸根]'을 바라는 이들은 공적空寂만을 지키고 화제가 일상윤리에 미치면 늘 곧장 '이것은 한두 번의 도덕적 행위를 해서 호연지기를 가로채려는 행

畫蛇添足之病."

|16-97| 實踐非他, 解悟是已. 解悟非他, 實踐是已. 外解悟無實踐, 外實踐無解悟. 外解悟言實踐者知識也, 外實踐言解悟者亦知識也, 均非帝之則, 均非戒愼之旨.

四山論學

|16-98| 今世覓解脫者, 宗自然, 語及問學, 輒曰此爲法縛耳. 顧不識人世種種規矩範圍, 有欲離之而不能安者, 此從何來? 愚以爲離卻戒愼恐懼而言性者, 非率性之旨也. 今世慕歸根者, 守空寂, 語及倫物, 輒曰此謂義襲耳. 顧不識吾人能視, 能聽,

태라고 할 수 있을 뿐이다'⁹⁴라고 말한다. 그들은 우리가 볼 수 있고 들을 수 있고 기뻐할 수 있고 슬퍼할 수 있는 것이 또 무엇인지 모른다. 내 생각에 희로애락喜怒哀樂을 떠나서 성性을 말하는 것은 '성性을 따른다[率性]'라는 (『중용』의) 취지에 맞지 않는다. 요새 세상에 '스스로 완성함'을 택한 이들은 독학에 힘쓰고 화제가 경세經世에 미치면 곧장 '이것은 세상에 대한 미련을 좇는 것일 뿐이다'라고 한다. 그들은 우리가 누군가 다친 것이나 무엇인가 부서진 것을 보게 되면 측은한 마음이 반드시 속에서 일어나는데 이것이 또 무엇이 그렇게 시킨 것인 줄을 모른다. 내 생각에 천지만물을 떠나서 성性을 말하는 것은 '성性을 따른다[率性]라는 (『중용』의) 취지에 맞지 않는다.

能歡, 能戚者, 又是何物? 愚以爲離卻喜怒哀樂而言性者, 非率性之旨也. 今世取自成者, 務獨學, 語及經世, 輒曰此逐情緣耳. 顧不識吾人睹一民之傷, 一物之毀, 惻然必有動乎中, 此又孰使之者? 愚以爲離卻天地萬物而言性者, 非率性之旨也.

『사성구정(思成求正)』 초고-노수(瀘水)⁹⁵

| 16-99 | 하늘에는 나와 공유하는 하나의 리가 있으니 처음부터 투철하게 곧바로 본심을 믿는다. 단일하고 이분되지 않아서 진근塵根⁹⁶의

思成求正草(瀘水)

| 16-99 | 天有與我公共一理, 從頭透徹, 直信本心, 通一

---

94 이것은 … 뿐이다:『맹자』「公孫丑上」, "敢問: '何謂浩然之氣.' 曰: '難言也. 其爲氣也, 至大至剛, 以直養而無害, 則塞于天地之間. 其爲氣也, 配義與道, 無是餒也. 是集義所生者, 非義襲而取之也. 行有不慊於心, 則餒矣.'"

95 노수(瀘水): 瀘水는 鄒德泳의 호이다.

96 진근(塵根): 色·聲·香·味·觸·法 등 지각 대상인 六塵과 눈·귀·코·혀·몸·의식 등 지각 주체인 六根을 가리킨다.

수준에 떨어지지 않고 관회鑁會[97]를 찾을 것도 없으며, 영명하고 활발하여 만물의 법칙의 모두 갖추고 있어서 아무리 크든 아무리 미세하든 어디에나 이것이 없는 곳이 없다. 그것은 남을 세워 주는 일이나 남을 발전시켜 주는 일이나 백성의 굶주림이나 백성의 도탄 등 일체의 우주 안 일들에 대해 다시는 미루고서 안과 밖의 구분하는 태도를 허용하지 않는다. 그러니 어찌 생각을 통해 인식하거나 짐작을 통해서 인식하거나 이치를 따져서 인식하거나 억지로 인식하는 방식들과 한날에 같이 얘기할 수 있는 수준이겠는가. 지금 학자들은 걸핏하면 '의념은 일어나다 없어지다 하는 것이 걱정이고 공부는 하다가 멈추다가 하는 것이 문제이다.'라고 한다. 의념이 일어나다가 없어지다가 하는 지경이고 공부는 하다가 멈추다가 하는 지경이라는 것이 느껴진다면, 의념이 없어지는 것이 아주 완전히 사라지는 것일 뿐 아니라 의념이 일어나는 것도 또한 파랑이 생기게 마련이고, 공부를 멈추는 것이 타락하는 것일 뿐 아니라 공부를 하는 것도 또한 '뱀 그리다 다리를 더 그리는 꼴'일 것이다. '울타리를 들추고 벽을 더듬는 것 같아서'[98] 엉뚱한 방식으

無二, 不落塵根, 不覓鑁會, 靈明活潑, 統備法象, 廣大纖屑, 無之非是. 其於立人・達人・民饑・民溺, 一切宇宙內事, 更不容推而隔於分外. 豈可與意識・卜度・理路・把捉者同日語哉! 今學者動曰: "念愁起滅, 功慮作輟." 夫念至於有起有滅, 功見得有作有輟, 毋論滅爲斷絕, 卽起亦爲生浪; 毋論輟爲墮落, 卽作亦屬添足. 扶籬摸壁, 妄意得手, 參前倚衡, 終非覿面.

97　관회(鑁會): 관건에 해당하는 부분을 가리킨다.
98　울타리를 … 같아서: 석숭악(釋崇岳, 1132-1202)의 게송에 있는 말이다. "눈앞에 나타나게 하고 싶거든 순하다거나 거슬린다는 마음을 갖지 말라. 조사가 왔는데 다시 뭘

로 진리를 손에 넣으려고 하는 것이고, '서 있
을 때는 그것이 눈앞에 같이 서 있는 듯이 느
껴지고 수레를 타고 있을 때는 눈앞의 수레멍
에에 달려 있는 듯이 느껴진다고 하더라도'[99]
끝내 그 면목을 본 것은 아니다.

┃16-100┃군자는 사람을 대할 때 마음을 비운
채로 비춰 보고 마음을 평안히 한 채로 대응해
서 받아들일 수 있는 것은 저절로 받아들이고
받아들일 수 없는 것은 저절로 받아들이지 못
하니, 관찰하는 태도로 상대를 대하는 것이 아
니라 더불어 함께할 뿐이다. 만약 의도를 가지
고 '받아들임'을 도량으로 생각한다면 세속적
인 상태로 빠져들어 뭉쳐 있는 채로 풀어지지
못할 것이니, 그런 상태라면 내가 군자에게 받
아들여지지 못할 것이다.

┃16-100┃君子之於
人也, 虛心而照, 平
心而應, 使其可容者
自容, 不可容者自不
能容, 不以察, 與焉
而已.　若作意以含
容爲量, 則恐打入世
情隊裏,　膠結不解,
吾將不爲君子所容
矣.

┃16-101┃학문에 뜻을 두면 세속적인 것과는
기약하지 않아도 저절로 멀어지게 마련이고,
세속적인 것에 안주하면 학문과는 기약하지
않아도 저절로 멀어지게 마련이다. 세속적인
것의 성공은 화려한 명성의 범위 내에 있을 뿐

┃16-101┃志於學問,
與流俗自不期遠, 安
於流俗, 與學問自不
期遠.　流俗之得意,
不過在聲華豔羨之

보려고 하는가, 절대 울타리를 들추거나 벽을 더듬지 말라.(欲得現前, 莫存順逆. 祖師
來也還見麼, 切忌扶籬摸壁.)"
99　서 있을 … 하더라도:『논어』「위령공」편에 나오는 말이며, 늘 충신(忠信)과 독경(篤
敬)이라는 덕목을 눈앞에 보듯이 잊지 않고 생각한다는 의미이다.

이어서 조금이라도 명성이 꺾이면 의기가 소침해져서 조금의 생기도 없게 된다. 그에 반해 학문에서의 성공은 도리어 거두어들이는 태도 속에 있어서 비록 곤궁해지게 되더라도 지조가 더욱 단련되어 더욱 빛이 나게 된다.

間, 一或銷歇而意趣沮喪, 毫無生色. 學問之得意, 反在收斂保聚之內, 雖至窮窘, 而志操益勵, 越見光芒.

| 16-102 | 천지나 귀신에 대해 사람들은 무슨 일이 생겼을 때 경외하는 마음을 가지는데, 화복이나 이해의 차원에 발을 딛고 있는 것이어서 끝내 설기고 얕은 수준일 뿐이다. 옛사람들은 '드러나지 않은 곳에서도 신이 임해 있는 듯이 경건하고 싫어하지 않을 때에도 경건한 자세를 지켰고',[100] '깊은 못에 임해 있듯이 얇은 얼음을 밟고 있듯이 조심하였으니'[101] 일이 있을 때나 일이 없을 때나 한결같이 두려워하는 마음이 본래 주재하였다.

| 16-102 | 天地鬼神, 遇事警畏, 然恐在禍福利害上著脚, 終涉疏淺. 古人亦臨 亦保·若淵 若冰, 不論有事 無事, 一是怕慄本來作主.

| 16-103 | 옛사람은 천지와 덕이 합치되는 경지를 지향하였다. 그래서 곧장 본체로부터 '드러나지 않은 곳에서도 신이 임해 있는 듯이 경건하고 싫어하지 않을 때에도 경건한 자세를 지켰고' 조금의 자기중심적이거나 지혜의존적

| 16-103 | 古人以天地合德爲志, 故直從本體, 亦臨亦保, 不使一毫自私用智沾蒂掛根. 今人以世

---

100 드러나지 … 지켰고: 『詩經』 「思齊」에 있는 구절이다. 원문은 "不顯亦臨, 無射亦保" 이다.

101 깊은 … 조심하였으니: 『詩經』 「小旻」에 있는 구절이다. 원문은 "如臨深淵, 如履薄冰" 이다.

인 태도가 들러붙어 있게 하지 않는다. 요즘 사람은 세속적인 욕망을 충족시키는 데 뜻을 둔다. 그래서 단지 사업의 차원에서 안배하고 조정할 뿐이고 끝내 '보지 않고 듣지 않는 차원'에 대해 눈을 뜨고 자신의 기반을 확립하지 못한다. 아무튼 한번 도달한 이후에는 위와 아래로 갈려진다.

情調適爲志, 故止從事爲, 安排佈置, 終不能於不睹不聞上開眼立身. 總之一達而上下分途.

| 16-104 | 군자가 단지 최초의 생각에 의거하면 저절로 천연적 법칙에 맞는다. 만약 그 안에서 또 다른 생각을 떠올려 재주를 부리게 되면 설혹 파탄이 생기지는 않더라도 끝내 대도<small>大道</small>와는 부합하지 않는다.

| 16-104 | 君子只憑最初一念, 自中天則; 若就中又起一念, 搬弄伎倆, 卽無破綻, 終與大道不符.

| 16-105 | 요새 세상의 학자들은 강단에 오르면 단지 '묵식默識'을 말하고 '믿음'을 말하고 '들음'을 말하고 '깨달음'[參]을 말하고는 그것을 불료의제不了義諦[102]로 삼는다. '깨달음'이라는 말은 도가나 불교 이후에 생긴 개념이어서 말할 필요가 없고, '묵식'이니 '믿음'이니 '들음'이니 하는 것에 대해서 말하더라도 결국은 '깨닫는다'라는 의미에 지나지 않는다. 내 생각에 사람 사는 세상일과는 아무 상관이 없다. 이런 논의들은 우선 놓아두고 자신과 밀접하게 관

| 16-105 | 今世學者, 登壇坫, 但曰默識, 曰信, 曰聞, 曰參, 以爲不了義諦. 夫參之爲言, 從二氏而後有, 不必言也. 顧爲識・爲信・爲聞, 就而質之, 究竟不過參之之義. 吾以爲, 總於人情世變, 毫無

---

[102] 불료의제(不了義諦): 진실은 숨겨 두고 알기 쉽게 방편으로 말하는 방식을 가리킨다.

련된 방식으로 진리를 찾아야 한다. 『중용』에서는 '미발未發의 중中'이라는 개념으로 성性을 설명하였지만 반드시 그 앞에 '희로애락喜怒哀樂'을 먼저 언급하였고, 『맹자孟子』에서는 '성이 선하다'라는 주장을 하였지만 반드시 측은지심과 수오지심 같은 사단四端을 사례로 들었으니 '성'이니 '정情'이니 하는 개념은 비록 각각 다른 명칭을 사용하였지만 구분은 없다는 것을 알 수 있다. 그렇기 때문에 '그보다 더 잘 드러나는 것은 없음'이나 '그보다 더 현저한 것은 없음'이라는 상태도 또한 '보지 않음'과 '듣지 않음'이라는 상태가 아닌 것이 없고, '홀로일 때 삼가는'[愼獨] 공부는 곧 '삼가고 두려워한다'라는 공부 중에서 뽑아내서 말한 것이다.[103] 대개 홀로일 때 삼가는 공부를 온전하게 다했으면서 '삼감'과 '두려워함'의 공부를 하지 않은 경우란 없다. 이것이 '성학聖學'이 실제의 현실

著落, 此等論且放下, 須近裏著己求之. 『中庸』以未發之中言性, 而必冠之以喜怒哀樂; 『孟子』言性善, 而必發於惻隱·羞惡四端, 則知曰性·曰情, 雖各立名而無分段. 故知莫見·莫顯, 亦無非不睹·不聞, 而愼獨之功, 卽從戒懼抽出言之. 蓋未有獨處致愼·而不爲戒愼·恐懼者, 此聖學所以爲實也. 陽明洞見此旨, 特提致知, 而

---

[103] '성'이니 … 것이다: 『중용』의 "도란 잠시도 떠날 수 없으니 떠날 수 있다면 도가 아니다. 그러므로 군자는 그 보지 않는 때에도 삼가고 듣지 않는 때에도 두려워한다. 숨겨진 상태보다 잘 드러나는 것이 없고 미미한 상태보다 현저한 것이 없다. 그래서 군자는 그 홀로일 때에 삼간다.[道也者, 不可須臾離也, 可離非道也. 是故君子戒愼乎其所不睹, 恐懼乎其所不聞. 莫見乎隱, 莫顯乎微, 故君子愼其獨也.]"라는 대목에 보이는 개념들을 활용한 서술이다. 주자와는 대비되는 해석을 담고 있다. 주자는 '도란'부터 '아니다'까지는 마음의 모든 상태를 가리키는 것이며 '보지 않음'과 '듣지 않음'은 그 모든 상태 중에서 '미발'에 속하는 것이어서 '삼감'과 '두려워함'은 '미발'의 공부에 해당하고, '숨겨진 상태'와 '미미한 상태'는 마음의 '已發'에 해당하고 '홀로일 때 삼감'은 이발의 공부라고 보았다. 즉 미발과 이발을 나누고 그 공부도 둘로 나누었다. 鄒德泳은 미발과 이발을 성과 정이라는 개념으로 설명하면서 성과 정 사이에 구분이 없고 그 공부도 구분되지 않는다고 주장하였다.

에 맞는 까닭이다. 양명은 이 이치를 환히 보았기 때문에 특별히 '치지致知'라는 개념을 제기하고 또 사람들이 의식이라는 의미로 이 '지知'를 이해할까 염려하여 또 '양良' 한 자를 선택하여 추가하였다. 대개 성性을 보편적인 리理로 보고 지知를 그 영명함이 발현되는 지점으로 보아서 '양良'을 통해 '지知'를 찾으면 '지'가 근원을 벗어나지 않을 것이고, '치致'[104]를 통해 '양'을 완성시키면 공부가 때에 뒤처지지 않을 것이다. 이것이 바로 '홀로일 때를 삼감'의 관건이다. 우리들은 단지 이것에 의거하여 공부를 해야 하는 것이니, 희로애락이 절도에 맞도록 하고 자기 욕망에 맡기지 않으며 측은지심 등 사단이 한결같이 초심을 지키고 생각을 바꾸지 않도록 할 수 있으면 침 한 방으로 바로 피를 한 방울 보는 것처럼 효험을 볼 것이니 성현의 경지에 들어가는 데 있어 다시 또 무슨 의심할 것이 있겠는가.

| 16-106 | '격물格物'에 대해서 여쭤보자, "'정심正心'에 대해서는 바로 '마음을 바르게 한다'라고 해석하고 '성의誠意'에 대해서는 바로 '생각을 성실히 한다'라고 해석하였으며 '치지致知'에 대해서는 바로 '앎을 이룬다'라고 해석하였는

又恐人以意識爲知, 又點出一'良'字, 蓋以性爲統理, 而知則其靈明發端處, 從良覓知, 則知不離根, 從致完良, 則功不後時. 此正愼獨關鍵. 吾人但當依此用功, 喜怒哀樂歸於中節, 而不任己, 惻隱四端, 一任初心而不轉念, 則一針一血, 入聖更復何疑!

| 16-106 | 問: "格物." 曰: "正心直曰正心, 誠意直曰誠意, 致知直曰致知, 今於格物獨奈何必

---

104 치(致): 여기서는 어떤 것의 원래 본성대로 완성시킨다는 의미이다.

데 지금 '격물'에 대해서는 유독 왜 굳이 '그 바르지 않은 것을 바로잡아서 바른 상태로 돌린다'라고 해석하는 것인가? 내 생각에, 성인聖人의 학문은 치지致知에서 끝나는 것이지만 우리는 육신이 생기고 정신이 발생한 뒤에 이 '지(知: 앎)'가 있게 되는 것이어서 그 또한 '물物'에 속하는 것이므로 반드시 '격물格物'을 해야 지知가 더 높은 차원으로 변화한다. 그렇기 때문에 『대학』의 본문에는 이 '치지'와 '격물' 사이에만 다른 곳과는 달리 '재在'라는 한 글자를 사용한 것이니 '치지' 이외와 별도의 격물 공부가 있는 것이 아니다.[105] 『주역』에서 '건乾의 지知는 큰 시작이다'라고 말하고서는 곧 이어서 '곤坤의 작용은 물物을 이룬다'라고 하였으니,[106] 물物이 아니면 지知는 귀속될 곳이 없고 지知가 아니면 물物은 형태를 가질 수 없다. 『맹자』에서 '그가 지나가는 곳은 모두 높은 차원으로 변화된다'라고 하였는데 이것은 '물物이 바르게 된다'[物格]라는 말에 해당하고, '그가 간직하는 것은 신묘해진다'라고 하였는데 이것은 '지知

曰'格其不正, 以歸於正'耶? 吾以爲, 聖人之學, 盡於致知, 而吾人從形生神發之後, 方有此知, 則亦屬於物焉已, 故必格物而知乃化. 故『大學』本文於此獨著一'在'字, 非致知之外別有一種格物功夫. 『易』言'乾知大始'卽繼以'坤作成物', 非物則知無所屬, 非知則物無所跡. 孟子曰: '所過者化', 物格之謂也; '所存者神', 知至之謂也. 程子曰: '質美者明得盡, 渣滓便渾化, 卻與天地同體.'

---

105 『대학』의 … 아니다: 『대학』에 수신과 정심, 정심과 성의, 성의와 격물의 관계에 대해 "欲修其身者, 先正其心; 欲正其心者, 先誠其意; 欲誠其意者, 先致其知"라고 써서 선후의 구분이 있는 것처럼 표현한 것과는 달리 치지와 격물의 관계에 대해서는 "致知在格物"이라고 말한 것에 대해 설명한 것이다.

106 『주역』에서 … 하였으니: 이 두 구절은 주자의 주석에 따르면 "건은 주재하여 만물을 창조하고 곤은 작용하여 만물을 완성시킨다."로 해석될 수 있다. 여기서는 추덕영의 설명방식에 맞게 번역하였다.

가 이루어지게 된다'[知至]라는 말에 해당한 다.107 정자(程子)는 '자질이 훌륭한 이는 총명함 이 극진하여 마음의 찌끼108가 완전히 없어져 천지와 같은 몸이 된다.'라고 하였는데, 이것 은 바로 '지知를 이루고 물物을 바로잡는'[致知格 物] 공부에 대한 해석이다."라고 대답하였다.

| 16-107 | 공은 '인仁을 추구함'을 종지로 삼고 "어떤 일이든 배우지 않는 것이 없고 어떤 배 움이든 공자의 학설에서 그 정당성을 확인해 보지 않은 것이 없다."라고 하였습니다. 이런 주장은 아무 하는 일이 없을 때에는 어떻게 배 울 것인지 모르는 것이고, 할 일들에 대응하는 번잡함 속에서는 또 공자의 학설에 하나하나 확인해서 배울 겨를이 없다는 것을 모르는 것 입니다. 주저하거나 당황하여 도리어 어떤 것 을 옳다고 여기거나 어떤 것에 집착하여 생각 을 일으키기만 하고 없애지는 못할 것이니 이 런 경우 장차 어떻게 바로잡을 수 있겠습니까. 【「서노원(徐魯源)에게 보내는 서신」】

此正致知格物之解 也."

| 16-107 | 公以求仁 爲宗旨, 而云"無事 不學, 無學不證諸孔 氏". 第不知無所事 之時, 何所爲學? 而 應務酬酢之繁, 又不 遑一一證諸孔氏而 學之. 躊躇倉皇, 反 覺爲適爲固, 起念不 化, 此將何以正之? 【「與徐魯源」】

---

107   맹자에서 … 해당한다: 인용된 맹자의 두 말은 『孟子』「盡心上」에 있는 말이다.
108   찌끼: '바르지 않은 의념', 즉 바르지 않은 '물(物)'을 가리킨다.

명유학안 권17,
강우왕문학안2

明儒學案 卷十七,
江右王門學案 二

문장공 남야 구양덕 선생

文莊歐陽南野先生德

|17-1| 구양덕(歐陽德: 1496-1554)은 자가 숭일崇一이고 호는 남야南野이며 강서성 태화泰和 사람이다. 약관이 되자마자 향시에 급제하였고 건태虔台[1]에서 문성공(文成公: 왕수인)에게 배웠다. 예부禮部가 주관하는 과거에 두 차례 응시하지 않자 문성공이 '소수재小秀才'라고 불렀다. 가정嘉靖 2년(1523) 진사進士[2]가 되어 육안주六安州의 장관이 되었고 형부원외랑刑部員外郞으로 옮겼다가 한림원편수관翰林院編修官으로 고쳐 제수되었다. 이듬해에 남경국자사업南京國子司業과 남경상보사경南京尙寶司卿으로 옮겼다가 태

|17-1| 歐陽德, 字崇一, 號南野, 江西泰和人. 甫冠擧鄕試, 從學王文成於虔台, 不赴春官者二科, 文成呼爲小秀才. 登嘉靖二年進士第, 知六安州, 遷刑部員外郞, 改翰林院編修. 踰年, 遷南京國子司業, 南京尙

---

1 건태(虔台): 건주(虔州)는 강서성 감주(贛州) 지역의 별칭이고, 이 지역의 순무사(巡撫使)의 관청 혹은 순무사를 건태라고 부른다. 왕수인은 1517년 순무남감정소등처지방제독군무(巡撫南贛汀漳等處地方提督軍務)에 제수되었다. 이 관직은 강서성의 남안(南安)과 감주, 복건성의 정주(汀州)와 장주(漳州) 등지의 군무를 관장하는 순무사이다.

2 진사(進士): 송(宋)나라 이후 중국에서는 전시(殿試)까지 합격하여 관리자격을 갖춘 사람을 진사라고 불렀다.

복시소경太仆寺少卿으로 전직되었고 얼마 뒤에는 남경홍려시경南京鴻臚寺卿으로 나갔다. 이때 부친상을 당하였고, 상복을 마치고 난 뒤에 원래의 관직에 기용되었다. 상소하여 모친을 봉양할 목적으로 사직하였지만 허락을 받지 못하였다. 남경태상시경南京太常寺卿으로 옮겼다가 얼마 뒤에 태상경太常卿으로 부름을 받아 좨주祭酒의 사무를 관장하였다. 예부좌시랑禮部左侍郎으로 승진되고 이부겸한림원학사吏部兼翰林院學士로 고쳐 제수되어 첨사부詹事府의 사무를 관장하였다. 모친이 세상을 떠나자 여묘살이를 하였는데, 상복을 마치기 전에 예부상서겸한림원학사禮部尚書兼翰林院學士에 제수되고 무일전無逸殿의 직학사가 되었다. 가정 33년 3월 21일 관직에 있을 때 세상을 떠났는데 나이가 59세였다. 태자소보太子少保에 증직되었으며, 시호는 문장文莊이다.

|17-2| 선생이 조정에서 일할 때의 대절大節은 국본(國本: 황태자)의 일에서 가장 위대한 면모를 보였다. 당시 황제는 황태자를 세우는 일을 꺼렸는데, 대개 요인妖人인 도중문(陶仲文: 1475-1560)의 "두 용龍은 서로 마주 보지 않는다."라는 주장에 현혹되었던 탓이다. 그래서 장경태자莊敬太子가 세상을 떠난 뒤로는 태자 책립을 하려고 하지 않고 두 황자를 나란히 왕으로 봉하였다. 선생이 종백宗伯으로 기용되자

寶司卿, 轉太仆寺少卿, 尋出爲南京鴻臚寺卿. 丁父憂, 除服起原官, 疏乞終養, 不許. 遷南京太常寺卿, 尋召爲太常卿, 掌祭酒事. 陞禮部左侍郎, 改吏部兼翰林院學士, 掌詹事府事. 母卒, 盧墓服未闋, 召拜禮部尚書兼翰林院學士, 直無逸殿. 三十三年三月二十一日卒於官, 年五十九. 贈太子少保, 謚文莊.

|17-2| 先生立朝大節, 在國本尤偉. 是時上諱忌儲貳之事, 蓋中妖人陶仲文"二龍不相見"之說, 故自莊敬太子旣薨, 不欲擧行冊立, 二子並封爲王. 先生起宗伯, 卽以爲言, 不

곧바로 이 문제를 거론하였는데 응답을 듣지 못하였다. 마침 두 왕을 외부外府에서 혼인을 시키도록 조칙을 내리자, 선생이 "옛날 태조께서는 부친으로서 자식을 혼인시키는 상황이어서 그 여러 왕들이 모두 금중禁中에 거처하고 있었고, 효종孝宗께서는 형으로서 동생을 혼인시키는 상황이어서 그 여러 왕들이 비로소 모두 외부外府로 나가게 되었습니다. 지금의 일은 태조 때와 같은 상황이니 의당 처음의 제도대로 시행해야 합니다."라고 간언하였지만 황제는 불가하다고 거부하고 두 왕으로 하여금 외부로 나가 거처하게 하였다. 선생이 또 "『대명회전大明會典』의 '초사醮詞' 조항에는 '황태자로서 종묘의 제기祭器를 관장하는 경우에는 승종(承宗: 종묘를 이음)이라고 하고 나머지 황자로서 번방(藩邦)을 나눠 맡는 경우에는 승가(承家: 집안을 이음)라고 한다'라고 하였습니다. 지금 어느 쪽을 따르는 것입니까?"라고 질문하자, 황제가 불쾌하게 여기며 "이미 '왕례王禮'라고 하였으니 자연히 거기에는 따를 만한 제도가 있기 마련이다. 그대의 말과 같이 하려고 한다면 어찌 책립까지 마저 거행하지 않는단 말인가?"라고 하였다. 그러자 선생이 바로 「책립동궁의주(冊立東宮儀注: 동궁책립 행사일정표)」를 꺼내 바쳤다. 황제가 대노하였다. 두 왕이 혼례를 거행한 뒤에도 아무 경중의 차이가 없었다. 목종穆宗의 모친인 강비康妃가 죽자 선생이 상

報. 會詔二王婚於外府, 先生言: "昔太祖以父婚子, 諸王皆處禁中. 孝宗以兄婚弟, 諸王始皆出府. 今事與太祖同, 宜如初制行之." 上不可, 令二王出居外府. 先生又言: "『會典』醮詞, 主器則曰承宗, 分藩則曰承家. 今其何所適從?" 上不悅曰: "既云王禮, 自有典制可遵, 如若所言, 則何不竟行冊立也?" 先生卽具冊立東宮儀注以上, 上大怒. 二王行禮訖無軒輊. 穆宗之母康妃死, 先生上喪禮儀注, 一依成化中紀淑妃故事. 紀淑妃者, 孝宗之母也. 上亦不以爲然, 以諸妃禮葬之. 先生據禮守儀, 不奪於上之喜怒如此. 宗藩典

레의주喪禮儀注를 바쳤는데 한결같이 성화成化 연간 기숙비紀淑妃의 전례에 의거하였다. 기숙비는 효종의 모친이다. 상이 이것에 대해서도 옳지 않다고 여기고 일반 비妃의 예법으로 장례를 지냈는데, 선생은 예법에 의거하여 의절儀節을 지켰다. 황제의 희로에 좌우되지 않는 것이 이와 같았다. 종번宗藩의 전례典禮를 한결같이 의義에 맞게 처리한 것은 또 그중 자디잔 사례일 뿐이다.

禮, 一裁以義, 又其 小小者耳.

|17-3| 선생은 강학을 일로 삼았다. 이때에 학자들은 모두 '치양지致良知'의 학설을 외울 수 있었는데 그중 '남야南野의 문인'이라고 일컫는 이가 천하의 절반이었다. 계축년(1553)과 갑인년(1554) 사이 북경의 영제궁靈濟宮 모임에서 선생은 서소호(徐少湖: 徐階, 1503-1583)·섭쌍강(聶雙江: 聶豹)·정송계(程松溪: 程文德)와 함께 주맹主盟이 되었고 학도가 천 명까지 운집하였다. 수백 년 동안 없었던 성황이었다. 나정암(羅整菴: 羅欽順)이 양지良知의 철학에 반대하며, "불교는 심心에 대해서는 본 것이 있었지만 성性에 대해서는 본 것이 없었기 때문에 지각知覺을 성으로 삼았다. 지금 '내 마음의 양지가 곧 천리이다'라고 한다면 이것도 또한 지각을 성으로 삼는 이론이다."라고 하였다. 그러자 선생이 거기에 대해 해명하기를, "지각과 양지는 이름은 같지만 실상은 다릅니다. 무릇 볼 줄 알고,

|17-3| 先生以講學爲事. 當是時, 士咸知誦 '致良知' 之說, 而稱南野門人者半天下. 癸丑甲寅間, 京師靈濟宮之會, 先生與徐少湖, 聶雙江, 程松溪爲主盟, 學徒雲集至千人, 其盛爲數百年所未有. 羅整菴不契良知之旨, 謂 "佛氏有見於心, 無見於性, 故以知覺爲性. 今言吾心之良知卽是天理, 亦是以知覺爲性矣." 先生申之

들을 줄 알고, 말할 줄 알고, 움직일 줄 아는 것은 모두 지각이니 모두 다 선하다고 할 수가 없습니다. 양지는 남의 불행을 가슴 아파할 줄 알고, 자기 잘못을 부끄러워하거나 남의 잘못을 혐오할 줄 알고, 공경하는 마음을 가질 줄 알고, 옳고 그름을 판단할 줄 아는 것이니 이것을 본연의 선이라고 합니다. 본연의 선은 지知를 체로 삼으니 지知를 떠나 별도의 체가 있을 수 없습니다. 대개 천성天性인 참됨은 밝은 지각의 자연스러운 상태로서 감지되는 것이 있는 대로 거기에 대한 판단과 대응이 이루어지며 자연히 조리가 있습니다. 그렇기 때문에 양지라고 하고 또 천리라고 하는 것입니다. 천리는 양지의 조리이고, 양지는 천리의 영명靈明함입니다. 지각이라는 표현은 이런 의미를 표현해 내기에 부족합니다."라고 하였습니다. 나정암이 "사람의 앎[知識]3이란 둘이 있을 수 없다. 맹자는 단지 '사려하지 않고도 아는 경우'를 '양良'이라고 부른 것일 뿐이지 별도로 다른 앎이 있는 것이 아니다. 지금 남의 불행을 가슴 아파할 줄 알고, 자기 잘못을 부끄러워하거나 남의 잘못을 혐오할 줄 알고, 공경하는 마음을 가질 줄 알고, 옳고 그름을 판단할 줄 아

曰: "知覺與良知, 名同而實異. 凡知視, 知聽, 知言, 知動, 皆知覺也, 而未必其皆善. 良知者, 知惻隱, 知羞惡, 知恭敬, 知是非, 謂本然之善也. 本然之善, 以知爲體, 不能離知而別有體. 蓋天性之眞, 明覺自然, 隨感而通, 自有條理, 是以謂之良知, 亦謂之天理. 天理者, 良知之條理; 良知者, 天理之靈明, 知覺不足以言之也." 整菴難曰: "人之知識不容有二, 孟子但以不慮而知者, 名之曰'良', 非謂別有一知也. 今以知惻隱 · 羞惡 · 恭敬 · 是非爲良知, 知

3 　사람의 앎[知識]: '지각(知覺)'과 유사한 의미로 쓰여, 사람의 인지 능력과 인지 체계를 폭넓게 지칭한다.

는 것을 양지라고 하고 보고 듣고 말하고 움직일 줄 아는 것을 지각이라고 한다면 거의 『능가경楞伽經』의 이른바 '참된 앎'[眞識]과 '일을 분별하는 앎'[分別事識]의 구분과 같다고 하겠다." 라고 공격하자, 선생이 다시 "앎이 둘이 있다는 말이 아닙니다. 남의 불행을 가슴 아파할 줄 알고 자기 잘못을 부끄러워하거나 남의 잘못을 혐오할 줄 알고 공경하는 마음을 가질 줄 알고 옳고 그름을 판단할 줄 아는 앎은 보고 듣고 말하고 움직일 줄 아는 앎으로부터 분리된 것이 아니지만, 보고 듣고 말하고 움직일 줄 아는 앎이 전부 다 남의 불행을 가슴 아파할 줄 알고 자기 잘못을 부끄러워하거나 남의 잘못을 혐오할 줄 알고 공경하는 마음을 가질 줄 알고 옳고 그름을 판단할 줄 아는 본연의 앎에 맞을 수는 없습니다. 그래서 보고 듣고 말하고 움직일 줄 안다는 측면에서 말할 때는 모두 지각이라고 부르는 것이고, 남의 불행을 가슴 아파할 줄 알고 자기 잘못을 부끄러워하거나 남의 잘못을 혐오할 줄 알고 공경하는 마음을 가질 줄 알고 옳고 그름을 판단할 줄 아는 측면에서 말할 때는 그 이른바 '양(良: 올바름)'이라는 것을 볼 수 있는 것입니다. 지각인 것만으로는 성性이라고 할 수는 없고 리理라고 할 수는 없는 것이고, 그런 앎 중에서 '양良'인 것이 바로 이른바 천연의 리인 것입니다. 마치 도심과 인심은 두 가지 마음이 있는 것이 아니

視·聽·言·動爲知覺, 殆如『楞伽』所謂眞識及分別事識者." 先生申之曰: "非謂知識有二也, 惻隱·羞惡·恭敬·是非之知, 不離乎視·聽·言·動, 而視·聽·言·動未必皆得其惻隱·羞惡之本然者. 故就視·聽·言·動而言, 統謂之知覺; 就其惻隱·羞惡而言, 乃見其所謂良者. 知覺未可謂之性, 未可謂之理, 知之良者, 乃所謂天之理也, 猶之道心人心非有二心, 天命氣質非有二性也." 整菴難曰: "誤認良知爲天理, 則於天地萬物之理, 一切置之度外, 更不復講, 無以達夫一貫之妙." 先生申之曰: "良知必發於

고 천명지성天命之性과 기질지성氣質之性은 두 가지 성이 있는 것이 아닌 것과 같습니다."라고 설명하였다. 나정암이 "양지를 천리로 잘못 인식하게 되면 천지 만물의 이치를 모두 치지도외하고 더 이상 알려고 듣지 않을 것이니 일이관지一以貫之의 오묘한 경지에 도달할 수 없을 것이다."라고 공격하자, 선생은 다시 "양지는 반드시 보고 듣고 사려하는 것으로 드러나게 마련이고, 보고 듣고 사려하는 것은 반드시 하늘 · 땅 · 사람 · 만물과 연관되어 있기 마련입니다. 하늘 · 땅 · 사람 · 만물은 무궁하고, 보고 듣고 사려하는 것도 무궁하기 때문에 양지도 또한 무궁합니다. 하늘 · 땅 · 사람 · 만물을 떠나서는 또한 이른바 양지라는 것도 없습니다."라고 설명하였다. 하지만 선생의 이른바 양지는 옳은 것을 알고 그른 것을 아는 '홀로 아는 것'을 근거로 삼은 것인데 그 체는 어느 때도 드러나지 않는 때가 없어서 무엇인가를 감지하기 이전에 별도로 미발인 때가 있는 것이 아니다. 이른바 미발未發이란 대개 희로애락의 발출을 대상으로 해서 그중에서 발출되지 않는 것이 있음을 가리킨 것이니 이 이발已發과 미발은 비(費: 광대하게 드러나 있음)와 은(隱: 감추어져 있음)이나 미(微: 은미함)와 현(顯: 드러나 있음)의 관계와 그 의미가 상통한다. 당시에 같은 문하에서 양지를 말한 이들은 비록 얕고 깊거나 상세하고 소략한 차이점이 있었지만 서

視聽 · 思慮, 視聽 · 思慮必交於天地 · 人物, 天地 · 人物無窮, 視聽 · 思慮亦無窮, 故良知亦無窮. 離卻天地 · 人物, 亦無所謂良知矣." 然先生之所謂良知, 以知是知非之獨知爲據, 其體無時不發, 非未感以前別有未發之時. 所謂未發者, 蓋卽喜怒哀樂之發, 而指其有未發者, 是已發未發, 與費隱 · 微顯通爲一義. 當時同門之言良知者, 雖有淺深詳略之不同, 而緒山 · 龍溪 · 東廓 · 洛村, 明水皆守"已發未發非有二候, 致和卽所以致中", 獨聶雙江以歸寂爲宗, 功夫在於致中, 而和卽應之. 故同門環起難端, 雙江往復良苦. 微念菴,

산(緒山: 錢德洪)·용계(龍溪: 王畿)·동곽(東廓: 鄒守益)·낙촌(洛村: 黃弘綱)·명수(明水: 陳九川)는 모두 "미발과 이발은 두 가지 다른 상태가 아니고 '화和'를 이루는 것은 '중中'을 이루는 길이다."라는 이론을 지켰는데, 홀로 섭쌍강(聶雙江: 聶彪)만이 '적연寂然한 미발로 돌아가는 것'을 종지로 삼고 그 공부는 '중을 이룸'[致中]에 있고 화和는 거기에 자연스럽게 응하는 것이라고 주장하였다. 그래서 동문들이 우르르 몰려들어 공격하여서 섭쌍강이 그들과 논변을 펼치느라 자못 괴로웠다. 염암(念菴: 羅洪先)이 아니었다면 섭쌍강이 고립된 상황에 상처를 입었을 것이다.

|17-4| 대개 '치양지致良知'라는 종지는 양명이 만년에 발표하고 미처 학자들과 깊이 있게 논구하지는 못하였다. 하지만 『전습록』을 보면, "내가 예전에 저주滁州에서 지낼 때 학생들이 많이들 지해(知解: 알음알이)에 몰두하느라 진리를 터득하는 데는 아무 소득이 없다는 것을 목도하고서는 우선 정좌靜坐를 하도록 가르쳤다. 그러자 일시적으로나마 정좌를 통해 진리의 광경을 엿볼 수 있어서 자못 눈앞의 효과나마 거두었다. 그런데 시간이 지나자 점점 고요히 있는 것을 좋아하고 움직이는 것을 싫어하여 마른 나뭇가지같이 생기가 없게 되는 병통으로 흘러갔다. 그래서 요사이에는 치양지

則雙江自傷其孤另矣.

|17-4| 蓋致良知宗旨, 陽明發於晚年, 未及與學者深究. 然觀『傳習錄』云:"吾昔居滁, 見諸生多務知解, 無益於得, 姑教之靜坐, 一時窺見光景, 頗收近效. 久之漸有喜靜厭動, 流入枯槁之病, 故邇來只說致良知. 良知明白, 隨你去靜處體悟也好, 隨

만을 말한다. 양지는 명백하여 그 사람이 원하는 대로 고요한 상황에서 체오(體悟: 깨달음)할 수도 있고 그 사람이 원하는 대로 일들 속에서 마련(磨煉: 단련)할 수도 있다. 양지의 본체는 원래 움직임도 없고 고요함도 없다. 이것이 바로 학문의 두뇌이다."라고 하였다. 그 전체적 방향을 또한 알 만하다. 그런데 뒷날 학자들은 단지 일들 속에서 단련하는 것만 알다 보니 어쩔 수 없이 앎[知識]을 양지로 간주하게 되어 모르는 사이에 가만히 '의습(義襲: 선한 일을 하나 행해서 호연지기를 엄습하듯 획득하려고 하는 태도)'이나 조장(助長: 아직 자라지 않은 싹을 억지로 키움)의 병통으로 빠지게 되었으니 그 폐해가 '고요함을 좋아하고 움직임을 싫어하는 태도'보다 더 심하였다. 대개 양지의 차원에서 공부를 하지 않고 단지 움직임과 고요함의 차원에서 공부를 하고, 또 그중에서 단지 움직임에서만 공부를 한다면 양명이 말한 체계와 비교해 볼 때 분명히 한쪽으로 기운 것이다. 섭쌍강은 선생과 토론하여 비록 의견이 일치하지는 못하였지만, 섭쌍강의 '적연寂然한 미발로 돌아감[歸寂]'이 언제 마른 나무같이 생기 없는 공부가 된 적이 있던가. 그리고 선생이 말한 격물 공부는 지리멸렬해지는 병통으로 떨어지지 않았다. 이 두 분 덕분에 양명의 종지를 더욱 밝히는 일이 비로소 남은 아쉬움이 없게 되었으니 두 학설은 서로 방애가 되는 것이 아니다.

你去事上磨煉也好, 良知本體原是無動無靜的, 此便是學問頭腦." 其大意亦可見矣. 後來學者只知在事上磨煉, 勢不得不以知識爲良知, 陰流密陷於義襲, 助長之病, 其害更甚於喜靜厭動. 蓋不從良知用功, 只在動靜上用功, 而又只在動上用功, 於陽明所言分明倒卻一邊矣. 雙江與先生議論, 雖未歸一, 雙江之歸寂, 何嘗枯槁? 先生之格物, 不墮支離, 發明陽明宗旨, 始無遺憾, 兩不相妨也.

남야의 논학 서신

|17-5| 고요할 때 그 양지를 따르는 것을 '중中을 이룬다'라고 부르는 것이지 중中이 고요함인 것은 아니다. 그리고 움직일 때 그 양지를 따르는 것을 '화和를 이룬다'라고 부르는 것이지 '화'가 움직임인 것은 아니다. 대개 양지는 묘용妙用이 항상성을 가지고 본체가 중단되지 않는 것이다. 중단되지 않기 때문에 늘 움직이는 것이고, 항상성이 있기 때문에 늘 고요한 것이다. 늘 움직이고 늘 고요하기 때문에 움직이지만 움직임이 없고, 고요하지만 고요함이 없는 것이다.[4]

|17-6| 보내신 서신에 "만약 단지 치지致知만을 말하고 '잊지 말고 조장하지 말라'라는 공부를 말하지 않으면 학자들이 단지 움직일 때만 공부를 하게 될까 염려스럽다."라고 하였습니다. 잊거나 조장함을 알아차리는 것은 '양지'이고, 잊지 않고 조장하는 행동은 '치양지'입니다. 공부를 하는 것은 '용用'에 속하는데, '용'은 곧 움직임입니다. 그러므로 '움직이지 않을 때도 경건함[敬]을 유지하고 말하지 않을 때도 진

南野論學書

|17-5| 靜而循其良知也, 謂之致中, 中非靜也; 動而循其良知也, 謂之致和, 和非動也. 蓋良知, 妙用有常而本體不息, 不息故常動, 有常故常靜, 常動常靜, 故動而無動, 靜而無靜.

|17-6| 來教: "若只說致知, 而不說勿忘勿助, 則恐學者只在動處用功夫." 知忘助者良知也. 勿忘助者致良知也. 夫用功卽用也, 用卽動也. 故不動而敬, 不言而信, 亦動也.

---

4 늘 … 것이다:『通書』「動靜」에 나오는 구절이다. '神'의 경지 혹은 그 경지에 이르렀을 때의 상태를 표현한 말이다.

실함[信]을 유지한다'5라는 것도 움직임에 속합니다. 비록 가없이 말갛더라도 또한 움직임이 아닌 것이 없습니다. 움직이면서도 욕망에 움직이지 않으면 그 본체의 고요함을 견지할 수 있는 것이지 움직임 이외에 별도로 고요함이 있는 것이 아닙니다.

雖至澄然無際, 亦莫非動也. 動而不動於欲, 則得其本體之靜, 非外動而別有靜也.

|17-7| 옛사람의 학문은 단지 도덕심과 이기심 사이에 있을 뿐이었습니다. 뒷날의 학자들은 마음의 차원에서 도덕심과 이기심을 구분할 줄을 모르고 겉으로 드러난 모습이나 태도와 같은 낮은 차원에서 따지고 재곤 하다 보니 몹시 어지럽기만 하였지 얕아서 성과가 없게 되었습니다. 그래서 송대 학자들의 '고요함을 주로 하는'[主靜] 이론이 사람들로 하여금 자신에게로 돌이켜 구해서 그 본심을 얻도록 인도하였습니다. 하지만 지금은 이미 '양지良知'라는 개념을 알게 되었으니 더 이상 움직임과 고요함을 논할 필요가 없게 되었습니다. 무릇 '지知'란 마음의 신명神明이고 옳은 것을 알고 그른 것을 알아차리기 때문에 속일 수가 없는 그런 것입니다. 군자는 늘 옳고 그름을 알아서 스스로 속이지 않으니 이것이 '치지致知'입니다. 그래서 아무 감지되는 것이 없을 때는 저

|17-7| 古人之學, 只在善利之間, 後來學者不知分善利於其心, 而計較, 揣量於形跡, 文爲之粗, 紛紛擾擾, 泛而無歸. 故宋儒主靜之論, 使人反求而得其本心. 今旣知得良知, 更不須論動靜矣. 夫知者心之神明, 知是知非而不可欺者也. 君子恒知其是非, 而不自欺, 致知也. 故無感自虛, 有感自直, 所謂有爲爲應跡, 明覺爲自然也, 是之謂

---

5 움직이지 … 유지한다: 『中庸』제33장에 있는 말이다.

절로 비어 있는 상태이고, 감지하는 것이 있게 되면 저절로 곧게 작동합니다. 이른바 '큰일을 해내는 것은 외부적 상황에 적응하는 일이고, 밝게 알아차리는 것은 자연스러운 일이다'[6]라는 것이니 이것이 바로 '고요함'입니다. 만약 고요함을 의식적으로 목표로 삼게 되면 그 말류의 병폐는 장차 '안을 옳게 여기고 밖을 그르게 여기며, 고요함을 좋아하고 어지러움을 싫어하여' 장횡거張橫渠의 이른바 '외물에 구애받는'[7] 상태와 같이 되는 데 이르게 될 것입니다.

靜. 若有意於靜, 其流將有是內非外, 喜靜厭擾, 如橫渠所謂 '累於外物'者矣.

|17-8| 견문이나 지식이라는, 진실과 거짓이 뒤섞인 의식의 상태를 양지라고 잘못 알고서는 양지가 미진한 것이 아닐까 의심하는데, 이것은 내 마음의 '배우지 않고도 할 수 있고 생각해 보지 않고도 아는' 본체는 견문이나 지식과 혼동할 수 없지만 견문이나 지식도 묘용妙用이 아닌 것이 없고, 진실이니 거짓이니 할 만한 것이 없지만 진실과 거짓, 옳고 그름, 일의 가볍고 무거움, 관계의 두텁고 얇음에 대해도 자연스러운 앎이 있지 않은 적이 없음을 모르는 것입니다. 【이상은 「진반계(陳盤溪)에게 보내는

|17-8| 見聞知識, 眞妄錯雜者, 誤認以爲良知, 而疑其有所未盡, 不知吾心不學而能, 不慮而知之本體, 非見聞知識之可混, 而見聞知識, 莫非妙用, 非有眞妄之可言, 而眞妄是非, 輕重厚薄, 莫不有自然之知也. 【以上「答

---

6   큰일을 … 일이다: 『二程文集』「答橫渠先生定性書」, "人之情, 各有所蔽, 故不能適道, 大率患在於自私而用智. 自私則不能以有爲爲應迹, 用智則不能以明覺爲自然."

7   외물에 구애받는: 『二程文集』「答橫渠先生定性書」, "承敎諭, 以定性未能不動, 猶累於外物."

|17-9| 무릇 양지는 배우지 않고도 할 수 있
는 것이고 생각해 보지 않고도 아는 것이기 때
문에 비록 소인으로서 한가롭게 지낼 때 못하
는 짓이 없는 자라도 그가 군자를 본 뒤에 자
신을 잘못을 가리고 싶어 하는 그 마음은 또한
양지라고 하지 않을 수가 없습니다. 비록 보통
사람으로서 자기를 용서하는 데 있어서는 선
악의 구분이 흐릿한 자라도 남을 비판할 때는
선악 구분이 명료하니 그것도 또한 양지라고
하지 않을 수 없습니다. 진실로 그런 지(知: 양
지)를 속이지 않고 선하지 못한 것을 제거하고
선한 쪽으로 돌아가며 남에게서 당하기 싫은
일을 남에게 가하지 않을 수 있으면 또한 치지
(致知: 치양지)와 성의誠意의 공부입니다. 이 한
가지 의념에 있어서는 성인聖人이 다르지 않을
수 있습니다. 【「유도부(劉道夫)에게 보내는 답신」】

|17-10| 보내신 서신에서 '움직임 속에서 고
요함을 구하며 이치에 맞게 대응하여 흔들리
지 않는다'라고 하셨는데, 이것은 거의 '움직임
속의 고요함'에 대해 본 것이 있는 것이고 '흔
들리지 않음'을 외물에 대응하는 활동 속에서
구한 것이라고 하겠는데 '움직임도 없고 고요
함도 없는' 양지에 대해서는 온전히 알지 못한
것입니다. 무릇 양지는 움직임도 없고 고요함

|17-9| 夫良知不
學而能，不慮而知，
故雖小人閒居爲不
善，無所不至者，其
見君子而厭然，亦不
可不謂之良知. 雖常
人恕己則昏者，其責
人則明，亦不可不謂
之良知. 苟能不欺其
知，去其不善者以歸
於善，勿以所惡於人
者施之於人，則亦是
致知誠意之功. 卽
此一念，可以不異於
聖人.【「答劉道夫」】

|17-10| 來教謂動
中求靜，順應不擾，
殆有見於動中之靜，
求不擾於應酬之中，
而未究夫無動無靜
之良知也. 夫良知
無動無靜，故時動時
靜而不倚於動靜.

도 없기 때문에 때에 맞추어 움직이고 때에 맞추어 고요해지는 것이고 움직임과 고요함 어느 한쪽으로 기울지 않습니다. 군자의 학문은 그 양지를 따르기 때문에 비록 육신을 피로하게 하고 굶주리게 하더라도 힘든 것이 아니고, 사려를 정밀하고 깊이 하더라도 번잡한 것이 아니며, 세세하게 묻고 변론하더라도 떠드는 것이 아니고, 맑고 깨끗하고 비어 있고 담박하더라도 적료한 것이 아니니 어느 상황이든 마음이 평안하지 않겠으며 어느 때인들 날로 좋아지지 않겠습니까. 그래서 학문은 양지를 따르는 것이 소중한 것이고 움직임과 고요함을 둘 다 잊어버린 뒤에야 도달할 수 있는 것입니다.【「주육전(周陸田)에게 보내는 답신」】

君子之學, 循其良知, 故雖疲形餓體而非勞也, 精思熟慮而非煩也, 問察辨說而非呫也, 淸淨虛澹而非寂也, 何往而不心逸? 何往而不日休? 故學貴循其良知, 而動靜兩忘, 然後爲得.【「答周陸田」】

|17–11| 『곤지기困知記』에서는 심心과 성性의 구분에 대해서 반복해서 설명하고, "불교는 심에 대해서는 본 것이 있지만 성에 대해서는 본 것이 없다. 그래서 지각知覺을 성으로 간주한다."라고 하였다. 또 『전습록傳習錄』을 거론하며 "'내 마음의 양지가 곧 이른바 천天이다'라는 이 말도 지각을 성으로 간주한 것이다."라고 하였다. 제가 일찍이 들건대, 지각과 양지는 이름은 같지만 실상은 다르다. 볼 줄 알고 들을 줄 알고 말할 줄 알고 움직일 줄 아는 것은 모두 지각에 속하는데 그것이 모두 선한 것이라고 할 수는 없다. 양지는 남의 불행을 가슴

|17–11| 『記』中反覆於心性之辨, 謂 "佛氏有見於心, 無見於性, 故以知覺爲性." 又擧『傳習錄』云: "吾心之良知, 卽所謂天理也." 此言亦以知覺爲性者. 某嘗聞知覺與良知名同而實異. 凡知視, 知聽, 知言, 知動皆知覺也, 而未必其皆

아파할 줄 알고 자기 잘못을 부끄러워하거나 남의 잘못을 혐오할 줄 알고 공경하는 마음을 가질 줄 알고 옳고 그름을 판단할 줄 아는 것이니 이른바 본연의 선이다. 본연의 선은 지知를 체體로 삼는 것이어서 지知를 떠나 별도로 체가 있는 것이 아니다. 대개 천성天性인 참됨은 밝은 지각의 자연스러움으로서 감지되는 것이 있는 대로 거기에 대한 판단과 대응이 이루어지며 자연히 조리가 있다. 그렇기 때문에 양지라고 하고 또 천리라고 하는 것이다. 천리는 양지의 조리이고, 양지는 천리의 영명靈明함이다. 지각은 이런 의미를 표현해 내기에 부족하다.

│17-12│ (『곤기지』에서) 말하기를, "사람의 앎[識知]이란 둘이 있을 수 없다. 맹자는 단지 '사려하지 않고도 아는 경우'를 '양(良)'이라고 부른 것일 뿐이지 별도로 다른 앎이 있는 것이 아니다. 지금 남의 불행을 가슴 아파할 줄 알고, 자기 잘못을 부끄러워하거나 남의 잘못을 혐오할 줄 알고 공경하는 마음을 가질 줄 알고 옳고 그름을 판단할 줄 아는 것을 양지라고 하고, 보고 듣고 말하고 움직일 줄 아는 것을 지각이라고 한다면 거의 『능가경楞伽經』의 이른바 '참된 앎'[眞識]과 '일을 분별하는 앎'[分別事識]의 구분과 같다고 하겠다."라고 하였다. 내가 들은 바에 의하면, 앎이 둘이 있다는 말이 아

善. 良知者, 知惻隱, 知羞惡, 知恭敬, 知是非, 所謂本然之善也. 本然之善, 以知爲體, 不能離知而別有體. 蓋天性之眞, 明覺自然, 隨感而通, 自有條理者也, 是以謂之良知, 亦謂之天理. 天理者, 良知之條理; 良知者, 天理之靈明, 知覺不足以言之也.

│17-12│ 謂人之識知不容有二, 孟子但以不慮而知者名之曰良, 非謂別有一知也. 今以知惻隱·羞惡·恭敬·是非爲良知, 知視·聽·言·動爲知覺, 殆如『楞伽』所謂眞識及分別事識者. 某之所聞, 非謂知覺有二也. 惻隱·羞惡·恭敬·是非之知, 不離

니다. 남의 불행을 가슴 아파할 줄 알고 자기 잘못을 부끄러워하거나 남의 잘못을 혐오할 줄 알고 공경하는 마음을 가질 줄 알고 옳고 그름을 판단할 줄 아는 앎은 보고 듣고 말하고 움직일 줄 아는 앎으로부터 분리된 것이 아니지만, 보고 듣고 말하고 움직일 줄 아는 앎이 모두 남의 불행을 가슴 아파할 줄 알고 자기 잘못을 부끄러워하거나 남의 잘못을 혐오할 줄 알고 공경하는 마음을 가질 줄 알고 옳고 그름을 판단할 줄 아는 본연의 앎에 맞을 수는 없다. 그래서 보고 듣고 말하고 움직일 줄 아는 능력에 대해서 말할 때에는 통틀어서 지각이라고 하는 것이고, 남의 불행을 가슴 아파할 줄 알고 자기 잘못을 끄러워하거나 남의 잘못을 혐오할 줄 알고 공경하는 마음을 가질 줄 알고 옳고 그름을 판단할 줄 아는 능력에 대해 말할 때라야 그 이른바 '양(良: 도덕적임)'인 점을 볼 수 있는 것이다. 지각 자체를 성性이라고 할 수 없고 리理라고 할 수 없다. 지(知: 지각) 중에서 '양(良: 원래부터 선한 것)'인 것은 대개 천성의 참됨이 밝은 지각의 자연스러움으로서 감지되는 것이 있는 대로 바로 인식하고 대응하여 저절로 조리가 있으니 곧 이른바 천연적인 리理인 것이다. 마치 도심과 인심은 두 개의 마음이 있는 것이 아니고, 천명지성과 기질지성은 두 개의 성이 있는 것이 아니며 물의 근원과 지류가 두 물이 있는 것이 아닌 것과 같다. 선

乎視・聽・言・動, 而視・聽・言・動未必皆得其惻隱, 羞惡之本然者. 故就視・聽・言・動而言, 統謂之知覺, 就其惻隱・羞惡而言, 乃見其所謂良者. 知覺未可謂之性, 未可謂之理. 知之良者, 蓋天性之眞, 明覺自然, 隨感而通, 自有條理, 乃所謂天之理也. 猶之道心・人心非有二心, 天命・氣質非有二性, 源頭・支流非有二水. 先儒所謂視聽・思慮・動作皆天也, 人但於其中要識得眞與妄耳. 良字之義, 正孟子性善之旨, 人生而靜以上不容說, 才說性時便有知覺運動. 性非知則無以爲體, 知非良則無以見性. 性本善非

유先儒의 이른바 "보고 듣고 사려하고 움직이는 것은 모두 천연적인 일이다. 사람은 단지 그중에서 진실과 거짓을 알아차리기만 하면 되는 것이다."라는 말이 여기에 해당한다.[8] '양良'이라는 글자의 의미는 바로 맹자에 나오는 '성선性善'의 취지에 해당한다. [성(性)을 논할 때] '사람이 태어나 아직 고요한 상태' 그 이상의 것에 대해서는 말할 수 없다.[9] '성性'이라고 말할 때는 이미 거기에 지각이나 운동이 개입되어 있다. 성性은 지知가 아니고서는 체體[10]로 삼을 만한 것이 없고, 지知는 '양良'이 아니고서는 성性을 볼 수가 없다. 성은 본래 선한 것이지, 선이 밖으로부터 안에 있는 성을 녹이고 들어온 것이 아니다. 그래서 지知는 본래 '양良'인 것이지 안배를 통해서 그렇게 되는 것이 아니다. '생각해 보지 않고 안다'라고 말하는 것은 그 양지인 것이니, 마치 '안배를 통하지 않고 그런 것이다'라고 말하는 것이 그 양심인 것과 같다. 그것을 확충하여 천하에 두루 미치면 그의 인의仁義가 이루 쓸 수 없이 많게 된다.『능가경』의 '참된 앎[眞識]'은 이것과 같은 날에 논할 수 없다.

有外鑠, 故知本良不待安排. 曰'不慮而知'者, 其良知, 猶之曰'不待安排'者, 其良心, 擴而充之, 以達之天下, 則仁義不可勝用. 『楞伽』之眞識, 宜不得比而同之矣.

---

8   선유(先儒)의 … 해당한다:『二程遺書』권11에 있는 말이다.
9   사람이 … 없다:『二程遺書』권1, "蓋生之謂性. '人生而靜' 以上不容說, 才說性時, 便已不是性也."
10 체(體): 여기서는 性이 현현하는 데 활용되는 載體를 말한다.

|17-13| (『곤지기』에서) "사물이 있으면 반드시 그 법칙이 있다. 그렇기 때문에 학문은 반드시 격물格物부터 시작해야 한다. 지금 양지를 천리라고 간주하고 내 마음의 양지를 사물에 넓혀 가고자 한다면 도리는 전부 사람이 안배해 낸 것이 되어 버리고 사물 속에는 더 이상 본연의 법칙이 없는 것이 되어 버린다."라고 하였다. 내 개인적인 생각에는, 귀와 눈이 있으면 귀밝음과 눈밝음의 덕德이 있는 것이고 아버지와 아들이 있으면 자애로움과 효성스러움의 마음이 있는 것인데 이른바 양지이다. 천연적으로 본디 존재하는 법칙이다. 보고 들을 때 사의私意로 귀밝음과 눈밝음을 가리지 않는다면 이것을 '양지를 귀와 눈의 차원에서 이룬다'라고 하고 아버지와 아들이 사의로 그 자애로움과 효성스러움의 마음을 빼앗지 않는다면 이것을 '양지를 아버지와 아들의 일에서 이룬다'라고 한다. 이것이 바로 천연의 법칙을 따르는 것이고 이른바 격물치지格物致知이다. 이것을 빼고는 근거로 삼을 것이 없으니 인위적으로 안배하고 조정하며 사람의 일상을 멀리하여 도를 추구하는 방식을 면하지 못한다. 【이상은 「정암(整菴: 羅欽順)의 『곤지기(困知記)』에 대한 비판」】

|17-14| 의意와 지知는 구분된다. 의意는 마음의 의념이고 양지는 마음의 밝게 알아차리는

|17-13| 謂: "有物必有則, 故學必先於格物. 今以良知爲天理, 乃欲致吾心之良知於事物, 則道理全是人安排出, 事物無復有本然之則矣." 某竊意有耳目則有聰明之德, 有父子則有慈孝之心, 所謂良知也, 天然自有之則也. 視聽而不以私意蔽其聰明, 是謂致良知於耳目之間; 父子而不以私意奪其慈孝, 是謂致良知於父子之間, 是乃循其天然之則, 所謂格物致知也. 舍此則無所據, 而不免於安排佈置, 遠人以爲道矣.【以上「辨整菴困知記」】

|17-14| 意與知有辨. 意者, 心之意念;

능력이다. 의에는 망의妄意도 있고 사의私意도 있고 의견意見도 있으니 이른바 '선과 악으로 갈리는' 것이며, 양지는 '보지 않고 듣지 않는 상태'이고 '보이지 않고 드러나지 않는 상태'[11]이고 순수하여 흠결이 없으니 이른바 '성誠으로서 무위無爲인' 것이다.[12] 학자가 단지 의념의 차원에서 인식해서는 선과 악이 뒤섞여 있는 상태를 면치 못하여 악에 점점 적셔 들어 참됨을 잃게 된다. 이른바 양지에 대해 참으로 알아서 이루어 나가고 자신을 속이지 말고 자신이 만족할 수 있기를 추구한다면 진실과 거짓, 공과 사가 환히 드러나고 어둡지 않을 것이니 어찌 의意를 잘못 알고서 의가 하는 대로 따르겠는가! 【「서소호(徐少湖)에게 보내는 답신」】

| 17-15 | 양지의 차원에서 공부를 하면 움직임과 고요함이 저절로 합일된다. 만약 움직임과 고요함의 차원에서 공부를 하면 양지를 둘로 보게 되어 합일할 수 없게 된다.

| 17-16 | 격물치지와 성의정심이 곧 '양(養: 기름)'이다. 맹자는 '기氣를 기른다'라고 하였는데, 이것도 단지 '마음에 흡족할 수 있도록 하

良知者, 心之明覺.
意有妄意, 有私意,
有意見, 所謂幾善惡
者也; 良知不睹不聞,
莫見莫顯, 純粹無疵,
所謂誠無爲者也.
學者但從意念認取,
未免善惡混淆, 浸淫
失眞; 誠知所謂良知
而致之, 毋自欺而求
自慊, 則眞妄公私,
昭昭不昧, 何至於誤
意認見, 任意所適也
哉! 【「答徐少湖」】

| 17-15 | 良 知 上 用
功, 則動靜自一. 若
動靜上用功, 則見良
知爲二, 不能合一矣.

| 17-16 | 格 致 · 誠
正卽是養.　孟子言
養氣, 亦只在慊於心

11　보이지 … 상태: 원문 '莫見'과 '莫顯'은 『중용』의 "莫見乎隱, 莫顯乎微"인데, 구양덕의 취지를 염두에 두고 이렇게 번역하였다.

12　의에는 … 것이다: 『通書』「誠幾德」, "誠, 無爲; 幾, 善惡."

는' 차원에서 공부를 하는 데 있을 뿐이다. '마음에 흡족할 수 있도록 하는 공부'가 바로 치양지의 공부이다. 그런데 후세의 이른바 '양養'은 단지 '비어 있음이나 고요함'을 지켜 내는 것이고 '느긋하게 대응함'을 익히는 것이어서 성현이 공부한 내용과는 천지처럼 현격히 차이가 난다. 【이상은 「문답(答問)」】

| 17-17 | 양지는 곧 본심의 참되고 애달파하는 면모인데 사람의 이 본심이 사의私意에 섞여서 그의 모든 의념들이 참되고 애달파하는 면모를 갖지 못하기 때문에 반드시 치지(致知: 치양지)라는 공부를 해야만 하게 되었습니다. 치지란 사의가 섞인 상태를 극복하여 의념마다 모두 참되고 애달파하여 흠결이 없게 하는 일일 뿐입니다. 맹자는 '어린아이도 부모를 사랑할 줄 알고 어른을 공경할 줄 안다'라고 하였는데 이것도 본심의 그 참되고 애달파하는 면모가 자연스럽게 발현된 것입니다. 사람이 이 마음을 천하에 두루 발현하여 의념마다 참되고 애달파할 수 있으면 그것이 곧 의념마다 양지를 이루는 것입니다. 그래서 나는 일찍이 '남을 대하고 일을 처리하는 모든 일들은 단지 양지이어야 한다.'라고 하였습니다. 대개 하나의 의념이라도 양지가 아니면 곧 치지致知가 아닙니다. 【「호앙재(胡仰齋)에게 보내는 답신」】

上用功, 慊於心, 卽是致良知. 後世所謂養, 卻只守得箇虛靜, 習得箇從容, 與聖賢作用處, 天懸地隔.【以上「答問」】

| 17-17 | 良知乃本心之眞誠惻怛, 人爲私意所雜, 不能念念皆此眞誠惻怛, 故須用致知之功. 致知云者, 去其私意之雜, 使念念皆眞誠惻怛, 而無有虧欠耳. 孟子言孩提知愛知敬, 亦是指本心眞誠惻怛, 自然發見者, 使人達此於天下, 念念眞誠惻怛, 卽是念念致其良知矣. 故某嘗言一切應物處事, 只要是良知. 蓋一念不是良知, 卽不是致知矣.【「答胡仰齋」】

|17-18| 리理는 동일하지만 각각의 상황에 따라 다르게 존재하니, 전체가 온통 합일되어 있지만 그 속에는 찬연한 구분이 존재합니다. 친소의 구분이나 내외의 구분이 모두 '천지 만물을 한 몸으로 보는 마음' 속에 구비되어 있습니다. 그 친소와 내외를 구분하는 마음은 곧 본체의 조리이자 천리의 유행 방식일 뿐이며, 내 마음에는 실로 친소와 내외의 구분이 있었던 적이 없습니다. 만약 피차를 분별하게 되면 '같은 몸으로 보는 마음'에 간극이 생기게 될 테니 그 구분의 차이는 모두 본연의 구분이 아닙니다. 【「왕극재(王克齋: 王暐)에게 보내는 답신」】

|17-19| 형은 "요사이 학자들은 자주 '양지라는 본체의 유행에 대해서는 아무 힘을 쓸 것이 없다'라고 말하고 급기야 자기 기질에 따른 마음들을 본성이라고 생각하기까지 한다. 이런 것은 치지致知 공부를 말해서 폐단이 생기지 않게 하는 것만 못하다."라고 하였습니다. 제 생각에는, 지금 자기 기질에 따른 마음들을 본성이라고 여기는 것은 바로 양지의 본체를 몰라서 그런 것입니다. 양지의 본체를 알지 못하면 치지致知의 공부가 의거할 만한 토대를 갖지 못합니다. 그래서 그 폐단을 구제하기 위해서는 반드시 '양지의 본체가 자연스럽게 유행하고 아무 힘을 들이지 않는 면모'를 곧장 가리켜서 사람들로 하여금 따라야 할 것이 무엇인지 알

|17-18| 理一分殊, 渾融之中, 燦然者在. 親疏內外, 皆具於天地萬物一體之心, 其有親疏內外之分, 卽本體之條理, 天理之流行, 吾心實未嘗有親疏內外之分也. 苟分別彼此, 則同體之心未免有間, 而其分之殊者皆非其本然之分矣.
【「答王克齋」】

|17-19| 兄謂: "近時學者, 往往言'良知本體流行, 無所用力', 遂至認氣習爲本性. 不若說致知功夫, 不生弊端." 鄙意則謂: "今之認氣習爲本性者, 正由不知良知之本體. 不知良知之本體, 則致知之功, 未有靠實可據者. 故欲救其弊, 須是直指良知本體之自然流行, 而無假用力

게 해야 합니다. 그런 뒤에야 착실하게 힘을 쏟아서 실제로 그 지(知: 양지)를 이룰 수 있는 것입니다. 그렇지 않으면 양지를 도달해야 할 목표로 삼고 치지를 들어가는 길목으로 삼아서 둘로 갈라놓는 방식을 면치 못하고 문 안으로 들어갈 수 없을 것이라고 생각합니다. '선을 좋아하고 악을 싫어한다'라는 말도 전체에 통용되는 말입니다. 그 본체를 따르는 것을 선이라고 하고 그 본체를 어기는 것을 악이라고 합니다. 그래서 선을 좋아하고 악을 싫어하는 것은 단지 본체의 공부이고, 본체의 유행은 단지 선을 좋아하고 악을 싫어하는 것입니다. 【「진명수(陳明水: 陳九川)에게 보내는 답신」】

|17-20| 학자가 진실로 그 양심을 잃지 않으면 비록 여러 다른 주장과 분분한 서술 방식이 있더라도 비유하자면 오(吳: 강소성 지역)·초(楚: 호북성과 호남성 지역)·민(閩: 복건성 지역)·월(粵: 광동성 지역)의 방언이 각각 다르지만 의미는 모두 동일한 것과 같습니다. 진실로 그 양심을 잃게 되면 비록 글자마다, 구절마다 옛 성현과 한결같고 구별이 없더라도 비유하자면 어린아이가 소꿉장난을 하며 노인 흉내를 낼 때 말투와 웃음과 걸음걸이가 하나하나 비슷하다고 하더라도 실제 노인과는 거리가 더욱 먼 것과 같습니다. 【「마문암(馬問菴)에게 보내는 답신」】

者, 使人知所以循之, 然後爲能實用其力, 實致其知. 不然, 卻恐其以良知爲所至之域, 以致知爲所入之途, 未免歧而二之, 不得入門內也. 如好善惡惡, 亦是徹上徹下語. 循其本體之謂善, 背其本體之謂惡, 故好善惡惡亦只是本體功夫, 本體流行只是好善惡惡."
【「答陳明水」】

|17-20| 學者誠不失其良心, 則雖種種異說, 紛紛緖言, 譬之吳·楚·閩·粵方言各出, 而所同者義. 苟失其良心, 則雖字字句句無二, 無別於古聖, 猶之孩童玩戲·粧飾老態, 語笑步趨, 色色近似, 去之益遠.【「答馬問菴」】

17-21 깨어 있으면 제거해야 할 병통이 없게 됩니다. 문제는 깨어 있지 못하다는 데 있을 뿐입니다. 늘 깨어 있으면 늘 병통이 없고, 늘 병통이 없는 마음을 간직할 수 있으면 이것은 참으로 늘 병통을 없앤 마음을 마음으로 삼을 수 있는 사람입니다.

17-22 중리中離[13]는 징분질욕(懲忿窒欲: 분노를 누르고 욕심을 막음)을 한 등급 낮은 진리로 간주하였는데, 이것도 또한 의지가 철저하지 못하고 분노와 욕심에만 힘을 쓰는 사람들을 향해서 한 말이었습니다. 사람의 마음은 소리도 없고 냄새도 없음을 만일 볼 수 없다면 어찌 한 등급 낮은 진리나 두 등급 낮은 진리인들 있겠습니까. 【이상은 「고공경(高公敬: 高簡)에게 보내는 답신」】

17-23 보내신 서신에서 "사람의 마음은 본디 고요하고 본디 밝은 것이며 본디 변화할 수 있고 본디 조리가 있는 것이어서 원래 사려를 통해 알 수 있는 것이 아니고 조금의 힘도 들일 필요가 없다."라고 하였고, 또 "보통 사람들은 일상생활에서 하나의 의념도 일으키지도

17-21 覺則無病可去, 患在於不覺耳. 常覺則常無病, 常存無病之心, 是眞能常以去病之心爲心者矣.

17-22 中離懲忿窒欲爲第二義, 亦是爲志未徹底, 徒用力於忿欲者而發. 人心無聲無臭, 一旦不可得而見, 豈有二義三義也? 【以上「答高公敬」】

17-23 來教謂: "人心自靜自明, 自能變化, 自有條理, 原非可商量者, 不待著一毫力." 又謂: "百姓日用, 不起一念,

---

13 중리(中離): 양명의 제자인 설간(薛侃, 1486-1546)은 자가 상겸(尙謙)인데 중리산(中離山)에서 강학하였기 때문에 학자들이 '중리선생(中離先生)'이라고 불렀다.

않고 하나의 선한 일을 하지도 않지만 언제 어리바리하고 아무 도리가 없었던 적이 있던가!"라고 하였으며, 또 "지금 세상에서 학문을 추구하며 공부하는 이들은 진실로 참된 본체를 보지 못한 경우에는 어쨌든 모두 조장(助長: 억지로 키움)을 한다. 정말 어쩔 수 없는 경우라면 차라리 모든 인연을 내려놓고 인연이 되는 대로 순응하는 것이 낫다."라고 하였고, 또 "사람의 의지가 정말 진실되다면 반드시 악에 이르지는 않을 것이니, 힘들여 지나치게 의심하고 방비할 것이 없다."라고 하였습니다. 이것들은 모두 나날이 새로워 가는 말입니다. 【「왕사관(王士官)에게 보내는 답신」】

|17-24| 『대학』에서 '지(止: 그침)를 안다'라고 하였는데, '지止'는 마음의 본체이고 또한 곧 공부입니다. 진실로 모든 것이 그치지 않은 상태라면 어떻게 안정되고 고요해지고 평안해지겠습니까? 그로 인해 현재의 여러 대응하는 방식과 온갖 사려하는 방식을 천기天機의 활발한 표현이라고 간주한다면 어찌 천 리 정도만 어긋나겠습니까. 【「섭쌍강(聶雙江: 聶彪)에게 보낸 서신」】

|17-25| 무릇 학문은 지나치게 정미하게 하려고 할 필요가 없다. 단지 개중의 크고 중대한 사의私意를 깨끗이 끊어 내지 못하고 진심眞心

不作一善, 何嘗鶻突無道理來!" 又謂: "今世爲學用功者, 苟非得見眞體, 要皆助長. 必不得已, 不如萬緣放下, 隨緣順應." 又謂: "人志苟眞, 必不至爲惡, 不勞過爲猜防." 皆日新之語. 【「答王士官」】

|17-24| 『大學』言知止. 止者, 心之本體, 亦卽是功夫. 苟非一切止息, 何緣得定・靜・安? 因便將見前酬應百慮, 認作天機活潑, 何啻千里! 【「寄雙江」】

|17-25| 大抵學不必過求精微, 但粗重私意斷除不淨, 眞心

을 드러내지 못한다면 온갖 오묘한 담론들이 모두 자기 마음을 어기는 말일 것이고 일마다 주도면밀하게 하는 것이 모두 자기 본성을 어기는 행위일 것이어서 나중에 굳건히 땅을 딛고 설 진실한 두 다리가 없을 것이니 어떻게 학문의 완성을 기대할 수 있겠는가.【「횡계(横溪) 아우에게 보낸 서신)」】

|17-26| '좋아하고 싫어하는 것이 다른 사람과 비슷하다'라는 것은 자기 잘못을 부끄러워하고 남의 잘못을 싫어하거나 옳은 것을 옳게 여기고 그른 것은 그르게 여기는 앎이 없어질 수는 없음을 말한 것이다. 후세에 '홀로 앎'[獨知][14]을 버려두고 '비어 있고 밝으며 맑고 순일한' 어떤 것을 구하는 그런 방식으로는 아득히 아무 실제 결실을 얻지 못합니다.【「주지산(朱芝山)에게 보내는 답신」】

|17-27| 자기는 '너그럽고 부드럽다'고 생각하지만 사실 그것이 우유부단하고 나태한 태도가 아닌 줄 어떻게 알겠는가. 자기는 '강하고 굳세다'고 생각하지만 사실 그것이 조급하고 과격한 태도가 아닌 줄 어떻게 알겠는가. 분노

未得透露, 種種妙談皆違心之言, 事事周密皆拂性行, 向後無眞實腳根可紮定得, 安雍其有成也?【「寄横溪弟」】

|17-26| 好惡與人相近, 言羞惡是非之知不容泯滅, 後世舍獨知而求之虛明湛一, 卻恐茫然無著落矣.【「答朱芝山」】

|17-27| 自謂寬裕溫柔, 焉知非優遊怠忽; 自謂發強剛毅, 焉知非躁妄激作. 忿戾近齊莊, 瑣細近

---

14 홀로 앎[獨知]:『대학』과 『중용』에 나온 '愼獨'의 '獨'을 구양덕은 양지와 같은 의미로 이해하였다.

하는 것은 엄숙함과 비슷해 보이고 자잘하게 구는 것은 엄밀함과 비슷해 보인다. 거스르는 것은 정직함과 비슷해 보이고 휩쓸려 가는 것은 화합함과 비슷해 보인다. 이런 작은 차이들을 구분하지 못하면 참된 것에서 더욱 멀리 멀어진다. 하지만 착실하게 정일(精一: 정미하고 한결같음)의 공부를 견지해 가고 그 공리를 추구하는 마음의 싹을 없애지 않으면 또한 어찌 지견(知見: 사리판단을 통한 앎)이나 정식(情識: 자아중심의 앎)으로 밝게 분별할 수 있겠는가. 【「오순지(敖純之)에게 보낸 서신」】

密察, 矯似正, 流似和, 毫釐不辨, 離眞逾遠.   然非實致其精一之功, 消其功利之萌, 亦豈容以知見情識而能明辨之.
【「寄敖純之」】

|17-28| 선사先師께서는 '치지致知는 마음의 깨우침에 달려 있다'라고 하였습니다. 만약 지식知識을 양지라고 간주한다면 그것은 바로 거칠게 이해하고 이른바 '배우지 않고 능함'과 '생각해 보지 않고 앎'[15]이란 인위적인 노력과는 상관없다는 사실을 알지 못하는 것입니다. 하지만 정情이 아니고서는 성性을 볼 길이 없고 지식이나 의념이 아니고서는 또한 양지를 볼 수가 없습니다. 주렴계는 "성誠은 무위無爲의 상태이다."라고 하고,[16] 또 "신神이 발생하여 지知가 이루어진다."라고 하였습니다.[17] 신神이

|17-28| 先師謂"致知存乎心悟", 若認知識爲良知, 正是粗看了, 未見所謂"不學不慮", 不系於人者. 然非情無以見性, 非知識意念則亦無以見良知. 周子謂"誠無爲", "神發知". 知神之爲知, 方知得致知; 知誠之無爲, 方

---

15 배우지 … 앎:『孟子』「盡心上」, "人之所不學而能者, 其良能也; 所不慮而知者, 其良知也."

16 성(誠)은 … 하고:『通書』「誠幾德」편에 있는 구절이다.

지知라는 것을 알아야 비로소 치지致知의 의미를 알 수 있고, 성誠이 무위無爲라는 것을 알아야 성의誠意의 의미를 알 수 있습니다. 보내신 서신에서 말씀해 주신 내용은 아주 분명합니다. 이것을 알면 곧 미발의 중中이 무엇인지 알 수 있을 것입니다.

┃17-29┃ '격물格物' 두 글자는 선사先師께서 치지致知의 실질적 내용으로 삼았습니다. 대개 성性은 별도의 체體[18]가 없고 지知를 체로 삼으며, 지知는 별도의 실질적 내용이 없고 사물이 그 실질적 내용입니다. 사물을 떠나서는 현실에 적용시켜 갈 '지知'가 별도로 존재하지 않으며 또한 '현실에 적용시키는' 공부를 할 대상이 없습니다. 마치 '형색(形色, 육신)이 곧 천성天性의 실질적 내용이어서 형색이 없으면 온전히 발현시킬 성性 자체가 존재하지 않으며 오직 육신의 기능을 잘 발휘해야만 성을 온전히 발현할 수 있다.'라고 말하는 것과 같습니다. 무릇 그렇게 할 수 있으면 도道와 기器, 은미함과 현저함, 있음과 없음, 본과 말이 일치할 것이고, 그렇게 할 수 없으면 유有에 얽매이거나 허

知得誠意. 來書啓教甚明, 知此卽知未發之中矣.

┃17-29┃ 格物二字, 先師以爲致知之實. 蓋性無體, 以知爲體, 知無實, 事物乃其實地. 離事物則無知可致, 亦無所用其致之之功, 猶之曰"形色乃天性之實, 無形色則無性可盡, 惟踐形然後可以盡性"云爾. 大抵會得時, 道器隱顯, 有無本末一致; 會未得, 則滯有淪虛, 皆足爲病.【以上「答陳明水」】

---

17 신(神)이 … 하였습니다: 『太極圖說』에 있는 구절이다. 흔히 이 구절은 "정신이 발생하여 앎이 나타난다."로 해석되는데, 구양덕은 이 '신(神)'을 '성(性)'과 상통한다고 이해하고, 이 '지(知)'를 양지의 의미로 이해한 것으로 보인다.

18 체(體): 이 문맥에서는 재체(載體)를 가리킨다.

虛에 떨어져서 모두 병통이 될 수 있습니다.
【이상은 「진명수(陳明水: 陳九川)에게 보낸 답신」】

|17-30| 사람의 마음은 생기 넘치는 의지가 유행流行하여 일정한 방향 없이 변화하니, 이른바 '의意'입니다. 갑자기 어지럽게 활동하는 것은 의意의 움직임이고, 갑자기 전일한 상태가 되는 것은 의의 고요함입니다. 고요함은 의가 없는 것이 아니고 움직임은 의가 비로소 존재하는 것이 아닙니다. 대개 어지러운 활동과 전일한 상태는 서로 다른 모습이니 이른바 역易입니다. '적연(寂然: 고요히 움직이지 않음)'은 그 체體가 욕망에 움직이지 않음을 말하는 것이고, '감통(感通: 감지하여 적절히 대응함)'은 그 용用이 사의私意에 얽매이지 않음입니다. 체와 용은 한 근원이고 현저함과 은미함은 간극이 없으니 때로는 적연하고 때로는 감통하는 식으로, 감통하기 이전에 별도로 미발未發인 때가 있는 그런 것이 아닙니다. 대개 비록 모든 의념이 다 없어졌더라도 삼가는 마음이 안에 존재한다면 그것이 바로 두려워하는 의념이고 곧 의념이 발한 것입니다. 비록 걱정하는 의념이 생기지 않았더라도 편안하고 고요한 마음이 그대로 존재한다면 그것이 바로 즐거워하는 의념이고 곧 의념이 발한 것입니다. (『중용』에서는) '희로애락이 발하지 않은 것을 중中이라고 한다.'라고 하였는데, 대개 희로애락이 발

|17-30| 人心生意流行而變化無方, 所謂意也. 忽焉而紛紜者, 意之動, 忽焉而專一者, 意之靜, 靜非無意, 而動非始有. 蓋紛紜專一, 相形而互異, 所謂易也. 寂然者, 言其體之不動於欲, 感通者, 言其用之不礙於私. 體用一原, 顯微無間, 非時寂時感, 而有未感以前, 別有未發之時. 蓋雖諸念悉泯, 而兢業中存, 卽懼意也, 卽發也. 雖憂患不作, 而怡靜自如, 卽樂意也, 卽發也. 喜怒哀樂之未發謂之中, 蓋卽喜怒哀樂之發, 而指其有未發者, 猶之曰"視聽之未發謂之

한 상태에서 그 발하지 않은 것이 있음을 가리킨 것입니다. 마치 '보고 들음이 아직 이루어지지 않는 상태를 귀밝고 눈밝음이라고 한다'라는 말과 비슷하니, 귀밝고 눈밝음이 어찌 보고 들음과 대립되어 각각 별개의 다른 시간을 지칭하는 것이겠습니까. 성인聖人의 정情은 만사에 순응하여 (특정한) 정情이 없으니, 늘 의념이 있으면서 늘 의념이 없는 것입니다. 늘 의념이 있다는 것은 정해진 방향 없이 변화하여 유행이 그치지 않는 것이니 그래서 시작이 없는 것이고, 늘 의념이 없다는 것은 유행하고 변화하여 어느 한곳에 정체되어 머물지 않는다는 것이니 그래서 고정된 장소가 없는 것입니다. 【「왕우재(王墅齋)에 보내는 답신」】

┃17-31┃ 무릇 사람은 신神이 발생하여 지知가 이루어지고 오성五性이 감지하여 움직이면서 만사가 나옵니다.[19] '물物'이란 보고 듣고 말하고 움직임과 기쁘고 노엽고 슬프고 즐거움 같은 것들이니 육신에 존재하는 것들이고 지知가 발현되는 공간입니다. 보고 들음이나 기쁘고 노여움 같은 것은 예에 부합하는 것도 있고 예에 부합하지 않는 것도 있으며 절도에 맞는 것

聰明", 聰明豈與視聽爲對而各一其時乎? 聖人之情, 順萬事而無情, 而常有意, 而常無意也. 常有意者, 變化無方, 而流行不息, 故無始; 常無意者, 流行變化, 而未嘗遲留重滯, 故無所.【「答王墅齋」】

┃17-31┃ 夫人神發爲知, 五性感動而萬事出. 物也者, 視聽言動喜怒哀樂之類, 身之所有, 知之所出者也. 視聽·喜怒之類, 有禮有非禮, 有中節有不中節, 苟密

---

19 무릇 … 나옵니다: 『太極圖說』, "惟人也, 得其秀而最靈, 形旣生矣, 神發知矣, 五性感動, 而善惡分, 萬事出矣."

도 있고 절도에 맞지 않는 것도 있지만, 진실로 그 마음의 속일 수 없는 부분을 정밀히 살핀다면 스스로 알지 못하는 경우가 없습니다. 그래서 '지知'란 사물의 법칙이고 갈피가 있고 결이 있어 지나침이나 모자람이 없는 것입니다. 물物은 지知에서 생기는 것이고 지知는 물物 속에서 존재합니다. 그래서 치지致知의 공부는 또한 오직 격물格物에 있을 뿐입니다. 무릇 은미함과 현저함이나 움직임과 고요함은 하나의 리理로 관통되어 있습니다. 단지 그 말이 지칭하는 측면이 다를 뿐입니다. 그래서 '중中'이니 '화和'니 '중절中節'이라는 것은 그 이름은 둘이지만 사실은 하나의 '홀로 앎[獨知]'인 것입니다. 그래서 옳은 것은 옳게 여기고 그른 것은 그르게 여기는 것은 '홀로 앎'이 감지하여 대응하는 절목이고 천하의 달도達道입니다. 그 지知는 이른바 '정정貞靜[20]의 은미함'이니 미발의 중中이고 천하의 대본大本입니다. 옳은 것은 옳다고 여기고 그른 것은 그르다고 여기는 지知를 대상으로 말할 때 그 지극히 광대하면서도 은미한 것이 조금도 치우치거나 기울어짐이 없기 때문에 '미발의 중'이라고 하는 것이며, 지知가 옳은 것은 옳다고 여기고 그른 것은 그르다고 여김을 말할 때는 그 지극히 은미하면서도

察其心之不可欺者, 則莫不自知之. 故知也者, 事物之則, 有條有理, 無過不及者也. 物出於知, 知在於物, 故致知之功, 亦惟在於格物而已. 夫隱顯動靜, 通貫一理, 特所從名言之異耳. 故中也, 和也, 中節也, 其名則二, 其實一獨知也. 故是是非非者, 獨知感應之節, 爲天下之達道. 其知則所謂貞靜隱微, 未發之中, 天下之大本也. 就是是非非之知而言, 其至費而隱, 無少偏倚, 故謂之未發之中. 就知之是是非非而言, 其至微而顯, 無少乖戾, 故謂之中節之和. 非離

20　정정(貞靜): 동정(動靜)과는 다른 차원의 고요함을 표현한 것이다.

현저한 것이 조금도 어그러짐이 없기 때문에 '절도에 맞는 화和'라고 하는 것입니다. 동정動靜의 현저함을 떠나 별도로 정정貞靜의 은미함이라는 체體가 있어서, '옳은 것을 알고 그른 것을 아는' 차원에서는 그것에 대해 말할 수 없는 것이 아닙니다. 정자程子는 "화和를 말하면 중中이 그 속에 있고, 중中을 말하면 희로애락을 그 속에 포함하고 있다."라고 하였습니다. 소계명(蘇季明: 蘇昞)의 질문에 대답하면서는 "아는 것이 있으면 곧 이발已發이다. 이발은 단지 화和라고 할 수 있을 뿐이지 중中이라고 할 수 없다."라고 하였으며, 또 "이미 지각知覺이 있으면 움직임의 상태이니 어떻게 고요하다고 할 수 있겠는가."라고 말하였던 것은,[21] 대개 소계명이 희로애락이 발하기 전의 상태에서 '중中'을 찾으려고 하였는데 이것은 둘로 나누는 방식이기 때문에 그의 말을 반대로 하여 힐문함으로써 그로 하여금 자기 마음에서 직접 확인해 보게 하기 위한 것이었습니다. 전혀 지각이 존재하지 않는 그런 때는 없으니 발하지 않은 때란 존재하지 않으며, 발하지 않은 때가 존재하지 않으니 어찌 이른바 '미발 이전'이라는 것이 있을 수 있겠습니까. 그리고 이발已發은 또 중中이라고 할 수 없으니, 중이라는 것과

乎動靜顯見, 別有貞靜隱微之體, 不可以知是知非言者也. 程子謂: "言和則中在其中, 言中則涵喜怒哀樂在其中." 答蘇季明之問, 謂: "知卽是已發, 已發但可謂之和, 不可謂之中." 又謂: "旣有知覺, 卻是動, 怎生言靜"者, 蓋爲季明欲求中於喜怒哀樂未發之前, 則二之矣, 故反其詞以詰之, 使驗諸其心. 未有絶無知覺之時, 則無時不發, 無時不發, 則安得有所謂未發之前? 而已發又不可謂之中, 則中之爲道, 與所謂未發者, 斷可識矣. 又安得前乎未發, 而求其所

21 　소계명(蘇季明)의 … 것은:『二程遺書』권18에 있는 내용이다.

이른바 '미발'이라는 것이 무엇인지 확실히 알 수 있습니다. 또 어찌 미발 이전에 그 이른바 '중'이라는 것을 구할 수 있겠습니까. 그 뒤에 소계명이 그 의미를 깨달아서 "움직임에서 고요함을 구하는 것입니까?"라고 물었습니다. 정자가 비로소 그의 말을 긍정하였지만 여전히 아직 깊이 동의하지는 않았습니다. 그 실마리가 조금 차이가 있어서 작은 부분에서 이발과 미발을 둘로 여기는 태도를 면하지 못할까 염려하였기 때문입니다.

| 17-32 | 보내신 서신에서 "허령虛靈은 체體이고 지각知覺은 용用이다.[22] 반드시 '허(虛: 비어 있음)'인 뒤에야 '영(靈: 영명함)'일 수 있다. 욕망이 없으면 고요할 때 비어 있게 되고 고요할 때 비어 있으면 밝게 된다. 일이 없으면 비어 있게 되고 비어 있으면 밝게 된다."라고 하였습니다. 이것은 주렴계와 정자의 정법안장(正法眼藏: 도통의 핵심내용)이니 지각의 내용을 지각의 능력과 혼동할 수 있겠습니까. 무릇 지각은 하나일 뿐입니다. 욕망이 움직이면 지각이 비로소 그 허령함을 잃게 되는데, 허령함은 잃을 때가 있지만 지각은 없어진 적이 없으니 둘을

謂中者也? 旣而季明自悟其旨曰: "莫是於動上求靜否?" 程子始是其說而猶未深然之, 恐其端倪微差, 而毫釐之間, 猶未免於二之也.

| 17-32 | 來教云: "虛靈是體, 知覺是用, 必虛而後靈. 無欲則靜虛, 靜虛則明. 無事則虛, 虛則明." 此是周·程正法眼藏, 可容以所知所覺混能知能覺耶? 夫知覺一而已, 欲動而知覺始失其虛靈, 虛靈有時失而知覺未嘗無, 似不可混而

---

22   허령(虛靈)은 … 용(用)이다: 주자가 「중용장구서(中庸章句序)」에서 사용한 "허령지각은 하나일 뿐이다.(虛靈知覺, 一而已矣)"라는 말을 토대로 한 설명이다.

뒤섞어 동일한 것으로 보아서는 안 될 것 같습니다. 하지만 지각이 없는 허령함은 없고, 진실로 비어 있지 않고 영명하지 않으면 또한 지각을 말할 수 없으므로 둘로 가를 수 없습니다. 하지만 이런 설명은 또한 뒷날의 학자가 이 네 글자[23]를 사용하였기 때문에 이렇게 해명한 것일 뿐입니다. 만약 사실대로 말한다면 '지知' 한 글자로 충분하므로 굳이 '허虛'니 '영靈'이니 하는 말을 쓰지 않더라도 '허'와 '영'의 의미가 그 속에 있는 것이고, '허虛' 한 글자로 충분하므로 굳이 '영'이니 '지知'니 하는 말을 쓰지 않더라도 '영'과 '지'의 의미가 그 속에 있는 것입니다. 대개 마음은 오직 하나의 지知이고 지知는 하나의 의념이다. 한 의념의 지知는 철두철미하게 늘 움직이고 늘 고요하니 본래 안과 밖의 구분이 없고 본래 저쪽과 이쪽의 구분이 없습니다.

| 17-33 | 보내신 서신에, "지각의 능력을 '양良'이라고 하면 격물은 자연히 그 공효功效이겠지만, 지각의 내용을 '양'이라고 하면 의당 격물을 공부로 삼아야 한다."라고 하였습니다. 이 말은 옳지 않은 것 같습니다. 무릇 지(知: 앎)는 일을 체로 삼고, 일은 지知를 법칙으로 삼습니

一之. 然未有無知覺之虛靈, 苟不虛不靈, 亦未足以言覺, 故不可歧而二之. 然亦爲後儒有此四字而爲之分疏云爾. 若求其實, 則知之一字足矣. 不必言虛與靈, 而虛靈在其中. 虛之一字足矣, 不必言靈言知, 而靈與知在其中. 蓋心惟一知, 知惟一念, 一念之知, 徹首徹尾, 常動常靜, 本無內外, 本無彼此.

| 17-33 | 來教: "以能知覺爲良, 則格物自是功效; 以所知覺爲良, 是宜以格物爲功夫." 恐未然也. 夫知以事爲體, 事以

---

23 · 네 글자: 虛·靈·知·覺을 가리킨다.

다. 일이 그 지知를 따를 수 없으면 지知가 전부 최대한도로 발휘되지는 못하게 됩니다. 그래서 '치지致知는 격물에 달려 있다'라고 한 것이니, 격물을 통해 치지를 이룬 뒤에야 공부가 완벽해지는 것입니다. 후세에 격물을 공부로 삼는 이들은 이미 억측으로 진리를 인식하려고 하거나 몇몇 도덕행위를 하는 것만으로 도덕성을 엄습해 차지하려고 하는 잘못된 방식으로 빠져들어 지知의 물物을 이룰[24] 줄 모르고, 치지를 공부로 삼는 이들은 또 원각圓覺이나 진공眞空을 추구하는 데 가까워서 '물'의 '지'에 맞게 바로잡지[25] 못합니다. 그러니 도道에서 더욱 멀어집니다. 【이상은 「섭쌍강에게 보내는 서신」】

|17-34| 무릇 마음이란 지각知覺이나 운동運動일 따름이다. '일'이란 지각의 운동이고, '비춤'[照]이란 운동의 지각이다. 안과 밖의 구분이나 움직임과 고요함의 구분이 없이 혼연히 한 몸인 것입니다. 【「왕신보(王新甫)에게 보내는 답신」】

知爲則, 事不能皆循其知, 則知不能皆極其至, 故致知在格物, 格物以致知, 然後爲全功. 後世以格物爲功者, 既入於揣摩義襲, 而不知有致知之物; 以致知爲功者, 又近於圓覺眞空, 而不知有格物之知, 去道愈遠矣. 【以上「寄雙江」】

|17-34| 夫心, 知覺運動而已. 事者, 知覺之運動, 照者, 運動之知覺, 無內外動靜而渾然一體者也. 【「答王新甫」】

24　지(知)의 물(物)을 이룰: '物'은 '知'가 적용되는 의념의 개별적인 내용이므로, '지의 물을 이룬다'라는 말은 知를 구체적인 의념들 속에 온전히 발현시킨다는 의미이다.

25　'물'의 … 바로잡지: 위에서 '지'는 '물'의 법칙이라고 하였으므로 '물의 지에 맞게 바로잡는다'라는 말은 의념의 내용인 구체적인 일들의 법칙에 맞게 의념을 바로잡는다는 의미이다.

|17-35| 무릇 몸²⁶에는 반드시 마음이 있고, 마음에는 반드시 의념이 있으며, 의념에는 반드시 그에 상응하는 앎이 있고, 앎에는 반드시 그에 상응하는 일이 있습니다. 만약 일이 없을 때가 있다면 또한 마음이 없고 의념이 없고 앎이 없는 때가 있다는 것입니까? 몸과 마음과 의념과 앎과 일[物]은 잠시도 없었던 적이 없으니 '바로잡음[格]'과 '이룸[致]'과 '성실하게 견지함[誠]'과 '바르게 함[正]'의 공부도 또한 잠시도 떨어질 수 없습니다. 또 어찌 감지하기 전의 상태가 따로 있겠으며, 또 어찌 별도의 공부가 필요하리라는 의심이 있을 수 있겠습니까. 【「진리선(陳履旋)에 보내는 답신」】

|17-36| 격물치지格物致知와 관련하여 후세의 학자는 '지식'을 '지知'라고 이해하고 천지 사이에 소리와 색깔과 모양을 가지고 존재하는 모든 것을 '물物'이라고 이해하여 『대학』의 본래 취지를 잃어버렸습니다.²⁷ 선사先師께서 "지知는 '홀로 앎'이고, 치지致知는 그 '홀로 앎'을 속이지 않는 것이다. 물物은 마음에서 의념이 작

|17-35| 夫身必有心, 心必有意, 意必有知, 知必有事. 若有無事之時, 則亦當有無心・無意・無知之時耶? 身心意知物未始須臾無, 則格致誠正之功, 亦不可須臾離, 又焉有未感之前, 又焉有還須用功之疑耶?【「答陳履旋」】

|17-36| 格物致知, 後世學者以知識爲知, 以凡有聲色象貌於天地間者爲物, 失卻『大學』本旨. 先師謂: "知是獨知, 致知是不欺其獨知; 物

---

26   몸: 한 개체로서의 사람을 의미한다.
27   격물치지(格物致知)와 … 잃어버렸습니다: '知'개념과 관련하여 주자의 『大學章句』에 "知, 猶識也. 推極吾之知識, 欲其所知無不盡也."로 설명하였고, '物' 개념에 대해서는 『大學或問』에 "天道流行, 造化發育, 凡有聲色貌象而盈於天地之間者, 皆物也."라고 하였다.

동할 때 그 내용이 되는 일이니 예컨대 보고 듣고 말하고 움직이는 것이나 기뻐하고 분노하고 슬퍼하고 즐거워하는 것과 같은 것이다. 『시경』의 이른바 '물物이 있으면 법칙이 있다'라는 말이나 『맹자』의 '온갖 물物이 모두 나에게 갖추어져 있다.'라는 말이 이것이다."라고 하였습니다. 격물格物은 보고 듣고 기뻐하고 분노하는 등의 여러 일들에서 그 '홀로 앎'을 삼가 잘 지켜서 바로잡고 그 본연의 법칙을 따름으로써 그 지知의 본성에 흡족하게 부합하게 하는 공부입니다. 【「풍수(馮守)에게 보내는 답신」】

┃17-37┃ 마음을 세우는 초기에 시기가 좋은가 나쁜가, 일이 번잡한가 간단한가, 처지가 험한가 편안한가, 사람이 대처하기 어려운가 쉬운가를 보지 않고, 오직 내 마음이 옳은가 그른가, 선한가 악한가만을 보고서 옳고 선한 것을 따를 때는 마치 미치지 못할 듯이 하며 그르고 악한 것을 거부할 때는 뜨거운 물을 만진 듯이 해야만 '격물'이라고 할 만합니다. 진실로 여러 좋은 상황과 나쁜 상황, 대처하기 어려운 경우와 쉬운 경우를 이렇게 저렇게 분별한다면 이미 선택하는 바가 있는 것이고, 무슨 상황이 좋다고 여기거나 나쁘다고 여기는 마음이나 어렵다고 여기거나 쉽다고 여기는 마음이 위주가 된 것입니다. 무슨 상황이 좋다고 여기거나 나쁘다고 여기는 마음이나 어렵다고 여기

是身心上意之所用之事, 如視聽言動, 喜怒哀樂之類. 『詩』所謂'有物有則'·『孟子』'萬物皆備於我'是也." 格物是就視聽喜怒諸事, 愼其獨知而格之, 循其本然之則, 以自慊其知. 【「答馮守」】

┃17-37┃ 立心之始, 不見有時之順逆·事之繁簡·地之險易·人之難處易處, 惟見吾心是非善惡, 從之如不及, 去之如探湯者, 方爲格物. 苟分別種種順逆難易, 如彼如此, 則旣有所擇取, 而順逆難易之心爲之主矣. 順逆難易之心爲之主, 則雖有時主宰不亂, 精神凝定, 猶不足謂之格物. 何者?

거나 쉽다고 여기는 마음이 위주가 되면 비록 주재하여 어지러워지지 않고 정신이 응집될 때가 있지만 그래도 그런 것을 격물이라고 할 수는 없습니다. 왜냐하면, 무슨 상황이 좋다고 여기거나 나쁘다고 여기는 마음이나 어렵다고 여기거나 쉽다고 여기는 마음을 따르기 때문입니다. 더구나 어려운 상황을 만나면 버티고 지탱하기 어려워 의념마저 막히게 될 것이니 하물며 격물을 말할 수 있겠습니까.

|17-38| 양지는 방향도 없고 형체도 없이 고정되지 않고 변화합니다. 그래서 어제는 옳다고 여겼던 것을 오늘은 그르다고 느끼고, 자기가 옳다고 여겼다고 다른 사람 때문에 그것이 그르다는 느끼게 되기도 하고, 또한 자신의 견해로는 온당치 못해서 반드시 고증해 보고 강구해 본 뒤에야 온당해지는 경우도 있습니다. 모두 양지가 자연히 이와 같은 것입니다. 그래서 치지(致知: 치양지)도 또한 이와 같아야 합니다. 그러나 한 의념의 양지는 전체에 관통하여 본래 오늘과 어제, 남과 나, 안과 밖의 구분이 없습니다. 【이상은 「심사외(沈思畏)[28]에 보내는 답신】

從其好順惡逆之心也. 而況遇逆, 且難支吾牽強, 意與沮撓, 尙何格物之可言乎?

|17-38| 良知無方無體, 變動不居. 故有昨以爲是, 而今覺其非; 有己以爲是, 而因人覺其爲非; 亦有自見未當, 必考證講求而後停妥. 皆良知自然如此, 故致知亦當如此. 然一念良知, 徹頭徹尾, 本無今昨·人己·內外之分也. 【以上「答沈思畏」】

---

28   심사외(沈思畏): 구양덕에게 배운 적이 있었던 沈寵이다. 王畿와 錢德洪에게서도 배웠고 羅汝芳이 講會를 창립하였을 때 主講으로 초빙되기도 하였다.

|17-39| 도道는 천지 사이에 가득 차 있으니 이른바 '음과 양이 헤아리기 어렵게 변화 운동하는 신神'[29]입니다. 신이 응집되어 형체를 이루고 신이 발현하여 지(知, 앎)가 됩니다. 지知가 감지하여 움직여서 만물이 거기서 나오기 때문에 '모두 나에게 갖추어져 있다'라고 한 것입니다. 그리고 지知는 또 만사가 법칙으로 삼는 것이기 때문에 '물物이 있으면 법칙이 있다'라고 한 것입니다. 지知란 신神의 활동입니다. 신은 방향이 없고 형체가 없으며 사람에 있어서는 보고 듣는 작용이며 말하고 움직이는 작용이며 기뻐하고 분노하고 슬퍼하고 즐거워하는 작용인 것이고, 천지 만물에 있어서는 '만물을 발육시키고 지극히 높음'인 것이 곧 사람에게 있어서는 보고 듣고 말하고 움직이며 기뻐하고 분노하고 슬퍼하고 즐거워하는 작용인 것이며, 솔개가 나는 것과 물고기가 뛰는 것에서부터 산이 치솟은 것과 강이 흐르는 것, 초목이 끊임없이 생장하는 것이 전부 사람의 보고 듣고 말하고 움직이며 기뻐하고 분노하고 슬퍼하고 즐거워하는 작용인 것입니다. 그래서 사람의 기뻐하고 분노하고 슬퍼하고 즐거워하는 것과 보고 듣고 말하고 움직이는 것은

|17-39| 道塞乎天地之間, 所謂'陰陽不測之神'也. 神凝而成形, 神發而爲知, 知感動而萬物出焉. 萬物出於知, 故曰'皆備於我'; 而知又萬事之取正焉者, 故曰'有物有則.' 知也者, 神之所爲也. 神無方無體, 其在人爲視聽, 爲言動, 爲喜怒哀樂; 其在天地萬物, 則發育峻極者, 卽人之視聽言動, 喜怒哀樂者也. 鳶之飛·魚之躍, 以至山川之流峙·草木之生生化化, 皆人之視聽言動·喜怒哀樂者也. 故人之喜怒哀樂·視聽言動, 與天地萬物周流貫徹,

---

29　음과 … 신(神):『周易』「繫辭上」, "生生之謂易, 成象之謂乾, 效法之謂坤, 極數知來之謂占, 通變之謂事, 陰陽不測之謂神."

천지 만물과 같이 두루 유행하고 전체에 관철되어 있으니, 일어날 때는 같이 일어나고 스러질 때는 같이 스러져서 이것과 저것의 차이가 없습니다. 신은 방향과 형체가 없기 때문입니다. 보고 듣는 것과 기뻐하고 분노하는 것 이외에 다시 무슨 물物이 있겠습니까. 대개 옛날 사람들이 보고 듣고 기뻐하고 분노하는 것에 대해 말한 것 중에는 신神이 천지 만물에 관통되어 있다는 점을 이해하고 말한 경우가 있었는데, 뒷사람들이 보고 듣고 기뻐하고 분노하는 것에 대해 말하는 것에는 천지 만물에 대립되는 것을 보고 말하는 경우가 있습니다. 관통되면 합일되고 대립되면 이분되는 것이니 이것을 살피지 않을 수 없습니다. 【「항구동(項甌東: 項喬, 1494-1553)에게 보내는 답신」】

|17-40| 원위源委와 체용體用은 조금 다릅니다. '원(源: 근원)은 위(委: 결말)가 연유하는 바이다.'라고 말하는 것은 괜찮지만, '위委'가 아니면 '원源'을 볼 수 없다고 말하자면 '원'이 어찌 '위'가 있어야만 볼 수 있는 그런 것이겠습니까. 대개 '원'과 '위'는 여전히 둘입니다. 그런데 지(知: 앎)의 감응하고 변화하는 활동은 체의 용이고, 감응하고 변화하는 그 지知는 용의 체입니다. 마치 물의 흐름과 흐르는 물과 같은 것이니 물 이외에 흐름이 있는 것이 아니고 흐

作則俱作, 息則俱息, 而無彼此之間, 神無方體故也. 故格吾視聽言動·喜怒哀樂之物, 則範圍天地之化而不過, 曲成萬物而不遺, 神無方體故也. 視聽·喜怒之外, 更有何物? 蓋古之言視聽·喜怒者, 有見於神通天地萬物而爲言; 後之言視聽喜怒者, 有見於形對天地萬物而爲言. 通則一, 對則二, 不可不察也. 【「答項甌東」】

|17-40| 源委與體用稍異, 謂源者, 委所從出可也, 謂非委則無以見源, 源豈待委而後見乎? 蓋源與委猶二也. 若夫知之感應變化, 則體之用; 感應變化之知, 則用之體. 猶水之流, 流之水, 水外

름 이외에 물이 있는 것이 아닙니다. 이것은 '근원의 결말'와 '결말의 근원'과는 같지 않으니, 근원 이외에 결말이 없고 결말 이외에 근원이 없기는 하지만 머리와 꼬리처럼 상보적인 관계여서 체와 용이 아무 간극이 없는 것과는 같지 않습니다.

| 17-41 | 한 시각도 성性이 없는 순간은 없으니 한 시각도 정情이 없는 순간은 없는 것이며 한 시각도 발현된 것이 아닌 순간이 없습니다. 비록 사려가 일어나지 않고 한가하고 고요하며 텅 비고 화락한 상태라고 해도 속어로는 '자재하다'라고 하니 또한 즐거움이 발한 것입니다. 한가하고 고요하고 텅 비고 화락한 상태가 미발未發일 수 없다면 또 어떻게 미발이라는 특별한 상태가 있어서 한가하고 고요하고 텅 비고 화락한 것보다 이전에 존재하겠습니까. 그래서 미발이라는 것은 그 체를 말한 것이고 이발已發이라는 것은 그 용을 말한 것이니 사실은 하나의 지(知: 앎)입니다.

| 17-42 | 사람의 마음은 늘 앎이 작동하고 있으니 앎의 움직임과 고요해짐은 감응이 아닌 것이 없습니다. 잡념이 일어나지 않고 한가하고 고요하며 텅 비고 화락한 상태는 앎이 고요해진 상태이니 대개 고요해진 상황을 감지하여 (앎의) 고요함이 거기에 응한 것입니다. 사

無流, 流外無水. 非若源之委·委之源, 源外無委, 委外無源, 首尾相資, 而非體用無間者也.

| 17-41 | 無一刻無性, 則無一刻無情, 無一刻非發. 雖思慮不作, 閒靜虛融, 俗語謂之自在, 則亦樂之發也. 閒靜虛融, 不得爲未發, 則又焉有未發者在閒靜虛融之先乎? 故未發言其體, 已發言其用, 其實一知也.

| 17-42 | 人心常知, 而知之一動一靜, 莫非應感. 雜念不作, 閒靜虛融者, 知之靜, 蓋感於靜境而靜應也. 思慮變化, 紛

려가 변화하며 어지럽게 교착하는 것은 앎이 움직이는 상태이니 대개 움직이는 상황을 감지하여 (앎의) 움직임이 응한 것입니다. 움직이면 오관이 모두 작용하니 이것은 움직이는 '물物'[30]이고, 고요해지면 오관이 모두 작용하지 않게 되니 이것은 고요해진 '물物'입니다. 한가하고 고요하며 텅 비고 화락하여 오관이 작동하지 않더라도 이때 앎의 정미하고 밝아서 속일 수 없는 능력은 앎이 어지럽게 교착하는 시간에도 없어지지 않습니다. 앎이 어지럽게 교착하여 오관이 모두 작용하더라도 이때 앎의 정미하고 밝아서 속일 수 없는 능력은 한가하고 고요하며 텅 비고 화락한 시간에 비해 더 추가되는 것이 없습니다. 움직일 때나 고요할 때나 모두 앎이 작동하고 있는 것입니다. 【이상은 「섭쌍강에게 보내는 답신」】

紜交錯者, 知之動, 蓋感於動境而動應也. 動則五官俱用, 是爲動之物; 靜則五官俱不用, 是爲靜之物, 動靜皆物也. 閒靜虛融, 五官不用, 而此知精明不欺, 不減於紛紜交錯之時也. 紛紜交錯, 五官並用, 而此知精明不欺, 無加於閒靜虛融之時也. 動靜皆知也. 【以上「答雙江」】

|17-43| 양지는 본래 '텅 빔[虛]'이고 치지致知는 곧 '텅 빔을 이루는'[31] 것입니다. 진실하고 아무 거짓된 마음도 없는 것은 '본연적 텅 빔'의 본체이고, 물物마다 그 '홀로 앎'을 삼가 잘 이루어서 물物을 바로잡으며 거짓된 마음으로

|17-43| 良知本虛, 致知卽是致虛. 眞實而無一毫邪妄者, 本虛之體也; 物物愼其獨知而格之, 不以

---

30   물(物): 양명학에서 일반적으로 마음의 대상, 상태, 내용 등을 의미하는데, 여기서는 문맥상 오관의 대상, 오관에 담긴 내용 등을 의미한다.
31   텅 빔을 이루는: '致'를 편의적으로 '이루다'로 번역하였지만, 그 의미는 여기서 '온전히 적용시켜 가다' 정도의 의미이다.

스스로 속이지 않는 것은 '텅 빔을 이루는' 공부입니다. 만약 '텅 빔'에 대해서 본 것이 있어서 그것을 구하게 되면, 사물[32]을 멀리하고 따로 '텅 빔'의 본체를 안배함으로써 양지가 본래 이와 같고 온갖 일들이 전부 이것으로부터 흘러나온다고 여겨서 오래 익힌 뒤에 효과를 보게 되더라도 오히려 장애가 될 염려가 있습니다. 【「하용강(賀龍岡)에게 보내는 답신」】

| 17-44 | 무릇 두 의념이 서로 끌어당기는 것이 바로 '자기를 속이게 되는' 근본입니다. 이와 같은 상태가 끝나지 않으면 끝내 사의私意를 좇게 될 뿐입니다. 【「정원건(鄭元健)에게 보내는 답신」】

| 17-45 | 성性은 선하지 않은 것이 없기 때문에 양지는 중도에 맞고 올바르지 않은 것이 없습니다. 학자가 현재의 완벽한 양지에 의거할 수 있으면 중도로부터 벗어나거나 올바름을 잃게 됩니다. 진실로 중도로부터 벗어나거나 올바름을 잃게 되면 곧 현재의 완벽한 양지에 의거한 적이 없는 것이 됩니다. 만약 현재의 완벽한 양지에 의거했는데도 중도로부터 벗어나고 올바름을 얻지 못하였다고 말한다면, 이것은

邪妄自欺者, 致虛之功也. 若有見於虛而求之, 恐或離卻事物, 安排一箇虛的本體, 以爲良知本來如是, 事事物物皆從此中流出, 習久得效, 反成障蔽. 【「答賀龍岡」】

| 17-44 | 凡兩念相牽, 卽是自欺根本. 如此不了, 卒歸於隨逐而已. 【「答鄭元健」】

| 17-45 | 性無不善, 故良知無不中正. 學者能依著見成, 良知卽無過中失正. 苟過中失正, 卽是不曾依著見成良知, 若謂依著見成良知, 而未免過中失正, 是人性本不中正矣. 有

---

32 사물: 여기서는 마음에서 일어나는 여러 의념의 내용들을 가리킨다.

사람의 본성이 본래 중도에 맞고 올바르지가 않다는 의미가 되는데 이럴 리가 있겠습니까.

│17-46│ 양지는 본디 고금에 걸친 일의 변화들을 다 알 수 있지만, 그렇다고 해서 반드시 고금에 걸친 일의 변화들을 다 알아야만 양지라고 부를 수 있는 것은 아닙니다. '태어날 때부터 아는 사람'이란 태어날 때부터 고금에 걸친 일의 변화들을 알 수 있는 사람이 아닙니다. 태어날 때부터 사의私意가 없고 그 양지가 가려지지 않은 사람일 뿐입니다. 그렇다면 '배워서 안다'거나 '곤란을 겪은 뒤 안다'는 것도 또한 그 사의를 없애고 그 양지를 가리지 않게 하는 것일 뿐입니다. 양지가 진실로 사의에 가려지지 않으면 고금에 걸친 일의 변화를 아는 것도 양지가 아닌 것이 없으며, 사의에 가려진 것이 있으면 그가 고금에 걸친 일의 변화를 아는 것이 모두 사의가 아닌 것이 없습니다. 체용은 한 근원인 것입니다. 【이상은 「동조시(董兆時)[33]에게 보내는 답신」】

是理乎?

│17-46│ 良知固能知古今事變, 然非必知古今事變, 而後謂之良知. 生而知之者, 非能生而知古今事變者也, 生而無私意, 不蔽其良知而已. 然則學知‧困知, 亦惟去其私意, 不蔽其良知而已. 良知誠不蔽於私, 則其知古今事變, 莫非良知; 苟有私意之蔽, 則其知古今事變, 莫非私意, 體用一原者也. 【以上「答董兆時」】

---

[33] 동조시(董兆時): 董燧는 자가 兆時이고, 호는 蓉山이다. 嘉靖 연간에 擧人이 되었으며, 어려서부터 王艮과 聶豹에게 배웠다.

정양공 쌍강 섭표 선생

貞襄聶雙江先生豹

|17-47| 섭표(聶豹: 1487-1563)는 자가 문울文蔚이고 호는 쌍강雙江이며 영풍永豐[1] 사람이다. 정덕正德 12년 진사進士가 되어 화정현華亭縣의 지현으로 건몰(乾沒: 착복된 재물) 1만 8천 금金을 청산함으로써 포부(逋賦: 포탈된 세금)를 보충하고 수리 사업을 개선하고 학교를 일으켰다. 제생諸生으로 있던 서존재徐存齋[2]를 알아보았다. 황제의 부름을 받아 어사御史가 되어서는 세력이 큰 환관과 권신을 탄핵하여 간쟁에 능하다는 명성이 있었다. 소주蘇州의 지부知府가 되었다가 부모의 상을 연이어 당하여 10년간 집에서 지냈다. 추천을 받고 다시 기용되어서는 평양平陽의 지부知府로서 관문을 수리하고 병졸을

|17-47| 聶豹, 字文蔚, 號雙江, 永豐人也. 正德十二年進士. 知華亭縣, 清乾沒一萬八千金, 以補逋賦, 修水利, 興學校. 識徐存齋於諸生中. 召入爲御史, 劾奏大奄及柄臣, 有能諫名. 出爲蘇州知府. 丁內外艱, 家居十年. 以薦起, 知平陽府, 修關練卒,

---

1   영풍(永豐): 강서성 길안부(吉安府)에 속한 현이다.
2   서존재(徐存齋): 서계(徐階, 1503-1583)는 자가 자승(子升)이고 호가 소호(少湖) 내지 존재(存齋)였다. 바로 화정현 사람이다.

단련시켜 사전에 필요한 조치를 해놓고 대비하니 외적이 왔다가도 감히 들어오지 못하였다. 세종世宗이 듣고는 시신侍臣을 돌아보며 "섭표는 어떤 상황이기에 이와 같이 할 수 있는 것인가?"라고 하고는 섬서안찰사陝西按察司의 부사로 승진시켰다. 보신輔臣인 하귀계夏貴溪[3]의 미움을 받아 파직되어 고향으로 돌아갔다가 얼마 뒤에 다시 체포되었다. 선생은 체포될 당시 학생들과 『중용』을 강학하고 있었는데 교관이 들이닥쳐 목에 칼을 채웠다. 선생은 칼을 다 채우자 다시 학생들과 앞서 하던 강의를 다 마치고 난 뒤에 끌려갔다. 얼마 뒤 조옥詔獄에 갇혔고 하귀계도 역시 그곳에 갇히게 되었는데 선생은 아무 원망하는 기색이 없었고 하귀계는 몹시 부끄러워하였다. 해를 넘긴 뒤에 풀려났다. 가정嘉靖 29년(1550)에 북경에 계엄戒嚴이 시행되었고[4] 서존재徐存齋가 종백(宗伯: 이부상서)이 되어 서생을 추천하였다. 순무계주우첨도어사巡撫薊州右僉都御史로 부름을 받았고 병부시랑으로 옮겨 경영京營의 군사업무를 보조하였다. 구란仇鸞이 선부宣府와 대동大同의 군대를 불러들여 도성을 방위하도록 청하였는데

先事以待, 寇至不敢入. 世宗聞之, 顧謂侍臣曰: "豹何狀乃能爾?" 陞陝西按察司副使, 爲輔臣夏貴溪所惡, 罷歸. 尋復逮之, 先生方與學人講『中庸』, 校突至, 械系之. 先生系畢, 復與學人終前說而去. 既入詔獄, 而貴溪亦至, 先生無怨色, 貴溪大慚. 踰年得出. 嘉靖二十九年, 京師戒嚴, 存齋爲宗伯, 因薦先生. 召爲巡撫薊州右僉都御史, 轉兵部侍郎, 協理京營戎政. 仇鸞請調宣, 大兵入衛, 先生不可而止. 尋陞尙書, 累以邊功

---

3 하귀계(夏貴溪): 하언(夏言, 1482-1548)은 자가 공근(公謹)이고 호가 계주(桂洲)이며, 강서성의 귀계(貴溪) 사람이다.

4 가정(嘉靖) ⋯ 시행되었고: 몽골의 엄답한(俺答汗, 1507-1582)이 침입하여 북경성 아래까지 진군하였기 때문에 전시 상태에 놓이게 된 것이다.

선생이 반대하여 중지하였다. 얼마 뒤 병부 상서에 오르고 여러 차례 변방의 전공으로 벼슬이 올라 태자소부太子少傅에 이르렀다. 동남쪽에 왜란이 발생하자 조문화趙文華[5]는 황제에게 직접 군대를 지휘하기를 청하였고 주용희朱龍禧는 전부(田賦: 토지세)를 징수하고 시박(市舶: 해외무역)을 열자고 청하였고 보신輔臣인 엄숭嚴嵩이 주관하게 하자고 청하였는데 선생이 이 건의를 모두 반대하였다. 그 결과 봉록이 2급級 강등되었다. 드디어 늙고 질병이 있다는 이유로 치사致仕하였다. 가정 43년(1564) 11월 4일에 세상을 떠나니 나이가 77세였다. 융경隆慶 원년(1567) 소보少保에 추증되고 정양貞襄이라는 시호를 받았다.

|17-48| 양명이 월(越: 절강성 지역)에 있을 때 선생이 감찰어사監察御史로서 민(閩: 복건성 지역)을 안찰按察하게 되어 무림(武林: 항주의 옛이름)을 지나면서 장강長江을 건너가 만나 뵈려고 하였다. 사람들이 반대하며 힘껏 말렸지만 선생은 듣지 않았다. 만나 보고 나서는 크게 기뻐하며 "군자가 하는 일을 보통사람들은 잘 모르게 마련이다."라고 하였다. 그러면서도 양명이

加至太子少傅. 東南倭亂, 趙文華請視師, 朱龍禧請差田賦開市舶, 輔臣嚴嵩主之, 先生皆以爲不可, 降俸二級. 遂以老疾致仕. 四十二年十一月四日卒, 年七十七. 隆慶元年, 贈少保, 諡貞襄.

|17-48| 陽明在越, 先生以御史按閩, 過武林, 欲渡江見之. 人言力阻, 先生不聽. 及見而大悅曰: "君子所爲, 衆人固不識也." 猶疑接人太濫, 上書言之. 陽

---

5 조문화(趙文華): 조문화(1503-1557)는 자가 원질(元質)이고 호가 매촌(梅村)이다. 간신 엄숭(嚴嵩)의 의붓아들이다.

사람들을 너무 가리지 않고 맞이하여 가르친다고 의심하여 글을 올려 그것을 언급하였다. 양명이 "내가 강학하는 것은 남이 나를 믿어 주기를 바라기 때문이 아니고 나의 억누를 수 없는 마음을 펼치는 것일 뿐이다. 만약 남이 믿어 주지 않는 것을 두려워하여 반드시 사람을 택해서 함께한다면 그것은 자신의 마음을 잃어버리는 것이다."라고 대답하였다. 선생이 그 말을 듣고 두려움을 느꼈다. 양명이 사은思恩과 전주田州 지역을 토벌하러 가게 되었을 때 선생이 '잊지 말며 조장하지 말라는 공부'에 대해 질문하자, 양명이 답서를 보내서 "여기서는 단지 '반드시 일삼는 것이 있다'라고만 말하고 '잊지 말고 조장하지 말라'라는 대목은 말하지 않는다. 전적으로 '잊지 말고 조장하지 말라'라고만 말하면 솥에 아무것도 없이 불을 때는 것이다."라고 하였다. 양명이 세상을 떠났을 때 선생이 소주蘇州에서 벼슬하고 있었는데, "옛날에 문생이라고 칭하지 못했던 것은 다시 뵐 것을 바랐기 때문일 뿐이다. 그런데 이제 그럴 수가 없다."라고 하고는 이에 신위를 세우고 북면하여 재배하고 비로소 문생이라고 칭하였다. 전서산(錢緖山: 錢德洪)을 증인으로 삼고 두 서신을 돌에 새겨서 명백히 그 사실을 공표하였다.

|17-49| 선생의 학문은, 옥중에서 한가하게

明答曰: "吾之講學, 非以蘄人之信己也, 行吾不得已之心耳. 若畏人之不信, 必擇人而與之, 是自喪其心也." 先生爲之惕然. 陽明征思·田, 先生問"勿忘勿助之功", 陽明答書"此間只說必有事焉, 不說勿忘勿助. 專言勿忘勿助, 是空鍋而爨也." 陽明旣歿, 先生時官蘇州, 曰: "昔之未稱門生者, 冀再見耳, 今不可得矣." 於是設位, 北面再拜, 始稱門生. 以錢緖山爲證, 刻兩書於石, 以識之.

|17-49| 先生之學,

지낸 지가 오래되고 고요해진 것이 지극해지자 홀연히 이 마음의 진체眞體가 빛나고 깨끗하여 만물이 모두 갖추어져 있다는 것을 보게 되었다. 이에 기뻐하며 "이것이 미발의 중中이다. 이것을 지키고 잃지 않으면 천하의 리가 모두 여기에서 나올 것이다."라고 하였다. 옥에서 풀려나자 배우러 온 학생들과 정좌법靜坐法을 세우고 그들로 하여금 적연寂然함으로 돌아감으로써 감지된 일에 온전히 대응하고, 체體를 잡음으로써 용用에 대응하게 하였다. 당시에 동문들 중에서 양지良知 중심의 학문을 하는 이들은 "미발은 곧 이발已發 속에 있다. 대개 발하였지만 발한 적이 없기 때문에 미발의 공부는 이발에서 행하는 것이고 선천先天의 공부는 후천後天에서 행하는 것이다."라고 주장하였다. 그들이 선생의 이론에 의문을 제기하는 것은 세 가지가 있었다. 첫째는 "도道는 잠시도 떠날 수 없는데 지금 '움직임 속에는 공부할 것이 없다'라고 한다면 이것은 도를 떠나는 것이다."라는 것이었고, 둘째는 "도道는 움직임과 고요함의 구분이 없는데 지금 '공부는 단지 고요함을 위주로 한다.'라고 한다면 이것은 둘을 구분하는 것이다."라는 것이었고, 셋째는 "마음과 일은 합일된 것이어서 마음이 일의 근간이 되어 존재하지 않는 곳이 없는데 지금 '감응하고 유행하는 상황에서는 공부를 위한 노력을 할 수가 없다.'라고 한다면 이것은 구체

獄中閑久靜極, 忽見此心眞體光明瑩徹, 萬物皆備, 乃喜曰: "此未發之中也. 守是不失, 天下之理皆從此出矣." 及出, 與來學立靜坐法, 使之歸寂以通感, 執體以應用. 是時同門爲良知之學者, 以爲"未發卽在已發之中. 蓋發而未嘗發, 故未發之功卻在發上用, 先天之功卻在後天上用." 其疑先生之說者有三: 其一謂"道不可須臾離也, 今曰'動處無功', 是離之也." 其一謂"道無分於動靜也, 今曰'功夫只是主靜', 是二之也." 其一謂"心事合一, 心體事而無不在, 今曰'感應流行, 著不得力', 是脫略事爲, 類於禪悟也." 王龍

적인 일들을 벗어난 것이어서 선어禪悟와 유사하다."라는 것이었다. 왕용계(王龍溪: 王畿)·황낙촌(黃洛村: 黃弘綱)·진명수(陳明水: 陳九川)·추동곽(鄒東廓: 鄒守益)·유양봉(劉兩峰: 劉文敏)이 각각 비판을 가하였고 선생은 일일이 거기에 대응하였다. 오직 나염암(羅念菴: 羅洪先)만은 선생과 서로 마음이 깊이 맞아서 "섭쌍강이 말한 내용은 참으로 벽력 수단이어서, 많은 영웅들이 감추고 속이지만, 그(섭표)의 한마디로도가 드러나니 마치 사통팔달의 큰길 같아서 더 이상 의심할 만한 것이 없게 되었다."라고 하였다. 유양봉은 만년에야 그를 믿고서는 "쌍봉의 말이 옳다."라고 하였다. 무릇 심체心體는 끊임없이 유행하여 고요하다가 움직이고 움직이다가 고요해진다. 미발은 고요한 것이고 이발已發은 움직이는 것이다. 발동하였을 때 공부를 하는 방식은 물론 움직임을 중시하는 것이지만 미발일 때 공부를 하는 방법도 고요함을 중시하는 것이니 전부 한쪽으로 빠진 것이다. 그런데도 『중용』에서 대본大本을 미발에 귀속시킨 것은 대개 '심의 체體'[6]는 곧 '하늘의 체體'이기 때문이다. 하늘의 둘레는 360도 4분의 1인데 그 가운데가 천추天樞이다. 하늘은 잠

溪·黃洛村·陳明水·鄒東廓·劉兩峰各致難端, 先生一一申之. 惟羅念菴深相契合, 謂"雙江所言, 眞是霹靂手段, 許多英雄瞞昧, 被他一口道著, 如康莊大道, 更無可疑." 兩峰晚乃信之, 曰: "雙江之言是也." 夫心體流行不息, 靜而動, 動而靜. 未發靜也, 已發動也. 發上用功, 固爲徇動; 未發用功, 亦爲徇靜, 皆陷於一偏. 而『中庸』以大本歸之未發者, 蓋心體卽天體也. 周天三百六十五度四分度之一, 而其中爲天樞, 天無一息不運, 至其樞紐

6　심의 체(體): 이것은 마음의 본연적인 상태라는 뜻으로 쓴 것이며, 같은 문장 안의 '하늘의 체'는 하늘의 중심부를 의미한다.

시도 쉬지 않고 운행하는데 그 추뉴樞紐인 곳, 즉 천추는 실로 만고에 늘 정지해 있으니 어쨌든 그것을 '고요함'의 범주로 귀속시키지 않을 수 없다. 그래서 마음의 주재가 비록 움직임이나 고요함으로 설명할 수 있는 것이 아니지만 오직 고요함을 통해서만이 마음을 보존할 수 있다. 이것이 주렴계는 '고요함을 위주로 하여 인극人極을 세운다'고 말하고,[7] 양귀산楊龜山의 문하에서 '희로애락이 발하기 전의 기상을 체인體認하는 것'을 서로 전승하는 구결口訣로 삼았던 이유이다.[8] 선생이 선종禪宗의 이론과 다르다고 스스로 해명하는 논리는, '적연寂然으로 돌아감으로써 천하의 온갖 감지되는 일들에 온전히 대응해 간다는 것이므로 불교가 감응 자체를 번뇌로 규정하여 전부 다 끊어 내서 완전히 없애는 것과는 같지 않다. 그들은 불교의 진리를 여전히 투철히 보지 못하였다.'라는 것이었다. 무릇 불교는 작용作用을 성性으로 간주하니, 그들이 말하기 싫어하는 것은 '체體'이다.[9] 그들이 '부모가 낳기 전'이라고 하고 '선천先天'이라고 하고 '주인 중의 주인'이라고 한 것

處, 實萬古常止, 要不可不歸之靜. 故心之主宰, 雖不可以動靜言, 而惟靜乃能存之. 此濂溪以主靜立人極, 龜山門下以體夫喜怒哀樂未發前氣象爲相傳口訣也. 先生所以自別於非禪者, 謂"歸寂以通天下之感, 不似釋氏以感應爲塵煩, 一切斷除而寂滅之, 則是看釋氏尙未透." 夫釋氏以作用爲性, 其所惡言者體也. 其曰父母未生前, 曰先天, 曰主中主, 皆指此流行者而言, 但此流行不著於事爲知覺者也. 其曰後天,

---

7 고요함을 … 세운다:『太極圖說』,"聖人定之以中正仁義, 而主靜, 立人極焉."
8 양귀산(楊龜山)의 … 이유이다: 楊時는 道南學派를 열어 未發體認의 방법을 전수한 것으로 알려져 있다.
9 불교는 … 체(體)이다: 體와 用을 대비시켜서, 불교는 性을 用의 차원에서 이해하는 데 그쳤다고 비판한 것이다.

은 모두 이 유행流行하는 것을 가리켜 한 말이고 단지 그 유행이 구체적인 일들이나 지각으로 드러나지 않는 것일 뿐이며, 그들이 '후천後天'이라고 하고 '대용大用의 현전現前'이라고 하고 '손님'이라고 한 것은 유행 중에서 구체적인 일과 지각을 가리킨 것이다. 그 실재적인 내용은 모두 '움직임'의 범주에 속한다. 그래서 (『금강경』에서) 그들은 '어디에도 머물지 않고 그 마음을 낸다'라고 하였으니 사실 모두 (『맹자』의) '마음을 보존하고 본성을 기른다'라는 공부와는 상반된다. 대개 심체는 원래 유행하는 것이지만 그 유행하는 방식이 법칙을 잃지 않는 것은 만고에 걸쳐서 이와 같으니 이것이 곧 이른바 고요함이고 적연함이다. 유자儒者의 존양存養하는 노력이 이곳으로 귀결될 수 있으면 비로소 불교와 같지 않게 될 수 있다. 만약 구구하게 감응이 있느냐 없느냐로 구별한다면 저 불교는 또 언제 감응을 거부한 적이 있었던가? 양명은 강우(江右: 강서성)에서 지낸 뒤로 비로소 양지良知라는 개념을 제기하였다.[10] 남중南中에 있을 때는[11] 묵좌징심(默坐澄心: 가만히 앉아 마음을 맑게 함)을 학문의 목적으로 삼았고 수렴

曰大用現前,　曰賓,
則指流行中之事爲
知覺也.　其實體當
處, 皆在動一邊, 故
曰'無所住而生其心',
正與存心養性相反.
蓋心體原是流行, 而
流行不失其則者, 則
終古如斯, 乃所謂靜
也, 寂也. 儒者存養
之力, 歸於此處, 始
不同夫釋氏耳.　若
區區以感應有無別
之, 彼釋氏又何嘗廢
感應耶?　陽明自江
右以後,　始拈良知.
其在南中, 以默坐澄
心爲學的,　收斂爲
主,　發散是不得已.
有未發之中, 始能有
中節之和.　其後學
者有喜靜厭動之弊,

10　양명은 … 제기하였다: 양명은 1519년에 강서성에서 朱宸濠의 반란을 진압하고 이듬해에 강서성에서 치양지설을 처음으로 제기하였다.

11　남중(南中)에 있을 때는: 양명이 처음 오도(悟道)한 귀주(貴州) 용장(龍場)을 가리킨다.

을 위주로 하였으며 발산은 부득이한 경우로 한정하였다. 미발의 중中이 있어야 비로소 중절(中節: 절도에 맞음)의 화和가 있다는 주장이었다. 그 뒤로 학자들 중에 고요한 것을 좋아하고 움직이는 것을 싫어하는 폐단이 나타났기 때문에 치양지致良知 이론을 제기하여 구제하였던 것인데, '양지는 미발의 중이다'라고 하였으므로 이전의 이론과 여전히 같았다. 선생이 또한 언제 사문師門을 배반하였다는 것인가? 그런데도 당시에는 떼를 지어 일어나 선생을 비판하였다. 서학모徐學謨의 『세묘식여록世廟識餘錄』에서 "양충민楊忠湣[12]이 엄숭嚴嵩이 거짓으로 변방의 전공을 차지했다고 탄핵하였더니 황제가 형부로 보내 조사하여 재보고하게 하였다. 엄세번嚴世蕃[13]이 스스로 복소(覆疏: 재보고 소장)의 초고를 지어 형부로 보냈고, 선생은 그 초고에 의거하여 복소를 작성하여 바쳤다."라고 하였다. 하지만 『식소편識小編』[14]에 "선생이 엄숭에게 군공으로 받은 상훈을 사양하라고 권하였고 복소는 끝내 올리지 않았다. 다만 그 때문에 공을 장시철張時徹[15]에게 돌렸다."라

故以致良知救之. 而曰良知是未發之中, 則猶之乎前說也. 先生亦何背乎師門? 乃當時群起而難之哉! 徐學謨『識餘錄』言: "楊忠湣劾嚴嵩假冒邊功, 下部查覆. 世蕃自草覆稿送部, 先生卽依稿具題." 按『識小編』: "先生勸嵩自辭軍賞, 而覆疏竟不上, 但以之歸功張時徹." 然則依稿具題之誣, 不辯而自明矣.

12　양충민(楊忠湣): 양계성(楊繼盛, 1516-1555)은 자가 중방(仲芳)이고 호가 초산(椒山)이었으며 시호가 충민(忠湣)이었다.

13　엄세번(嚴世蕃): 엄숭의 아들이다.

14　『식소편(識小編)』: 건륭(乾隆) 1751년에 진사(進士)에 급제한 동풍환(董豊垣)이 지은 책이다.

15　장시철(1500-1577): 자가 유정(維靜)이고 호는 동사(東沙) 혹은 구일(九一)이다.

고 하였다. 그렇다면 초고에 의거하여 복소를
작성해서 바쳤다는 무고는 반박하지 않고도
저절로 밝혀진다.

섭쌍강의 논학 서신

雙江論學書

|17-50| '마음은 정해진 형체가 없다'라고 말
하는 것은 심체에 대해서 한참 잘못 이해한 것
으로 보입니다. 환하게 안에 존재하고 적연하
게 움직이지 않으면서 온갖 변화들이 모두 이
것에 기반을 두고 있으니 이것이 정해진 형체
입니다.

|17-50| 謂心無定
體, 其於心體, 疑失
之遠矣. 炯然在中,
寂然不動而萬化攸
基, 此定體也.

|17-51| 양지는 본래 적연하니 물物을 감지한
뒤에 앎이 있게 됩니다. 앎이란 그것(양지)이
발한 것이니 그 앎이 생긴 것을 양지라고 여기
고 그것의 발생 근원을 잊어버려서는 안 됩니
다. 마음이 내면에서 주재가 되어 밖으로 응한
뒤에 밖이란 것이 있게 됩니다. 밖이란 그것
(마음)의 그림자이니 그것이 밖으로 응하여 생
긴 것들을 마음이라고 여기고 드디어 마음을
밖에서 구하려고 해서는 안 됩니다. 그래서 학
자가 도道를 구할 때는 내면의 주재인 적연한
것으로부터 구해서, 그것이 적연하면서 늘 고
정되어 있도록 해야 합니다.

|17-51| 良知本寂,
感於物而後有知.
知其發也, 不可遂以
知發爲良知, 而忘其
發之所自也. 心主
乎內, 應於外, 而後
有外. 外其影也, 不
可以其外應者爲心,
而遂求心於外也.
故學者求道, 自其主
乎內之寂然者求之,
使之寂而常定.

|17-52| 원천은 장강長江·회수淮水·황하黃河·

|17-52| 原 泉 者,

한수漢水가 흘러나온 근원입니다. 하지만 장강·회수·황하·한수가 아니면 또한 이른바 원천이라는 것을 볼 수가 없습니다. 그러므로 원천을 깨끗이 치는 것은 장강·회수·황하·한수가 나온 근원을 깨끗이 치는 것이지, 장강·회수·황하·한수를 원천으로 간주하여 이 강들을 깨끗이 치는 것이 아닙니다. 뿌리란 가지·나뭇잎·꽃·과실이 나온 근원입니다. 뿌리를 북돋워 주는 것이란 가지·나뭇잎·꽃·과실이 나온 뿌리를 북돋워 준다는 것이지 가지·나뭇잎·꽃·과실을 뿌리로 간주하여 그것들을 북돋워 주는 것이 아닙니다. 지금 감응과 변화의 근원이 되는 앎을 이루지 않고 감응하고 변화하고 있는 앎을 공부의 대상으로 삼아 그것을 이루려고 한다면 이것은 '빛이 들 공간이 있으면 반드시 비추는' 그 빛살들 속에서 해와 달을 찾으려고 들고 하늘에 훤하게 걸려 있는 거대한 해와 달은 버려두는 것과 동일합니다.

| 17-53 | 본원本原의 위치는 요컨대 '보지 않고 듣지 않는[16] 적연한 본체'의 밖에 있지 않습니다. 보지 않고 듣지 않는 적연한 본체가 만약

江·淮·河·漢之所從出也, 然非江·淮·河·漢, 則亦無以見所謂原泉者. 故浚原者, 浚其江·淮·河·漢所從出之原, 非以江·淮·河·漢爲原而浚之也. 根本者, 枝葉花實之所從出也. 培根者, 培其枝葉花實所從出之根, 非以枝葉花實爲根而培之也. 今不致感應變化所從出之知, 而卽感應變化之知而致之, 是求日月於容光必照之處, 而遺其懸象著明之大也.

| 17-53 | 本原之地, 要不外乎不睹不聞之寂體也. 不睹不

---

16   보지 … 않는:『中庸』의 "道也者, 不可須臾離, 可離非道也. 是故君子戒愼乎其所不睹, 恐懼乎其所不聞."이라는 구절에서 '不睹'와 '不聞'을 朱子는 각각 '보지 않음'과 '듣지 않음'으로 해석하였는데 섭표는 여기서 이 해석을 따른 것으로 보인다.

감응하고 변화하는 것을 인해서 존재하는 것이라면 감응하고 변화하는 것을 대상으로 삼아 그것을 통해 이루는 것이 가능할 것입니다. 그런데 사실은 (적연한 본체가) 감응 변화를 주재하고 감응 변화는 내 적연한 본체의 드러난 지엽일 뿐입니다. 나에게 다가오는 것은 무궁한데 나는 그 무궁한 것에 일관성 있게 대응하여 그 일관성을 줄곧 유지하지 못한다면 내 적연한 본체가 끊임없이 왔다갔다하지 않겠습니까. 적연한 본체가 심하게 왔다갔다하게 된 뒤에는 분노가 폭발할 것이고 욕심이 나쁘게 흐를 것이며 선은 나날이 없어져 가고 과오는 나날이 자라나게 될 것입니다.[17] 이런 상태에서는 비록 (분노를) 누르고, (욕심을) 막고, (선으로) 옮기고, (악을) 고치더라도 이미 '도덕적 행위를 몇몇 수행함으로써 밖에서 엄습하듯 호연지기를 얻으려고 한 태도'를 면하지 못할 것입니다. 그것은 본원을 함양하는 공부와는 아무런 상관이 없을 것 같습니다.

|17-54| 본체의 앎이 소중한 것은 내 (앎의) 움직임에 선하지 않음이 없기 때문입니다. 움직

聞之寂體, 若因感應變化而後有, 卽感應變化而致之可也. 實則所以主宰乎感應變化, 而感應變化乃吾寂體之標末耳. 相尋於吾者無窮, 而吾不能一其無窮者, 而貞之於一, 則吾寂然之體不幾於憧憧矣乎! 寂體不勝其憧憧, 而後忿則奮矣, 欲則流矣, 善日以泯, 過日以長, 卽使懲之窒之, 遷之改之, 已不免義襲於外, 其於涵養本原之功, 疑若無與也.

|17-54| 所貴乎本體之知, 吾之動無不

---

17   분노가 … 것입니다: 분노와 욕심은 『周易』 「損·象傳」의 "山下有澤, 損. 君子以懲忿窒欲."에서 따온 것이고, 선과 과오는 『周易』 「益·象傳」의 "風雷, 益. 君子以見善則遷, 有過則改."에서 따온 것이다. '懲忿窒欲'과 '遷善改過'는 성리학에서 수양의 방법으로 중시되어 온 것들이다.

임에 선하지 못함이 있고 난 뒤에 그것을 아는 것이라면 이미 절대적이지 못한 진리로 떨어진 것입니다.

|17-55| '홀로인 상태'[18]을 '앎'이라고 하고 '앎'을 '지각'이라고 하여 드디어는 성인聖人의 '마음을 씻고 은밀히 보존함'이라는 근본으로 돌아가는 공부를 몰래 끌어들이는 방식으로 '밖에서 엄습하게' 합니다. 비록 양지가 의념마다 정미하고 밝게 드러나더라도 또한 단지 드러난 사례에서 선과 악을 가려내어서 버리고 취하는 것일 뿐이니 미발의 중中이자 순수 지선의 본체로는 더 이상 돌아갈 기약이 없을 것입니다.

|17-56| '마음은 정해진 형체가 없다'라는 이론은 '마음은 내면에 있지 않다. 몸의 각 부분이 마음이고 온갖 감각작용들이 모두 마음이다.'라고 주장합니다. 나도 일찍이 이 주장에 따라 진리를 구해 본 적이 있습니다. 그런데 비유하자면 바람을 뒤좇고 번개를 좇아가는 것 같아서 순식간에 수많은 변화가 일어나는데 망연히 아무 손쓸 곳이 없이 내 내면을 어

|17-55| 善也. 動有不善而後知之, 已落二義矣.

|17-55| 以獨爲知, 以知爲知覺, 遂使聖人洗心藏密一段反本功夫, 潛引而襲之於外. 縱使良知念念精明, 亦只於發處理會得一箇善惡而去取之, 其於未發之中, 純粹至善之體, 更無歸復之期.

|17-56| 心無定體之說, 謂"心不在內也, 百體皆心也, 萬感皆心也." 亦嘗以是說而求之, 譬之追風逐電, 瞬息萬變, 茫然無所措手, 徒以亂吾之衷也.

---

18   홀로인 상태: 愼獨'의 '獨'을 주자는 『中庸章句』에서 "獨者, 人所不知, 而己所獨知之地也."로 풀이하였는데, 양명학자들은 이 중에서 '獨知'라는 개념을 상당히 중시하였다.

지럽힐 뿐이었습니다.

|17-57| 미발의 기상을 체인할 수 있으면 그것이 본래면목을 인식하는 것입니다. 경건한 마음으로 잘 유지하여 늘 보존하고 잃지 않아야 하는데, 이런 수준에 도달하면 조그만 습기(習氣: 습관을 통해 형성된 기질)나 의견도 붙어 있지 않아서 가슴속이 깨끗해지는 기상을 대체적으로나마 볼 수가 있습니다. 또 어찌 사물을 마주하여 그 속의 이치를 궁구해야만 가능한 것이겠습니까. 반복해서 탐구하는 것도 또한 단지 이 마음이 보존되어 있는지를 탐구하는 것일 뿐입니다.【이상은 「구양남야(歐陽南野: 歐陽德)에게 보내는 답신」】

|17-58| 성인은 허물이 많고 현인은 허물이 적으며 우인愚人은 허물이 없습니다. 대개 허물은 반드시 배우고 난 뒤에 보입니다. 배우지 않은 사람은 맹목적으로 아무렇게나 행동하는 것을 일상으로 삼으니 허물이라는 것을 더 이상 알 수가 없습니다.【「허옥림(許玉林)에게 보내는 답신」】

|17-59| '앎'은 마음의 본체이고 텅 비고 영명하고 어둡지 않으니 곧 명덕明德입니다.[19] '이룸'[致]은 그 텅 비고 영명한 본체를 가득 채우는 일이며 장강長江과 한수漢水로 씻고 가을 햇

|17-57| 體得未發氣象, 便是識取本來面目. 敬以持之, 常存而不失, 到此地位, 一些子習氣意見著不得, 胸次灑然, 可以槪見, 又何待遇事窮理而後然耶? 卽反覆推究, 亦只推究乎此心之存否.
【以上「與歐陽南野」】

|17-58| 聖人過多, 賢人過少, 愚人無過. 蓋過必學而後見也, 不學者冥行妄作以爲常, 不復知過.【「答許玉林」】

|17-59| 知者, 心之體, 虛靈不昧, 卽明德也. 致者, 充滿其虛靈之本體, 江·

살로 말리는 것입니다.[20] 앎을 이루면 '중中'을 이루게 됩니다. 이것은 적연히 움직이지 않는 것이며, 하늘보다 앞서 있을 때 하늘이 그것을 어기지 않는 경우입니다.[21] '격물'이란 치지(致知: 치양지)의 공부입니다. 물物을 저마다의 물物로 대하여 그것을 감지하여 천하의 일들에 온전히 대응하는 것입니다. 이때에는 무슨 생각이 있고 무슨 사려가 있겠습니까? 이는 하늘보다 뒤에 있으면서 하늘의 시간을 받드는 경우입니다.[22] 좋은 색을 좋아하고 나쁜 냄새를 싫어하는 것과 같은 것이 여기에 해당합니다. 이것이 나의 이론입니다. 그 바르지 않은 것을 바로잡아서 바른 상태로 돌아가는 것은 곧 선사(先師: 왕양명)께서 하학(下學: 구체적인 일들에서 배움)을 통해 바른 상태로 돌아가는 점진적인 방법을 설명하기 위해 이런 부득이한 말씀을 하신 것입니다. 이른바 바르지 않다는 것은 또한 그 의념이 미치는 바를 가리켜 말한 것이지

漢濯之, 秋陽暴之. 致知卽致中也, 寂然不動, 先天而天弗違者也. 格物者, 致知之功用, 物各付物, 感而遂通天下之故, 何思何慮, 後天而奉天時也. 如好好色, 惡惡臭之類是也. 此予之說也. 格其不正以歸於正, 乃是先師爲下學反正之漸, 故爲是不得已之辭. 所謂不正者, 亦指夫意之所及者言, 非本體有所不正也. 不善體者, 往往賺入襲取窠臼, 無故爲伯者

---

19   앎은 ⋯ 명덕(明德)입니다: 주자는 『대학』의 명덕(明德)을 '허령불매(虛靈不昧)'로 해석하였다. 섭표는 이 허령불매의 명덕이 양지와 같은 것이라고 설명한 것이다.

20   장강(長江)과 ⋯ 것입니다: 『맹자』에 나오는 말로, 공자의 도는 원래 완벽한 것이고 증자는 그 완벽한 것을 잘 씻어서 잘 말린 것일 뿐이라는 의미이다. 여기서는 양지는 원래 완벽한 것이고, '이룸'이란 그 완벽한 양지를 잘 구현하는 것일 뿐이라는 의미로 썼다.

21   하늘보다 ⋯ 경우입니다: 『周易』「乾·文言」, "夫大人者, 與天也合其德, 與日月合其明, 與四時合其序, 與鬼神合其吉凶. 先天而天弗違, 後天而奉天時. 天且弗違, 而況於人乎? 況於鬼神乎?"

22   하늘보다 ⋯ 경우입니다: 앞의 주 21) 참조.

본체에 바르지 않은 바가 있다는 의미가 아니었습니다. 잘 체인하지 못한 이들은 가끔 '엄습해 취하는' 방식에 빠져서 괜히 패자霸者를 위해 붉은 깃발을 세우는 경우가 있습니다.[23] 이것이 제가 우려하는 바입니다. 【「항자익(亢子益: 亢思謙, 1510-1584)에게 보내는 답신」】

| 17-60 | 무릇 적연하지 않은 때가 없고 감응하지 않을 때가 없는 것은 마음의 본체입니다. 감응이 적절한 시기에 이루어지고 적연함에 의해 주재되는 것은 학문의 힘입니다. 그래서 적연함과 감응을 두 가지 다른 때라고 말하는 것은 잘못입니다. 공부에 대해 적연함과 감응의 구분이 없다고 말하면서 적연함으로 돌아감으로써 감응을 주재할 줄을 모르는 것은 또 어떻게 옳은 것일 수 있겠습니까.

| 17-61 | 내 이론을 의심하는 이유는 대략 세 가지가 있습니다. 그중 하나는 "도道는 잠시도 떨어질 수 없는 것인데 지금 '움직일 때는 공부할 것이 없다'라고 한다면 이것은 도에서 떨어지게 되는 것이다."라는 것이고, 다른 하나는 "도道는 움직임과 고요함으로 나뉘지 않는 것

立一赤幟, 此予之所憂也. 【「答亢子益」】

| 17-60 | 夫無時不寂, 無時不感者, 心之體也. 感惟其時而主之以寂者, 學問之功也. 故謂寂感有二時者, 非也. 謂功夫無分於寂感, 而不知歸寂以主夫感者, 又豈得爲是哉!

| 17-61 | 疑予說者, 大略有三: 其一謂道不可須臾離也, 今日動處無功, 是離之也; 其一謂道無分於動靜也, 今日功夫只

23 　패자(霸者)를 … 있습니다: 패자(霸者)는 공리(功利)를 추구하는 사람들을 가리킨다. 붉은 깃발을 세운다는 것은 남을 부추긴다는 의미이다.

인데 지금 '공부는 단지 고요함을 위주로 한다'라고 한다면 이것은 둘로 나누는 것이다."라는 것이며, 나머지 하나는 "마음과 일은 합일된 것이니 인仁은 일의 근간으로서 존재하지 않는 곳이 없는데 지금 '감응하고 유행하는 것은 조금도 힘을 들여서는 안 된다.'라고 한다면 이것은 구체적인 일을 벗어난 것이니 선어禪悟와 유사하다."라는 것입니다. 무릇 선禪이 유학과 다른 점은 감응을 번뇌로 여기고 전부 끊어 내서 없애려고 하는 데 있습니다. 지금 적연함으로 돌아가 천하의 모든 감지되는 일들에 온전히 대응하고, '텅 빔'을 이룸으로써 천하의 '유(有: 만물)'를 세워 주고 고요함을 위주로 함으로써 천하의 움직임을 모두 아우르니, 또 어찌 선禪이라고 의심할 것이 있겠습니까.

|17-62| 사람이 태어난 뒤로 이 마음은 늘 발동되어 있습니다. 예를 들어 눈이 보는 것이나 귀가 듣는 것이나 코가 냄새 맡고 입이 맛을 느끼고 마음이 사려하고 욕망하는 것은 비록 금지시켜서 발동하지 못하게 하려고 하더라도 그렇게 할 수가 없습니다. 그런데도 '발동하는 구체적인 상황에 대해서도 당연히 해야 할 공부가 있다'고 주장한다면 장차 조장하여 발동하게 하겠다는 것입니까. 아니면 그 작동하는 것이 지나칠까 두려워서 금지하여 발동하지 못하게 하겠다는 것입니까. 그것도 아니면 그

是主靜，是二之也；其一謂心事合一，仁體事而無不在，今日感應流行，著不得力，是脫略事爲，類於禪悟也。夫禪之異於儒者，以感應爲塵煩，一切斷除而寂滅之。今乃歸寂以通天下之感，致虛以立天下之有，主靜以該天下之動，又何嫌於禪哉！

|17-62| 自有人生以來，此心常發，如目之視也・耳之聽也・鼻嗅口味・心之思慮營欲也，雖禁之而使不發，不可得也。乃謂發處亦自有功，將助而使之發乎？抑懼其發之過，禁而使之不發也？且將抑其過，引其不

지나친 것은 억제하고 그 모자라는 것은 이끌어서, 발동하여 절도에 맞게 하겠다는 것입니까. '절(節: 절도)'이란 마음의 법칙입니다. (『시경』에) '인식하지 못하고 알지 못하는 사이에 상제의 법칙을 따른다'라고 하였는데, 오직 수양이 미리 완성된 사람만이 그렇게 할 수 있습니다. 어찌 발동한 뒤에 절도에 맞게 할 수 있겠습니까. 발동한 뒤에 절도에 맞게 하려고 드는 것은 송宋나라 사람이 곡식을 잘 자라게 한답시고 뽑아 올리는 것과 같은 '고지(故智: 이전에 실패했었던 꾀)'입니다. 후세의 이른바 '일에 따라 정밀히 관찰하는 것'이고, 그렇게 하는 것이 자기도 모르게 '바쁘게 왔다갔다하며 미리 점쳐 보는' 사의私意에 해당하는 것을 모르는 것입니다. 금지하여 발동하지 못하게 하는 것은 또 그 '생성하고 생성하는' 기틀을 역행하는 것입니다. 그리고 조장하여 발동하게 하는 것은 욕심을 기르고 감정을 방종하게 만들어 물과 불을 밟고서는 불타거나 물에 빠지더라도 상관없다고 여기는 태도이니 또 그보다 낮은 수준입니다.

|17-63| '양지良知' 두 글자는 『맹자』의 "방긋 웃고 물건을 쥘 수 있는 정도의 아이라도 배우지 않고 생각해 보지 않더라도 부모를 사랑할 줄 알고 어른을 공경할 줄 안다."라는 말에서 나왔으니,[24] 참되고 순수하고 맑고 한결같으며

及, 使之發而中節乎? 夫節者, 心之則也, 不識不知, 順帝之則, 惟養之豫者能之, 豈能使之發而中乎? 使之發而中者, 宋人助長之故智也. 後世所謂隨事精察, 而不知其密陷於憧憧卜度之私. 禁之而使不發者, 是又逆其生生之機. 助而使之發者, 長欲恣情, 蹈於水火, 焚溺而不顧, 又其下者也.

|17-63| '良知'二字, 始於『孟子』"孩提之童, 不學不慮, 知愛知敬", 眞純湛一, 由仁義行. 大人

인의仁義라는 덕성을 갖추고 있어서 그에 맞게 도덕을 행하는 경우입니다. 대인이란 어린아이 때의 마음을 잃지 않은 사람이라는 말도 또한 그 마음의 참되고 순수하며 맑고 한결같은 것이 곧 어린아이 때의 마음과 같다는 의미입니다. 그렇다면 '치양지'는 장차 그 부모를 사랑하고 어른을 공경하는 구체적인 마음에 대해 이루는 것일까요, 아니면 그 참되고 순수하고 맑고 한결같은 본체를 구해서 그것을 이루는 것일까요?

| 17-64 | ▢▢▢▢▢▢▢▢▢▢▢▢▢▢▢▢ 만약 텅 비고 영명한 본체로 말한다면 순수하고 지선하여 원래 거기에 상대되는 악이 없습니다. 만약 이른바 '선과 악'으로 현저히 드러나는 의념이나 행위에서 내 앎을 확충시켜 가는 방식이라면 비록 선을 행할 줄 알고 악을 없앨 줄 안다 하더라도 또한 (본체로부터) 알지는 못하는 것이니, '의를 하나 행해서 호연지기를 엄습해 얻으려는 것'과 무슨 차이가 있겠습니까. 그렇기 때문에 '치지致知'란 반드시 그 '텅 비고 영명한' 본체의 전부를 다 채움으로써 천하의 대본을 세워서 그 발동이 '선하지'[良] 않음이 없게

者不失其赤子之心, 亦以其心之眞純湛一, 卽赤子也. 然則致良知者, 將於其愛與敬而致之乎? 抑求其眞純湛一之體而致之也?

| 17-64 | ▢▢▢▢ ▢▢▢▢▢▢▢▢▢ ▢若以虛靈本體而言之, 純粹至善, 原無惡對. 若於念慮事爲之著於所謂善惡者而致吾之知, 縱使知爲之知去之, 亦不知, 與義襲何異? 故致知者必充滿其虛靈本體之量, 以立天下之大本, 使之發

24　양지 … 나왔으니: 『孟子』「盡心上」, "人之所不學而能者, 其良能也; 所不慮而知者, 其良知也. 孩提之童, 無不知愛其親者; 及其長也, 無不知敬其兄也. 親親, 仁也; 敬長, 義也. 無他, 達之天下也."

하는 것입니다. 이것을 '현저함과 은미함, 안과 밖을 관통하여 합일시킨다'라고 합니다. 【이상은 「추동곽(鄒東廓: 鄒守益)에게 보내는 답신」】

|17-65| 텅 비고 밝음은 거울의 본체이고, 사물을 비춤은 텅 비고 밝음이 발동한 것입니다. 지각은 비유하자면 사물을 비춤과 같습니다. 지각 속에서 적연한 본체를 구하는 것은 '(거울이) 사물을 비춤' 속에서 '(거울의) 텅 비고 밝음'을 구하는 것과 무엇이 다르겠습니까. 어찌 '어린아이가 부모를 사랑하고 어른을 공경하는 것'과 '새벽녘에 갖는 남들 못지않은 도덕적인 호오好惡'[25]를 보지 않는 것입니까. 밝게 알아차리는 능력이 자연스러운 상태일 때는 한 의념도 일어나지 않으니 진실로 적연한 것입니다. 하지만 그것을 적연한 본체라고 한다면 문제가 있습니다. 지금 아이가 방긋 웃고 물건을 쥘 수 있게 되기 이전과 밤새 좋은 기운이 생기기 이전의 상태에서 적연한 본체를 구하지 않고, '부모를 사랑하고 어른을 공경하는 것 속에서 적연함을 구하면 적연해진다'라고 말한다면 옳겠습니까, 옳지 않겠습니까? 대개 방긋 웃고 물건을 쥘 수 있게 된 아이가 부모를

|17-65| 虛 明 者, 鑑之體也, 照則虛明之發也. 知覺猶之照也. 卽知覺而求寂體, 其與卽照而求虛明者何以異? 盍觀孩提之愛敬, 平旦之好惡乎? 明覺自然, 一念不起, 誠寂矣, 然謂之爲寂體則未也. 今不求寂體於孩提夜氣之先, 而謂'卽愛敬好惡而寂之, 則寂矣', 然乎不然乎? 蓋孩提之愛敬, 純一未發爲之也, 平旦之好惡, 夜氣之虛明爲之也.

無不良, 是謂貫顯微內外而一之也. 【以上「答東廓」】

---

25 새벽녘에 … 호오(好惡): 『孟子』「告子上」, "其日夜之所息, 平旦之氣, 其好惡與人相近者幾希, 則其旦晝之所爲有梏亡之矣. 梏之反覆, 則其夜氣不足以存. 夜氣不足以存, 則其違禽獸不遠矣."

사랑하고 어른을 공경하는 것은 순일한 미발이 그렇게 할 수 있게 한 것이고, 새벽의 남들 못지않게 갖추고 있는 도덕적 호오는 밤새 생긴 기운의 텅 비고 밝은 능력에 의해서 이루어진 것입니다.

|17-66| 달부(達夫: 羅洪先)의 초년기 학문은 병통이 탈화(脫化: 잘못된 견해를 벗어남) 내지 융석(融釋: 잘못된 견해를 녹여 버림)을 추구하는 것이 너무 급하였다는 데 있습니다. 무릇 탈화나 융석은 원래 공부를 나타내는 개념이 아니고 공부가 완숙해진 뒤에 얻게 되는 경지입니다. 그런데 그런 경지를 너무 빨리 구하려고 하였기 때문에 드디어 자호(慈湖: 楊簡)의 학설이 끼어들게 되었습니다. 현재의 의념을 완벽한 것이라고 하고 지각을 양지라고 하며 의념을 일으키지 않는 것을 공부라고 하였습니다. 초탈적 돈오頓悟를 좋아하고 어려운 공부를 비하하며 헛된 견해를 숭상하고 실제 공부를 생략하였습니다. '높은 절벽에서 손을 놓는다'느니 '모든 곳이 다 황금이다'라고 스스로는 말하지만, 『육경』과 『사서』에 대해서는 한 글자도 제대로 이해하지 못하였습니다. 정신을 가지고 놀며 스스로 자득하였다고 생각하였습니다. 이렇게 한 것이 10년입니다. 곤경에 처하여 형편이 어려워지자 망연하게 아무 의거할 것이 없었으니 양주楊朱의 통곡[26]을 가슴 아파하지 않

|17-66| 達夫早年之學, 病在於求脫化融釋之太速也. 夫脫化融釋, 原非功夫字眼, 乃功夫熟後景界也. 而速於求之, 故遂爲慈湖之說所入. 以見在爲具足, 以知覺爲良知, 以不起意爲功夫, 樂超頓而鄙艱苦, 崇虛見而略實功. 自謂撒手懸崖, 徧地黃金, 而於『六經』『四書』未嘗有一字當意, 玩弄精魂, 謂爲自得, 如是者十年矣. 至於盤錯顚沛, 則茫然無據, 不能不慟朱公之哭也. 已而恍然自悟, 考之『詩』『書』,

을 수 없었습니다. 그 뒤로 홀연하게 스스로 깨우쳐서 『시경』과 『서경』에 대조해 보고서는, 드디어 '학문에는 본원이 있어서, 마음이 내면에서 주재가 되면 적연한 상태로 감지되는 것들에 완벽히 적응할 수 있고, 그친[27] 상태로 사려들을 일으킬 수 있다. 존재하지 않는 곳이 없지만 보존하고 기르는 방법은 올바른 자리에 그쳐 있고 움직이지 않는 것이다. 움직임은 그 그림자이고 비춤이고 발동이다. 발동에는 움직임도 있고 고요함도 있지만 적연함에는 움직임과 고요함이 없다.'라는 것을 알게 되었습니다. 이에 한결같이 마음을 씻고 물러나 보존하는 것을 위주로 하고 텅 비고 적연한 미발未發을 핵심으로 하여서, 완벽하게 덜어 내어 날로 천연적인 정미함을 보게 되었으니 눈으로 보고 귀로 듣는 것에 속하지 않았습니다. 이것이 요사이에 근본으로 돌아가고 천명을 회복하기가 아주 힘들었던 지점입니다. 또한 은미한 것을 알고 현저한 것을 아는 학문[28]에

乃知"學有本原, 心主乎內, 寂以通感也, 止以發慮也. 無所不在, 而所以存之養之者, 止其所而不動也. 動其影也·照也·發也. 發有動靜而寂無動靜也." 於是一以洗心退藏爲主, 虛寂未發爲要, 刊落究竟, 日見天精, 不屬睹聞, 此其近時歸根復命, 煞吃辛苦處. 亦庶幾乎知微知彰之學, 乃其自性自度, 非不肖有所裨益也. 【以上「寄王龍溪」】

---

26 양주(楊朱)의 통곡:『荀子』「王霸」, "楊朱哭衢塗, 曰: "此夫過擧蹞步而覺跌千裏者夫! 哀哭之. 此亦榮辱安危存亡之衢已, 此其爲可哀甚於衢塗. 嗚呼哀哉! 君人者千歲而不覺也."『淮南子』「說林訓」, "楊子見歧路而哭之, 爲其可以南可以北."『列子』「說符」에도 비슷한 이야기가 수록되어 있으며 섭표는 여기서 작은 차이로 인해 발생하는 큰 착오를 염두에 둔 것이다.

27 그친: '止'라는 개념을 섭표는 고정불변이라는 의미로 사용한 것으로 보이지만 편의적으로 일반적인 번역을 따랐다.

28 은미한 … 학문:『周易』「繫辭下」, "君子知微知彰, 知柔知剛, 萬夫之望."

가까워졌다고 하겠는데, 이는 자신의 본성으로 스스로 헤쳐 나온 것이지 제가 도와준 것이 아닙니다. 【이상은 「왕용계(王龍溪)에게 보내는 서신」】

|17-67| 지금 양지의 학문에 종사하는 이들은 『전습록』「전편前篇」에 기록된 진실한 부분에 대해서는 전부 홀시하고 허구적으로 개괄적인 말을 구사하는데, 절실하고 가까운 말 같지만 실제로는 아득하게 불명확합니다. 종일 밖을 좇으면서 스스로는 손에 익다고 여기는 꼴입니다.

|17-68| 양지는 『대학』의 명덕이 아니겠습니까? 명덕으로 충분한데 왜 (『대학』에서는) 또 지선至善을 말하였겠습니까? 지선이란 마음의 본체를 말합니다. '지지知止'란 여기에 멈추는 것입니다.[29] 여기에 멈출 줄 안 뒤에야 '정해지고', '안정되고', '편안해지고', '사려할' 수 있게 됩니다. '사려한다'는 것은 격물이 아니겠습니까? '감지하여 천하의 구체적인 일들에 완벽히

|17-67| 今之爲良知之學者, 於『傳習錄』前篇所記眞切處, 俱略之, 乃駕空立籠罩語, 似切近而實渺茫, 終日逐外而自以爲得手也.

|17-68| 良知非『大學』之明德乎? 明德足矣, 何又言乎至善? 至善者, 言乎心之體也. 知止者, 止於是也. 知止於是, 而後能定靜安慮. 慮非格物乎? 感而

---

29 지지(知止)란 … 것입니다:『大學』, "知止而后有定, 定而后能靜, 靜而后能安, 安而后能慮, 慮而后能得." 섭표는 여기서 '知止'를 '어디에 멈출 줄 안다'라는 의미로 이해하였는데, '안다'라는 말 자체를 '할 수 있다'라는 의미로 보기 때문에 '어디에 멈춘다'라는 뜻이라고 풀이한 것이다. '여기'는 지선을 가리킨다. 이 문단 전체는 『대학』의 이 구절을 토대로 한 논의이다.

적응한다'라는 말이 이 의미를 나타냅니다. 그래서 '치지致知'는 곧 '지지知止'입니다. 지금 굳이 '격물이 치지의 공부이다'라고 말하고자 한다면, '사려할 수 있게 됨'도 '지지知止'의 공부라고 말할 수 있다는 것입니까?【이상은 「유양봉(劉兩峰)에게 보낸 서신」】

|17-69| 시험삼아 공들이 나에 대해 의심하는 부분들에 말해 보겠습니다. 거기에는 "희로애락은 발하지 않은 때는 없으니 (『중용』에서) '미발'이라고 한 것은 단지 그 움직이지 않은 것을 가리켜 한 말이다."라는 논박이 있습니다. 진실로 그 논박대로라면 '발하여 절도에 맞다'라는 한 구절은 군더더기가 아니겠습니까? 대본大本과 달도達道는 또 어떻게 나누어야 하겠습니까? '도道의 미발'이라고 하지 않고 '희로애락의 미발'이라고 하였는데 이것은 또 무슨 의미이겠습니까? 대개 정情이 절도에 맞는 것이 도道이니 도道는 발하지 않은 때가 없습니다. 또 "희로애락이 없는 때가 없으니 어찌 미발未發이라는 때가 있겠는가?"라고 하는데, 이것은 '감응하지 않는 때는 없다'라는 말과 서로 유사한 것입니다. 그렇다면 (『맹자』의) '밤사이의 기운[夜氣]에 의해 자란 것'이라는 말은 또 무엇을 가리켜 '자란 것'이라고 한 것이겠습니까? (이어지는 문장의) '다음 날 낮동안에 하는 일들'이란 희로애락이 발한 것을 가리켜서 한 말이 아

遂通天下之故是也, 故致知便是知止. 今必曰格物是致知之功, 則能慮亦可謂知止之功乎?【以上「寄劉兩峰」】

|17-69| 試以諸公之所以疑於仆者請之. 有曰: "喜怒哀樂無未發之時, 其曰'未發', 特指其不動者言之." 誠如所論, 則'發而中節'一句, 無乃贅乎? 大本達道, 又當何所分屬乎? 不曰'道之未發', 而曰'喜怒哀樂之未發', 此又何說也? 蓋情之中節者爲道, 道無未發. 又曰: "無時無喜怒哀樂, 安得有未發之時?" 此與無時無感之語相類, 然則夜氣之所息, 指何者爲息乎? 且晝之所爲, 非指喜怒哀

닙니까?[30] '허적虛寂'이라는 두 글자는 공자께서 '함咸'괘에서 특별하게 제기함으로써 그것을 감응感應의 본체로 세운 것이지 적연함과 감응을 상대시켜 말한 것이 아닙니다.[31] 지금 "적연함은 본래 돌아가고 말고 할 것이 없다. 감응이 바로 적연함이고 이것이 바로 진짜 적연함이다."라고 주장하는데, 무릇 적연함은 성性이고, 감응은 정情입니다. 만약 "성性은 본래 돌아가고 말고 할 것이 없다. 정情이 바로 성이고 이것이 바로 진짜 성이다."라고 말한다면 어폐가 없지 않을 것입니다. 성은 마음에 갖추어져 있고 마음은 내면에서 주재합니다. (『주역』에서) '그쳐서 그칠 수 있는 것은 올바른 자리에 그치기 때문이다'라고 하고, (『대학』에서) '그쳐야 할 때에 그 그칠 곳을 안다'라고 하였으니 이것을 '천하가 다 같이 돌아가는 곳'이라고 합니다. 그런데 '적연함은 본래 돌아가고 말고 할 것이 없다'라고 하고 '성은 본래 돌아가고 말고 할 것이 없다'라고 한다면 장차 (적연함이나 성을) 밖으로부터 원래의 나를 녹이고 억지

樂之發者言之乎? '虛'·'寂'二字, 夫子於'咸'卦特地提出, 以立感應之體, 非以寂與感對而言之也. 今曰"寂本無歸, 卽感是寂, 是爲眞寂." 夫寂, 性也; 感, 情也. 若曰"性本無歸, 卽情是性, 乃爲眞性", 恐不免語病也. 性具於心, 心主乎內, 艮其止, 止其所也. 於止, 知其所止, 是謂天下同歸. 而曰'寂本無歸', '性本無歸', 將由外鑠我, 其能免於逐物而襲取乎? 或又曰: "性體本寂, 不應又加一

---

30 밤사이의 … 아닙니까:『孟子』「告子上」, "其日夜之所息, 平旦之氣, 其好惡與人相近者幾希, 則其旦晝之所爲有梏亡之矣. 梏之反覆, 則其夜氣不足以存. 夜氣不足以存, 則其違禽獸不遠矣."

31 '허(虛)' … 아닙니다:『周易』「咸·象」에는 "山上有澤, 咸. 君子以虛受人"이라고 하여 '虛'가 언급되긴 하였지만, '寂'자는 『周易』전체에서 「繫辭上」의 "易, 无思也, 无爲也. 寂然不動, 感而遂通天下之故. 非天下之至神, 其孰能與於此?"에 한 번 나온다. 섭표는 이 내용이 咸괘와 관련된 것으로 이해한 듯하다.

로 들어온 것으로 간주하게 될 것이니 '밖에 있는 것으로 간주하여 좇아가고 엄습해서 취하는' 잘못을 범하는 것을 면할 수 있겠습니까? 어떤 이는 또 "성의 본체는 본래 적연하니 또 '적寂'자를 더 쓰면 안 된다. 도리어 적연한 본체에 누가 된다."라고 하는데, 이것은 고자告子의 '말에서 얻지 못하면 마음에서 구하지 말라'라는 견해입니다. (공자는) '잡으면 존재하고 놓으면 없어진다'라고 하였으니, 공자가 고의로 이런 말로 사람들을 괴롭게 만든 것이겠습니까?【「황낙촌(黃洛村: 黃弘綱)에게 보내는 답신」】

| 17-70 | 자사子思 이후로 '중中'자에 대해 아는 사람이 없었습니다. 일에 따라 시간에 따라 올바른 것을 탐구해서는 이것을 중中이라고 하여 잡는다면 어찌 잘못된 정도가 천 리에 불과하겠습니까. 명도明道는 "'보지 않고 듣지 않음'이 곧 미발의 중中이다."라고 하였습니다. '듣지 않음'은 '숨겨짐'이고, '보지 않음'은 '미미함'입니다. '독獨'이란 천지의 근원이고 사람의 명命입니다. 학문은 오직 여기에 있을 뿐이고 인생은 단지 이것이 있을 뿐이기 때문에 '천하의 대본이다'라고 한 것입니다. 신독愼獨이란 바로 '치중(致中: 중을 이룸)'이고, 중中이 서면 화和가 거기서 생기며 천하의 모든 가능한 일들이 전부 이뤄집니다. 그런데 '신독愼獨 이전에서 구한다.'라고 한다면 이는 참으로 황당한 것이라고 하

寂字, 反爲寂體之累."此告子'勿求'之見也. 操之則存, 舍之則亡, 夫子固欲以此困人乎?【「答黃洛村」】

| 17-70 | 子思以後無人識中字, 隨事隨時, 討求是當, 謂是爲中而執之, 何啻千里? 明道云: "不睹不聞, 便是未發之中." 不聞曰隱, 不睹曰微, 隱微曰獨. 獨也者, 天地之根, 人之命也. 學問只有此處, 人生只有這件, 故曰天下之大本也. 愼獨便是致中, 中立而和生焉, 天下之能事畢矣. 乃曰

겠습니다. 【「응용암(應容菴)에게 보내는 답신」】

|17-71| 「성의誠意」장에 대한 주자의 주석은 그 입문하여 착수하는 공부의 내용이 전부 "착실히 그 힘을 쏟아서 그 자신을 속이는 마음을 금지한다."라는 구절에 있습니다. 무릇 '좋은 색을 좋아하고 나쁜 냄새를 싫어한다'라는 것도 그 착실히 그 힘을 쏟아야 하는 일이고 거기에도 금지해야 할 '속임'이 존재한다면 이 말이 틀리지 않을 것입니다. 하지만 세상에 좋은 색을 보고서도 좋아하지 않거나 좋아하는데 참되지 않은 경우가 있습니까? 나쁜 냄새를 맡고서도 싫어하지 않거나 싫어하는 것이 참되지 않은 경우가 있습니까? 절대로 조그만 인위적 힘이 들지 않는 것이고 천연적인 방식으로 움직이는 것입니다. 그래서 (『중용』에서) '성誠은 하늘의 도道이다.'라고 하고 또 (『통서』에서) '성誠은 인위가 없다.'라고 하고 또 '성(誠)은 자연히 그렇게 되는 것이다.'라고 한 것입니다. 조금이라도 인위적인 것이 있으면 '인위적으로 좋아하고 인위적으로 싫어하는' 것이며, 일단 인위적인 면이 있기만 하면 바로 자신을 속이는 것이어서 '스스로에게 흡족함'과는 거리가 멉니다. 그래서 '성의誠意'의 공부는 전부 치지致知에 있습니다. 치지致知란 '텅 비고 영명한 본체의 지(知: 앎)을 완벽하게 확충하고 조금의

求之於愼獨之前", 是誠失之荒唐也.
【「答應容菴」】

|17-71| 「誠意章」註, 其入門下手, 全在'實用其力而禁止其自欺'十字. 夫使好好色, 惡惡臭, 亦須實用其力, 而其中亦有欺之可禁, 則爲不謬. 世顧有見好色而不好, 而好之不眞者乎? 有聞惡臭而不惡, 而惡之不眞者乎? 絶無一毫人力, 動以天也. 故曰'誠者天之道也', 又曰'誠無爲', 又曰'誠者自然而然'. 稍涉人爲, 便是作好作惡. 一有所作, 便是自欺, 其去自慊遠矣. 故誠意之功, 全在致知, 致知云者, 充極吾虛靈本體之知, 而不以一毫意欲自蔽, 是謂先天之畫·未

의욕意欲으로도 자신을 가리지 않는다'라는 의미입니다. 이는 '선천의 획畫'[32]이고 '미발의 중中'이니, 조금의 인위적인 힘도 거기에 끼어들 수 없습니다. 이는 의념이면서 의념이 없는 것입니다. 지금 선의 뿌리를 기르지 않고 좋은 색을 좋아하는 마음을 찾고, 악의 뿌리를 뽑아내지 않고 나쁜 냄새를 싫어하는 마음을 찾는다면 '구차하게 밖에 있는 것을 좇으면서 남에게 잘 보이려고 하는 것'[33]입니다. 성誠이라고 할 수 있겠습니까? 의意는 감지되는 것에 따라서 발현하고 감응에 따라 변천하여 수없이 일어나고 수없이 없어지니 그 실마리가 끝이 없습니다. 그런데 그걸 하나하나 제어하여 인위적인 힘으로 그 '속이는 것'을 없애고 '흡족한 상태'로 돌아가고자 한다면 이는 처음 배우기 시작한 학자들로 하여금 종신토록 더 이상 '정해지고', '안정되고', '편안해지고', '사려할 수 있는'[34] 그런 경지를 보지 못하도록 하는 것이니, 힘들기만 하고 아무 효과를 없어 단지 자신을 피폐하게 하고 빨리 죽게 만들 뿐입니다. 【「전서산(錢緖山: 錢德洪)에게 보내는 답신」】

發之中, 一毫人力不得與. 一毫人力不與, 是意而無意也. 今不善養根, 而求好色之好, 不拔惡根, 而求惡臭之惡, 可謂苟且徇外而爲人也, 而可謂之誠乎? 意者, 隨感出現, 因應變遷, 萬起萬滅, 其端無窮, 乃欲一一制之, 以人力去其欺而反其慊, 是使初學之士, 終身不復見定靜安慮境界, 勞而無功, 祇自疲以速化耳. 【「答緖山」】

---

32   선천의 획(畫): 소옹(邵雍)의 "이제야 팔괘를 그리기 전에 원래 역(易)이 있었고, 공자가 산정(刪定)한 뒤로 더 이상 시(詩)가 없어진 줄 알겠네(始信畫前原有易, 自從刪後更無詩)."라는 구절에서 온 말이다. 복희가 그린 팔괘 이전의 선천을 말한다.

33   구차하게 … 것: 주자의 『大學章句』에서 성의(誠意) 장을 해석하며 사용한 말이다.

34   정해지고 … 있는: 『大學』, "知止而后有定, 定而后能靜, 靜而后能安, 安而后能慮, 慮而后能得."

정양공 쌍강 섭표 선생

| 17-72 | '감응'에서 '적연함'을 구하고 '화和'에서 '중中'을 구하며 '일'에서 '그침'[止]을 구하고 '만萬'에서 '하나'를 구하는 행태들은 단지 격물에 대한 오해로 빚어진 잘못인데 지금까지 만연해 있습니다. 【「추서거(鄒西渠)에게 보내는 답신」】

| 17-73 | 사려나 욕구활동은 마음의 변화들이지만, 그것을 주재하는 것이 없으면 모두 마음에 누를 끼치게 됩니다. 오직 고요함을 위주로 하면 기氣가 정해지고 기가 정해지면 말갛게 아무 일이 없게 됩니다. 이것이 바로 미발의 본연적인 상태이며 한 번 땅을 차고 뛰어올라 도달할 수 있는 경지가 아닙니다. 모름지기 너그러운 태도를 간직하고 어지러운 일이 있든 말든 상관없이 늘 이 내면이 정해져 있고 안정되어 있다는 느낌이 들어야 하는 것이니 그렇게 공부가 쌓인 것이 오래 되면 효과가 있게 됩니다.

| 17-74 | 마음은 '강자腔子'35 안에 있어야 합니다. '강자'란 '미발의 중中'입니다.

| 17-75 | 기氣는 성하고 쇠하는 변화가 있지만

| 17-72 | 感上求寂, 和上求中, 事上求止, 萬上求一, 只因格物之誤, 蔓延至此. 【「答鄒西渠」】

| 17-73 | 思慮營欲, 心之變化, 然無物以主之, 皆能累心. 惟主靜則氣定, 氣定則澄然無事. 此便是未發本然, 非一蹴可至, 須存優遊, 不管紛擾與否, 常覺此中定靜, 積久當有效.

| 17-74 | 心要在腔子裏, 腔子是未發之中.

| 17-75 | 氣有盛衰,

---

35 강자(腔子): 흔히 '육신의 탈을 쓰다'라고 할 때의 그 탈로 이해하지만, 섭표는 여기서 '방촌(方寸)'의 의미로 쓴 것으로 보인다.

영명함(마음을 의미한다)은 늙거나 어린 차이가 없습니다. 성하고 쇠함에 따라 어둡거나 밝음의 차이가 생기는 것은 배우지 않고 기氣에 국한되어 있기 때문입니다.

而靈無老少, 隨盛衰 爲昏明者, 不學而局 於氣也.

|17-76| 마음이 어찌 나가고 들어오고 할 수 있겠습니까. 나가고 들어오기를 시도 때도 없이 하는 것은 (마음을) '놓친' 상태입니다. 학문의 방법은 다른 것이 있지 않습니다. 그 놓친 마음을 찾는 데 있을 뿐입니다. 움직이되 그 본연의 고요함을 잃지 않으면 마음의 올바른 상태입니다.

|17-76| 心豈有出入? 出入無時者放也. 學問之道無他, 求其放心而已矣. 動而不失其本然之靜, 心之正也.

|17-77| 세상의 학자들은 만물 일체의 근원을 깨끗이 잘 준설하여 '간절하고 지극하며 고요하고 깊은'³⁶ 생의生意가 두루 넘쳐흐르도록 하는 일을 추구하지 않습니다. 허공에 걸린 채로 모호하고 대략적인 이론을 만들어 내고서는 이것을 학문의 큰 두뇌라고 합니다. 이런 태도가 극에 달하면 '묵자墨子의 겸애兼愛'나 '향원鄕愿의 세속에 아부하는 태도'와 또 겨우 얼마나 차이가 있겠습니까?

|17-77| 自世之學者, 不求浚其萬物一體之原, 使之腌腌淵淵, 生意流通, 乃懸空杜撰儱侗籠罩之說, 謂是爲學問大頭腦. 究其至, 與墨子兼愛, 鄕愿媚世, 又隔幾重公案?

|17-78| 유중산劉中山이 학문에 대해 질문하기

|17-78| 劉中山問

<hr>

36   『중용』에서 인(仁)과 근본을 형용하는 말로 쓰였다.

정양공 쌍강 섭표 선생

에 "'보지 않고 듣지 않는 것'이 그 법칙이고 '삼가는 것'이 그 공부입니다. 도리와 상관없고 의념에 속하지 않으며 '없음'으로서는 신묘하고 '있음'으로서는 화육化育하여 거의 천지의 마음과 같으니, 천지를 제자리 잡게 하고 만물을 기르는 것은 이것으로부터 명을 받아 이루어지는 일들입니다."라고 대답하였습니다. "그렇다면 나에게 있는 사단四端을 넓혀서 채우는 일은 잘못된 것입니까?"라고 묻기에 "'감지하여 드디어 완벽히 적응하는 것'은 '신神'이고 아무도 그것을 알지 못하는 것입니다. (알 수 없는) 이것을 알려고 하는 것은 조장하는 것이고 이것을 잊는 것은 아무것도 하지 않는 것입니다. '넓혀서 채운다'라는 말은 대개 또한 그 미발인 것을 채워서 그 최대 한량까지 채운다는 뜻입니다. 이것이 '의義를 정미하게 하여 그 쓰임새를 다한다'라는 말의 의미입니다. 발한 뒤에 채우려고 하는 것은 도道로부터 멀리 떨어진 방식입니다."라고 대답하였습니다. "그렇다면 지금 '잊음'과 '알지 못함'을 종지로 삼는 이들이 옳은 것입니까?"라고 묻기에 "그것은 불교나 도가의 아류들일 것입니다! 저들은 대개 '보지 않고 듣지 않는' 본체에 대해서는 본 것이 있지만 '삼가고 두려워하는' 공부에 대해서는 말하기를 꺼려하여 '삼가고 두려워하는' 공부가 '보지 않고 듣지 않는' 본체에 누가 된다고 여깁니다. 이에 '잊음'을 종지로 삼거나

學. 曰: "不睹不聞者其則也, 戒愼者其功也. 不關道理, 不屬意念, 無而神, 有而化, 其殆天地之心, 位育由之以命焉者也." 曰: "若然, 則四端於我擴而充之者非耶?" 曰: "感而遂通者神也, 未之或知者也. 知此者謂之助長, 忘此者謂之無爲, 擴充云者, 蓋亦自其未發者, 充之以極其量. 是之謂精義以致用也. 發而後充, 離道遠矣." 曰: "若是, 則今之以忘與不知爲宗者是耶?" 曰: "其佛老之緖餘乎! 彼蓋有見於不睹不聞, 而忌言乎戒懼, 謂戒懼爲不睹不聞累也, 於是宗忘宗不知焉. 夫以戒懼爲累者, 是戒懼而涉於睹聞, 其爲本

'알지 못함'을 종지로 삼게 된 것입니다. 무릇 '삼가고 두려워함'이 누가 되는 경우는 '삼가고 두려워함'을 '보고 들음'과 연관시키기기 때문이니 그것이 본체의 누가 되는 것은 당연합니다. 하지만 어떻게 그런 것으로 '보지 않고 듣지 않는' 상태에서 행하는 '삼가고 두려워하는' 공부를 말할 수 있겠습니까?"라고 대답하였습니다.【이상은 「대백상(戴伯常)에게 보내는 답신】

體之累, 固也, 惡足以語不睹不聞之戒懼哉?"【以上「答戴伯常」】

|17-79| 양지가 소중한 것이 참으로 그것이 알지 못하는 것이 없기 때문이고 그래서 '양(良, 선하다)'이라고 하는 것이겠습니까? 또한 그 앞의 '지극히 성실하고 남의 고통을 가슴 아파함'이 천리가 드러난 것이 아닌 것이 없기 때문이니 그런 뒤에야 '양良'이라고 할 수 있는 것입니다. 「동명건(董明建)에게 보내는 답신】

|17-79| 所貴乎良知者, 誠以其無所不知, 而謂之良哉! 亦以其知之至誠惻怛, 莫非天理之著見者, 而後謂之良也.【「答董明建」】

『곤변록』

『困辨錄』

|17-80| 인심人心과 도심道心은 모두 마음이 발용한 상태를 두고 붙인 이름들이다. 예컨대 측은지심·수오지심·시비지심이 이것이다. 감응하여 유행하는 것은 한결같이 도심의 발동에 근본을 둔 것이며, '인위가 거기에 뒤섞이지 않음'을 '정(精: 정미함)'이라고 하고, '늘 뒤섞이지 않음'을 '일(一: 한결같음)'이라고 한다. '중中'은 도심의 본체이다. 미발未發의 중中이 있으면

|17-80| 人心·道心, 皆自其所發者言之. 如惻隱之心·羞惡之心·辭讓·是非之心是也. 感應流行, 一本乎道心之發, 而不雜以人爲, 曰精; 其常不雜, 曰

곧 '발하여 절도에 맞는' 화和가 있기 마련인데 화和가 곧 도심이다. 천리天理가 유행하여 자연히 절도에 맞는 것이니 '천연적인 본성대로 움직이는 것'이다. 그래서 '은미하다'라고 한다. '인심'이란, 단지 조금이라도 천리天理로부터 자연스럽게 발출하지 않는 것을 말한다. 이는 곧 '인위적으로 움직이는 것'이다. 인위적으로 움직이게 되면 곧 망령된 것이고, 그래서 '위태하다'라고 하는 것이다. (『맹자』에서 거론된) '갑자기 아이가 우물로 기어들어가는 것을 본다'라는 대목에서 이 두 가지 마음의 의미를 대략적으로 이해할 수 있다.

一. 中是道心之本體, 有未發之中, 便有發而中節之和, 和卽道心也. 天理流行, 自然中節, 動以天也, 故曰微; 人心云者, 只纖毫不從天理自然發出, 便是動以人, 動以人便是妄, 故曰危. '乍見孺子入井'一段, 二心可概見矣.

17-81 '보지 않고 듣지 않음'이란 곧 미발의 중中이다. 늘 이 본체를 보존하는 것이 바로 '삼가고 두려워함'이다. 귀와 눈의 지리멸렬한 작용을 없애고 텅 비고 원만하여 헤아릴 수 없는 신神의 상태를 온전히 할 수 있으면, 보고 듣는 것이 더 이상 무슨 문제가 되겠는가.

17-81 不睹不聞, 便是未發之中, 常存此體, 便是戒懼. 去耳目支離之用, 全虛圓不測之神, 睹聞何有哉!

17-82 지나침과 모자람은 모두 악이다. "중中이란 화(和: 알맞음)이다."라는 구절은 '중中이 되면 화和가 이루어진다'라는 의미이다.[37] 즉 중中을 이루면 화和가 거기서 나온다. 그래서

17-82 過與不及, 皆惡也. 中也者, 和也, 言中卽和也. 致中而和出焉, 故曰

---

37 중(中)이란 … 것이다: 이 대목에서 인용된 글들은 모두 『通書』에 있는 구절이다.

"그 중中에 이를 뿐이다."라고 하고, 또 "중中이 되면 그친다."라고 한 것이다.

|17-83| 귀산龜山 일파[38]는 매번 "고요함 속에서 체인한다."라고 하고 또 "평소에 함양한다."라고 한다. 단지 이 말 속에서 우리 유학의 참된 공부 지점을 볼 수 있다. 고정考亭이 후회한 것은 이전에 이 마음을 '이발已發'로 잘못 알았기 때문이니[39] 그래서 더욱 명백하게 곧바로 가리킬 수 있었다.

|17-84| 정자程子는 "천덕天德이 있어야 왕도王道를 말할 수 있다."라고 하였는데, 그 요체는 단지 '신독愼獨'에 있다. 중中은 천덕이고 화和는 왕도이다. 그래서 "진실로 지극한 덕이 아니면 지극한 도는 거기에 응집되지 않는다."라고 한 것이다. 보지 않을 때 삼가고 듣지 않을 때 두려워하는 것은 덕을 닦는 공부이다.

|17-85| 성체(性體: 性이라는 실체)는 본래 스스로 삼가고 두려워 할 수 있는데, 정신이 나약

"至其中而已矣." 又曰"中焉, 止矣."

|17-83| 龜山一派, 每言"靜中體認", 又言"平日涵養", 只此四字, 便見吾儒眞下手處. 考亭之悔, 以誤認此心作已發, 尤明白直指.

|17-84| 程子曰: "有天德便可語王道." 其要只在愼獨. 中是天德, 和是王道, 故曰"苟非至德, 至道不凝." 戒愼不睹, 恐懼不聞, 修德之功也.

|17-85| 性體本自戒懼, 才頹惰便失性

38　귀산(龜山) 일파: 二程의 제자 楊時를 이은 학맥이며 혼히 道南學派라고 부른다.

39　고정(考亭)이 … 때문이니: 朱子는 만년에 考亭에 은거하였기 때문에 이렇게 부른 것이다. 주자가 처음에 '心'에는 미발의 상태가 없다고 생각했다가 나중에 후회하며 '예전에는 心이라는 단어는 모두 已發을 가리킨다고 오해했다'고 말한 것을 가리킨다. 주자의 본의와 섭표의 말이 완전히 일치하지는 않는다.

해져 나태해지는 순간 성체를 잃게 된다.

|17-86| 어떤 이가 "미발未發의 중中은 고요함인가?"라고 물었는데, 대개 고요하면서 항상 움직임을 주재한다. "'삼가고 두려워함'은 움직임인가?"라고 물었는데, 대개 움직이지만 늘 고요함을 구한다.

|17-87| 무릇 공부를 하는 것은 움직임에 속하는 것 같지만 공부를 하는 데 있어 핵심은 고요함이라는 뿌리이다.

|17-88| 감응이 신묘하더라도 조금이라도 사유를 하자마자 '왔다갔다하며 안정되지 못하게' 된다. 왔다갔다하며 안정되지 못하면 사의私意로 빠져들 것이니 미발의 중中으로부터 어찌 천 리 정도의 차이가 나는 데 그치겠는가.

|17-89| 사람은 갓난아이일 때부터 늙어 죽을 때까지 비록 움직이거나 고요해지거나, 말을 하거나 침묵하는 서로 다른 모습들을 갖지만 그 대체는 이발已發이 아닌 것이 없으니 기氣가 주도하는 것이다. 하지만 '인극人極'을 세우는 것은 늘 고요함을 위주로 한다.[40]

體.

|17-86| 或問: "未發之中爲靜乎?" 蓋靜而常主夫動也. "戒愼恐懼爲動乎?" 蓋動而常求夫靜也.

|17-87| 凡用功, 似屬乎動, 而用功的主腦, 卻是靜根.

|17-88| 感應神化, 才涉思議, 便是憧憧. 如憧憧, 則入於私意, 其去未發之中, 何啻千里!

|17-89| 人自嬰兒以至老死, 雖有動靜語默之不同, 然其大體莫非已發, 氣主之也. 而立人極者, 常主乎靜.

---

40   인극(人極)을 … 한다: 『太極圖說』, "聖人定之以中正仁義而主靜, 立人極焉."

|17-90| 어떤 사람이 "주렴계는 '정(靜, 고요함)' 을 말하고 정자는 경敬을 주로 말하였는데 차이가 있습니까?"라고 묻기에, "모두 욕망을 줄이자는 의미이다. 주렴계는 '욕망이 없기 때문에 고요하다'[41]라고 하였고 정자는 '하나인 상태를 위주로 하는 것을 경敬이라고 한다'[42]라고 하였다. '하나인 상태'란 욕망이 없는 것이다. 그러나 '욕망이 없음'으로부터 들어가면 견지하고 따를 것이 있게 될 것이니 오래되면 안과 밖이 의젓하여 저절로 고요하지 않음이 없을 것이다. 들머리부터 바로 고요함을 위주로 하는 공부는 오직 자질이 가장 좋은 사람들만이 가능할 것이다. 대개 타고난 자질이 밝고 튼튼하면 당장에 본체를 볼 수 있을 것이니 또한 매우 힘을 덜 것이다. 하지만 그 (공부의) 폐단은 사물을 싫어하고 팽개치고는 별도의 지름길로 접어들게 될 수도 있다는 데 있다. 이것은 학자가 자신의 자질이 어떤 역량인지 살펴 신중하게 들어가는 문을 택하는 데 달려 있다. 요사이의 학자들은 미친 듯이 방자하여, 흔히 '고요함을 위주로 하는' 공부를 선학禪學으로 간주하고 '경敬을 위주로 하는' 공부를 현실성 없는 학문으로 간주하니, 슬프다!"라고 대답하

|17-90| 或問: "周子言靜, 而程子多言敬, 有以異乎?" 曰: "均之爲寡欲也. 周曰'無欲故靜', 程曰'主一之謂敬'. 一者, 無欲也. 然由無欲入者, 有所持循, 久則內外齊莊, 自無不靜. 若入頭便主靜, 惟上根者能之. 蓋天資明健, 合下便見本體, 亦甚省力, 而其弊也, 或至厭棄事物, 賺入別樣蹊徑. 是在學者顧其天資力量而愼擇所由也. 近世學者倡狂自恣, 往往以主靜爲禪學, 主敬爲迂學, 哀哉!"

---

41   욕망이 … 고요하다: 『太極圖說』에 있는 주렴계 자신의 주석이다.
42   하나인 … 한다: 『二程遺書』 권24, "主一者謂之敬, 一者謂之誠, 主則有意在."

였다.

|17-91| '정情이 만사에 순리대로 따라서 정情이 없다.'[43]라는 말이 무슨 의미인지 질문하는 이가 있어서, "성인聖人은 천지 만물을 한 몸으로 간주하고 (남의) 아픔과 가려움을 모두 자신에게 절실하게 느끼고 한결같이 감응의 자연스러운 기틀을 따라 순리대로 응한다. 그 '정이 없음'은 단지 그 '지나는 곳마다 훌륭히 변화하여' 걸리거나 막히지 않는 측면을 말한 것일 뿐이다. 만약 메마르거나 잔인하여 정이 없는 것은 '거역되는' 것이니 '순리대로 응한다'라고 말할 수 있겠는가?"라고 하였다. 【이상은 「변중(辨中)」】

|17-92| 지극히 고요할 때에는 비록 알거나 느끼는 일이 없지만 알 수 있고 느낄 수 있는 능력은 그대로 존재하니 이것이 곧 순곤純坤의 '양陽이 존재하지 않은 것이 아닌 상象'[44]이다. 점성가들이 오행五行이 끊어진 곳을 태원胎元이라고 부르는 것도 이런 의미이다. 복復괘의 경우는 의당 '알거나 느끼는 일이 있는 때'에 귀

|17-91| 問: "情順萬事而無情." 曰: "聖人以天地萬物爲一體, 疾痛痾癢皆切於身, 一隨乎感應自然之機而順應之. 其曰'無情', 特言其所過者化, 無所凝滯留礙云爾. 若枯忍無情, 斯逆矣, 謂順應, 可乎!"【以上「辨中」】

|17-92| 至靜之時, 雖無所知所覺之事, 而能知能覺者自在, 是卽純坤不爲無陽之象, 星家以五行絶處便是胎元, 亦此意. 若論'復'卦, 則

---

43 정(情)이 … 없다: 『二程文集』「答橫渠先生定性書」, "夫天地之常, 以其心普萬物而無心; 聖人之常, 以其情順萬事而無情."

44 순곤(純坤)의 … 상(象): 순전히 陰爻로만 이루어진 坤卦에도 陽이 존재한다는 의미이다.

속시켜야 하니 대개 이미 일이 일어난 상황이다.[45] 소강절邵康節의 시에 "동짓날 자시子時의 중간,[46] 하늘의 중심은 아무 변화나 이동이 없다. 한 양효陽爻가 처음 움직이는 지점이지만 만물은 아직 생기지 않은 때이다."라고 하였다. 하늘의 중심은 아무 변화나 이동이 없으니 '미발'이란 아직 발하지 않은 때이다. 한 양효가 처음 움직이는 지점은 날샐 녘의 남들 못지않은 호오好惡이다. 태갱(太羹: 제사용 맑은 고깃국)과 현주(玄酒: 제사용 맑은 물)는 맑으면서 고르다. 이를 통해 미발의 기상氣象을 상상해 볼 수 있다. 고요함 속에서 실마리를 길러 내고 차가워진 숯에서 불꽃을 피워 내는 일이니, 곤坤이라는 고요히 수렴하고 거두어 간직하여 가만히 기르는 과정을 거치지 않고서는 '먹지 않고 남겨 두는 과실'을 다시 심어서 자라게 할 수 있겠는가. 복復괘가 곤坤괘로부터 나온 것임을 안다면 선한 일의 싹이 '고요히 기름'으로부터 나오지 않는 것이 없음을 알 수 있을 것이다.

| 17-93 | 적연하게 움직이지 않지만 내면에 태허太虛를 품고 있는 것이 선천先天이다.[47] 천만

宜以有所知覺者當之, 蓋已涉於事矣. 邵子詩曰: "冬至子之半, 天心無改移. 一陽初動處, 萬物未生時." 夫天心無改移, 未發者, 未嘗發也. 一陽初動, 乃平旦之好惡. 太羹玄酒, 淡而和也. 未發氣象, 猶可想見. 靜中養出端倪, 冷灰中迸出火焰, 非坤之靜翕歸藏, 潛而養之, 則不食之果, 可復種而生哉! 知復之由於坤, 則知善端之萌, 未有不由於靜養也.

| 17-93 | 寂然不動, 中涵太虛, 先天也.

---

45 복(復)괘의 … 상황이다: 未發을 坤卦로 보아야 하는가, 復卦로 보아야 하는가의 문제는 朱子 때부터 있었던 논의인데, 섭표는 복괘는 미발에 속하지 않는다는 입장이다.

46 동짓날 자시(子時)의 중간: 즉 밤 12시이다.

가지 변화가 모두 이것으로부터 나오니 '(천지 와) 덕이 합치되고', '(일월과) 밝음이 합치되고', '(사시와) 차례가 합치되고', '(귀신과) 길흉이 합 치되기' 때문에 '하늘이 어기지 않는다'라고 한 다. 감촉하여 움직이고 감지하여 응한 상황은 후천後天이다. '무슨 생각을 하고 무슨 생각을 하랴마는' 드디어 감통하여 순리대로 응하기 때문에 '하늘의 때를 받든다'라고 한 것이다. 인위적인 힘이 조금도 개입되지 않은 것을 말 한다. 【이상은 「변역(辨易)」】

千變萬化,　皆由此 出, 可以合德, 合明, 合序, 合吉凶, 故曰 '天弗違'.　觸之而動, 感而後應,　後天也. 何思何慮, 遂通而順 應之,　故曰'奉天時', 言人力一毫不與也. 【以上「辨易」】

|17-94| '욕망을 줄이는' 학문은 잘못 체인하 면 장차 '호승심, 과시욕, 원망, 욕심을 부리지 않음'과 똑같은 병통이 있을 것이다.[48] '사의를 가짐, 기대함, 고집함, 자기 것으로 여김'이나 '소리와 냄새'나 '보고 듣는 것'이 모두 욕망이 라는 것을 알아야만 '욕망을 줄이는' 학문이 무 엇인지 알 수 있을 것이다.

|17-94| 寡欲之學, 不善體貼,　將與'克 伐怨欲,　不行'同病, 知'意必固我' '聲臭' '睹聞'皆是欲, 而後 可以識寡欲之學.

|17-95| 조금이라도 가다듬어 다잡고 붙드는

|17-95| 一毫矜持

47　적연하게 … 선천(先天)이다: 이 대목은 『周易』「文言」의 "夫大人者, 與天也合其德, 與日月合其明, 與四時合其序, 與鬼神合其吉凶. 先天而天弗違, 後天而奉天時. 天且弗 違, 而況於人乎! 況於鬼神乎!"를 바탕으로 한 이론이다.

48　호승심 … 것이다: 『論語』「憲問」편의 내용을 원용한 것이다. 原憲이 호승심 등이 없 으면 仁하다고 할 수 있다고 말하자 공자는 "어렵기는 하지만 인하다고 할 수 있을지 는 모르겠다."라고 대답하였다. "'克伐怨欲不行焉, 可以爲仁矣.' 子曰: '可以爲難矣, 仁 則吾不知也.'"

마음이 있으면 바로 하늘을 거스르는 것이다.

|17-96| '자득自得'이란 그 본체를 얻어서 스스로 흡족한 상태이다. 공부가 본체에 맞지 않으면 '조장助長하는' 것이 아니면 '잊어버리는' 것이다. 조장이든 잊어버리는 것이든 모두 도道가 아니다.

|17-97| '집集'은 거두어들여 모은다는 의미와 같다.[49] 물러나 은밀한 곳에 보존함으로써 온갖 변화의 근원을 돈독히 하는 것이다. 이것을 토대로 삼아서 어떤 것이 감지되는 대로 드디어 온전히 대응하면 그 흐름이 세차서 아무것도 그것을 막지 못할 것이다. 마치 '초목에 생의(生意: 생성, 생장하려는 의지)가 있는 것'과 같다. 그래서 '생의가 있으면 어떻게 그칠 수 있겠는가'라고 한 것이다. '엄습하여 차지함'이란 의義가 밖에서부터 이르는 것이고, '의를 모음으로써 생기는 것'이란 의가 안에서부터 생기는 것이다. 삼대(三代: 하·은·주) 이후로는 온

把捉, 便是逆天.

|17-96| 自得者, 得其本體而自慊也. 功夫不合本體, 非助則忘, 忘助皆非道.

|17-97| 集猶斂集也. 退藏於密, 以敦萬化之原, 由是感而遂通, 沛然莫之能禦, 猶草木之有生意也. 故曰'生則惡可已矣'. 襲而取之者, 義自外至也; 集義所生者, 義由中出也. 自三代而下, 渾是一箇助的學問, 故曰'天下之不助苗長者

---

49 집(集)은 … 같다: 이 대목은 『孟子』「公孫丑上」, "敢問: '何謂浩然之氣.' 曰: '難言也. 其爲氣也, 至大至剛, 以直養而無害, 則塞于天地之間. 其爲氣也, 配義與道, 無是, 餒也. 是集義所生者, 非義襲而取之也. 行有不慊於心, 則餒矣. 我故曰 告子未嘗知義, 以其外之也. 必有事焉而勿正, 心勿忘, 勿助長也. 無若宋人然. 宋人有閔其苗之不長而揠之者, 芒芒然歸, 謂其人曰今日病矣, 予助苗長矣. 其子趨而往視之, 苗則槁矣. 天下之不助苗長者寡矣. 以爲無益而舍之者, 不耘苗者也, 助之長者, 揠苗者也, 非徒無益而又害之.'"를 둘러싼 논의이다. '集'은 '集義'의 '集'이다.

통 '조장하는 학문'이었다. 그래서 '천하에 곡식 싹을 자라게 돕는다고 뽑아 올리지 않는' 이가 드물다. 곡식 싹을 뽑아 올리는 농부를 얻기보다는 차라리 게으른 농부를 얻는 것이 낫다. 게으르면 곡식 싹이 잘 자라지는 않더라도 생의는 그대로 존재하지만, 곡식 싹을 뽑아 올리듯 하게 되면 거짓된 마음이 생겨서 도심道心을 잊게 된다.

寡矣.' 與其得助農, 不若得惰農, 惰則苗不長而生意猶存, 若助則機心生而道心忘矣.

|17-98| 솔개가 날고 물고기가 뛰는 것은 모두 성性을 따르는 것이니 조금의 사의나 기필期必함이 전혀 없는 것이다. 정자는 "이는 '생기가 넘침'이니 (맹자의) '반드시 일삼는 바가 있고 기필하는 마음을 말고 잊지 말라'라는 말과 같은 뜻이다."라고 하였다.[50]

|17-98| 鳶飛魚躍, 渾是率性, 全無一毫意必. 程子謂"活潑潑地, 與'必有事焉而勿正心, 勿忘'同意."

|17-99| 본체를 떠나면 그것은 멀어진 것이다. '멀어지지 않고 돌아간다'라는 말은 '이것으로부터 멀어지지 않는다'라는 말과 같은 것

|17-99| 才離本體, 便是遠. 復不遠云者, 猶云不離乎此

---

50 정자는 … 하였다:『二程遺書』권3상에 있는 程明道의 다음과 같은 말을 토대로 한 것이다. "(『중용』에서) "'솔개가 하늘까지 날아오르고 물고기가 못에서 뛰어오른다.'라는『시경』의 시구는 위와 아래에 드러난다는 의미이다.'라고 하였는데, 이 대목은 子思께서 간절히 사람들을 생각해 준 부분이다. (『맹자』의) '반드시 일삼는 바가 있고 기필하는 마음을 갖지 말라'라고 한 의미와 동일하다.('鳶飛戾天, 魚躍于淵, 言其上下察也.' 此一段子思喫緊爲人處, 與'必有事焉而勿正心'之意同.)" 정이천(程伊川)의 경우, '반드시 일삼는 바가 있고 기필하지 말라'로 끊어 읽었다고 한다.(『이정유서』권1, "二哥以'必有事焉, 而勿正'爲一句.")

이다. 그 '선하지 못하다'라는 말은 본체에 대해 아직 융화(融化: 온전한 이해)되지 못한 부분이 있어서 붙잡아 두려고 하는 면이 여전히 있는 것이다. '알지 못한 적이 없다'라는 것은 거울에 작은 먼지가 낀 상황과 관련된 것이고, '중복해서 행한 적이 없다'라는 것은 큰 화로에 붙은 한 점 눈 같다는 뜻이다. 조금이라도 막히고 걸려 있게 되면 녹는 것이 빠르지 못하여 이미 '행한 것'이 되어 버린다.[51] 【이상은 「변심(辨心)」】

| 17-100 | '평소의 것[素]'은 본래 내 본성에 고유하게 있는 것이고 자신이 미리 함양한 것이다. 당면한 처지는 비록 부귀·빈천·이적夷狄·환난이라는 차이가 있지만 부귀한 처지라고 해서 부귀한 행세를 하지 않고 평소 수양한 대로 부귀에 대처하고, 빈천한 처지라고 해서 빈천한 행태를 보이지 않고 평소 수양한 대로 빈천에 대처한다. 자신의 뜻을 크게 펼칠 수 있게 되어도 더 더해지는 것이 없고 곤궁하게 지내더라도 더 줄어들지 않는다. 부귀·빈천·

也. 其曰不善, 恐於本體尚有未融化處, 而不免有矜持意. 未嘗不知明鏡纖塵, 未嘗復行洪爐點雪. 少有凝滯, 而融化不速, 便已屬行.【以上「辨心」】

| 17-100 | 素者, 本吾性所固有, 而豫養於己者也. 位之所值, 雖有富貴·貧賤·夷狄·患難之不同, 然不以富貴處富貴, 而素乎富貴, 不以貧賤處貧賤, 而素乎貧賤. 大行不加, 窮居不損, 而富

---

51 알지 … 된다:『周易』「繫辭下」의 "안연은 거의 가깝다고 할 만하다! 선하지 못한 점이 있으면 알지 못한 적이 없고, 알게 되면 다시 행한 적이 없다.『주역』에서 '멀어지지 않고 돌아와서, 후회하는 데 이르지 않으니, 크게 길하다.(顔氏之子, 其殆庶幾乎! 有不善, 未嘗不知, 知之, 未嘗復行也.『易』曰: '不遠復, 无祗悔, 元吉.')"라고 한 말을 기초로 한 설명이다.

이적·환난에 대해 늘 한결같이 대처할 수 있으면 어느 상황으로 들어가든 자득自得하지 못한 경우가 없다. '득得'이란 그 평소에 수양한 것을 얻는다는 의미이다. 불교에서는 "깨달은 사람은 어느 곳에서나 동일하다."라고 하였고, 또 "거처하는 곳이 어디든 늘 안락하다."라고 하였는데, 자못 이런 경지를 깨달은 것이라고 하겠다.【「변소(辨素)」】

貴·貧賤·夷狄·患難處之若一, 則無入而不自得. 得者, 得其素也. 佛氏云 "悟人在處一般", 又云 "隨所住處常安樂", 頗得此意.【「辨素」】

| 17-101 | 한 생각의 은미함인데 환히 내면에 있어서 몸의 모든 부분들이 그 명을 따르니 작지만 다른 것들과 구별되는 것이다.

| 17-101 | 一念之微, 炯然在中, 百體從令, 小而辨也.

| 17-102 | '지선至善에 그쳐서 적연하게 움직이지 않는데 천만 가지 변화가 모두 여기에서 나오니, 우물처럼 만물을 길러 주며 다함이 없다.

| 17-102 | 止於至善, 寂然不動, 千變萬化, 皆由此出, 井養而不窮也.

| 17-103 | 『주역』은 도의道義를 음양陰陽에 짝지었다. 그래서 '길·흉·회(悔: 후회할 일)·인(吝: 부끄러울 일)'을 말한 내용들은 모두 천리와 인욕, 보존함과 잃어버림, 선함과 악함, 없어짐과 자라남과 관련된 것을 주로 해서 말하였다. 세상의 이른바 재앙과 복이란 또한 이것을 벗어나지 않는다. 두려워하고 조심하여 깊은 연못에 임한 듯이 얇은 얼음을 밟은 듯이 한 것은 증자曾子의 두려워하는 방식이었다. 두려움이란 삶과 죽음의 갈림길에서보다 큰 것이

| 17-103 | 『易』以道義配陰陽, 故凡言吉凶悔吝, 皆主理欲存亡, 淑慝消長處爲言. 世之所云禍福, 亦不外是. 戰戰兢兢, 臨深履薄, 曾子之震也. 震莫大於生死之際, 起而易簀. 曰: "吾得正而斃焉,

없다. 일어나서 (분수에 넘친) 대자리를 바꾼 뒤에 "나는 올바른 상태로 죽을 수 있게 되었다. 지금부터 나는 잘못을 면할 수 있으리라!"라고 하였다. 이 정도면 자신이 평소 담당하는 것을 잃지 않아 '숟가락과 울창주를 놓치지 않는다'[52]라고 할 만하다. 【이상은 「변역(辨易)」】

而今而後,　吾知免夫!」可謂不失其所主之常,　不喪匕鬯也.【以上「辨易」】

| 17-104 | 허물이 없다고 느끼는 순간 곧 재앙이 생길 마음을 품고 있게 된다. 그러므로 시시각각으로 허물을 보고 시시각각으로 허물을 고쳐야 하니, 이것이 바로 '장강長江과 한수漢水의 물로 씻고 가을 햇살로 말리는' 것이다.[53] 공자께서는 단지 '허물을 고치려고' 하였는데, 향원鄕愿은 단지 허물이 없게 되기를 바란다.

| 17-104 | 才覺無過,便是包藏禍心. 故時時見過,　時時改過,便是江漢以濯, 秋陽以暴.　夫子只要改過, 鄕愿只要無過.

| 17-105 | 꾀를 부리고 남을 속이는 등의 나쁜 기교가 생기는 것은 대개 그 기심(機心: 거짓된 마음)이 점점 익숙해져서 오랜 시간이 지나며 편안해졌기 때문이다. 그 처음에는 부끄러움

| 17-105 | 機械變詐之巧,　蓋其機心滑熟, 久而安之. 其始也,　生於一念之無

52　숟가락과 … 않는다: 『周易』 「震」괘의 卦辭이다. "우레가 백리를 놀라게 하지만 (제사를 지내며) 숟가락을 든 이와 울창주를 든 이가 땅에 떨어뜨리지 않는다.(震驚百里, 不喪匕鬯.)"

53　이것이 … 것이다: 가장 적절한 공부라는 의미이다. 孔子 사후에 제자들이 공자를 그리워하며 공자를 닮은 有若을 공자를 모시듯이 섬겨 그리움을 달랠 요량으로 증자에게 강권하였더니 증자가 이런 말을 하며 이미 가장 훌륭한 상태이니 더 지나치게 하려고 해서는 안 된다고 거절하였다. 【『孟子』 「滕文公上」, "他日子夏子張子游以有若似聖人, 欲以所事孔子事之 强曾子. 曾子曰: '不可. 江漢以濯之 秋陽以暴之. 皜皜乎不可尚已.'"】

을 모르는 하나의 의념에서 생기는데, 그것이 편안해지면 습관이 되고 익숙해져서 온통 더 이상 부끄러움을 아는 빛이 없어진다. 방탕하고 편벽되며 사악하며 거만한 짓을 못하는 것이 없게 될 것이니, 그 부끄러운 마음을 쓸 곳이 없을 것이다.

| 17-106 | 천지는 만물을 생성하는 것을 마음으로 삼으며 사람은 그것을 얻어서 사람의 마음으로 삼는다.[54] 생성하고 생성하여 그치지 않기 때문에 아버지나 아들과 관련한 일을 감지하면 자애로움이나 효성스러움이 되고, 형제와 관련한 일을 감지하면 우애나 공경이 된다. 그러므로 무릇 도道를 닦는 것이 조금이라도 욕망을 챙겨 무슨 일을 벌이는 것과 관련이 되고, 생성하고 생성하는 자연스러운 기틀에서 나오지 않는 경우는 모두 인仁이라고 할 수 없다. 인이라고 할 수 없으면 '엄습한 것'이다. '엄습해서 차지하는 것'은 자신과 도道가 아직 둘로 나뉜 상태여서 '합일되었다'라고 할 수 없다.【이상은 「변과(辨過)」】

| 17-107 | 먼저 특정한 것을 위주로 하는 마음이 있는 것을 '적(適: 좋다고 여김)'이라고 하고,

耻; 其安也, 習而熟之, 充然無復廉耻之色, 放僻邪侈, 無所不爲, 無所用其耻也.

| 17-106 | 天地以生物爲心, 人得之而爲人之心. 生生不已, 故感於父子則爲慈孝, 感於昆弟則爲友恭. 故凡修道, 一涉於營欲謀爲, 而不出於生生自然之機者, 皆不可以言仁. 不可以言仁, 則襲也. 襲而取之, 則身與道二, 不可以言合也.【以上「辨過」】

| 17-107 | 先有箇有所主之心, 曰'適'.

54　천지는 … 삼는다: 주자의 「仁說」에 있는 말이다.

먼저 아무것도 위주로 하지 말자는 마음이 있는 것을 '막(莫: 좋지 않다고 여김)'이라고 한다.[55] 위주로 하는 것이 없으면서 위주로 하지 않는 것이 없으며, 위주로 하지 않는 것이 없으면서 먼저 위주로 하는 것이 없는 것을 '의義'라고 한다.

| 17-108 | 바라는 것이나 싫어하는 것을 보지 않으며 적연히 움직이지 않는 것은 중中이다. 바라는 것이나 싫어하는 것이 그 본심을 속이지 않는 것이 충忠이다. 이것은 중中이 아니지만, 그러나 중中에 가깝다. 바라는 것이나 싫어하는 것에 있어서 '미루어 적용하지 않아도' 자연히 절도에 맞는 것이 '화和'이다. 바라는 것이나 싫어하는 것을 미루어 적용하여 남에게 공정하게 대하는 것이 서恕이다. 이것은 화和이 아니지만, 그러나 화和에 가깝다. 충서忠恕는 학자가 그 본체를 회복하려고 할 때의 절실하고 가까운 공부이다. 【이상은 「변인(辨仁)」】

| 17-109 | 마음이 생성하고 생성하며 그치지 않는 것은 역易이고, 곧 신神이다. 미발의 중中은 태극太極이다. 미발은 움직임과 고요함이

先有箇無所主之心, 曰'莫'. 無所主而無 所不主, 無所不主而 先無所主, 曰'義'.

| 17-108 | 不見所欲 惡, 而寂然不動者中 也. 欲惡不欺其本 心者忠也, 非中也, 然於中爲近. 欲惡 之際, 不待推而自然 中節者和也. 推欲 惡以公於人者恕也, 非和也, 然於和爲 近. 忠恕是學者求 復其本體一段切近 功夫. 【以上「辨仁」】

| 17-109 | 心之生生 不已者易也, 卽神 也. 未發之中, 太極

55　먼저 … 한다: 이 대목은 『論語』 「里仁」, "君子之於天下也, 無適也, 無莫也, 義之與比."를 토대로 한 논의이다.

없는데 움직임과 고요함을 주재하는 것이 미발未發이다. 이것이 아니면 마음의 생성하는 도道은 거의 없어지게 될 것이니 어찌 움직임과 고요함이 있겠는가. '움직임'[動]과 '고요함'[靜]의 양의兩儀가 있고 난 뒤에 인의예지仁義禮智의 사단四端이 있는 것이고 사단이 있고 난 뒤에야 건(健: 乾), 순(順: 坤), 동(動: 震), 지(止: 艮), 입(入: 巽), 함(陷: 坎), 이(麗: 離), 열(說: 兌)의 팔덕八德이 있게 된다. 덕에는 움직임이 있고 고요함이 있다. 그래서 건健·순順·동動·지止의 현상이 있는데 본연의 법칙을 잃지 않으면 길吉이 이로부터 생긴다. 대개 그 본체를 얻으면 발하여 절도에 맞는다. 입入·함陷·이(麗: 걸려 있음), 열(說: 기뻐함)은 고요함인데 도리어 움직임에 누가 되는 경우에는 흉凶이 이로부터 생긴다. 대개 그 본체를 잃으면 발하여 절도에 맞지 않는다. 능히 마음에 기쁘고 능히 사려로 연마할 수 있으면 그것을 들어 천하의 일들에 적용할 경우 대업大業이 거기서 생긴다. 【「변신(辨神)」】

| 17-110 | '기氣를 기르면' 곧 '말을 알게' 된다.[56] 대개 (기를 길러서) 저울추와 자가 나에게 있으면 천하의 가볍고 무거움, 길고 짧음은 어

也. 未發無動靜, 而主乎動靜者, 未發也. 非此則心之生道或幾乎息, 而何動靜之有哉! 有動靜兩儀, 而後有仁義禮智之四端, 有四端, 而後有健順動止, 入陷麗說之八德. 德有動有靜也, 故健順動止而不失乎本然之則者, 吉以之生. 蓋得其本體, 發而中節也. 入陷麗說, 靜而反累於動者, 凶以之生. 蓋失其本體, 發而不中也. 能說諸心, 能研諸慮, 擧而措之天下, 而大業生焉.【「辨神」】

| 17-110 | 養氣便知言. 蓋權度在我, 而天下之輕重, 長短莫

느 것도 나를 속일 수 없다. 기를 기르는 것 이외에 별도로 말을 아는 공부가 있는 것이 아니다.

能欺，　非養氣之外，別有知言之學也.

│17-111│ 자막子莫의 '집중執中'은 대개 '나만 위함'과 '겸애'의 가운데를 선택하여 그것을 잡으려고 하고, '나만 위함'과 '겸애'가 모두 '중中'일 수 있다는 것을 몰랐다.[57] '나만을 위해야' 할 때에는 중中이 양자(楊子: 楊朱)에게 있는 것이어서 누추한 골목에서 사는 처지에서는 천하에 불행이 닥쳤을 때 문을 걸어 닫아야 하는 것이니 안자顔子가 그런 경우였다. 겸애를 해야 할 때에는 중中이 묵자墨子에게 있는 것이어서 (천하의 홍수를 다스리느라) 자기 집 문을 지나면서도 한번 들어가 보지 않는 것이니 우禹임금이 그런 경우였다. 대개 중中은 정해진 체(體: 형체)가 없으니 오직 권(權: 권도)이 그 체이고, 권은 정해진 용用이 없으니 오직 도道가 그 용이다. 권權이란 내 마음에 천연적으로 원래 존재하는 법칙인데 오직 '그 보지 않을 때 삼가고 듣지 않을 때 두려워한' 뒤에야 발하여 절도에 맞지 않는 것이 없게 된다. 여러 방식으로 변화하며 도道를 따르는 것은 자연의 용이 아닌 것이 없다. 그렇지 않다면 중中으로 도道를

│17-111│ 子莫執中，蓋欲擇爲我兼愛之中而執之，而不知爲我兼愛皆中也.　時當爲我，　則中在楊子，陋巷閉戶，顔子是也. 時當兼愛，則中在墨子，　過門不入，禹是也. 蓋中無定體，惟權是體，權無定用，　惟道是用. 權也者，吾心天然自有之則，　惟戒愼不睹，恐懼不聞，然後能發無不中，變易從道，　莫非自然之用. 不然，則以中而賊道者何限?　自堯・舜之學不明，往往以中涉事爲，若將隨事隨

57　자막(子莫)의 … 몰랐다: 이 대목은 『孟子』「盡心上」, "楊子取爲我，拔一毛而利天下，不爲也; 墨子兼愛，摩頂放踵利天下，爲之. 子莫執中，執中爲近之，執中無權，猶執一也. 所惡執一者，爲其賊道也，擧一而廢百也."를 둘러싼 논의이다.

해치는 것이 어찌 한도가 있겠는가. 요임금과 순임금의 학문이 밝지 못한 뒤로 흔히 중中을 구체적인 일과 관련된 것으로 간주하곤 한다. 만약 일마다 상황마다 정밀하게 살피고 굳건히 잡음으로써 이른바 '당연의 절도'를 구하려고만 한다면, 순식간에 만 가지로 변화하여 조그만 사려나 욕망도 개입시키지 않는 것이 바로 '하늘보다 나중에 나타나 하늘의 때를 받드는 것'임을 알지 못하게 된다. 만약 일에 임하여 방법을 택하는 식이면 이미 '왔다 갔다 하며 끊임없이 움직이는' 것이 극심할 터이니 그렇게 하기에 날이 부족할 뿐만이 아니라 그 실마리들이 너무나 많아서 교착되고 막히고 정체되고 폐기될 것이다. 중中을 얻었다 해도 엄습해서 차지한 것이려니와 더구나 중中이라고 보장할 수 없는 경우이겠는가.

處, 精察而固執之, 以求所謂當然之節, 而不知瞬息萬變, 一毫思慮營欲著不得, 是謂'後天而奉天時也'. 若臨事而擇, 已不勝其憧憧, 非但惟日不足, 顧其端無窮, 膠凝固滯, 停閣廢棄, 中亦襲也, 況未必中乎!

| 17-112 | "'선으로 옮겨 가고 허물을 고친다'라는 말은 일마다 상황마다 옮겨 가고 고치는 것입니까? 아니면 단지 하나의 상황에서 옮겨 가고 고치는 것입니까?"라고 묻기에, "천하에는 단지 하나의 선이 있는 것이지 다시 별도의 선이 없으며, 단지 하나의 허물이 있는 것이지 다시 별도의 허물이 없다. 그래서 하나의 선으로 옮겨 갈 수 있으면 만 가지 선이 거기에 녹아들고 하나의 허물을 고치면 만 가지 허물이 없어진다. 이른바 '하나가 참되면 모든 것이

| 17-112 | 問: "遷善改過, 將隨事隨處而遷之, 改之乎? 抑只於一處而遷之, 改之也?" 曰: "天下只有一善, 更無別善, 只有一過, 更無別過. 故一善遷而萬善融, 一過改而萬過化. 所謂'一眞一切眞'."

참되다.'라는 것이다."라고 대답하였다.

| 17-113 | "한가하고 잡된 사려를 없앨 수가 없는데 어떻게 해야겠습니까?"라고 묻기에, "습심(習心: 습관이 된 마음)이 익숙해져 있기 때문이다. 습심이 익숙해져서 객려(客慮: 밖에서 생긴 사려)들이 단지 익숙한 길로만 왔다 갔다 하게 된 것이니 하루아침과 하루저녁에 그렇게 된 것이 아니다. 만약 그것을 좇아가며 없애고 금지하여 생기지 못하게 하려고 하면 그렇게 부수고 무너뜨리는 것이 도리어 본체에 누가 될 것이다. 그래서 객려를 없애고 싶은 사람은 먼저 그 본체를 회복하려고 노력해야 한다. 본체가 10분의 1이 회복되면 객려가 10분의 1만큼 없어진다. 그러나 본체는 경敬의 공부가 아니면 회복되지 않는다. 경敬의 공부를 통해 유지함으로써 내 심체의 강건함을 형성시켜야 한다. 심체가 강건해진 뒤에 깨끗하게 쓸어 냄으로써 정해지고 안정되는 성과를 거둘 수 있다. 대개 도적은 두목이 없으면 반드시 흩어지게 마련이다. 하지만 하루 만에 효과를 거두려고 하고 피상적인 것에 마음을 쓰는 자들이 미칠 수 있는 것이 아니다."라고 대답하였다.

| 17-114 | "양지良知의 학문은 어떤 것입니까?"라고 묻기에, "이것은 왕문王門에서 전승하는 지결指訣이다. 선사先師께서 세상의 학자들이

| 17-113 | 問: "閑思雜慮, 祛除不得, 如何?" 曰: "習心滑熟故也. 習心滑熟, 客慮只從滑熟路上往還, 非一朝一夕之故也. 若欲逐之而使去, 禁之而使不生, 嚷突沖決, 反爲本體之累. 故欲去客慮者, 先須求復本體. 本體復得一分, 客慮減去一分. 然本體非敬不復, 敬以持之, 以作吾心體之健. 心體健而後能廓清掃蕩, 以收定靜之功. 蓋盜賊無主, 勢必解散, 然非責效於日夕, 用意於皮膚者可幾及也."

| 17-114 | 問: "良知之學何如?" 曰: "此是王門相傳指訣.

다들 '알지 못하는 것이 없고 하지 못하는 것이 없는 사람'을 성인聖人이라고 생각하고 '알지 못하거나 하지 못하는 것'을 유학자들이 매우 부끄러워할 일이라고 생각하여 모두들 공부를 '많이 배워서 외우는' 고찰과 암송의 수준에서 시작하기 때문에 힘이 들고 얽혀 있어서 천하의 무한한 기질 좋은 사람들을 그르칠 수 있다고 여겼다. 그래서 '양지는 스스로 아는 능력이 있어서 그것을 이루고 기를 수 있으면 배우고 생각해 보지 않고도 천 가지 만 가지 변화가 모두 여기에서 나온다.'라고 말씀하셨던 것이다. 맹자의 이른바 '배우지도 않고 생각해 보지도 않아도 부모를 사랑하고 어른을 공경한다.'라는 말은 대개 양지가 발동하고 유행하는 것의 절실하고 옹골찬 면을 가리킨 것인데, 깨닫지 못한 이들은 드디어 '부모를 사랑하고 어른을 공경하는 것'을 양지라고 하여 지엽적인 것에서 양지를 찾으려고 하니 비록 지극한 고수라고 해도 사악한 지름길로 빠져들고 결국은 단지 패도霸道의 학문이 모습만 바꾸어서 나타나게 되었다. 대개 어린아이가 부모를 사랑하고 어른을 공경할 줄 아는 것은 도심道心이다. 한결같이 그 순일한 미발에 근본을 두고 자연히 유행하는 것이고 조금의 사려나 욕망도 거기에 끼어 있지 않다. 그래서 '치양지致良知'란 단지 이 순수한 미발의 본체를 기르는 것일 뿐이다. 본체가 회복되면 만물이 갖추어지

先師以世之學者, 率以無所不知·無所不能爲聖人, 以有所不知·不能爲儒者所深恥, 一切入手, 便從多學而識, 考索記誦上鑽研, 勞苦纏絆, 擔閣了天下無限好資質的人, 乃謂'良知自知, 致而養之, 不待學慮, 千變萬化, 皆由此出.' 孟子所謂不學不慮·愛親敬長, 蓋指良知之發用流行, 切近精實處, 而不悟者, 遂以愛敬爲良知, 著在支節上求, 雖極高手, 不免賺入邪魔蹊徑, 到底只從霸學裏改換頭目出來. 蓋孩提之愛敬, 卽道心也. 一本其純一未發, 自然流行, 而纖毫思慮營欲不與. 故致良知者, 只養這箇純一未發的本體.

니 이른바 '천하의 대본'이다. 선사先師께서 '양지는 미발의 중中이다. 확연廓然히 크고 공정한 본체는 자연히 감지하여 온전하게 적응할 수 있고, 자연히 사물이 오면 순리대로 응할 수 있다.'라고 하셨으니 이것이 『전습록傳習錄』의 정법안장(正法眼藏: 전수심법)이다. 그런데 지각을 양지라고 잘못 알고 이유 없이 패도의 학문에 적치(赤幟: 선동하는 깃발)를 펼쳐 주니 주변적 견해나 외면적 수행과 무엇이 다르겠는가. 선사의 이론을 스스로 아주 멀리 벗어났다."라고 대답하였다.

| 17-115 | "상황마다 천리天理를 체인體認한다는 공부는 어떠합니까?"라고 묻기에, "이것은 감천甘泉[58]이 제시하여 사람들을 가르친 종지이다. 감천은 나예장羅豫章[59]의 가르침으로부터 이 깨달음을 얻었다. 나예장은 '학문의 방법은 많은 말을 하는 데 있지 않다. 단지 묵묵히 앉아서 마음을 맑게 하고 천리를 체인하면 된다. 만약 천리를 보게 되면 인욕이 바로 스스로 물러나 명을 듣는다. 이것을 토대로 견지하고 지켜 나가면 점점 밝아질 수 있고, 강학은 비로

本體復則萬物備, 所謂立天下之大本. 先師云: '良知是未發之中, 廓然大公的本體, 便自能感而遂通, 便自能物來順應.' 此是『傳習錄』中正法眼藏, 而誤以知覺爲良知, 無故爲霸學張一赤幟, 與邊見外修何異? 而自畔其師說遠矣!"

| 17-115 | 問: "隨處體認天理, 何如?" 曰: "此甘泉揭以教人之旨. 甘泉得之羅豫章, 豫章曰: '爲學不在多言, 但默坐澄心, 體認天理. 若見天理, 則人欲便自退聽. 由此持守, 庶幾漸明, 講學始有得力

---

58 감천(甘泉): 湛若水(1466-1560)는 자가 元明이고 호가 甘泉이다.
59 나예장(羅豫章): 羅從彦(1072-1135)은 자가 仲素이고 豫章(즉 南昌)이 본적이기 때문에 뒷날 사람들이 예장 선생이라고 불렀다. 楊龜山의 제자이고 李延平의 스승이다. 이연평은 주자의 스승이다.

소 힘을 얻게 된다.'라고 하였고, 또 '학자의 병통은 언 것이 풀리고 얼음이 녹는 경지에 이르지 못하였다는 데 있다. 비록 힘을 들여서 견지하고 지키고는 있지만 현저한 잘못이나 허물을 구차히 모면하는 정도에 지나지 않으니 말할 만한 것이 없다.'라고 하였다. 그의 종지는 따져 보면 전부 '천리天理' 두 글자에 있다. 이른바 '천리를 본다'라는 것은 듣고 보는 그런 '보는' 것이 아니다. 명도가 '나의 도道는 비록 전수받은 것이 있기는 하지만, 천리天理 두 글자는 내 스스로 체인해 낸 것이다.'라고 하였다. 그런데 세상에는 '드러난 것을 헤아려 보고 짐작하며 '남한테 의존하고 빌리는 방식'을 체인이라고 생각하여 도리어 해치는 이들이 많다. 천리는 본체로서 자연히 유행하여 새벽녘에 남들 못지않게 선을 좋아하고 악을 싫어할 수 있으며 어린아이로서 부모를 사랑할 수 있고 어른을 공경할 수 있으며 아이가 우물로 기어들어 가려 할 때 두려움을 느끼고 측은해할 줄 아니 이런 것은 조그만 남의 도움도 빌릴 필요가 없다. 학자가 이런 것을 체인할 수 있어야 비로소 '천연적인 방식으로 움직이게 되고' 그래야 천리를 볼 수 있으며 그래야 인욕이 물러나 명을 듣게 되고 얼었던 것이 풀리고 얼음이 녹는 경지일 수 있다. 이런 학문은 '미발의 중中' 내지 '도심의 은미함'을 실제로 본 사람이 아니면 미칠 수가 없다."라고 대답하였다.

處.'又曰: '學者之病, 在於無凍解冰釋處. 雖用力持守, 不過苟免形顯過尤, 無足道也.'究其旨意, 全在'天理'二字. 所謂見天理者, 非聞見之見. 明道曰: '吾道雖有所受, 然天理二字, 卻是自家體貼出來.'而世之揣摩測度, 依傍假借爲體認, 而反害之者多矣. 天理是本體, 自然流行, 知平旦之好惡·孩提之愛敬·孺子入井之怵惕惻隱, 不假些子幫助. 學者體認到此, 方是動以天. 動以天, 方可見天理, 方是人欲退聽, 凍解冰釋處也. 此等學問, 非實見得未發之中, 道心惟微者, 不能及."

| 17-116 | "지금의 학문은 어떠합니까?"라고 묻기에, "요새의 학문은 수준 높은 이들에게 세 가지 장애가 있다. 하나는 '도리道理의 장애'이고, 다른 하나는 '격식格式의 장애'이고, 나머지 하나는 '지식의 장애'이다. 의리를 강구하고 옛날 사람들이 했던 일들의 흔적을 모방하며 견문이 많고 박학해서 걸핏하면 끌어다 증명하는 말들이 있다. 이렇듯 장애는 비록 셋이 있지만 도리와 격식은 또 모두 지식으로부터 생긴 것이니 모두 지식의 장애라고 할 수 있다. 세 학파의 학문은 '미리 준비하는 학문'이라고 말하기에 부족하다. 그래서 변화하는 상황에 맞게 도道를 따르도록 요구해 보면 모두 말이 꼬이거나 행동에 하자가 생기거나 일이 곤란해지거나 도리가 궁해지는 문제들을 모면하지 못한다. 대개 의리는 일의 변화에 따라 적용하는 것이니 강구를 해서 준비할 수 있는 것이 아니다. 일의 변화는 시간의 상황에 따라 순응해야 하는 것이니 격식을 통해 가늠해 낼 수 있는 것이 아니다. 의리와 사변(事變: 일의 변화)은 성인聖人도 알지 못하고 할 수 없는 부분이 있으니 한 사람이 주도면밀하게 대응할 수 있는 것이 아니다. 그래서 '장애'라고 한다. 하지만 그래도 유자儒者의 가법家法이어서 세교世教를 유지할 수 있고 이른바 '윤상倫常을 무너뜨리고 풍속을 어지럽히는' 것은 없다. 이것 이외에 또 기절氣節과 문장이라는 두 학파가 있

| 17-116 | 問: "今之學者何如?" 曰: "今世之學, 其上焉者則有三障: 一曰道理障, 一曰格式障, 一曰知識障. 講求義理, 模仿古人行事之跡, 多聞見博學, 動有所引證. 是障雖有三, 然道理格式又俱從知識入, 均之爲知識障也. 三家之學, 不足以言豫, 責之以變易從道, 皆不免有跆疚困窮之患. 蓋義理隨事變以適用, 非講求所能備; 事變因時勢而順應, 非格式所能擬; 義理事變有聖人所不知不能處, 非一人所能周, 故曰'障'. 然尙是儒者家法, 可以維持世教, 而無所謂敗常亂俗也. 此外又有氣節, 文章二家. 氣節多得之天性, 可

다. 기절은 천성天性에서 얻은 것이 많아서 세속을 면려시키고 우둔한 사람을 연마시키고 막무가내인 사람을 청렴하게 변화시키고 나약한 사람을 독립할 수 있게 해 준다. 문장에는 또 고문古文과 시문時文이 있는데 또한 학자에게는 두 가지 마魔이다. 마魔는 마음을 병들게 하는 장애로서 도道에 장애가 되기 때문에 선유先儒가 늘 '성현이 이미 멀어지고 도학道學이 밝지 못하여 사대부들이 내면에 마음을 쏟아 근본을 세울 줄을 모르게 되고 다만 그 왕성한 의기意氣로 세상에 큰일을 하려고 하는 이가 많다.'라고 비판하였다. 저 문장이 아름답고 견문이 넓으며 의론이 곧으며 절개가 높은 이들은 밖에서 보기에는 참으로 남들보다 뛰어난 점이 있다. 하지만 그 속을 살펴보고 그 실질을 따져 보며 그 지속성을 지켜보고 그 귀결점을 추적하면 그 최대한의 극치라고 해도 사람들의 바람을 만족시키는 정도일 뿐이고 한 점의 하자도 없는 경우는 천 가지 백 가지 중에서 한 둘도 볼 수가 없다."라고 대답하였다. 【이상은 「변성(辨誠)」】

以勵世磨鈍, 廉頑立懦. 文章又有古文·時文, 亦是學者二魔. 魔則病心障, 是障於道, 故先儒常曰:'聖賢既遠, 道學不明, 士大夫不知用心於內以立其本, 而徒以其意氣之盛以有爲於世者, 多矣.' 彼詞令之美·聞見之博·議論之讜·節概之高, 自其外而觀之, 誠有以過乎人者. 然探其中而責其實, 要其久而持其歸, 求其充然, 有以慰滿人望而無一瑕之可疵者, 千百中未見一二可數也."【以上「辨誠」】

명유학안 권18,
강우왕문학안3

明儒學案 卷十八,
江右王門學案 三

문공 염암 나홍선 선생

文恭羅念菴先生洪先

|18-1| 나홍선(羅洪先: 1504-1564)은 자가 달부達夫이고 별호는 염암念菴이고 길수吉水[1] 사람이다. 부친인 나순羅循은 산동안찰부사山東按察副使이다. 선생은 어릴 때부터 의젓하였다. 나이 다섯 살 때 꿈에 사통팔달의 시장 사람들이 와자지껄하자 "너희가 오고 가는 것은 모두 내 꿈속에 있을 뿐이다."라고 크게 소리쳤고, 잠이 깨어 모친인 이의인李宜人에게 고하였다. 식자들은 그가 보통 사람이 아닌 줄 알아보았다. 11세에 고문古文을 읽고 개연히 나일봉羅一峰[2]의 사람됨을 흠모하여 바로 성학聖學에 뜻을 두었다. 가정嘉靖 8년(1528)에 진사進士에 장원으

|18-1| 羅洪先, 字達夫, 別號念菴, 吉水人. 父循, 山東按察副使. 先生自幼端重, 年五歲, 夢通衢市人擾擾, 大呼曰: "汝往來者皆在吾夢中耳." 覺而以告其母李宜人, 識者知非埃壒人也. 十一歲, 讀古文, 慨然慕羅一峰之爲人, 卽

---

1 길수(吉水): 구체적으로는 강서성 길안부(吉安府) 길수현(吉水縣) 황등계(黃橙溪)이며, 현재의 길수현 곡촌(谷村)이다.

2 나일봉(羅一峰): 나륜(羅倫, 1431-1478)은 자가 응괴(應魁) 혹은 이정(彝正)이고 호가 일봉(一峰)이다. 나홍선과 같은 길안부 출신이고 장원 급제했으며 경학과 문학에 성취가 있었다.

로 급제하였다. 장인인 태복太僕 증직曾直이 소식을 듣고 기뻐서 "다행히 내 사위가 이 큰일을 해냈다."라고 하였다. 선생은 "대장부의 사업에는 더 큰 일들이 있습니다. 이렇게 3년에 한 사람씩 나오는 장원이 어찌 큰 일이 될 만하겠습니까."라고 하였다. 한림원 수찬에 제수되었다. 이듬해에 말미를 받아 고향으로 돌아갔다. 그 뒤에 부친상을 당하자 거적 이불에 흙무더기 베게, 푸성귀 반찬의 밥으로 지냈고 안방에는 3년간 들어가지 않았다. 이어서 모친상을 당하여 두 번째 상도 다시 첫 번째 상과 똑같이 지냈다. 18년에 부름을 받아 좌춘방 좌찬선左春坊左贊善에 제수되었고 이듬해에 북경에 이르렀다.

상이 늘 조회에 나아가지 않았는데 12월에 선생이 사간 당순지唐順之와 교서 조시춘趙時春과 함께 내년 원일元日에 황태자가 문화전文華殿으로 나아가 백관의 조하朝賀를 받게 하라고 청하였다. 상이 "짐이 질병이 생기자마자 황태자에게 임조(臨朝: 조정에 나가 국사를 처리함)하게 하려고 하는 것은 군주가 병을 떨치고 일어나지 못할 거라고 확신하는 것이다."라고 말하고는 모두 쫓아내어 서민으로 만들었다.

가정 37년 재상인 엄숭嚴嵩이 당순지를 병부주사主事로 기용하고 다음으로는 선생을 기용하려고 하였지만 선생은 끝내 자신은 재야에

有志於聖學. 嘉靖八年, 擧進士第一. 外舅太仆曾直聞報喜曰: "幸吾婿建此大事." 先生曰: "丈夫事業更有許大在, 此等三年遞一人, 奚足爲大事也." 授翰林修撰. 明年告歸, 已丁父艱, 苫塊蔬食, 不入室者三年. 繼丁內艱, 居後喪復如前喪. 十八年召拜左春坊左贊善, 踰年至京.

上常不御朝, 十二月先生與司諫唐順之, 校書趙時春請以來歲元日, 皇太子禦文華殿, 受百官朝賀. 上曰: "朕方疾, 遂欲儲貳臨朝, 是必君父不能起也." 皆黜爲民.

三十七年, 嚴相嵩起唐順之爲兵部主事, 次及先生. 先生

남고자 하는 뜻을 이루려 한다고 대답하였다. 당순지가 억지로 함께 벼슬로 나가자고 강요하자 선생은 "천하의 사업이 갑이 아니면 을이고 내가 하고 싶어도 하지 못하는 것은 공이 있어서 할 수 있는데 왜 굳이 내가 있어야겠는가."라고 하였다.

43년에 세상을 떠나니 나이가 61세였다. 융경(隆慶: 1567-1572)으로 개원한 뒤에 광록소경光祿少卿으로 추증되고 문공文恭이라는 시호가 내려졌다.

| 18-2 | 선생의 학문은 처음에는 실천에 힘을 쏟았고 중간에는 적정(寂靜: 고요함)으로 돌아가는 것으로 바뀌었다가 만년에는 다시 인체仁體를 투철히 깨닫는 것으로 바뀌었다. 어려서 양명이 건태虔台[3]에서 강학한다는 소식을 듣고 마음이 곧바로 그를 흠모하였다. 그러다 『전습록』이 출간되자 읽고서는 침식을 잊을 정도였다. 같은 동네의 곡평谷平 이중李中[4]이 옥재玉齋 양주楊珠의 학문을 전수하고 있었는데 선생이 그를 스승으로 모시고 그 학문의 근간을 얻

以畢志林壑報之. 順之強之同出, 先生曰: "天下事爲之非甲則乙, 某所欲爲而未能者, 有公爲之, 何必有我?"

四十三年卒, 年六十一. 隆慶改元, 贈光祿少卿, 諡文恭.

| 18-2 | 先生之學, 始致力於踐履, 中歸攝於寂靜, 晚徹悟於仁體. 幼聞陽明講學虔台, 心卽向慕, 比『傳習錄』出, 讀之至忘寢食. 同里谷平李中傳玉齋楊珠之學, 先生師之, 得其根柢.

---

3 건태(虔台): 건주(虔州)는 강서성 감주(贛州) 지역의 별칭이고, 이 지역을 다스리는 중앙 관아를 건태라고 부른 것이다. 왕수인은 1517년 순무남감정장등처지방제독군무(巡撫南贛汀漳等處地方提督軍務)에 제수되었다. 이 관직은 강서성의 남안(南安)과 감주, 복건성의 정주(汀州)와 장주(漳州) 등지의 군무를 관장하는 순무사이다.

4 곡평(谷平) 이중(李中): 이중(1478-1542)은 자는 자용(子庸)이고 호가 곡평 선생이며 시호는 장개(莊介)이다.

었다.

섭쌍강(聶雙江: 聶豹)이 '적연함으로 돌아가
자'는 학설로 동지들에게 호소하였는데 오직
선생이 홀로 거기에 마음이 맞았다. 이때 양명
의 문하에서 학문을 논하는 이들은 모두 "선을
알고 악을 아는 것이 곧 양지이고, 이것에 의
거하여 행하는 것이 곧 치지致知이다."라고 하
였는데, 선생은 "양지는 '지선至善'을 말한다.
내 마음의 선은 내가 알고 내 마음의 악도 내
가 알기에 '앎'이 아니라고 할 수 없다. 하지만
선과 악이 뒤섞여 있다면 어찌 안에서 주재하
는 것이 있겠는가. 안에 주재하는 것이 없는데
'앎'이 본래 늘 밝다고 하는 것은 불가하다. '앎'
이 온전히 밝지 못한데 이것에 의거하여 행하
면서 '(의념이) 이미 발한 뒤에 어그러짐이 없으
면 사물이 도래할 때 순리대로 응할 수 있다'라
고 한다면 옳지 않다. 그래서 메마른 나뭇가지
처럼 고요해진 뒤에 일체가 물러나 명령을 들
어서 천리가 환히 밝게 된 뒤가 아니고서는 쉽
게 이런 경지에 이를 수 없다. 섭쌍강이 말한
것은 참으로 벽력 같은 수단이다. 숱한 영웅들
이 기만당하고 있을 때 그가 그것을 논박해 내
었으니 마치 사통팔달의 큰길 같아서 더 이상
의심할 것이 없다."라고 하였다.

而聶雙江以歸寂
之說, 號於同志, 惟
先生獨心契之. 是
時陽明門下之談學
者, 皆曰"知善知惡
卽是良知, 依此行之
卽是致知", 先生謂
"良知者, 至善之謂
也. 吾心之善, 吾知
之, 吾心之惡, 吾知
之, 不可謂非知也.
善惡交雜, 豈有爲主
於中者乎? 中無所
主, 而謂知本常明,
不可也. 知有未明,
依此行之, 而謂無乖
戾於旣發之後, 能順
應於事物之來, 不可
也. 故非經枯槁寂
寞之後, 一切退聽,
天理炯然, 未易及
此. 雙江所言, 眞是
霹靂手段, 許多英雄
瞞昧, 被他一口道
著, 如康莊大道, 更
無可疑."

석련동石蓮洞을 개척하여 그곳에 거처하면서 반탑半榻에서 묵묵히 정좌하며 3년이나 집밖으로 나가지 않았다. 일을 미리 아는 능력이 있어 사람들이 의아하게 여기기도 하였는데, "이것은 우연이다. 말할 만한 것이 아니다."라고 하였다. 왕용계(王龍溪: 王畿)는 그가 '전적으로 메마른 고요함을 지키고 시기에 맞게 순리대로 응하는 오묘함에는 미치지 못한다'라고 의심하여 송원松原을 방문해서 "요사이 수양의 성과가 이전에 비해서 어떠합니까?"라고 물었다. 선생은 "예전에는 여전히 끊어졌다 이어졌다 하는 경우가 많았는데 요사이에는 잡념이 없어졌습니다. 잡념이 점점 적어지면서 감응하는 상황에서 자연히 순리대로 적응할 수 있게 되었습니다. 예컨대 전부(田賦: 토지세)를 균등하게 하는 일의 경우 6월부터 지금까지 반년이 지났는데 하루 종일 분분하게 지내면서 감히 나태해진 적이 없고 감히 집착한 적이 없으며 감히 방종한 적이 없고 감히 당황한 적이 없이 오직 한 사람이라도 자기 몫을 얻지 못하는 사람이 있을까 걱정하였습니다. 일체의 잡념이 들어오지 않고 또한 움직임이나 고요함의 상황이 보이지 않았습니다. 그래서 스스로 이것이 바로 '정정(靜定: 고요하고 정해져 있음)의 공부라고 생각하였습니다. 억지로 묵좌하고 있을 때는 고요하고 움직여 사물에 응할 때는 고요함이 없어지는 그런 것이 아니었습니다."

闢石蓮洞居之, 默坐半榻間, 不出戶者三年. 事能前知, 人或訝之, 答曰: "是偶然, 不足道." 王龍溪恐其專守枯靜, 不達當機順應之妙, 訪之於松原. 問曰: "近日行持, 比前何似?" 先生曰: "往年尙多斷續, 近來無有雜念. 雜念漸少, 卽感應處便自順適. 卽如均賦一事, 從六月至今半年, 終日紛紛, 未嘗敢厭倦, 未嘗敢執著, 未嘗敢放縱, 未嘗敢張惶, 惟恐一人不得其所. 一切雜念不入, 亦不見動靜二境, 自謂此卽是靜定功夫. 非紐定默坐時是靜, 到動應時便無著靜處也." 龍溪嗟歎而退.

라고 대답하였다. 왕용계는 탄식하면서 물러
났다.

선생은 양명의 학문에 대해 처음에는 흠모
하였는데 그 뒤에 양명 문하가 본체를 깨닫는
것을 너무 쉽게 여기는 것을 보고는 거기에 대
해서도 의심하게 되었다. 그러다가 공부가 순
수하고 무르익게 되자 양명이 제시한 학문의
순서에 대해서 환하게 아무 이견이 없게 되었
다. 천하의 학자들이 드디어 선생의 말로 인해
서 양명의 진면모를 이해하게 되었다. 떠들썩
하게 양명의 말을 가지고 천하를 선동하는 이
들은 도리어 그런 이해를 돕는 데 제대로 역할
을 하지 못하였다.

先生於陽明之學,
始而慕之, 已見其門
下承領本體太易, 亦
遂疑之. 及至功夫
純熟, 而陽明進學次
第, 洞然無間. 天下
學者, 亦遂因先生之
言, 而後得陽明之眞.
其曉曉以師說鼓動
天下者, 反不與焉.

|18-3| 선생이 양명의 『연보』를 이미 편정
하였을 때 전서산(錢緖山: 錢德洪)이 "그대가 스
승의 문하에서 문생이라고 칭하지 않고 후학
이라고 칭하는 것은 스승이 생존해 계실 때 문
하로 와서 집지(執贄: 제자의 예를 갖춤)하지 않았
기 때문이다. 그대는 고금에 걸쳐 문인이라는
칭호는 그 의미가 문하로 와서 집지한 경우에
한정된다고 여기는가? 그대는 14세 때 감주贛
州로 가서 스승을 뵈려고 하였지만 부모가 허
락하지 않았던 것일 뿐이니 문하로 들어오는
것은 그대의 평소의 뜻이었고, 지금 그 학문을
배운 것이 지금까지 26년이다. 그러니 그 문을
얻었을 뿐 아니라 이른바 '당(堂)에 오르고 실室

|18-3| 先生旣定
陽明『年譜』, 錢緖
山曰: "子於師門不
稱門生, 而稱後學
者, 以師存日未得及
門委贄也. 子謂古
今門人之稱, 其義止
於及門委贄乎? 子
年十四時, 欲見師於
贛, 父母不聽, 則及
門者其素志也. 今
學其學者, 三紀於茲
矣, 非徒得其門, 所

로 들어갔다'라는 말도 그대로서는 손색이 없다. 문인이 되는데 무슨 부족함이 있겠는가." 라고 말하였다. 『연보』에 '문인'이라고 고쳐 칭하였는데, 이는 전서산이 보증해서 그런 것이다.

선생은 주렴계의 '욕망이 없기 때문에 고요하다'[5]라는 언명을 성학聖學의 전승으로 삼았다. '사양하거나 받거나 취하거나 주는' 것을 작은 일이라고 말하는 사람이 있었는데, 선생은 '이런 말이 가장 해가 되는 일이다.'라고 하였다. 말미를 얻어 고향으로 돌아가다가 의진현儀眞縣을 지날 때 병이 들어 거의 위중해졌다. 동년(同年: 같은 해에 급제한 사람)인 항구동項甌東[6]이 그가 빈곤한 것을 염려하였는데 마침 한 부자가 사형에 처해지게 생겨 만금을 뇌물로 바치자 선생한테 그 부자를 위해 한마디 해주기를 바랐지만 선생은 사양하고 떠났다. 그 뒤 그 부자가 죽을죄를 지은 것이 아니라는 것을 생각하고는 형벌 시행을 신중히 하도록 권하여 살려 주고 그 부자가 알지 못하게 하였다.

선대의 전택田宅을 전부 서제庶弟에게 넘기고 별도로 몇 칸의 집을 지었는데 겨우 비와 바람

謂升堂入室者, 子且無歉焉, 於門人乎何有?"『譜』中改稱門人, 緒山·龍溪證之也.

先生以濂溪"無欲故靜"之旨爲聖學的傳. 有言"辭受取與"爲小事者, 先生謂"此言最害事." 請告歸, 過儀眞, 一病幾殆. 同年項甌東念其貧困, 有富人坐死, 行賄萬金, 待先生一言, 先生辭之而去. 已念富人罪不當死, 囑恤刑生之, 不令其知也.

先世田宅, 盡推以與庶弟, 別架數楹,

---

5   욕망이 … 고요하다:『太極圖說』에 있는 주렴계의 自註이다.
6   항구동(項甌東): 項喬(1493-1552)는 자가 子遷이고 호가 甌東이다.

이나 피할 정도일 뿐이었다. 그나마 얼마 뒤 물에 쓸려가 가라앉는 바람에 농가의 집을 빌려 거기서 묵었다. 순무사巡撫使 겸 도찰원都察院 우부도어사(右副都御史인 마삼馬森이 (선생이) 그동안 받지 않고 거부했던 수천 금을 다시 보내서 집을 지어 주었는데, 선생은 받지 않고 그 문 아래에 정학당正學堂을 지어 거주하였다. 세상을 떠날 즈음 병문안 온 사람들이 방으로 들어가 보았더니 세간살이가 아무것도 없었다. "어떻게 이렇게까지 가난하신 겁니까?"라고 물으니, 선생은 "가난한 것은 본디 좋은 점이 있다."라고 하였다. 그래서 왕용계 같은 학자들이 회강會講을 성시城市 가까이에서 열어서 관부官府에 노고를 끼치면 통절하게 비판하며, "후학을 깨우쳐 준다는 말을 빌려서 '수행하는 수레가 뒤따르게 하고 여기 저기 다니며 대접을 받는'[7] 그런 보답을 요구하니 뇌물을 공공연히 바치고 염치를 잃어버린 자들을 위해 더러운 물결을 더 일으키는 것이다."라고 하였다.

선생은 정좌靜坐하는 일 이외에는 한 해 내내 밖으로 다니며 스승이 될 만한 이를 찾고 벗이 될 만한 이를 수소문하였는데 방내(方內: 유학)든 방외方外든 가리지 않고 한 가지 특장

僅蔽風雨. 尋爲水漂沒, 假寓田家. 撫院馬森以其故所卻餽, 先後數千金, 復致之立室, 先生不受. 其門下搆正學堂以居之. 將卒, 問疾者入室, 視如懸罄, 曰: "何至一貧如此?"先生曰: "貧固自好." 故於龍溪諸子, 會講近城市, 勞官府, 則痛切相規, 謂"借開來之說, 以責後車傳食之報, 爲賄賂公行, 廉恥道喪者助之瀾也."

先生靜坐之外, 經年出遊, 求師問友, 不擇方內方外, 一節之長, 必虛心咨請,

7 　수행하는 … 받는: 『孟子』「滕文公下」, "彭更問曰: '後車數十乘, 從者數百人, 以傳食於諸侯, 不以泰乎?' 孟子曰: '非其道, 則一簞食不可受於人; 如其道, 則舜受堯之天下, 不以爲泰, 子以爲泰乎?'"

이 있으면 반드시 마음을 비우고 자문하기를 마치 병든 사람이 의사를 대하듯이 하였다. 사대부의 체면이나 범절 따위는 전부 버리고 혼자서 다녔으며 굶주림과 추위에 시달리며 힘들고 먼 길을 걸었다. 중호(重湖: 洞庭湖)에서 놀랄 만한 파도의 위험을 만났을 때나 여관에서 욕설을 듣게 되었을 때도 담담하게 전혀 개의치 않았다.[8]

어떤 이는 선생이 도가나 불교를 멀리하지 않는다고 의심하였다. 선생은 일찍이 『능엄경楞嚴經』을 읽다가 '반문(返聞: 내면의 소리를 들음)'이라는 종지를 터득하고는 그 몸이 태허太虛 속에 있으며 보고 듣는 것이 마치 세상 밖까지 미치는 듯하였다. 그것을 본 사람들이 그 신채神采를 놀라워하자 선생이 스스로 반성하기를, "선정禪定으로 잘못 들어왔다."라고 하고 그 공부를 드디어 그만두었다. 형산衡山의 절정에 올라서 승려 초석楚石을 만났는데 그가 외단外丹을 전수해 주려고 하였지만 선생은 "나는 이것을 할 일이 없다."라고 하였다. 황피산인黃陂山人 방여시方與時가 식심결息心訣을 얻었다고 자부하며, "성학聖學을 하는 사람도 또한 고요한 가운데 실마리를 어슴푸레하게나마 보아야만

如病者之待醫. 士大夫體貌規格, 黜棄殆盡, 獨往獨來, 累饑寒, 經跋踄, 重湖驚濤之險·逆旅詬詈之加, 漠然無所芥蔕.

或疑其不絕二氏. 先生嘗閱『楞嚴』, 得返聞之旨, 覺此身在太虛, 視聽若寄世外. 見者驚其神采, 先生自省曰: "誤入禪定矣." 其功遂輟. 登衡嶽絕頂, 遇僧楚石, 以外丹授之, 先生曰: "吾無所事此也." 黃陂山人方與時自負得息心訣, 謂: "聖學者亦須靜中恍見端倪始得." 先生與龍溪偕至黃

---

8   중호(重湖: 洞庭湖)에서 … 않았다: 나홍선은 저명한 지리학자이기도 해서 計里畫方, 즉 거리 비례를 이용해서 지도를 그리는 방법으로 지도 부호의 圖例를 만들었고, 「廣興圖」를 그렸다.

한다."라고 하였다. 선생이 왕용계와 함께 황피로 가서 '고요함'을 익혔는데 왕용계는 먼저 돌아가고 선생이 홀로 남아 밤에 정좌하는 공부가 더욱 정밀해졌다. 그래서 스스로 말하기를, "이미 심산深山의 더욱 깊은 곳에 들어왔다. 가서(家書: 집에서 보내는 편지)는 보내지 말라, 기러기가 다녀갔으니."라고 하였다.

대개 선생에게는 어느 곳이든 학문의 대상이 아닌 것이 없었고 누구든 학문의 벗이 아닌 이가 없었다. 하지만 같은 침상에서도 각각 다른 꿈을 꾸게 마련이니 어찌 불교나 도가가 선생을 오염시킬 수 있겠는가. 경천태耿天台[9]는 "선생이 방여시에게 기만당해서 분하고 후회스러워 등창이 생겼고 집으로 돌아갔더니 부인이 또 세상을 떠나서 그 때문에 더욱 방여시를 원망하였다."고 하였다. 지금 그 「야좌夜坐」 등의 시들을 보면 모두 황피에서 터득한 내용이었으며 한때 그가 깨달은 경지는 진실로 방여시가 엿볼 수 있는 수준이 아니었다. 또 어찌 부인과 영결하였다고 스스로 그 마음을 동요시켰겠는가. 선생을 잘 모른 사람라고 할 만하다.

등정우鄧定宇[10]가 "양명은 성현의 학문인 것

陂習靜, 龍溪先返, 先生獨留, 夜坐功夫愈密. 自謂: "已入深山更深處, 家書休遣雁來過."

蓋先生無處非學地, 無人非學侶, 同床各夢, 豈二氏所能連染哉! 耿天台謂先生爲與時所欺, 憤悔疽發, 還家而夫人又殂, 由是益恨與時. 今觀其夜坐諸詩, 皆得之黃陂者, 一時之所證入, 固非與時所可窺見, 又何至以妻子一訣自動其心乎? 可謂不知先生者矣.

鄧定宇曰: "陽明

9　경천태(耿天台): 耿定向(1524-1596)은 자가 在倫 혹은 子衡이고 호는 楚侗이며 天台 선생으로 불렸다.

10　등정우(鄧定宇): 鄧以贊(1542-1599)은 자가 汝德이고 호가 定宇이다. 강서성 新建縣

이 분명하고 의심할 여지가 없다. 하지만 문하에 들어간 학자들은 대개 모순이 많았다. 사숙私淑을 하였으면서 터득한 것이 있었던 사람으로는 염암만 한 이가 없었다."라고 하였는데, 이것이 정론定論이다.

논학 서신

|18-4| 마음의 본체는 지선至善입니다. 하지만 손에 잡히는 선이 존재하는 것은 아닙니다. 이른바 '선'이란 저절로 명백하고 저절로 보편적이며 옳은 것에 대해서는 옳은 줄 알고 그른 것에 대해서는 그른 줄 아는 것이니, 이와 같은 것일 뿐입니다. '배우지 않고도 할 수 있고 생각해 보지 않고도 알 수 있으니'[11] 그것을 그대로 따를 뿐입니다. 다만 이것에 기대서 행할 경우에는 그것이 바로 '욕欲'이고 바로 본체가 아니어서, 명백한 것도 어두워지고 보편적이던 것도 협소해지며 옳고 그름도 어긋나게 됩니다. 이것은 아주 현격한 차이가 있는 것이 아니라 단지 안배하느냐 안배하지 않느냐에 달려 있을 뿐입니다. 맹자께서 "잊지 말고 조장하지 말라."라고 하였으니, '조장하는 것'은

必爲聖學無疑, 然及門之士, 概多矛盾. 其私淑而有得者, 莫如念菴." 此定論也.

論學書

|18-4| 心之本體至善也, 然無善之可執. 所謂善者, 自明白, 自周徧, 是知是, 非知非, 如此而已. 不學而能, 不慮而知, 順之而已. 惟於此上倚著爲之, 便是欲, 便非本體, 明白亦昏, 周徧亦狹, 是非亦錯. 此非有大相懸隔, 只落安排與不安排耳. 孟子曰: "勿忘勿助." 助固欲速, 忘豈無所用其心

사람이고 王畿의 제자이다.

11 배우지 … 있으니: 『孟子』「盡心上」, "人之所不學而能者, 其良能也; 所不慮而知者, 其良知也."

당연히 '속히 이루려는 태도'이려니와 '잊는 것'이 어찌 그 마음을 쓰는 데가 없는 것이겠습니까. 반드시 매이는 바가 있는 것입니다. 그래서 귀, 눈 입, 코, 사지의 욕망도 욕망이고, 안배를 하는 것도 또한 욕망입니다. 아무튼 안배는 자기중심적인 마음에서 기인한 것이기 때문에 욕망은 단지 하나의 근원에서 나온 것입니다. 공자의 이른바 '치우친 마음을 막는다[閑邪]'라는 말[12]은 이것을 말한 것이겠지요!

|18-5| 지금의 학자는 본체가 회복되지 않아 반드시 널리 배움으로써 채운 뒤에야 가려짐이 없게 된다고 여깁니다. 보기에는 주도면밀한 것처럼 보입니다. 하지만 더듬어 상상하고는 자기를 끌어다 그것을 따르는 것이 어찌 '내면을 비우고 그칠 곳에 편안히 그치는' 길이 되겠습니까. 어찌 '적연하게 움직이지 않다가 감지하면 드디어 온전하게 적응하는'[13] 것이 되겠습니까. 비유하자면 거울과 같습니다. 먼지를 떨쳐 내면 밝음이 다시 회복됩니다. 아름답거나 추한 모습을 정해 놓음으로써 비추는 기능의 부족함을 보태 주는 경우가 있다는 말은

哉! 必有所牽矣. 故耳目口鼻四肢之欲, 欲也; 有安排者, 亦欲也. 畢竟安排起於有己, 故欲只是一原, 夫子所謂"閑邪"者, 其謂是乎?

|18-5| 今之學者, 以本體未復, 必須博學以充之, 然後無蔽. 似周備矣, 只恐捉摸想像牽己而從之, 豈虛中安止之道? 豈寂然不動, 感而遂通者乎? 譬之鑑然, 去塵則明自復, 未聞有定妍媸之形於補照之不及者也. 故以是非之靈

---

12 공자의 … 말:『周易』「乾·文言」, "庸言之信, 庸行之謹, 閑邪存其誠, 善世而不伐, 德博而化."

13 적연하게 … 적응하는:『周易』「繫辭上」, "易, 无思也, 无爲也, 寂然不動, 感而遂通天下之故."

못 들어 봤습니다. 그래서 옳고 그름을 아는 영명靈明함을 근거로 삼는 것이지 지식이 넓거나 좁은 것으로 옳거나 그름을 판단하지는 않는 것입니다. 단지 생의(生意: 생명력)를 잃지 않기를 구할 뿐이니, 예컨대 초목이 서로 구별되는 것과 같아서 굳이 같게 할 필요가 없는 것입니다. 어떤 이는 이것을 성현의 정맥正脈을 얻었다고 평가하였습니다. 【이상은 「이곡평(李谷平: 李中)에게 올리는 서신」】

18-6 옛사람의 이른바 '지(至: 지극함)'는 지금의 이른바 '끊어지지 않음'이 아닙니다. 지금의 '끊어지지 않음'이란 늘 이 일을 기억하여 늘 잊지 않는 것일 뿐입니다. 옛사람의 경우는 좋은 색을 좋아하는 것과 같고 나쁜 냄새를 싫어하는 것과 같았고 사시가 번갈아 운행하는 것과 같고 해와 달이 번갈아 밝은 것과 같았습니다. 그래서 지식으로 추측하고 상상하고 모방하는 것을 '끊어짐'이라고 하는 것이니, 대개 지금의 의미와는 아주 큰 차이가 있습니다.

18-7 전혀 기량이 없어지고 난 뒤에 비로소 참된 재능을 볼 수 있습니다.

18-8 이른바 '양지'란 지극한 '없음'이고 지극한 '있음'입니다. 다른 것을 빌릴 것이 없고

明爲把柄, 而不以所知之廣狹爲是非. 但求不失生意, 如草木之區別, 不必於同. 或者以爲得聖賢之正脈也. 【以上「奉李谷平」】

18-6 古人所謂至者, 非今之所謂不間斷者也. 今之不間斷者, 欲常記憶此事, 常不遺忘而已. 若古人者, 如好好色, 如惡惡臭, 如四時錯行, 如日月代明, 是以知識推測・想像模仿爲間斷, 蓋與今所云者, 大有異矣.

18-7 全無伎倆, 始見眞才.

18-8 所謂良知者, 至無而至有, 無

도움을 받을 일이 없고 무엇을 기다릴 것 없이 자체적으로 자족한 것입니다. 보내신 서신에서 "감응하는 바가 없이 늘 즐겁다."라고 하였는데, 이것은 양지의 본체입니다. 이것이 곧 삼가고 두려워함이고, 곧 방일(放逸: 수양하지 않고 게으름)이 아니고, 곧 가려지고 덮임이 아닙니다. 그렇지 않다면 그 즐거움이 이와 같을 줄을 스스로 알 수는 없을 것입니다. 감응하면서도 움직인 적이 없는 것이 본체이니, 순리대로 응하기 때문입니다. '마음에 이해가 되지 않아서'[14] 생각을 하는 것도 또한 본체이니, 그것은 맑은 상태로 운용하여 그칠 수가 없는 것이기 때문입니다. 하지만 거기서 더 나아가 어지럽게 왔다 갔다 하는 생각은 본체가 아니니, 그것은 외물에 동요된 것이기 때문입니다. 밤새 생각을 하더라도 인위적인 안배가 전혀 가미되지 않고 지식적인 추측이 섞이지 않으면 무슨 문제가 있겠습니까. 다만 안배하고 추측하는 것을 면치 못할 것이 걱정되기 때문에 반드시 학문에 종사해야 하는 것일 뿐입니다. 학문이란 '양지에서 발출되어 움직이는 바가 없는' 것을 배우는 것이고, 궁리窮理란 이것을 온전히 다 발휘하는 것입니다. 자연적인 조리이

容假借，無事幫補，無可等待，自足焉者也．來書謂"無感而常樂"，此是良知本體，即是戒懼，即非放逸，即非蔽塞．不然便不應自知其樂若此矣．應而未嘗動，本體也，以其順應也．不得於心而有思者，亦本體也，以其澄然運用，而不容已者也．從而憧憧者，非本體也，以其動於外物者也．終夜以思，而未嘗涉於人爲安排，未嘗雜以智識推測，庸何傷乎？但恐安排推測之不免，故須從事於學耳．學也者，學其出於良知而無所動焉者也．窮理者，窮

---

14 마음에 … 않아서: 『孟子』「告子上」, "告子曰: 不得於言, 勿求於心; 不得於心, 勿求於氣."

기 때문에 '천리天理'라고 하니, 곧 이른바 양지인 것이고, 안배하고 추측하는 것은 천리가 아닙니다.【이상은 「나악제(羅嶽霽)에게 보내는 답신」】

▌18-9▐ '지선至善'이 나에게 있고 밖으로부터 구할 필요가 없다는 것을 진실되게 믿으면 곧 시시각각으로 사물 하나하나에서 드러나게 되니 조금도 안배하고 조정할 필요가 없습니다. 이른바 '치우침이 없다[無邪]'라는 말의 경우, 원래 서로 붙어 있는 것이 아니니 끊어 내서 없앨 필요가 없습니다. 이른바 '경敬' 공부의 경우, 원래 그 자체가 둘로 나뉘지 않고 다른 것이 섞이지 않아서 의젓하고 옳고 바르니 이미 힘을 들여서 붙들어 줄 필요가 없고, 또한 그것이 지쳐서 쉬는 때라고는 보지 못하였으니 어찌 시시각각으로 익히지 못할 리가 있겠습니까.【「소중경(蕭仲敬)에게 보내는 답신」】

▌18-10▐ 천고의 성현들은 공부가 두 가지가 있지 않았습니다. 단지 병통이 일어나지 않으면 그것이 바로 본심입니다. 본심은 자체로 완전해서 보살필 필요가 없습니다. 마음을 찾는다거나 마음을 잊는다거나, 사물의 이치를 탐구한다거나 사물의 이치를 잃는다거나, 양지를 구한다거나 양지를 잃는다거나, 고요함을 안다거나 고요함이 아니라거나, 움직임을 안

此者也. 自然條理, 故曰"天理", 卽所謂良知也. 安排推測, 非天理矣.【以上「答羅嶽霽」】

▌18-9▐ 眞信得至善在我, 不假外求, 卽時時刻刻, 物物種種見在, 不勞一毫安排佈置. 所謂"無邪", 原是不相粘著, 不勞絶遣. 所謂"敬", 原自不二不雜, 齊莊中正, 旣不費力支持, 卽亦不見有歇腳時矣. 何爲不能時時習乎?【「答蕭仲敬」】

▌18-10▐ 千古聖賢, 功夫無二端. 只病痛不起, 卽是本心. 本心自完, 不勞照管. 覓心失心, 求物理失物理, 求良知失良知, 知靜非靜, 知動非動, 一切拚下,

다거나 움직임이 아니라는 모든 생각들을 다 쓸어내고 본심에 그대로 맡겨 두면 형형색색의 모든 것들이 평평하게 펼쳐져 제 모습을 드러나게 될 것입니다. 단지 일어나지 않으면 없는 것이니 병이 원래 일어난 것이 없다면 또 무슨 그쳐야 할 것이 있겠습니까. 그래서 '도道는 사람으로부터 멀리 있지 않다'라고 하고 또 '도심道心'이라고 한 것입니다. 천도의 유행에 대해 어찌 인위적인 힘으로 지탱하고 돕는 것이 가능하겠습니까. 찾으려고 하는 마음이 있으면 곧 지식에 속하니 이미 이른바 '상제上帝의 법칙'[15]이 아닙니다.

直任本心, 則色色種種, 平鋪見在. 但不起卽無, 病原無作, 又何輟乎? 故曰"道不遠人", 又曰"道心". 天道流行, 豈容人力撑持幫助? 有尋求, 便屬知識, 已非所謂"帝則"矣.

|18-11| 의상意象을 떠나게 되면 안과 밖에 없어지고, 안과 밖을 잊으면 본심을 얻게 됩니다.【이상은 「진표곡(陳豹谷)」에게 보내는 답신】

|18-11| 離卻意象, 卽無內外, 忘內外, 本心得矣.【以上「答陳豹谷」】

|18-12| 양지 밖에 또 이른바 '의리義理'라는 것이 있다고 여기는 것은 여전히 '도와서 보태고 억지로 적응하는' 병폐를 면하지 못하는 것이니 '자신을 믿는' 방식과는 또한 멀지 않겠습니까. 보고 듣는 것을 따르지 않고 단지 '참된 마음'[眞誠]에 맡긴 채 평생을 그렇게 죽기를 다

|18-12| 以爲良知之外, 尚有所謂"義理"者在, 是猶未免於幫補湊合之病, 其於自信不亦遠乎! 見聞不與, 獨任眞誠, 矢

---

15 상제(上帝)의 법칙: 『詩經』「皇矣」의 "인지하지 않고 알지 않아 상제의 법칙을 따른다.(不識不知, 順帝之則.)"라는 구절을 염두에 둔 것이다.

짐하고 더 이상 밖에 속하는 것에 대한 생각이 없는 경지는 호걸이 아니고서야 누가 감당할 수 있겠습니까?【「임감산(林澈山)에게 보내는 서신」】

┃18-13┃ 양지는, 규범은 있지만 양식은 없고 사리는 밝지만 의견意見이 없으며 주재主宰는 있지만 집착은 없고 변화는 있지만 남을 그냥 좇아가는 일은 없으며 포용성은 있지만 흐리멍덩함은 없습니다. 좋은 색을 보면 저절로 좋아하고 나쁜 냄새를 맡으면 저절로 싫어해서 생각하지 않고 애쓰지 않아도 발현한 것이 저절로 절도에 맞으니, 천하의 달도達道란 이것의 밖에 있지 않습니다.【「하태수(夏太守)에게 보내는 서신」】

┃18-14┃ 보내온 서신에 "사양하거나 받거나, 가지거나 주는 것은 비록 품행과 관련된 일이긴 하지만 보기에 또한 작은 일 같다."라고 하였습니다. 이 말은 가장 일을 그르치는 것입니다. '사양하거나 받거나, 가지거나 주는 것'은 원래 마음씨와 관련된 것이니 본디 크고 작은 차이가 없습니다. 이것을 하늘만큼 큰일로 볼 수 있으면 요순堯舜의 큰 사업도 또한 뜬구름이 눈앞을 지나가는 것과 같을 것입니다. 만약 내 진심眞心을 따라서 행하는 경우라면 작은 것 하나를 가지거나 주는 일이라도 또한 큰 도道이니, 작은 사업이 아니라 큰 일입니다. 이 마음

死以終，　更無外想，自非豪傑，其孰能任此?【「與林澈山」】

┃18-13┃ 良知有規矩而無樣式，有分曉而無意見，有主宰而無執著，有變化而無遷就，有渾厚而無鶻突．見好色自好，聞惡臭自惡，不思不勉，發自中節，　天下達道，不外是矣．【「與夏太守」】

┃18-14┃ 來諭"辭受取予，雖關行檢，看來亦小"．此言最害事．辭受取與，元關心術，本無大小．以此當天來事看，　卽堯·舜事業，亦是浮雲過目．　若率吾眞心而行，卽一介不取與，亦是大道，非小事業，　而大一介也．此心無物可尙故也．

은 어떤 것도 더 보탤 수 없는 것이기 때문입니다. 【「척남현(戚南玄)에게 보내는 답신」】

| 18-15 | 학문은 고요함 속에서 시작해야 합니다. 하지만 또한 이 속으로 편향되게 숨어서는 안 됩니다. 무릇 난처하게 여기거나 바라지 않는 마음이 생기면 모두 그것이 어디로부터 온 것인지 살펴보아야 합니다. 만약 여기에서 감당하지 못하는 점이 있으면 바로 불을 두려워하는 쇠이니, 반드시 구리·납·주석·철을 섞어 넣지 못하여, 피하거나 구차히 넘어가는 것같이 잠깐의 방편적 방식에 맡기게 될 뿐입니다. 이것 이외에는 문제를 개선할 만한 곳이 없는데도 평소에 일종의 '청정하고 한가하며 자재로운 마음'이라고 여겨 받들고 있을 뿐일 테니, 끝내 뿌리가 있는 나무가 아니어서 눈과 바람을 맞으면 줄기가 꺾일 것입니다. 【「왕유훈(王有訓)에게 보내는 서신」】

| 18-16 | 무릇 공부를 해보지 않으면 자기가 무슨 병인 줄 알지 못합니다. 또 일이 아직 세상사와 관련되지 않았을 때는 병통이 또한 아주 큰 해악이 되지는 않습니다. 조금 세상사와 관련이 되면 그것이 병인 줄을 알게 되지만 또 그 병을 없앨 방법은 알지 못합니다. 대개 한창 자기의 욕구에 맞는 것이어서 그것을 비호하고 싶어지기 때문입니다. 비호하려는 마음

【「答戚南玄」】

| 18-15 | 學須靜中入手, 然亦未可偏向此中躲閃過. 凡難處與不欲之念, 皆須察問從何來. 若此間有承當不起, 便是畏火之金, 必是銅鉛錫鐵, 攪和不得, 回互姑容, 任其暫時云爾也. 除此無下手誅責處, 平日卻只是陪奉一種淸閒自在, 終非有根之樹, 冒雪披風, 幹柯折矣. 【「與王有訓」】

| 18-16 | 大抵功夫未下手, 卽不知自己何病. 又事未涉境, 卽病亦未甚害事. 稍涉人事, 乃知爲病, 又未知去病之方. 蓋方任己, 便欲回互, 有回互則病乃

이 있다는 것은 그 병이 사실은 버리기 아까운 것이라는 의미이니 어찌 끊어 내려고 하겠습니까. 비유하자면 경박함은 즐거운 마음에서 일어납니다. 즐거운 마음이라는 뿌리가 있어서 경박함이라는 가지가 저절로 나오는 것입니다. 그 가지를 없애고 싶다면 당연히 그 뿌리를 없애야 합니다. 그 뿌리가 내가 비호하려고 하는 것이라고 한다면 어떻게 없앨 수 있겠습니까. 이것이 바로 어려운 이유입니다.【「왕서석(王西石)에 보내는 답신」】

|18-17| 천고의 병통은, 들어갈 때는 방비하고 막지만 이미 들어간 뒤에는 씻어 내고 풀어놓아 버린다는 데 있으니 끝내 근본적인 이론이 아닙니다. 주렴계의 '무욕無欲'과 정자程子의 '정성(定性: 마음을 동요시키지 않음)'은 모두 한결같이 이것을 지적한 것입니다. 몸을 천 길 높이에 두게 되면, 구덩이의 개구리와 구멍의 우렁이가 다투고 경쟁하는 것이 어찌 내가 한 번 거들떠볼 일이 되지 못하는 정도일 뿐이겠습니까. 그런데 진흙탕에 발이 빠졌을 때는 한 조각의 기와나 주먹만 한 돌도 모두 생명처럼 여길 것입니다. 이것이 근본적인 이론의 대체적인 모습입니다. 이런 식견에 이르면 이미 손을 잘못 대는 수준을 벗어날 것이니 어디를 가나 모두 내가 자유롭게 대처할 수 있을 것입니다. 노인이 애들을 데리고 장난치는 것 같을

是痛心處, 豈肯割去? 譬之浮躁, 起於快意, 有快意爲之根, 則浮躁之標末自現, 欲去標末, 當去其根. 其根爲吾之所回互, 安能克哉? 此其所以難也.【「答王西石」】

|18-17| 千古病痛, 在入處防閑, 到旣入後, 濯洗縱放, 終非根論. 周子無欲 · 程子定性, 皆率指此. 置身千仞, 則坎蛙穴螺爭競, 豈特不足以當吾一視? 著腳泥淖, 得片瓦拳石, 皆性命視之, 此根論大抵象也. 到此識見, 旣別卻犯手, 入場皆吾遊刃, 老叟與群兒調戲, 終不成憂其攪溺吾心. 但防閑入處, 非有高睨宇宙, 狠斷

테니 내 마음을 어지럽힐까 걱정할 필요가 있
겠습니까. 다만 들어갈 때 방비하고 막는 일은
높이 우주를 내려보며 단호하게 세속의 미련을
끊어 버린 사람이 아니고서는 쉽게 담당할 수가
없습니다.【「윤동산(尹洞山)에게 보내는 답신」】

俗情, 未可容易承當
也.【「答尹洞山」】

|18-18| 여기서는 뭐라 논할 것 없이 단지 혈
기가 심지心志를 따르려 하도록 해서 조금 안정
될 수만 있으면 이미 두서가 생기게 됩니다.
그렇지 않으면 심지가 혈기를 좇아가는 상태
이지 혈기가 심지를 좇아 안정되는 상태가 아
닐 것입니다.【「왕유훈(王有訓)에게 보내는 서신」】

|18-18| 此中更不
論如何, 只血氣肯由
心志, 稍定貼, 已是
有頭緖.　不然是心
逐氣走, 非氣從心定
也.【「與王有訓」】

|18-19| 욕망이 있는지 없는지는 '홀로 아는
영역'에서 욕망이 생길 때마다 바로 알아차립
니다. 다만 '고요함을 위주로 하는' 공부가 되
어 있지 않아서 그걸 살피지 못할 뿐입니다.
정말로 살필 수 있으면 본디 외부적인 노력이
불필요한 것이고, '옛일들을 고찰하고 현재 일
들을 살펴보거나 스승을 가까이 모시고 벗들
과 학문을 연마하는 것'들은 모두 욕망을 줄이
려고 하는 일들입니다. 그렇지 않다면 지금
'글로 지식을 넓히는' 이들이 존재하는데 그들
이 삿된 망념의 횡행을 막지 못하는 이유가 무
엇이겠습니까? 그래서 나는 일찍이 '성인이 되
고자 한다면 반드시 욕망이 없애는 것에서 출
발해야 하고, 욕망이 없게 되게 하자면 반드시

|18-19| 欲之有無,
獨知之地,　隨發隨
覺, 顧未有主靜之功
以察之耳.　誠察之,
固有不待乎外者, 而
凡考古證今, 親師取
友, 皆所以爲寡欲之
事. 不然, 今之博文
者有矣, 其不救於私
妄之恣肆者,　何歟?
故嘗以爲欲希聖, 必
自無欲始,　求無欲,
必自靜始.【「答高白
坪」】

마음이 고요할 때로부터 시작해야 한다'라고 주장하였던 것입니다. 【「고자평(高自坪)에게 보내는 답신」】

18-20 내가 일찍이 공을 들인 일은 '욕망 없음'을 위주로 하는 공부였습니다. 욕망이 있는지 없는지를 분별하는 일은 '그때그때 이 마음이 미미하게 알아차리는 지점'을 위주로 합니다. 이 알아차리는 지점은 몹시 미미해서 심지가 간절하고 혈기가 안정되어 있지 않으면 스스로 그것을 알지 못합니다. 【「이이수(李二守)에게 보내는 답신」】

18-21 덕행 수양은 유가의 가장 중대한 일입니다. 지금 '보지 않고 듣지 않을 때'를 말하는 이들도 덕행 수양을 정밀한 수준까지 하기 위한 목적인 것이지 다른 의도가 있는 것이 아닙니다. 심리적 사건의 맹아는 생겨났다 없어졌다 하지만 내 마음의 앎은 끊어짐도 없고 이어짐도 없습니다. 심리적 사건을 대상으로 적절히 반응하고 함부로 굴지 않으면 '의거하는 것이 있다'라고는 할 수 있지만, 그것이 도덕규범을 임의로 안배하고 시류에 타협하고 남의 시선을 살피는 잘못을 범한 것이 아닌 줄 어찌 알겠습니까? 비록 이 몇 가지 잘못이 없다고 하더라도 일이 이미 생겼는데 어디로 귀숙되겠습니까? 이 경우 헛되이 세월을 보낸 것이

18-20 某所嘗著力者，以無欲爲主. 辨欲之有無，以當下此心微微覺處爲主，此覺處甚微，非志切與氣定，卽不自見. 【「答李二守」】

18-21 立行是孔門第一義，今之言不睹不聞者，亦是欲立行至精密處，非有二義也. 凡事狀之萌，有作有止，而吾心之知，無斷無續. 卽事狀而應之，不涉放肆，可謂有依據矣. 安知不入安排理道與打貼世情彌逢人意乎? 卽使無是數者，事已作，何歸宿? 此不謂虛過日

227

아니겠습니까? 또 더구나 일을 처리하는 것은 원래 이 마음에 속하니 마음이 존재하지 않을 때가 있으면 일이 또한 삼가지 못한 때가 있게 마련입니다. 삼가는 범위가 남들이 보고 들을 수 있는 영역에 국한되어 있기 때문입니다. 누가 보고 듣는다는 것으로 인해 공을 들인다면 이런 것을 '남의 시선을 의식한다'라고 하니, 군자의 '돌이켜 자신에게 구하는' 학문이 아닙니다. 그래서 '보이지 않고 들리지 않을 때 삼간다'라는 것은 곧 내 충실한 본연을 온전히 지키는 것이고, '보이지 않고 들리지 않을 때'란 내 마음의 '늘 아는 지점'입니다. 그 '늘 아는 지점은 형체로 파악할 수 없다'라는 점에서 '보이지 않는다'라고 하고 '그 아는 지점은 말로 드러낼 수 없다'라는 점에서 '들리지 않는다'라고 하는 것이지 그윽하고 아득한 어떤 형상인 것이 아닙니다. 내 마음의 앎은 살아 있지 않을 때가 없으니 이른바 심리적 사건의 맹아에 대해서도 대응이 또한 없을 때가 없습니다. 온갖 상념들이 다 없어지고 환하게 안에 존재한다는 것도 곧 내 마음의 한 가지 일입니다. 이 지점에서 다른 의념이 섞여들지 못하게 하는 것이 바로 '반드시 그것을 일삼는다'라는 상태인 것이니 또 되는대로 마구 하지 않을까 하는 염려를 어디 할 게 있겠습니까. 【「유월천(劉月川)에게 보내는 답신」】

月者哉? 又況處事原屬此心, 心有時而不存, 卽事亦有時而不謹, 所謹者在人之可聞耳. 因見聞而後有著力, 此之謂爲人, 非君子反求諸己之學也. 故戒愼於不睹不聞者, 乃全吾忠實之本然, 而不睹不聞卽吾心之常知處. 自其常知不可以形求者, 謂之不睹; 自其常知不可以言顯者, 謂之不聞, 固非窈冥之狀也. 吾心之知, 無時無息, 卽所謂事狀之萌, 應亦無時不有. 若諸念皆泯, 炯然中存, 亦卽吾之一事. 此處不令他意攙和, 卽是必有事焉, 又何茫蕩之足慮哉!【「答劉月川」】

|18-22| 「식인편識仁篇」[16]은 인仁이라는 본체를 체인하는 일에 대해 매우 중요하게 다루었습니다. 아래에 '만물과 한 몸이 된다'라고 한 것은 '이기심이 마음에 조금도 섞여들지 못한다'라는 의미입니다. 이기심이 섞여들지 않아야 인이라는 본체를 체인할 수 있습니다. 이와 같은 경지에 이르면 단지 '성실함'과 '경건함'으로 지키면 됩니다. 중용中庸이란 이 인이라는 본체이니 현재 상태에서 평이하고 진실하여서 더하거나 덜 필요가 없습니다. 두 극단을 조정해서 그것을 중中이라고 하는 것이 아닙니다. 급박하게 구한다면 결국 사의私意가 되며, 두 극단을 조정하는 방식은 또한 의거하기 어렵습니다. 오직 이기심이 섞여들지 않아야 비로소 '하늘이 명한 본성'을 체인할 수 있게 됩니다. 대개 이기심이 섞여들게 하지 않으면 곳곳마다 모두 천연의 법칙에 맞을 것이기 때문입니다. 하지만 이 사의私意가 섞여들어 있지 않으면 무슨 이유로 곧바로 해명하겠습니까! 무슨 이유로 적지 않게 간섭하겠습니까! 무슨 이유로 단절하겠습니까! 무슨 이유로 잊어버리겠습니까! 이미 의기意氣가 감당할 수 없는 것이고, 또한 언설로 이해할 수 없는 것입니다.

|18-22| 「識仁篇」卻在識得仁體上提得極重，下云'與物同體'，則是己私分毫攙和不得。己私不入，方爲識得仁體，如此卻只是誠敬守之。中庸者，是此仁體，現在平實，不容加損，非調停其間而謂之中也。急迫求之，總成私意；調停其間，亦難依據。惟有己私不入，始於天命之性，方能觀體。蓋不入己私，處處皆屬天然之則故也。然此私意不入，何緣直與分解？何緣不少干涉？何緣斷絕？何緣泯忘？既非意氣可能承當，亦非言說便得通曉。　此是

---

16 「식인편(識仁篇)」: 『二程遺書』 권2상에 실린 程明道의 어록이며, 인(仁)이 무엇인지, 인을 체인하면 뭐가 좋은지를 소개하였다.

이것은 우리들의 삶과 죽음이 갈리는 길이니 별도로 기묘한 방법이 있는 것이 아니고 날로 달로 연마하여 그런 것들이 없어지도록 만들면 그 경지에 이를 수 있을 것입니다. 【「장부봉(張浮峰)[17]에게 보내는 답신」】

|18-23| 욕망의 근원이 끊어지지 않고 늘 시류에 발을 딛고 있으면 아직 완전히 벗어난 것이 아닙니다. 이와 같은 근기根器는 비록 아주 실답기는 하지만 또한 단지 이런 생각이 있을 뿐이고 근원으로 돌아간 것이 아닙니다. 【「사자정(謝子貞)에게 보내는 답신」】

|18-24| 보내신 서신에서 "양지良知는 지각[18]을 가리킨 것이 아니지만, 지각이 아니면 양지가 없다. 양지가 곧 주재이고[19] 주재는 연못처럼 고요해서 원래 무슨 물질성을 갖지 않는다."라고 하였습니다. 노형의 정묘한 사상은 모두 여기에 있습니다.

무릇 '지각은 곧 주재이고 주재는 또 연못같은 고요함이다'라고 말하였으니, 연못같이 고요해질 수 있으면 또한 주재를 할 수 있으며

吾人生死路頭, 非別有巧法, 日漸月摩, 令彼消退, 可以幾及也. 【「答張浮峰」】

|18-23| 欲根不斷, 常在世情上立腳, 未是脫離得盡. 如此根器, 縱十分斂實, 亦只是有此意思, 非歸根也. 【「與謝子貞」】

|18-24| 來教云: "良知非知覺之謂, 然舍知覺無良知. 良知卽是主宰, 而主宰淵寂, 原無一物." 兄之精義, 盡在於此.

夫謂知覺卽主宰, 主宰卽又淵寂, 則是能淵寂亦卽能主宰,

---

17   장부봉(張浮峰): 張元沖은 字가 叔謙이고 號가 浮峰이다. 「浙中王門學案四」에 수록되어 있다.
18   양지(良知)는 지각: 여기서 지각은 마음의 능력이 온전히 발현되는 상태를 말한다.
19   양지가 곧 주재이고: 주재는 마음이 스스로를 온전하게 통제하는 상태를 말한다.

주재를 할 수 있으면 또한 저절로 지각을 할 수 있다는 의미입니다. 또 어찌 안과 밖이 둘로 나뉠 것을 근심할 것이 있겠습니까. 지금 주재하지 못하는 사람은 과연 지각이 어지럽게 흔들려서 그런 것이겠습니까? 또한 연못 같은 고요함에 집착해서이겠습니까? 그 연못같이 고요하지 못한 이유는 지각이 어지럽게 흔들려서 그런 것이 아니겠습니까? 과연 연못 같은 고요함을 알면 이는 더 이상 집착이 있겠습니까? 제가 병통을 갖게 된 연유에 대해 말해 보자면 전적으로 지각의 문제에 있었으니, 그 병통을 구제하는 방법으로는 연못같이 고요해지게 하는 것 이외에는 문제를 없앨 방법이 없습니다. 무릇 본체와 공부는 합일되어야 하지만 처음과 현재는 끝내 전부 같기가 어렵습니다. 저는 평소에 ‘근원적 본체’라는 견해를 견지하여 드디어 지각의 유행에 일임하였고, 현재의 공부를 유지해 나가는 데 있어서 연못 같은 고요함으로 돌아가야 한다는 것을 알지 못하였습니다. 그래서 종신토록 방법을 바꿔 보기만 하고 끝내 아무 이룬 것이 없었습니다. 노형께서는 ‘무엇인가에 관심을 두고 주의깊게 살펴보는 병통에 떨어져 있다’라고 하였는데, 저는 실제로 그런 병통이 있습니다. 제 생각은, "단지 연못 같은 고요함을 알지 못하는 것이 걱정이지 만약 참으로 알 수 있다면 무엇인가에 관심을 둘수록 집착은 그만큼 없어질

能主宰亦卽自能知覺矣, 又何患於內外之二哉? 今之不能主宰者, 果知覺紛擾故耶? 亦執著淵寂耶? 其不淵寂者, 非以知覺紛擾故耶? 其果識淵寂者, 可復容執著耶? 自弟受病言之, 全在知覺, 則所以救其病者, 舍淵寂無消除法矣. 夫本體與功夫, 固當合一, 原頭與見在, 終難盡同. 弟平日持原頭本體之見解, 遂一任知覺之流行, 而於見在功夫之持行, 不識淵寂之歸宿, 是以終身轉換, 卒無所成. 兄謂弟 "落在著到管帶", 弟實有之. 在弟之意, 以爲但恐未識淵寂耳. 若眞識得, 愈加著到, 愈無執著, 愈加照管, 愈無掛帶.

것이고 주의깊게 살필수록 마음에 둔은 그만큼 없어질 것이다. 이미 '원래 어떤 물질성이 없다'라고 하였는데, 또 어찌 집착이 있을지 없을지를 걱정하겠는가."라는 것입니다. '잊어도 되면 잊고, 보존하는 노력 없이도 보존한다'라는 말은 깨달음을 얻은 경지에 대한 것입니다. 하지만 이 경지를 알면 곧 평상적인 상태이고 이런 경지를 알지 못하면 곧 정신을 인위적으로 작동하여 없애는 데 지나지 않습니다. '잊어도 되면 잊는 것'은 애초에 보존할 것이 없기 때문이고, '보존하는 노력 없이도 보존하는 것'은 애초에 잊는 것이 없기 때문입니다. 바로 장자莊子의 '아무렇게나 생긴 마음이 생각하는 바가 이해利害가 아닌 것이 없는' 경지입니다.[20] 하지만 그는 자신이 이해를 생각하지 않기 때문에 비로소 저절로 조리가 선 것입니다. 무릇 공부와 지극한 경지는 같은 차원에서 논할 수 없습니다. 왜냐하면, '잡으면 존재하고 놓으면 없어진다'라는 것은 공자가 이미 말하였지만 우리가 잠깐 자기 마음에 확인해 보고 곧장 스스로 이미 터득했다고 말할 수 있는 그런 것이 아닙니다. 지금 양지良知를 해석하는 이들이 "앎은 선하지[良] 않은 것이 없다. 양지

既曰"原無一物"矣, 又何患執著之有無? 可忘而忘, 不待存而存, 此是入悟語. 然識得此處, 卽屬平常, 不識得此處, 卽是弄玩精魄去無. 可忘而忘, 以其未嘗有存也. 不待存而存, 以其未嘗有忘也. 無存無忘, 此乃淵寂之極, 正『莊子』"橫心所念, 無非利害之境". 然彼則自不念利害, 始自有次第矣. 夫功夫與至極處, 未可並論, 何也? 操存舍亡, 夫子固已言之, 非吾輩可以頃刻嘗試, 遂自謂已得也. 今之解良知者曰: "知無不良者也, 欲致良知, 卽

---

20 바로 … 경지입니다:『列子』「黃帝」편을 기초로 한 말이고『莊子』에는 이런 말이 없으며, 인용된 내용도 다소 차이가 있다. 원문은 다음과 같다. "九年之後, 橫心之所念, 橫口之所言, 亦不知我之是非利害歟? 亦不知彼之是非利害歟?"

를 이루려고 하면 양지 밖에 조금이라도 더해
서는 안 된다."라고 하는데, 그 이론도 또한 정
미한 사상이 아니기야 하겠습니까. 다만 기미
幾微를 알지 못하면 순식간에 견해(見解: 알음알
이)에 떨어집니다. 앎이 과연 선하지 않은 것이
없다면 선하지 않은 것이 있는 것은 무엇이 그
렇게 만든 것이겠습니까? 인품이 동일하지 않
고 공력이 동등하지 않으니 속박을 풀어 주는
말로 사람들의 방종하는 마음을 더 키워서는
안 될 것입니다. 그러니 '치양지致良知'의 '치致'
자는 이전 성현이 아주 긴요하게 사람들에게
해 준 말이라는 것을 알 수 있습니다. '치'에 대
해 분명하게 볼 수 있으면, 격물의 의미가 저
절로 갖추어져 있어서 굳이 장구章句나 문자 차
원의 정합성이나 논증성과 전수된 언설을 계
승하고 발휘하는 일에 어수선하게 몰두하여 걸
핏하면 많은 말을 해야 할 필요가 없게 됩니다.

　보내신 서신에서 '양지의 본체는 본래 텅 비
어 있지만 만물이 모두 갖추어져 있다. 물物은
양지가 응취하고 융합하여 형성되는 것이다.'
라고 하셨는데, 진실되고 정확하다고 할 만합
니다. 이와 같다면 양지를 이루어 갈수록 그
응취되고 융합된 것이 더욱 갖추어질 것이고,
양지가 텅 빌수록 지각은 더욱 정미해질 것이
니 이것이 안과 밖을 합일한 것이 아니겠습니
까. 이미 안과 밖을 합일하였으면, 텅 빔을 이
룰 수 있는 이들이 반드시 격물을 할 수 있을

不可少有加於良知
之外." 此其爲說, 亦
何嘗不爲精義? 但
不知幾微, 倏忽之際,
便落見解. 知果無
不良矣, 有不良者果
孰爲之? 人品不齊,
功力不等, 未可盡以
解縛語增它人之縱
肆也. 乃知致良知之
致字, 是先聖吃緊爲
人語. 致上見得分明,
卽格物之義自具, 固
不必紛紜於章句字
面之吻合對證, 傳授
言說之祖述發揮, 而
動多口也.

　來教云: "良知之
體本虛, 而萬物皆
備. 物是良知凝聚
融結出來的", 可謂
眞實的當矣. 如此
則良知愈致, 其凝聚
融結愈備, 良知愈
虛, 知覺愈精, 此非
合內外乎? 旣合內
外, 則凡能致虛者,

것이고 저절로 안과 밖을 구분하는 견해에 떨어지지 않을 것입니다. 형의 간절하고 자상한 말씀은 자연히 말이 없는 경지에서 서로 잊을 수 있을 것입니다. 【「왕용계(王龍溪)에게 보내는 답신」】

│18-25│ 고요한 상태일 때는 마음을 거둬들이고 있기가 쉽지만 움직이고 나서는 그렇지가 않으니, 이것은 이미 근본을 떠나 외부 세계에 닿은 것입니다. 달리 다른 이유가 있어서가 아니라 단지 아직 마음을 어느 한곳에 집중하지 않기 때문입니다. 【「왕이진(王以珍)에게 보내는 서신」】

│18-26│ 백사(白沙: 陳獻章)의 '허虛의 상태를 이룬다'라는 공부법에 대한 언설은 천고의 독보적인 견해였지만 그런 그도 '지知를 이룬다'라는 공부법을 이어서 거론하여 체體와 용用 중에서 어느 하나도 빠뜨리지 않았습니다. 지금은 간혹 겁없이 미쳐 날뛰는 것을 무슨 '광대(廣大)'함의 표상인 양 여기고 또 '움직여 뭔가를 하는 것'을 좋아해서 그것을 '마음의 본체'라고 부르기에 이기적 욕망이 제약 없이 추구되고 사의에 의한 견해가 횡행하고 있습니다. 후생인 젊은이가 감히 고원한 담론을 펼치며 송나라 시대의 학자들을 깔보고 망녕되게 스스로 그 위상을 차지하려고 드니 제 생각에 후세에 끼치

其必能格物, 而自不落內外見解. 兄之勤懇諄復者, 自可以相忘於無言矣. 【「答王龍溪」】

│18-25│ 靜中易收攝, 動處便不然. 此已是離本著境, 更無別故, 只是未有專心一意耳. 【「與王以珍」】

│18-26│ 白沙致虛之說, 乃千古獨見, 致知續起, 體用不遺. 今或有誤認倡狂以爲廣大, 又喜動作, 名爲心體, 情欲縱恣, 意見橫行. 後生小子敢爲高論, 蔑視宋儒, 妄自居擬, 竊慮貽禍斯世不小也. 【「與吳疏山」】

는 재앙이 작지 않을 듯합니다. 【「오소산(吳疏山)[21]에게 보내는 서신」】

| **18-27** | 보내신 서신에서 "학문의 큰 요체는 본심을 스스로 아는 데 있으니, 그러면 공부가 구체적으로 이루어질 수 있게 된다."라고 하였는데, 이 말은 참으로 옳습니다. 비록 그렇긴 하지만 본심이 과연 쉽게 알 수 있는 것이겠습니까?

보내신 서신에서는 "마음은 정해진 형체가 없고, 마음의 반응은 그 기틀이 정지된 적이 없다. 무릇 사유의 대상이 될 수 있고 공부의 대상이 될 수 있는 것은 마음의 반응들일 뿐이고, 사유를 하고 지각을 하는 주체에 대해서는 지칭하는 것이 불가능하다."라고 하였습니다. '마음이란 무엇인가에 반응하는 상황만 있는 것이지 고요하게 존재하는 상태란 없다'라는 말이 본심에 대한 공의 인식입니다. 저는 마음에 대해 체험해 보고서는 "마음은 정해진 본모습이 있으니 '고요히 움직이지 않는 상태'가 바로 이것이고, 시간이란 정해진 틀이 없으니 '어떤 때는 움직이고 어떤 때는 고요히 있는 것'이 바로 이것입니다. 마음의 본모습이란 오직 고

| **18-27** | 來教云：
"學問大要在自識本心, 庶功夫有下落." 此言誠是也. 雖然, 本心果易識哉!

來教云："心無定體, 感無停機. 凡可以致思著力者感也, 而所以出思發知者, 不可得而指也." 謂 "心有感而無寂", 是執事之識本心也. 不肎驗之於心, 則謂 "心有定體, 寂然不動" 者是也；"時無定機, 時動時靜" 是也. 心體惟其寂也, 故雖出思發知, 不可以見聞指. 然其凝

---

21   오소산(吳疏山): 吳悌(?-1568)는 字가 思誠이고 호가 疏山이다. 강서성 金溪 사람으로서 嘉靖 11년(1332)에 과거에 급제하여 兵部侍郎을 역임하고 시호는 文莊이다. 王守仁의 제자이다.

요히 있는 상태이기 때문에 (마음이) 비록 사유를 하고 지각을 하는 것이기는 해도 (그 마음을) 보거나 듣는 대상으로 지칭할 수는 없는 것입니다. 하지만 그 응취함이 순일한데다 고요하고 정심精深한 마음의 본모습은 또한 오직 절실한 체험적 실천을 해본 사람만이 잠잠히 알 수 있는 것이고 또한 언어로 지칭할 수가 없습니다. 이를 '천하의 지극한 정성'이라고 부릅니다. 그 움직임이나 반응이 오직 필요한 시기에만 일어나기 때문에 비록 사유를 하고 지각을 하고 있다고 하더라도 '감촉에 따라 이루어진 것'이 아닌 경우가 없습니다. 하지만 어떤 때는 움직이고 어떤 때는 쉬며 어떤 때는 무엇인가를 하고 어떤 때는 멈추며 어떤 때는 말을 하고 어떤 때는 침묵하며 어떤 때는 무엇인가를 보고 어떤 때는 아무것도 보지 않아서 다양하게 다르게 표현되는 것이고 그 기틀을 미리 정해 두기가 어려워서 고정불변의 어떤 모습이란 있지 않았습니다. 이를 '천하의 지극한 신령스러움'이라고 합니다. 오직 '지극한 정성'을 갖춘 이만이 '지극한 신령스러움'에 대해서 말할 수 있습니다. 이것이 『중용』 전체에 담긴 의미입니다.

　보내신 서신에서 "외물에 감응하기 전에 '고요한 마음'을 찾으려고 하는 것은 '뱀을 다 그리고 다리를 보태는 꼴'이라고 할 수 있고, 외물에 감응하는 과정 자체에서 '고요한 마음'을

聚純一, 　淵默精深者, 亦惟於著己近裏者能默識之, 亦不容以言指也. 是謂"天下之至誠". 動應惟其有時也, 故雖出思發知, 莫不爲感. 然其或作或息, 或行或止, 或語或默, 或視或暝, 萬有不齊, 而機難預定, 固未始有常也. 是謂"天下之至神". 惟至誠者乃可以語至神, 此『中庸』通篇意也.

　來教云: "欲於感前求寂, 是謂畫蛇添足, 欲於感中求寂, 是謂騎驢覓驢." 不

236

찾는 것은 '나귀를 탄 채 나귀를 찾는 꼴'이라고 할 수 있다."라고 하셨습니다. 제가 마음의 작용이라는 것이 실제 그러한지 살펴보니 또 모두 토론해 볼 만한 것이 있었습니다. 다음 순간의 생각이 아직 들지 않은 상태에서 내 고요한 마음이 존재하지 않은 적이 없다는 점에서는 '외물에 감응하기 전에 고요한 마음이 있다'라고 할 수도 있을 것이고, 현재의 생각이 이미 진행되고 있는 상태에서 내 고요한 마음이 존재하지 않은 적이 없다는 점에서는 '외물에 감응하는 과정 자체에 고요한 마음이 있다'라고 할 수도 있을 것입니다. 외물에 대한 감응은 바뀌는 때가 있지만 고요한 마음 자체는 바뀐 적이 없으며, 외물에 대한 감응은 만 가지로 다르지만 고요한 마음 자체는 유일합니다. 이것이 '중中'과 '화和', '정情'과 '성性'이라는 명칭이 생긴 이유입니다.

보내신 서신에서 "학문이 '기미幾微를 아는 능력을 연마한 경지'에 이르게 되면 신神의 상태라고 할 수 있다. 『주역』에서 '기미란 움직임이 미미하게 생긴 순간이다'라고 하였고, 주렴계는 '움직이기는 하되 형상이 생기지는 않고 있음과 없음의 사이에 있는 것을 기미라고 한다'라고 하였다.[22] 이미 '움직인다'라고 하였

宵驗之於心, 又皆有可言者. 自其後念之未至, 而吾寂然者未始不存, 謂之"感前有寂"可也. 自其今念之已行, 而吾寂然者未始不存, 謂之"感中有寂"可也. 感有時而變易, 而寂然者未始變易, 感有萬殊, 而寂然者惟一, 此中與和, 情與性, 所由以名也.

來敎云: "學至於研幾, 神矣. 『易』曰: '幾者動之微'. 周子曰: '動而未形, 有無之間曰幾.' 夫旣曰動, 則不可以言靜, 聖人知幾, 故動

---

22 주렴계는 … 하였다: 『通書』「聖」, "寂然不動者, 誠也; 感而遂通者, 神也; 動而未形,

237

문공 염암 나홍선 선생

으니 고요한 상태라고 할 수 없다. 성인聖人은 기미를 알기 때문에 움직임에 선하지 않은 것이 없다.”라고 하였습니다. 제가 마음의 작용이 실제로 그러한지 살펴보니 또 크게 그러하지 않은 점이 있었습니다. 내 마음이 막 움직이기 시작하는 때는 그 기틀이 찰나의 순간에 있으므로 있음과 없음이 모두 형상을 이루지 못합니다. 이런 순간에 어떻게 힘을 쏟아 선과 악을 구분해 낼 수 있겠습니까?

또 보내신 서신에서 “외물에 감응하는 것은 기틀이 정지된 적이 없다.”라고 하셨는데, 이것은 또 마음을 움직이는 것으로 본 것이고 이른바 ‘고요함’이라는 것을 보지 못한 것입니다. 무릇 외물에 감응하는 것은 기틀이 정지된 적이 없고 기틀은 작동이 정지된 적이 없어서 경각의 사이에도 앞선 순간의 기틀이 한창 미미해질 때 뒤따르는 순간의 기틀이 장차 드러나는 식으로 서로 연계되어서 끊이지 않고 미미함과 드러남이 서로 이어져 있으니, 어느새 일어났다가 어느새 없어지는 그런 것이 아니지 않습니까? 이것이 바로 이른바 ‘반박할 만한 증거’입니다. 제가 『주역』과 주렴계의 취지를 상세히 들여다보니 또한 보내신 서신의 주장과 조금 달랐습니다. 『주역』에서 “기미를 아는

無不善也.” 不肖驗之於心, 又有大不然者. 當吾心之動, 機在倏忽, 有與無俱未形也. 斯時也, 若何致力以爲善惡之辨乎?

且來教云: “感無停機.” 是又以心爲動體, 不見所謂靜矣. 夫感無停機, 機無停運, 頃刻之間, 前機方微, 後機將著, 牽連不斷, 微著相尋, 不爲乍起乍滅矣乎? 是正所謂相左者也. 竊詳『周易』與周子之旨, 亦與來教稍異. 『易』贊“知幾爲神”, 而以介石先之, 朱子曰: “介如石, 理素定也.” 是

有無之間者, 幾也. 誠精故明, 神應故妙, 幾微故幽. 誠, 神, 幾, 曰聖人.”

것이 신神이다."라고 하면서 '단단하기가 돌과 같다'라는 내용을 먼저 언급하였는데, 주자朱子는 "단단하기가 돌과 같다는 것은 이치가 평소 정립되어 있는 것이다."라고 하였습니다. '평소 정립되었다'라는 것은 이른바 '고요함'이 아니겠습니까? 또 "기미를 알기 때문에 천하의 일들을 이룰 수 있다."라고 하면서 '깊은 속을 안다'라는 내용을 먼저 언급하였는데, 주자는 "깊은 속내를 지극히 안다는 것은 지극한 정미함을 아는 것이고, 기미를 아는 능력을 연마한다는 것은 지극한 변화를 아는 것이다."라고 하였습니다. 정미함이니 깊은 속이니 하는 것은 '고요함'이 아니겠습니까? 주렴계는 기미에 대해서 말할 때 꼭 성誠을 먼저 언급하였습니다. 그래서 그의 말에 "성誠은 아무것도 하는 일이 없는 상태이고 기미에서 선과 악으로 나뉜다."라고 하였고, 또 "'고요히 움직이지 않는 상태'란 성誠이고 '외물을 감지하여 그 각각의 일에 알맞게 대응한다'라는 것은 신神이다."라고 말하면서 그 뒤에 기미에 관한 언급을 하였습니다.[23] 서두르지 않고도 빠르고 가지 않고도 이르는 것을 '신神'이라고 합니다. 그래서 '(신(神)의 경지로) 감응하기에 신묘하다'[24]라고

素定者, 非所謂寂然者乎? 又曰"惟幾也, 故能成天下之務", 而以惟深先之. 朱子曰: "極深者, 至精也; 研幾者, 至變也." 是精深者, 非寂然者乎? 周子言幾, 必先以誠, 故其言曰: "誠無爲, 幾善惡." 又曰: "寂然不動者誠也, 感而遂通者神也", 而後繼之以幾. 夫不疾而速, 不行而至者謂之神, 故曰"應而妙"; 不落有無者謂之幾, 故曰"微而幽". 夫妙與幽不可爲也, 惟誠則精而明矣. 蓋言吾心之感, 似涉於有矣. 然雖顯而實微, 雖見而實隱, 又近於無.

---

23 그의 … 하였습니다: 주석 1) 참조.

24 감응하기에 신묘하다: 주석 1)에 있는 "神應故妙"라는 구절에 근거한 말이다.

한 것입니다. 있음과 없음의 어느 한편에 귀속되지 않는 것을 '기미[幾]'라고 합니다. 그래서 '(기미를 아는 것이) 미묘하기에 그윽하다'[25]라고 한 것입니다. 무릇 신묘함과 그윽함의 차원은 사람의 힘이 미칠 수가 없는 것이고, 오직 성실할 수 있으면 '정미하기에 밝을 수 있습니다'.[26] 대개 내 마음의 감응 작용이란 '있음'에 속하는 것 같지만, 현저해도 실제로는 미세하고 드러나 있어도 실제로는 숨겨져 있어서 또한 '없음'에 가깝다는 말입니다. 있음이나 없음의 형상을 띠지 않기 때문에 '기미'라고 합니다. '기미에서 선과 악이 갈린다'[27]라는 구절은 오직 기미를 알기 때문에 선과 악을 분별할 수 있다는 말이니, '기미를 알지 못하면 악일 뿐이다'라는 말과 같습니다. 반드시 늘 삼가고 두려워하며 항상 고요한 마음을 유지할 수 있어야만 움직이게 되는 상황에서 끌려다니지 않게 되는 것이니, 이것이 곧 이른바 '기미를 파고들어 안다'라는 것입니다. 지금 논적들은 모두 '고요함[寂然]'이니, '무위無爲'니 하는데 이는 공부를 모두 움직일 때의 일에 속하는 것으로

以其有無不形, 故謂之幾. "幾善惡"者, 言惟幾故能辨善惡, 猶云 "非幾卽惡焉耳". 必常戒懼, 常能寂然, 而後不逐於動, 是乃所謂 "研幾" 也. 今之議者, 咸曰 "寂然"矣, "無爲"矣, 又何戒懼之有? 將以功夫皆屬於動, 無所謂靜者, 不知 "無欲故靜", 周子立極之功也. "誠則無事, 果確無難", 周子思誠之功也. "背非見, 止非爲, 爲不止"者, 周子立靜之功也. 假使知幾之說, 如來教所云, 是乃 "聖門第一關頭", 何止略示其

---

25 미묘하기에 그윽하다: 주석 1)에 있는 "幾微故幽"라는 구절에 근거한 말이다.

26 정미하기에 … 있습니다: 주석 1)에 있는 "誠精故明"이라는 구절에 근거한 말이다.

27 기미에서 … 갈린다: 문맥을 고려하면 '기미를 알면 선과 악을 분별할 수 있다'라는 의미로 해석되어야 할 듯하다. 우선 일반적인 해석에 따라 번역하였다. 그렇지 않을 경우 번역의 앞뒤가 동어반복이 되어 버린다는 점도 고려하였다.

보고 이른바 '고요한 때[靜]'란 존재하지 않는다고 여기는 것이며, '하고자 하는 바가 없기 때문에 고요하다'라는 대목이 주렴계에게 있어 인극人極을 세우는 공부에 해당하고[28] '등이란 신체 중에서 보이지 않는 부분이고, 그친다는 것은 하지 않는 것이고 한다는 것은 그치지 않는 것이다'라고 한 대목이 주렴계에게 있어 고요한 마음을 확립하는 공부에 해당한다는 사실[29]을 모르는 것입니다. '기미를 안다'라는 말이 의미하는 바가 보내신 서신에서 하신 말과 같다고 한다면 이는 곧 '성인聖人 문하의 제일가는 관문'일 텐데 어찌 『주역』의 글에 그 뜻을 살짝 비치는 데 그쳤겠으며 주렴계도 또한 자상하게 사람들에게 알려 주지 않았겠습니까. 자사子思가 『중용』을 전수하였는데, 만일 그 공부가 보내신 서신에서 한 말과 같다면 반드시 '그 처음 보게 되는 때에 삼가고 그 처음 듣게 되는 때에 두려워한다'라고 하였을 테지 어찌 요새 사람들이 하는 수수께끼처럼 '보지 않을 때'나 '듣지 않을 때'를 거론하였겠습니까? 오직 보지 않고 듣지 않을 때에 삼가고 두려워할

意於『易』之文, 而周子亦不諄諄以告人耶? 子思之傳『中庸』, 使其功夫如來敎所云, 則必曰"戒愼乎其初可睹, 恐懼乎其初可聞", 何乃以不睹不聞爲言, 如今之謎語乎? 惟其於不睹不聞而戒懼焉, 則是所持者至微至隱, 故凡念之動, 皆能入微, 而不至於有形; 凡思之用, 皆可通微, 而不至於憧憧. 如此乃謂之知幾, 如此乃可以語神, 亦謂之先幾之學, 此其把柄端可識矣. 今以戒懼疑於屬動, 旣失子思之本旨, 又因

---

28 하고자 … 해당하고: 『太極圖說』에 나오는 개념들 사이의 관계를 설명하여, 靜이 공부의 영역이라는 자신의 논지를 관철시킨 것이다. "聖人定之以中正仁義(自註: 聖人之道, 仁義中正而已矣)而主靜(自註: 無欲故靜), 立人極焉."

29 등이란 … 사실: 『通書』「蒙艮」에 나오는 개념들 사이의 관계를 설명하여, 靜 공부의 방법을 소개한 것이다. "艮其背, 背非見也; 靜則止, 止非爲也, 爲不止矣." 그리고 이 『통서』의 이 대목은 『周易』「艮」괘의 "艮其背"라는 구절을 토대로 한 논의이다.

수 있으면 견지하는 바가 지극히 미세하고 지극히 은밀한 영역까지 포괄하기 때문에 무릇 어떤 의념이든 일어나기만 하면 모두 미세한 데까지 들어갈 수 있고 '형상이 있음'에 이르지 않으며, 무릇 어떤 사유든 작동하기만 하면 모두 미세한 데까지 통할 수 있고 마음을 잡지 못하고 움직이는 상태에 이르지 않게 됩니다. 이와 같아야만 '기미를 안다'라고 할 수 있고, 이와 같아야만 '신神'을 말할 수 있고, 또한 '기미에 먼저 대비하는' 학문이라고 할 수 있으니 이것이 그 관건임을 확실히 알 수 있습니다. 지금 삼가고 두려워하는 것이 '움직임'에 속한다고 의심한다면 이미 자사子思의 본 의도에서 벗어나게 되고 또 삼가고 두려워한다는 것 때문에 내 마음에 고요함[寂然]이란 없는 것이라고 의심하게 되면 『주역』과 주렴계의 본 의도마저 놓치게 됩니다. 그 까닭이 무엇인지 따져 본다면, 무릇 양지良知를 잘못 이해한 것이 빌미가 된 것일 뿐입니다. 지금 양지와 관련된 주장을 펼치는 사람들은 "지금 드는 생각이 옳은지를 알고 그른지를 알고 있기에 사심이 속일 수가 없는 그런 것을 양지라고 한다. 늘 이 앎을 밝디밝고 어두워지지 않게 유지하는 것이 바로 내 마음의 양지를 온전히 이루는 방법이다."라고 하는데, 이 말이 그럴 듯하지만 사실은 따져 봐야 할 부분이 있습니다. 무릇 맹자가 말한 양지란 배우지도 않고 생각을 해보

戒懼而疑吾心無寂, 則並『周易』·周子之旨而滅之. 推原其故, 大抵誤認良知爲祟耳. 今爲良知之說者, 曰: "知是知非, 不可欺瞞者良知也. 常令此知炯炯不昧, 便是致吾心之良知." 雖然此言似矣, 而實有辨也. 夫孟子所言良知, 指不學不慮, 當之是知, 乃所以良也. 知者感也, 而所以爲良者, 非感也. 『傳習錄』有曰: "無善無惡者理之靜, 有善有惡者氣之動, 不動於氣卽無善無惡, 是謂至善." 夫至善者非良乎? 此陽明之本旨也. 而今之言良知者, 一切以知覺簸弄, 終日精神, 隨知流轉, 無復有凝聚純一之時, 此豈所謂不

지도 않고 아는 것을 가리키는 것이었습니다. 이런 앎이라야 '본연적인 것[良]'이라고 할 수 있습니다. 무엇인가를 아는 작용은 감응이지만 본연적인 앎이란 감응이 아닙니다. 『전습록』에 "선도 없고 악도 없는 것은 리理의 고요함이고, 선도 있고 악도 있는 것은 기氣에 의한 움직임이다. 기氣에 의해 움직여지지 않으면 곧 선도 없고 악도 없는 것인데 이것을 지선至善이라고 한다."라고 하였습니다. 무릇 지선이란 본연적인 것이 아니겠습니까. 이것이 양명의 본 의도입니다. 그런데 지금 양지에 대해 말하는 사람들은 모든 것에 대해 지각知覺을 가지고 장난치고 온종일 정신이 지각을 따라 흘러 다니며 더 이상 집중되어 순일해지는 때라고는 없으니 이것이 어찌 이른바 '어린애의 마음'이라고 할 수 있겠습니까. 양명 선생이 다시 태어나도 이전에 했던 말을 바로잡고 다른 말로 바꾸지 않을 수 없을 듯합니다. 낙촌洛村[30]이 일찍이 "자신만 홀로 아는 순간에 의념이라는 것이 있습니까?"라고 질문하니 선생은 "삼가고 두려워하는 것도 또한 의념이다. 삼가고 두려워하는 의념은 어느 때고 없어지지 않는다. 아침부터 저녁까지, 어릴 때부터 늙을

失赤子之心者乎? 恐陽明公復出, 不能不矯前言而易之以他辭也. 洛村嘗問 "獨知時有念否?" 公答以 "戒懼亦是念. 戒懼之念, 無時可息, 自朝至暮, 自少至老, 更無無念之時." 蓋指用功而言, 亦卽所謂不失赤子之心, 非浮漫流轉之謂也. 今之學者, 誤相援引, 便指一切凡心, 俱謂是念, 實以遂其放縱恣肆之習. 執事所見雖高, 然大要以心屬感, 似與此輩微覺相類. 自未聞良知之說以前, 諸公之學, 頗多得力. 自良知之說盛行, 今二十餘年

30 　낙촌(洛村): 黃弘綱(1492-1561)은 자가 正之, 호가 洛村이며 강서성 贛州의 속현인 雩都가 그의 관향이다. '우도'는 현재 '우도(于都)'로 표기한다.

때까지 의념이 없는 때란 없다."라고 하였습니다. 대개 공부를 한다는 측면에서 말한 것으로 또한 곧 이른바 '어린애의 마음을 잃지 않음'인 것이니, 들뜨고 흘러다니는 마음을 말하는 것이 아닙니다. 그런데 지금 학자들은 그릇되게 이 말을 서로 끌어다 쓰면서 일체의 마음을 다 의념이라고 주장하며 실제로는 자신들의 제멋대로 행동하는 습성을 만족시키고 있습니다. 공께서는 소견이 비록 높으시지만 대체적으로는 마음을 감응에 속하는 것으로 여기시니 이런 이들과 비슷한 점이 있는 듯이 보입니다. 양지에 관한 이론을 듣기 이전에는 여러 공들의 학문이 자못 득력한 것이 많았습니다. 양지에 관한 이론이 성행한 뒤로 지금까지 20여 년인데 뒷날 득력한 이들은 선배들과 비교해서 용감하지 못한 듯하니, 이것이 어찌 이유가 없겠습니까!【「진명수(陳明水)[31]에게 보내는 서신」】

矣, 後之得力較先進似或不勇, 此豈無故耶?【「答陳明水」】

|18-28| 정말 잘 수렴하여 집중할 수 있으면, 마치 어린아이가 보호를 받고서는 저절로 손에 무엇을 쥐기도 하고 웃기도 할 수 있으며 마시고 먹을 수도 있으며 걸어다닐 수도 있게 되는 것과 같을 테니 어찌 조금의 힘을 들일

|18-28| 果能收斂翕聚, 如嬰兒保護, 自能孩笑, 自能飲食, 自能行走, 豈容一毫人力安排? 試

---

31 진명수(陳明水): 陳九川(1494-1562)은 자가 惟濬 혹은 惟濬이고, 호가 竹亭 혹은 明水이며, 강서성 撫州의 직할지인 臨川이 그의 관현이다. 임천의 明水山에서 살았던 적이 있기 때문에 이런 호가 생긴 것이다.

필요가 있겠습니까. 백성을 다스릴 때 이런 사실을 한번 확인해 보십시오. 조금 적절한 방식으로 잘 다스린다 싶으면 말이나 행동, 기쁨이나 분노가 자연히 어긋남이 없을 것이고, 조금 느슨하게 지나쳤다 싶으면 바로 후회할 일이 생깁니다. 예전에는 '양지가 시시각각으로 눈앞에 드러난다'라는 한마디에 그르쳐져서 '배양'이라는 공부 영역을 빠뜨렸는데, 이 배양이 원래 잘 수렴하여 집중하는 일에 속합니다.

갑진년(1544) 여름 열흘 간 정좌하다가 어렴풋이 볼 수 있었는데 또 용계(龍溪: 王畿) 등 여러 학자들의 한마디에 영향을 받아 견해가 바뀌어 버렸습니다. 모두 자신의 공부가 깊지 않다 보니 속이 허하여 쉽게 동요되었기 때문입니다. 맹자는 '다들 속이 철렁하며 측은하게 여기는 마음이 있게 되는' 것은 '(우물로 기어들어 가려고 하는 아이를) 갑자기 보았기' 때문이라고 하였고, '이른 아침에는 호오의 판단이 남들과 비슷한' 것은 '밤새 좋은 기운이 길러졌기' 때문이라고 하였습니다. '시시각각으로 이런 마음이 있다'라고는 하지 않았습니다. 마지막에는 사단四端을 모름지기 넓혀서 채워야 하니 그렇게 하면 자연히 불이 처음 붙기 시작하듯이 샘이 처음 흐르기 시작하듯이 누구도 막을 수 없어서 천하를 보호할 수 있는 데까지 이를 것입니다.

밤새 생긴 좋은 기운이 잘 길러지기만 하면

於臨民時驗之, 稍停詳妥貼, 言動喜怒, 自是不差; 稍周章忽略, 便有可悔. 從前爲"良知時時見在"一句誤卻, 欠卻培養一段功夫, 培養原屬收斂翕聚.

甲辰夏, 因靜坐十日, 恍恍見得, 又被龍溪諸君一句轉了. 總爲自家用功不深, 内虛易搖也. 孟子言"皆有怵惕, 惻隱之心", 由於"乍見", 言"平旦好惡與人相近", 由於"夜氣所息", 未嘗言時時有是心也. 末後四端須擴而充之, 自然火然泉達, 可以保四海.

夜氣苟得其養, 無

어떤 동식물이든 잘 자라지 못하는 것이 없습니다. 잘 길러야 하는 이유는 이 마음이 지극히 잘 움직이는 것이기 때문입니다. 그러므로 '시시각각으로 바로 공부를 시작할 수 있으며 누구나 천하를 보호할 수 있다'라고 말한 적이 없습니다. 확충의 공부란 사단四端이 생긴 뒤에 있어야 하는 것이 아니라 늘 '(부주의하여 우물에 빠지려는 아이를 구함으로써 아이의 부모와) 교유를 트려고 하거나 (그 행위로) 명성을 얻으려 하거나 (그렇지 않았을 경우의) 비난을 피하려고 하는 생각이 없는 마음'에서 진행되어야 하는 것이니 이른바 '내면을 곧게 하는 공부를 통해 기른다'32라는 것입니다. '기른다'는 것은 늘 이 마음을 기른다는 것이고 늘 밤새 좋은 기운을 기르듯이 한다는 것입니다. 이와 같이 할 수 있으면 시시각각으로 '(우물로 기어들어 가는 아이를) 갑자기 보거나' '이른 아침의 좋은 기운이 있는' 때와 비슷해질 것이니 이것은 성현이 고심해서 한 말입니다.

양명이 양지良知라는 말을 제기하고 그 위에 '치致'라는 한 글자를 더 보탰는데 이것은 바로 확충하여 기른다는 의미입니다. 양지의 '양良' 자는 곧 감정이 피어나서 절도에 맞는 '화和'입

物不長. 所以須養者, 緣此心至易動故也. 未嘗言"時時便可致用, 皆可保四海也." 擴充不在四端後, 卻在常無内交要譽惡聲之心, 所謂以直養也. 養是常息此心, 常如夜之所息, 如是則時時可似 "乍見" 與 "平旦" 時, 此聖賢苦心語也.

陽明拈出良知, 上面添一致字, 便是擴養之意. 良知良字, 乃是發而中節之和.

---

32 내면을 … 기른다: 나홍선은 맹자가 호연지기(浩然之氣)를 기르는 방법으로 제기한 이 말을 '경이직내(敬以直内)'와 연관지어 설명한 것으로 보인다.

니다. 그것이 본연적인 것일 수 있는 이유는 아무튼 그것이 어떤 사색이나 행위를 통해서 도달할 수 있는 것이 아니고 이른바 '사려하지 않고도 아는' 것이기 때문이니, 바로 본래면목이라는 개념을 제시한 것입니다. 지금 그런데 모두들 마음의 지각知覺이 펼쳐지는 것을 양지라고 여기고 심지어는 또 '치致'자를 '의依'자로 바꾸기까지 하니, 그래서 단지 (지각이) 펼쳐지는 것만 있고 작용하는 것만 있고 수렴하여 기르는 공부가 없습니다. 나무가 늘 꽃을 피우면 반드시 빨리 마르게 되고 사람이 늘 움직이며 무엇을 하기만 하면 반드시 빨리 죽습니다. 천지도 활동을 멈추고 거둬들일 때가 있는 것인데 하물며 사람이겠습니까. 그렇기 때문에 반드시 '미발의 중中'이 있어야만 '피어나 절도에 맞는 화和'가 있는 것이며, 반드시 확연廓然히 크고 공변된 내면이 있어야만 외물이 감촉해 왔을 때 순리대로 응하는 감응 작용이 있게 되는 것입니다.

평소에 글을 지을 때 단지 별 주의를 기울이지 않고 말했을 뿐이고 '미발'과 '확연'이라는 것이 어디에 있는 것이고 그런 상태를 얻기 위해 어떻게 공부를 해야 하는지에 대해서는 알지 못하였으니, 참으로 흐리멍덩한 반평생이었습니다. 정말 확충하여 기를 수 있으면 그것이 바로 '의로운 행위를 집적하는 일'이어서 자연히 호연지기가 생겨 외부적인 것에 영향을

其所以良者, 要非思爲可及, 所謂不慮而知, 正提出本來頭面也. 今卻盡以知覺發用處爲良知, 至又易致字爲依字, 則是只有發用無生聚矣. 木常發榮必速槁, 人常動用必速死, 天地猶有閉藏, 況於人乎? 是故必有未發之中, 方有發而中節之和; 必有廓然大公, 方有物來順應之感.

平日作文字, 只謾說過去, 更不知未發與廓然處何在, 如何用功? 誠鶻突半生也. 眞擴養得, 便是集義, 自浩然不奪於外, 此非一朝一夕可得. 然一朝一夕, 亦

받지 않게 될 테니, 이것은 일조일석에 완성할 수 있는 것이 아닙니다. 하지만 일조일석에 또한 자그마한 효과들을 볼 수는 있을 것입니다. 단지 사해四海까지 도달하지는 못할 뿐입니다. 배를 부리는 것에 비유하자면 키가 손에 익지 않으면 횡으로 노를 저으면서 직선으로 배를 몰려고 하는 것과 같아서 끝내 힘만 들 것입니다. 시시각각으로 이것을 배양하는 것이야말로 가장 관건이 되는 공부입니다. 【「윤도여(尹道輿)에게 보내는 서신」】

| 18-29 | 주자朱子는 '보지 않고 듣지 않는 때'를 고요한 때로 분속하고 그것을 의념이 일어나지 않은 때로 간주하였고, '홀로인 때'를 움직이는 때로 분속하고 그것을 처음 의념이 일어난 때로 간주하였기 때문에 움직이는 때와 고요한 때에 모두 수양하는 공부론工夫論을 세웠습니다. 노형은 '보지 않고 듣지 않는 때'를 전적으로 의념이 움직이기 시작하는 때로 분속하고 있으니 또 주자와 비교해서 한쪽은 빠뜨리는 꼴이 되었습니다. 이른바 '얼굴로 드러나고 정사政事로 펼쳐지는 때'도 '보지 않고 듣지 않는 때'로 간주하시는 것입니까? 어찌 의념이 없는 때라고 해서 이른바 '삼가고 두려워하는 공부'가 없을 수 있겠습니까? 어찌 성현이 다들 시시각각으로 의념을 일으키고 있겠습니까.

便小小有驗, 但不足放乎四海. 譬之操舟, 舵不應手, 不免橫撐, 直駕, 終是費力. 時時培此, 卻是最密地也. 【「與尹道興」】

| 18-29 | 朱子以不睹不聞屬靜, 爲未動念時; 以獨屬動, 爲初動念時, 故動靜交修. 兄以不睹不聞之時, 專屬念頭方動, 又比朱子失卻一邊. 不知所謂達之面目, 發於政事, 猶爲不睹不聞時耶? 否耶? 豈無念時, 遂無所謂戒愼恐懼耶? 豈聖賢皆時時動念耶?

|18-30| '적연寂然'이란 단일한 것이어서 먼저와 뒤, 안과 밖이 없습니다. 하지만 '감응'과 대비시켜 말한다면 적연이 먼저이고, '피어남'을 기준으로 말한다면 적연이 안에 있습니다.

|18-31| '생각함'은 당연히 성인聖人이 되는 공부의 근본이지만 주렴계는 '생각이 없음'을 말하였습니다. 이것이 '성誠을 이루려고 생각함'이 될 수 있는 까닭이었습니다. 생각하되 생각이 없는 것이 바로 '기미를 아는 능력을 연마해 냄'입니다.

|18-32| 늘 이 마음이 적연寂然하게 아무 하는 일이 없게 하는 것이 바로 '그 보지 않고 듣지 않는 때에 삼가고 두려워함'입니다. '본체의 차원에서 삼가고 두려워한다'라고 말하게 되면 거리가 멀게 느껴집니다.

|18-33| 『중용』은 '홀로일 때 삼감'을 관건으로 삼습니다. 성誠·신神·기幾는 '홀로일 때'이고 '하나일 때'이니, '홀로일 때 삼감'이라는 말이 다 포괄할 수 있습니다. 하지만 주렴계가 그것을 나눠서 말한 의도를 온전히 알 수 있어야 합니다.³³

|18-30| 寂然者一矣，無先後中外矣. 然對感而言，寂其先也. 以發而言，寂在中也.

|18-31| 思固聖功之本，而周子以無思爲言，是所以爲思誠也. 思而無思，是謂研幾.

|18-32| 常令此心寂然無爲，便是戒懼其所不睹不聞. 言戒懼在本體上，便覺隔越.

|18-33| 『中庸』以愼獨爲要. 誠也·神也·幾也，獨也，一也，愼獨皆擧之矣. 然須體周子分言之意.

---

33   성(誠) … 합니다: 『通書』「聖」에서 '적연하게 움직이지 않음'을 성(誠)으로, '감응하

| 18-34 | 늘 기미를 알면 그것이 바로 '앎을 실현해 가는 것[致知]'이고, 바로 '의義를 존양하는 것'이며, 성숙해지게 되면 그것이 바로 '앎이 그친 상태[知止]'입니다. 그칠 곳에 도달하여 그칠 수 있으면 '앎이 이루어진 것[知至]'[34]입니다.

| 18-35 | 감응은 항상성이 없고 적연함은 항상성이 있으니 적연함이 그 주된 것에 해당합니다. 주렴계의 '정靜'[35]과 이정二程의 '정定'[36]은 모두 이것입니다. 그들의 "가만히 있을 때는 비어 있고 움직일 때는 곧다."라는 말이나 "가만히 있을 때도 안정되어 있고 움직일 때도 안정되어 있다."라는 말은 시간적인 측면에서 한 말입니다. 시간적인 측면으로 말하면 움직일 때도 있고 가만히 있을 때도 있지만 적연함 자체는 움직일 때나 가만히 있을 때라고 해서 구분이 없으며, 공간적인 측면에서는 안이 있고 밖이 있지만 적연함 자체는 안과 밖의 구분이 없습니다. 하지만 세상에서 '안과 밖이 없다'느

| 18-34 | 常知幾, 卽是致知, 卽是存義, 到成熟時, 便是知止, 得所止, 則知至矣.

| 18-35 | 感無常, 寂有常, 寂其主也. 周之靜·程之定, 皆是物也. 其曰"靜虛動直", 曰"靜定動定", 以時言也. 時有動靜, 寂無分於動靜, 境有內外, 寂無分於內外, 然世之言無內外, 無動靜者, 多逐外而遺內, 喜動而厭靜矣, 是以析言之.

여 드디어 통함'을 신(神)으로, '움직이지만 형상은 없고 있음과 없음의 사이인 것'을 기(幾)로 설명한 것을 염두에 둔 논의이다. 주석 1) 참조.

34 앎이 이루어진 것: 『대학』의 '知至'는 '致知'의 완성을 의미한다. "物格而后知至."

35 주렴계의 정(靜): 『태극도설』에서 "성인이 중정인의로 안정시키되 靜을 위주로 한다.(聖人定之以中正仁義而主靜.)"라고 한 것을 가리킨다.

36 이정(二程)의 정(定): 정명도가 「定性書」에서 "이른바 定이란 움직일 때도 안정되어 있고 가만히 있을 때도 안정되어 있으며 배웅하고 마중하는 것이 없고 안과 밖이 없다.(所謂定者, 動亦定, 靜亦定; 無將迎, 無內外.)"라고 한 것을 가리킨다.

니 '움직임과 가만히 있음의 구분이 없다'느니 하는 사람들은 밖을 좇기만 하고 안은 버려두거나 움직이는 때를 좋아하고 가만히 있을 때를 싫어하는 경우가 많습니다. 그래서 제가 둘로 나눠서 말한 것입니다.

| 18-36 | 무릇 체體는 용用으로 드러날 수 있고 용用은 체體를 벗어나지 않으니, 이른바 '체와 용은 한 근원'이라는 것입니다. 지금 무릇 배와 수레는 비유하자면 체이고 그것들이 각각 물과 뭍에서 오고 가는 것은 그 용입니다. '한 근원'이라는 말에 얽매여서 학자들이 적연함을 위주로 하는 경향을 싫어하니, 이는 배와 수레를 버려둔 채로 강이나 호수로 뛰어들거나 사통팔달의 큰 길로 들어서는 꼴입니다. 그것이 가능할 수 있겠습니까.

| 18-37 | 양명 선생이 제시한 양지의 가르침은 맹자의 '갑자기 어린아이가 우물로 기어들어가는 것을 목도하게 되었을 때'와 관련한 말씀, '어린아이라도 부모를 사랑하고 형을 공경할 줄 안다'라는 말씀, '이른 아침에는 누구나 남들과 호오好惡가 비슷하다'라는 말씀 등 세 가지에 뿌리를 둔 것입니다. 이 세 가지 속에는 모두 '미발未發'이라는 개념이 들어 있기 때문에 '양良'이라고 한 것입니다. 주자가 '양良이란 자연적으로 가지고 있는 것을 의미한다'라고

| 18-36 | 夫體能發用, 用不離體, 所謂體用一源也. 今夫舟車譬則體也, 往來於水陸則其用也. 欲泥一源之語, 而惡學者之主寂, 是猶舍車舟而適江湖與康莊也. 烏乎可!

| 18-37 | 陽明先生良知之教, 本之孟子乍見入井・孩提愛敬・平旦好惡三者, 以其皆有未發者存, 故謂之良. 朱子以爲'良者, 自然之謂', 是也. 然以其一端之發見, 而未能卽復其本體, 故言怵惕

한 것이 이 점을 말합니다. 하지만 하나의 선한 사례[端]가 드러났다고 하더라도 바로 그 본체를 회복할 수는 없습니다. 그래서 '속이 철렁하는 느낌'을 말하고서는 반드시 '확충'을 이어서 말한 것이고,[37] '(남들과 비슷한) 호오'에 대해서 말하고서는 반드시 '길러야 한다'라고 이어서 말한 것이며,[38] '부모를 사랑하고 형을 공경한다'는 것에 대해 말하고서는 반드시 '천하로 확대시켜야 한다'라고 이어서 말한 것입니다.[39] 맹자의 의도가 무엇인지 알 수 있습니다. 선생은 맹자의 의도를 잘 파악하신 분입니다. 그래서 또 양지라는 개념에 만족하지 않고 '치양지'를 공부로 제기한 것입니다. 시험삼아 이 세 말씀을 가지고 생각해 보십시오. '확충'에 대해 말한 것은 '마음이 철렁해진 그 이미 발한

矣, 必以擴充繼之; 言好惡矣, 必以長養繼之; 言愛敬矣, 必以達之天下繼之. 孟子之意可見矣. 先生得其意者也. 故亦不以良知爲足, 而以致知爲功. 試以三言思之. 其言充也, 將卽怵惕之已發者充之乎? 將求之乍見之眞乎? 無亦不動於內交要譽惡聲之私己乎? 其言養也, 將卽好惡之

---

37 속이 … 것이고: 『孟子』 「公孫丑上」, "所以謂人皆有不忍人之心者, 今人乍見孺子將入於井, 皆有怵惕惻隱之心, 非所以內交於孺子之父母也, 非所以要譽於鄕黨朋友也, 非惡其聲而然也. 由是觀之, 無惻隱之心, 非人也; 無羞惡之心, 非人也; 無辭讓之心, 非人也; 無是非之心, 非人也. 惻隱之心, 仁之端也; 羞惡之心, 義之端也; 辭讓之心, 禮之端也; 是非之心, 智之端也. 人之有是四端也, 猶其有四體也. 有是四端, 而自謂不能者, 自賊者也; 謂其君不能者, 賊其君者也. 凡有四體於我者, 知皆擴而充之矣, 若火之始然, 泉之始達. 苟能充之, 足以保四海, 苟不充之, 不足以事父母."

38 호오에 … 것이며: 『孟子』 「告子上」, "其日夜之所息平旦之氣, 其好惡與人相近者幾希, 則其旦晝之所爲有梏亡之矣. 梏之反覆, 則其夜氣不足以存. 夜氣不足以存, 則其違禽獸不遠矣. 人見其禽獸也, 而以爲未嘗有才焉者, 是豈人之情哉! 故苟得其養, 無物不長, 苟失其養, 無物不消."

39 부모를 … 것입니다: 『孟子』 「盡心上」, "人之所不學而能者, 其良能也. 所不慮而知者, 其良知也. 孩提之童, 無不知愛其親者, 及其長也, 無不知敬其兄也. 親親, 仁也, 敬長, 義也. 無他, 達之天下也."

마음'을 확충하라는 것이겠습니까, 아니면 '갑자기 (어린애가 우물로 기어들어 가는 것을) 보게 된 상황'에서 구해야 것이겠습니까? 또한 '교유를 트려고 하거나 명성을 얻으려 하거나 비난을 피하려고 하는 사심'에 의해 동요되지 않는 마음을 확충한다는 뜻이 아니겠습니까? '기른다'라고 말한 것은 호오가 이미 일어난 상태에서 기르는 것이겠습니까, 아니면 이른 아침의 기운 자체에서 구하는 것이겠습니까? 또한 '낮에 하게 되는 행위들에 질곡되지 않는 마음'을 기른다는 뜻이 아니겠습니까? '확장시킨다'라고 말한 것은 '부모를 사랑하고 형을 공경하는 그 이미 발한 마음'을 확장시키는 것이겠습니까, 아니면 어린아이 때의 마음을 잃지 않는 것이겠습니까? 또한 '사려하거나 애를 쓰는 데 이르지 않은 마음의 상태'를 확장한다는 뜻이 아니겠습니까? 종일동안 사심에 의해 동요되지 않고 낮의 행위들에 질곡되지 않고 사려를 하거나 애를 쓰는 데 이르지 않는 것을 치양지의 공부로 삼는다면 그 의념이 어찌 참되지 않을 수가 있겠습니까. 그리고 또한 어찌 '참됨을 세운다[立誠]'라는 말을 더 보탤 필요가 있겠습니까.

지금은 그렇지 않아서 단지 '아는' 데서 만족하고 그것이 본연일 수 있는 까닭이 무엇인지 캐묻지 않습니다. 그래서 그 실마리를 잘 기르지를 못하고 그 앎이 발생하는 대로 내버려 두

已發者養之乎? 將求之平旦之氣乎? 無亦不梏於旦晝所爲矣乎? 其言達也, 將卽愛敬之已發者達之乎? 將不失孩提之心乎? 無亦不涉於思慮矯強矣乎? 終日之間, 不動於私, 不梏於爲, 不涉於思慮矯強, 以是爲致知之功, 則其意爲烏有不誠? 而亦烏用以立誠二字附益之也?

今也不然, 但取足於知, 而不原其所以良, 故失養其端, 而惟任其所以發, 遂以

기에 드디어 현재 존재하는 앎을 사물의 법칙으로 간주하고 천리와 인욕이 뒤섞여 있는 상태를 살피지 않으며, 사물을 수동적으로 감각하는 감각기관을 지각의 주체로 간주하고, 그럴 경우 사물과 자아가 도치된다는 점을 알지 못합니다. 어찌 선생의 본래 의도라고 할 수 있겠습니까.【이상은 「항구동(項甌東)에게 보내는 답신」】

見存之知, 爲事物之則, 而不察理欲之混淆; 以外交之物, 爲知覺之體, 而不知物我之倒置. 豈先生之本旨也?【以上「答項甌東」】

|18-38| 감응이 생기기 전이라고 적연함이 더 늘어나는 것이 아니니 의념이 없고 지각이 없어야만 적연함이 있는 것이 아닙니다. 또 이미 감응이 생긴 뒤라고 해서 적연함이 줄어들지도 않으니 의념이 있고 지각이 있어서 드디어 적연함이 없어지는 것이 아닙니다. 이 허령불매虛靈不昧의 본체는 이른바 '지선至善'이니 악과 상대되는 것으로서의 선으로는 이 개념을 규정하기에 부족합니다. 지각이란 감응이 처음 촉발되는 상태이고 의념이란 감응이 순조롭게 진행되는 상태입니다. 이 지각과 의념은 끊어지기도 하고 이어지기도 하지만 이 적연함은 끊어짐이나 이어짐이 없습니다. 이른바 '감응은 만 가지로 다르지만 적연함은 하나일 뿐이다'라는 것이 이를 두고 한 말입니다.【「곽평천(郭平川)에게 답하는 서신」】

|18-38| 未感之前, 寂未嘗增, 非因無念無知而後有寂也. 旣感之後, 寂未嘗減, 非因有念有知而遂無寂也. 此虛靈不昧之體, 所謂至善, 善惡對待者, 不足以名之. 知者, 觸於感者也. 念者, 妙於應者也. 知與念有斷續, 而此寂無斷續, 所謂感有萬殊, 而寂者惟一是也.【「答郭平川」】

|18-39| 지금 양지에 대해 말하는 사람은 '고

|18-39| 今之言良

요함[靜]'이라는 한마디를 듣는 것을 싫어하여, 양지란 움직임과 고요함을 아우르고 안과 밖을 합친 것이어서 고요함을 위주로 하면 편벽되다고 합니다. 이것은 아마도 말에 너무 집착해서 그 의도를 제대로 알지 못한 것인 듯합니다. 무릇 양지가 움직임과 고요함을 아우르고 안과 밖을 합친 개념이라는 것은 그 전체에 대해 말한 것이고, 자신이 고요함을 위주로 하는 것은 그 양지를 이루는 방법에 관한 것으로서 대개 공부에 대해 말한 것입니다. 배움은 반드시 입문처가 있게 마련이어서, 방안으로 들어가는 데 문을 통하지 않는 경우란 없는 것입니다. 배움이 궤도에 진입하였다면 비록 '양지는 본래 고요한 것이다'라고 말하더라도 상관없고, 비록 '치양지는 의념이 움직이게 되었을 때 삼가는 공부이다'라고 해도 상관없습니다. 자신이 '무극無極의 참됨'[40]을 회복하지 못한다면 누가 할 수 있겠습니까? 대개 움직인 뒤에 선하지 않음이 있게 되고 욕망이 생긴 뒤에 움직임이 있게 되며 욕망에 움직인 뒤에 학문이 필요해집니다. 학문이란 그 움직이지 않았을 때의 상태를 배우는 것입니다. 그 움직이지 않았을 때의 상태를 배울 수 있으면 움직이는 것도 선해지고 움직이지만 움직임이 없게 됩니다.

知者, 惡聞靜之一言, 以爲良知該動靜, 合內外, 主於靜焉, 偏矣. 此恐執言而未盡其意也. 夫良知該動靜, 合內外, 其統體也, 吾之主靜, 所以致之, 蓋言學也. 學必有所由而入, 未有入室而不由戶者. 苟入矣, 雖謂良知本靜亦可也, 雖謂致知爲愼動亦可也. 吾不能復無極之眞者, 孰爲之乎? 蓋動而後有不善, 有欲而後有動, 動於欲, 而後有學. 學者學其未動焉者也, 學其未動而動斯善矣, 動無動矣.【答董蓉山】

---

[40] 무극(無極)의 참됨: 『태극도설』에 나오는 말인데, 여기서는 마음의 본체를 가리킨다.

【「동용산(董蓉山)[41]에게 답하는 서신」】

| 18-40 | 주렴계의 이른바 '주정主靜'은 곧 무극無極 이래의 참된 맥락입니다. 그 자신의 주注에 '욕망하는 바가 없는 상태이기 때문에 고요하다'라고 하였으니 어떤 것도 물들일 수 없고 어떤 것도 동요시킬 수 없으며 장자莊子가 말한 '혼돈混沌'[42]이 여기에 가깝습니다. 그래서 '인극人極을 세우는' 종자가 될 수 있는 것입니다. 심리활동 중에서 조용하고 느긋한 순간을 포착해서 그것으로 이것을 대체할 수가 없습니다. 인극을 세우는 그것이 천지와 그 덕이 합치된다는 점에 주목하면 무궁하게 만물을 성장시키고, 일월과 그 밝음이 합치된다는 점에 주목하면 빠뜨림 없이 세상을 비추고, 사시와 그 차례가 합치된다는 점에서는 삐걱거림 없이 순서대로 순환하고, 귀신과 그 길흉이 합치된다는 점에 주목하면 어긋남 없이 만물과 감응이 일어납니다. 이런 방식대로 잘 닦아서 안배하는 것을 잊을 정도가 되기 때문에 '길하다'라고 한 것이며, 이런 방식을 어긴 채 잡다하

| 18-40 | 周子所謂主靜者, 乃無極以來眞脈絡. 其自注云"無欲故靜", 是一切染不得, 一切動不得, 莊生所言混沌者近之, 故能爲立極種子. 非就識情中認得箇幽閒暇逸者, 便可替代爲此物也. 指其立極處與天地合德則發育不窮, 與日月合明則照應不遺, 與四時合序則錯行不忒, 與鬼神合吉凶則感應不爽. 修此而忘安排, 故謂之吉. 悖此而費勞攘, 故謂之凶. 若識認

---

41 동용산(董蓉山): 董燧는 자가 兆時이고 호가 蓉山이며 강서성 臨川 사람이다. 어려서 王艮과 聶豹에게 양지에 대한 학문을 배웠으며 벼슬이 南京刑部郎中에 이르렀다.

42 『莊子』「應帝王」의 내용을 염두에 둔 것으로, 混沌은 감각기관이 생기지 않은 상태를 가리킨다. "南海之帝爲儵, 北海之帝爲忽, 中央之帝爲混沌. 儵與忽時相與遇於渾沌之地, 混沌待之甚善. 儵與忽謀報混沌之德, 曰: 人皆有七竅, 以視聽食息, 此獨無有, 嘗試鑿之. 日鑿一竅, 七日而混沌死."

게 힘을 쏟기 때문에 '흉하다'라고 한 것입니다. 만약 조용하고 느긋한 순간을 포착하는 것을 '주정主靜'이라고 여긴다면 '야호선野狐禪'[43]과 비슷해져 버릴 것이니 그것은 욕망하는 바가 있는 상태입니다. '그냥 가지고 놀거나' '편안하게 지내거나' '교만하고 방자하거나' '참거나 낭패를 보는' 폐단 등이 정신없이 침투하는데도 자각하지 못합니다. 비록 고고하고 청결하여 어느 한 부분을 스스로 지킬 수 있더라도 또한 어느 한편의 말만 듣고 그쪽으로 모두 맡겨 버리는 것을 면치 못할 것이니 솔선해서 잘못을 막아냄으로써 천하의 일을 다 이룰 수 있기에는 부족합니다. 배움이라는 것을 아직 알지 못하는 사람과 무엇이 다르겠습니까.【「문인에게 답한 서신」】

幽閒暇逸,　以爲主靜,　便與野狐禪相似, 便是有欲. 一切享用玩弄,　安頓便宜, 厭忽縱弛, 隱忍狼狽之弊,　紛然潛入, 而不自覺. 卽使孤介淸潔,　自守一隅, 亦不免於偏聽獨任,　不足以倡率防檢, 以濟天下之務, 其與未知學者何異也?【「答門人」】

|18-41| 조금도 어디에 기대서는 안 되는 것이니 한 가지 말이나 한 가지 의념에 기대는 순간 바로 법도를 벗어나게 됩니다. 오직 법도를 알아야만 시시각각으로 그 속에서 편안하게 노닐 수 있으니 이른바 '종일토록 상제를 마주 대한다'라는 태도입니다. 법도를 제대로 알지 못하면 억지로 끼워 맞추는 일이 생기게 마

|18-41| 靠絲毫不得, 才靠一言一念, 卽是規矩外.　惟有識得規矩, 時時遊息其中, 所謂終日對越在天也.　識規矩不定, 便有幫湊, 便易

---

43 야호선(野狐禪): 수행을 하면 인과에 떨어지지 않는다고 하였다가 500년이 지나 들어우가 된 승려의 이야기에서 나온 말로, 수행을 제대로 하지 않은 채 해탈하려고 하는 것을 이렇게 부른다.

련이고 바로 쉽게 태도를 바꾸게 됩니다. 【「왕유훈(王有訓)에게 보내는 서신」】

|18-42| 마음이 지극히 고요해졌을 때 홀연히 내 이 마음이 안은 텅 비고 아무것도 없으며 사방으로 끝없이 트여 있음을 느끼게 됩니다. 마치 창공 속에 구름이 떠다니듯 끝이 없고, 마치 큰 바닷속에 어룡魚龍이 변화하듯 아무 간격이 없습니다. 어디가 안이고 어디가 밖이라고 가리킬 수 없고 어떤 상태가 움직임이고 가만히 있음인지 구분할 수가 없으니 상하사방의 공간과 예로부터 지금까지의 시간이 온통 하나여서 이른바 '어디에도 존재하지 않으면서 어디든 존재하지 않는 곳이 없는' 상태입니다. 나의 몸이란 바로 그것이 세상에 드러나는 통로이므로 형질形質만으로 내 몸의 의미를 규정할 수 없습니다. 그렇기 때문에 내 눈의 능력을 다 사용하면 천지도 내 시각을 다 채울 수 없고, 내 귀의 능력을 다 사용하면 천지도 내 청각의 범위 밖에 있지 않으며, 내 마음을 다 사용하면 천지도 내 사유 능력을 벗어나지 못합니다. 옛사람은 이미 갔지만 그분들의 정신이 미쳤던 바는 바로 나의 정신이어서 간 적이 없습니다. 그렇지 않다면 내가 그분들과 관련된 일을 듣고서는 그리워하고 북받치는 마음을 가지게 될 수 있겠습니까? 사해四海는 멀지만 그 안의 생물들이 가지는 고통은 곧 나의

和換. 【「與王有訓」】

|18-42| 當極靜時, 恍然覺吾此心中虛無物, 旁通無窮, 有如長空云氣流行, 無有止極, 有如大海魚龍變化, 無有間隔. 無內外可指, 無動靜可分, 上下四方, 往古來今, 渾成一片, 所謂無在而無不在. 吾之一身, 乃其發竅, 固非形質所能限也. 是故縱吾之目而天地不滿於吾視, 傾吾之耳而天地不出於吾聽, 冥吾之心而天地不逃於吾思. 古人往矣, 其精神所極, 卽吾之精神, 未嘗往也. 否則, 聞其行事, 而能憬然憤然矣乎? 四海遠矣, 其疾痛相關, 卽吾之疾痛, 未嘗遠也. 否則,

고통이어서 멀리 있던 적이 없습니다. 그렇지 않다면 그들의 환난에 대해 듣고서 가엾게 여기고 가슴 아프게 여길 수 있겠습니까?

그렇기 때문에 친족에 대해 마음의 감응이 일어나 혈연적 애정이 발동하게 되면 나는 친족과 분한이 없어지게 됩니다. 나와 친족 사이에 분한이 있으면 이것은 혈연적 애정이 발동하지 않은 상태입니다. 백성에 대해 마음의 감응이 일어나 그들을 사랑해 주는 감정이 발동하게 되면 나는 백성과 분한이 없어지게 됩니다. 나와 백성 사이에 분한이 있으면 이것은 백성에 대한 사랑이 발동하지 않은 것입니다. 동식물에 대해 마음의 감응이 일어나 그것들을 아껴 주는 감정이 발동하게 되면 나는 동식물과 분한이 없어지게 됩니다. 나와 동식물 사이에 분한이 있다면 이것은 아껴 주는 감정이 발동하지 않은 것입니다. 이것은 하늘로부터 받은 능력이 본디 이와 같은 것이니, 이런 뒤에야 하늘과 짝이 될 수 있습니다. 그러므로 "어진 이는 만물과 혼연히 '동체同體'이다."라고 한 것이니,[44] '동체'란 나에게 있는 것이 또한 만물에도 있어서 나와 만물이 합쳐져 같이 하나의 몸이 된다는 의미입니다. 그러니 앞서 말한, 텅 비고 적연하면서 만물에 관통할 수 있

聞其患難, 而能惻然 蓋然矣乎?

是故感於親而爲親焉, 吾無分於親也, 有分於吾與親, 斯不親矣. 感於民而爲仁焉, 吾無分於民也, 有分於吾與民, 斯不仁矣. 感於物而爲愛焉, 吾無分於物也, 有分於吾與物, 斯不愛矣. 是乃得之於天者, 固然如是, 而後可以配天也. 故曰"仁者渾然與物同體". 同體也者, 謂在我者亦卽在物, 合吾與物而同爲一體, 則前所謂虛寂而能貫通, 渾上下四方·往古來今·內外動靜而一之者也.

---

44 어진 … 것이니: 『二程遺書』권2상에 실린 이른바 「식인편(識仁篇)」에 있는 구절이다.

어서 상하사방의 공간과 예로부터 지금까지의 시간, 안과 바깥, 움직임과 가만히 있음을 혼연히 합일시킨다는 그 경지입니다.

노장老莊이나 불교의 경우 자아에 대해서는 본 것이 있어도 만물에 대해서는 본 것이 없으니, 손가락 하나만을 돌보고 있다가 어깨를 통째로 잃어버리는 것이니 자신의 몸을 스스로 해치는 것과 같습니다. 유학자들은 노장과 불교를 물리칠 때, 열심히 하나하나 쓸어 내거나 방비하는 자질구레한 방식에 몰두하고 전체를 포괄하는 큰 방책은 찾지 못하고 있습니다. 가깝고 작은 것에 안주하고 전체를 보지 못한 것이며, 꾀나 재주를 가졌다고 우쭐대고 쓰임새를 갖추지 못한 것입니다. 하나의 집을 가지고 비유하자면, 조상의 유산을 제대로 이어받아 집안을 빛내지 못하면서 방 한 칸에 차지한 채 입에 풀칠이나 할 생각만 해서 큰방이 어떻게 생겼는지 들여다보지도 못하고 재산을 다시 되찾지도 못하는 것과 같아서, '번지樊遲는 소시민이다'라고 한 그 비판[45]으로부터 자유롭지 못할 것입니다. 그러니 또한 어떻게 노장이나 불교를 설복시킬 수 있겠습니까.

若二氏者有見於己, 無見於物, 養一指而失其肩背, 比於自賊其身者耳. 諸儒闢二氏矣, 猥瑣於掃除防檢之勤, 而迷謬於統體該括之大. 安於近小, 而弗睹其全; 矜其智能, 而不適於用. 譬之一家, 不知承藉祖父之遺, 光復門祚, 而顧棲棲於一室, 身口是計, 其堂奧未窺, 積聚未復, 終無逃於樊遲細民之譏, 則亦何以服二氏之心哉!

---

45 번지(樊遲)는 … 비판: 樊遲가 농사일에 대해 물어보자 공자는 자기는 늙은 농부보다 못하다고 사양하더니 번지가 나가자 '번지는 소시민이다'라고 비판하였다. 『論語』「子路」, "樊遲請學稼, 子曰: '吾不如老農.' 請學爲圃, 曰: '吾不如老圃.' 樊遲出. 子曰: '小人哉, 樊須也!'"

| 18-43 | 이 학문이 날로 엄밀한 경지에 접어들면 복잡하고 혼란스러운 상황 속에서도 아주 느긋하게 대처할 수 있어서 굳이 신경을 써서 대응할 필요가 없습니다. '굳이 신경을 써서 대응할 필요가 없다'라는 이 말은 쌍강(雙江: 聶豹) 어르신이 아주 듣기 싫어할 말이기는 한데, 아주 공부를 많이 해서 전체가 오염되지 않았을 때 이런 경지에 이르게 됩니다. 만일 도둑이 되려는 생각이 없다면 비록 온갖 의념이 종횡으로 일어나더라도 굳이 신경을 써서 대응해야만 이런 의념이 없어지게 되는 것은 결코 아닙니다. 정명도程明道가 "방비를 할 필요도 없고 궁리를 할 필요도 없다."라고 말한 것은 조금의 힘도 기울이지 않는다는 뜻이니, 그 의미가 바로 이와 같습니다. 【이상은 「장도림(蔣道林)[46]에게 보내는 서신」】

| 18-44 | 자신이 천지 사이에서 (양지를) 부여받았기 때문에 일체의 세속적 욕망이 자연히 오염시키기 어려운 것입니다. 【「윤도여(尹道興)에게 답하는 서신」】

| 18-45 | 보내신 서신에서는 제가 양지 이외에

| 18-43 | 此學日入密處，紛紜轇轕中，自得泰然，不煩照應．"不煩照應"一語，雙老所極惡聞，卻是極用力，全體不相污染，乃有此景．如無爲寇之念，縱百念縱橫，斷不須照應始無此念．明道"不須防檢，不待窮索"，未嘗致纖毫之力，意正如此．【以上「與蔣道林」】

| 18-44 | 以身在天地間負荷，卽一切俗情，自難染汙．【「答尹道興」】

| 18-45 | 來書責弟

---

46   장도림(蔣道林): 蔣信(1483-1559)은 자가 卿實이고 호가 道林이며 正學 선생을 불렀다. 호남성 常德 사람으로 처음에 왕양명을 스승으로 모셨다가 나중에는 湛若水를 스승으로 모셨다. 嘉靖 연간에 급제하여 관직이 貴州提學副使까지 올랐다.

'지지知止'라는 개념을 제기한 것을 질책하시며 "양지는 안과 밖의 구분이 없고 움직임과 가만히 있음의 구분도 없으며 앞섬과 뒤이음의 구분도 없이 하나로 관통한다. 이것 이외에는 달리 다른 일이란 있을 수 없으며 이것 이외에 달리 '격물格物'이라는 것이 있지 않다."라고 하셨습니다. 말씀이 비록 조리가 있어 시원하지만 어떻게 조금의 문제점도 없다는 것인지는 알지 못하겠습니다. (공자가) '잡으면 존재하고 놓으면 없어진다'라고 하였으니, 이는 양지를 가리켜 한 말이 아니고 무엇이겠습니까. 종일 본체만 말하고 공부는 얘기하지 않으며, 누가 공부에 대해서 언급하면 바로 외도外道라고 지목합니다. 이는 양명 선생이 다시 태어나더라도 눈살을 찌푸리실 것입니다. 【「왕용계(王龍溪)에게 보내는 서신」】

|18-46| 보내신 서신에서 "내 마음의 전체대용全體大用은 발현하여 유행하는 것이어서 비록 제아무리 마음이 어둡고 막힌 상태라고 해도 한 자락 없어지지 않고 있는 밝은 부분이 있다."라고 말씀하셨는데 이것은 곧 양명 선생의 이른바 양지입니다. 지금 학자들은 보통 사내나 보통 아낙이라도 성인聖人과 동일한 그런 부분을 가리켜 그것이 곧 전수되는 묘결妙訣이라고 합니다. 공이 만약 이것을 본래면목의 단예(端倪: 실마리)라고 여긴다면 이는 미세한 찰식

不合良知外提出"知止"二字, 而以爲"良知無內外, 無動靜, 無先後, 一以貫之, 除此更無事, 除此別無格物." 言語雖似條暢, 只不知緣何便無分毫出入? 操則存, 舍則亡, 非卽良知而何? 終日談本體, 不說功夫, 攙拈功夫, 便指爲外道, 恐陽明先生復生, 亦當攢眉也. 【「寄王龍溪」】

|18-46| 來書"吾心全體大用, 發見流行, 雖昏壅之極, 而自有昭明不泯之端." 此卽陽明先生所謂良知. 今時學者, 指愚夫愚婦與聖人同處, 乃其相傳妙訣也. 曰忠❶如卽以此爲本來端倪乎?

察識도 끼어들 틈이 없습니다. 만약 여기서 별도로 본래면목의 단예가 있다고 한다면 반드시 찰식을 해야만 조금이나마 그것을 볼 수 있을 것이니 이른바 전체대용이 발현하고 유행한다는 것은 또 어떤 의미란 말입니까. 또 측은지심이라는 단예는 반드시 어린아이가 우물 속으로 기어들어 가는 상황을 만났을 때 드러나는 것이고, 이른 아침의 좋은 기운이란 반드시 호오好惡가 남들과 서로 비슷하다는 실제 사실을 통해 드러납니다. 이것으로 단예에 대해 생각해 본다면, 격물을 버려둔 채 단예를 말하는 이는 없는 것 같습니다. 예컨대 정좌靜坐를 할 경우에는 마음이 맑고 느긋하며 일을 맡게 될 경우 섬세하고 야무지며 집에 머물 때에는 자상하고 부드럽습니다. 이 단예를 가지고 어느 곳에서든 올바른 처신을 할 수 있으면 보내신 서신의 이른바 "이 하나를 가지고 여기서 잘 지켜서 방일하지 않게 한다."라는 것과 또 어떻게 다르겠습니까? '찰식'이 이미 느슨히 할 수 없는 것이고 '수처(隨處: 곳곳마다)'도 또 마땅히 제대로 해결해야 하니 이른바 "가만히 쉬는 곳에서 맑고 느긋한 본체를 완미할 수 있으면 일상 속에서 저절로 의거할 것이 있게 된다."라는 말과 비교해 볼 때 어느 것이 먼저이고

是無容細微察識矣. 若謂此中別有本來端倪, 須察識而後稍見, 則所謂全體大用, 發見流行, 又何如哉? 且惻隱之端, 須是逢赤子入井見之, 平旦之氣, 須於好惡與人相近見之. 以此推端倪, 似未有舍格物而言端倪者. 如靜坐則淸明和適, 執事則精明安肅, 居家則和柔愉婉. 以此端倪而隨處得之, 不知與來書所謂"拿此一物, 看守在此, 不今走作"者, 又何以異? 察識旣不可緩, 隨處又當理會, 不知與所謂"靜息處玩其淸明和適之體, 則日用自有依據", 孰先孰後? 爲一爲二乎?

---

❶ '曰忠'은 『念菴集』에 '思嘿'으로 되어 있다.

어느 것이 뒤입니까? 그것이 하나입니까, 둘입니까? 여기에는 더 이상 짐작을 요구하는 말이 없고 더 이상 해석을 해 주는 말도 없습니다. 이래야만 참으로 마음에 대해서 진정으로 알 수 있고, 이래야만 헛된 견해에 떨어지지 않습니다.

此處更無歇後語, 更無訓釋語, 始是眞能明諸心, 始是不落虛見.

|18-47| 고요한 가운데 어슴푸레하게 어떤 것이 있으니 이것이 바로 마음의 본체가 어둡지 않은 부분입니다. 이 부분이 늘 주재가 되면 이것이 일생의 그치지 않는 잡념을 모두 내려놓은 상태이며 천 가지 좋은 일을 천 군데에서 얻는 것으로서 감응하여 움직이는 것이 때에 따라 변환하는 것입니다. 그런데 이렇게 하면 너무 마음을 꼭 쥐고 있으려는 방식이어서 움직임을 싫어하는 병통이 있게 됩니다. 마음을 지키려고 하기만 하면 바로 '마음을 꼭 쥐고 있는' 방식이 되어 버립니다. 이 부분은 바로 잘 조정해야만 하는 것이니 가장 온당한 방식을 찾아야 하는 것이지, 지키는 것이 어려움을 두려워해서 움직임과 가만히 있음에 대해서조차도 모두 의문을 품어서는 안 됩니다. 둘을 잘 조화시키지 못하는 것은 단지 공부가 오래되지 않았기 때문이니, 마치 약을 먹은 사람이 약효가 아직 나타나지 않았다고 해서 병이 얕은지 깊은지를 의심할 필요가 없는 것과 같습니다.

|18-47| 靜中隱然有物, 此卽是心體不昧處. 此處常作主宰, 是一生不了雜念, 一切放下, 是千休千處得, 感動時變換, 是把捉太緊, 故有厭動之病. 一屬操持, 卽入把捉, 此處正好調停, 求其至當, 未可畏其難操持, 並動靜皆作疑也. 合併不來, 只是未久, 如服藥人, 藥力未至, 不須疑病淺深.

| **18-48** | 이발已發과 미발未發에 대해서『전습록』에서 "미발은 이발 속에 있지만 이발 속에 별도로 미발이라는 것이 있지는 않으며, 이발은 미발 속에 있지만 미발 속에 별도로 이발이 있지는 않다."라고 하였습니다. 이 두 구절은 대단히 정밀해서 분분한 여러 이론들을 잠재울 만합니다. 추운 걸 알고 따뜻한 걸 느끼는 그런 것은 성인과 일반인이 마찬가지이지만, 구체적인 지각 방식은 천 가지 만 갈래로 다른데 미발이 이런 차이를 만든 것입니다. 그래서 양명 선생은 "미발의 중中은 일반인이 또한 모두 가질 수 있는 것이 아니다."라고 말했던 것입니다. 대개『중용』의 미발은 '신독愼獨' 뒤에 말했습니다. 배운 뒤에 미발의 중이 있게 된다는 것을 알 수 있으니, 미발의 본체를 알고서 보존할 수 있다는 의미입니다. 선후를 얘기하는 것은 당연히 안 되는 것이고 하나다 둘이다 말하는 것도 안 되는 일입니다.

| **18-49** | 눈의 시력은 체體이고 보는 활동은 용用이니 보는 활동 이외에 별도로 시력이라는 것이 존재할 수 있겠습니까? 시력과 보는 활동이 언제 끊어진 적이 있습니까? 만약 외경을 좇는 것을 용이라고 한다면 체도 또한 진정한 의미의 체가 아닙니다.

| **18-48** | 發與未發,『傳習錄』云: "未發在已發之中, 而已發之中未嘗別有未發者在; 已發在未發之中, 而未發之中未嘗別有已發者存." 此兩句精細, 可破紛紜之論. 知寒覺暖, 聖人與人一也, 而知覺處, 有千頭萬緒不同, 未發所由辨也. 故陽明先生曰: "當知未發之中, 常人亦未能皆有." 蓋『中庸』未發在愼獨後言, 知學而後有未發之中, 謂其能知未發之體而存之也. 言先後固不得, 言是一是二亦不得.

| **18-49** | 目之明爲體, 視爲用, 視處別有明在否? 明與視何所斷際? 若逐外爲用, 亦體非其體矣.

|18-50| 마음은 신묘한 것이고 움직이는 것이어서 손에 잡기도 어려울뿐더러 잡아 두기란 더욱 어렵습니다. 상산象山의 '그 큰 것(마음)을 세워라'라는 이론은 마음을 잡아 두는 공부에 있어서는 아주 높은 경지입니다. 【이상은 「만왈충(萬日忠)에게 답하는 서신」】

|18-51| '안과 밖을 모두 잊는다'라는 것은 성인의 경지로 들어가는 천고의 비밀을 담은 말입니다. '신경 써서 대응한다'거나 '잡된 생각을 없앤다'거나 하는 것들은 모두 내면의 모습을 형용한 말이고, '안배한다'거나 '상황에 맞게 대처한다'거나 하는 것들은 모두 밖으로 드러나는 모습을 형용한 말이므로 그 둘은 전혀 상관이 없는 것입니다. 이 마음이 혼연하게 안에 있다면 이른바 '그 알맞은 곳에 그친다'라는 상태가 아니겠습니까? 이것은 고요함이 지극한 사람이 아니라면 어떻게 깨달을 수 있겠습니까.

|18-52| 노장과 불교도 또한 고요함을 통해 어떤 경지로 들어가지만, 고요함에 대해 말하는 맥락은 아주 큰 차이가 납니다. 【이상은 「이석록(李石麓)[47]에게 답하는 서신」】

|18-50| 心, 神物也, 動物也, 攝之固難, 凝之尤難. 象山立大之論, 於凝聚處煞有地步. 【以上「答萬日忠」】

|18-51| 內外兩忘, 乃千古入聖祕密語. 凡照應掃除, 皆屬內境, 安排酬應皆屬外境, 二境了不相干, 此心渾然中存, 非所謂止其所乎? 此非靜極, 何以入悟.

|18-52| 二氏亦以靜入, 至所語靜, 卻是迥異. 【以上「答李石麓」】

---

47 이석록(李石麓): 이춘방(李春芳, 1511-1584)은 자가 자실(子實)이고 호가 석록(石麓)

|18-53| 묵묵하게 수양하여, 기준을 왜곡하지 않는 솜씨가 시시각각으로 있고, 남들과 같지 않은 점이 시시각각으로 있고, 시시각각으로 단지 마음속에서 텅 비고 고요한 상태를 찾아내어 단단히 뿌리를 내리고 드나드는 경우가 없는 경지를 참으로 볼 수 있게 되면 그때는 학문을 논할 만할 것입니다. 【「왕저구(王著久)에게 답하는 서신」】

|18-54| 3,4년 동안 '주정主靜'이라는 한마디를 가지고 '양지良知만 말하는' 사람들에게 말해주기를, "양지는 물론 품수된 자연적인 것으로부터 나온 것이어서 없어진 적이 없지만 유행하고 발현하는 것이 늘 어린아이 때와 같게 하고자 한다면 반드시 그 양지를 잘 이루어 내는 공부가 필요합니다. 그러니 마른 나뭇가지처럼 적막한 마음이 된 뒤에 일체의 인욕이 물러나 명을 듣고 천리天理가 환히 빛나는 사람이 아니고서는 이런 경지에 도달하기 쉽지 않습니다. 양명이 용장龍場에서 겪었던 것이 바로 그런 것입니다. 학자들이 양명이 용장에서 인욕을 없애기 위해 노력했던 그 과정은 버려둔 채 만년의 원숙한 경지만을 논한다면, 이는 비유컨대 만 리 길을 가는 사람이 험한 곳을 지

|18-53| 默默自修, 眞見時刻有不戵手處, 時刻有不如人處, 時刻只在自心內, 尋究虛靜, 根底安頓, 不至出入, 卽有好商量矣. 【「答王著久」】

|18-54| 三四年間, 曾以"主靜"一言, 爲談良知者告, 以爲: 良知固出於稟受之自然, 而未嘗泯滅, 然欲得流行發見, 常如孩提之時, 必有致之之功. 非經枯槁寂寞之後, 一切退聽, 而天理炯然, 未易及此, 陽明之龍場是也. 學者舍龍場之懲創, 而談晚年之熟化, 譬之趨萬里者, 不能蹈險出幽,

---

이다.

나고 으슥한 곳을 빠져나오지도 못하면서 사통팔달의 큰길에서 느긋하게 거닐려고 하는 것과 같으니 어찌 엽등(獵等: 단계를 건너뜀)에 그치겠습니까. 하지만 듣는 이들은 스승께서 전수해 주신 말씀을 어기게 될까 두려워하기만 하고 스승이 처음 시작했던 것이 무엇이었는지에 대해서는 깊이 알아보려고 하지 않기 때문에 흔히들 나에 대한 비판이 쉽게 생겨나니 그저 개탄스럽고 안타까운 마음이 많이 들 뿐입니다."라고 말해 주었다. 【「사고천(謝高泉)[48]에게 답하는 서신」】

而欲從容於九達之達, 豈止獵等而已哉! 然聞之者惟恐失其師傳之語, 而不究竟其師之入手何在, 往往辨詰易生, 徒多慨惜.【「寄謝高泉」】

|18-55| '양지' 두 글자는 양명 선생이 일생의 경험을 거친 뒤에 얻은 것입니다. 마음에서 생기는 의념들이 하나라도 양지가 아는 바와 호응하지 못하면 곧 그 본래 취지가 아닙니다. 당시에는 초학자들의 관심을 끌어 쉽게 학문으로 들어갈 수 있도록 하기 위해 어쩔 수 없이 '현재 드러난 마음의 작용'을 지목해서 증거로 삼지 않을 수 없었습니다. 하지만 자득自得하려고 한다면 대강대강 잘못된 이론을 계승해서는 안 됩니다. 그런데 그 주장을 그대로 이어받은 이들은 다들 구실을 대며 사람들을

|18-55| 良知兩字, 乃陽明先生一生經驗而後得之, 使發於心者, 一與所知不應, 卽非其本旨矣. 當時遷就初學, 令易入, 不免指見在發用以爲左券. 至於自得, 固未可以草草謬承. 而因仍其說者, 類借口實, 使人倡狂

48　사고천(謝高泉): 謝東山은 字가 陽升이며 號는 高泉이다. 四川省 射洪市 사람으로 嘉靖 20년에 급제하여 山東巡撫를 역임하였다. 늘 講會를 열어 학문을 연마하였다.

미친 듯이 방자하도록 만들었으니 잘못이 또 더 큽니다. 【「장수야(張須野)에게 보내는 서신」】

| 18-56 | '지극한 보물은 가볍게 가지고 놀아서는 안 된다.' 이 말은 도교에 있는 말이지만 우리의 공부와 자못 닮은 점이 있습니다. 천고의 성현은 단지 수렴하여 잘 간직하는 방법만 있었지 가볍게 가지고 놀다 죽게 되려 하지 않았습니다. 그래서 '늘 조심하는 자세로 한 평생을 보낸다'라고 한 것입니다. 【「왕용계(王龍溪)에게 보내는 서신」】

| 18-57 | 공은 단지 '양지는 늘 발현한다'라고 주장하고자 하여 성현의 허다한 '(마음을) 응취해야 한다'와 같은 말들은 전부 없애 버렸습니다. 무릇 마음이란 물론 늘 발현하는 것이지만 또한 늘 발현하지 않는 것이기도 합니다. 이 두 측면을 한쪽으로만 치우치게 주장할 수 있겠습니까. '미발未發의 중中을 대체 어디에서 찾겠는가?'라는 말은 주장이 또한 지나치게 경솔합니다. 【「전서산(錢緒山: 전덕홍)에게 보내는 서신」】

| 18-58 | 사통팔달의 큰길 같은 이 세상 속에서 내가 일들에 대처하는 방식이 소란하고 혼란스럽지만 결국 몰려드는 일들 때문에 지고 만다면 이는 곧 '(일들에 대처하느라) 분주한 사

自恣, 則失之又遠.
【「寄張須野」】

| 18-56 | 至寶不宜輕弄, 此丹家語也, 然於此件頗相類. 千古聖賢, 只有收斂保聚法, 不肯輕弄以至於死, 故曰"兢兢業業, 過了一生".
【「寄王龍溪」】

| 18-57 | 執事只欲主張良知常發, 便於聖賢幾多凝聚處, 盡與掃除解脫. 夫心固常發, 亦常不發, 二者可倒一邊立說否? 至謂"未發之中, 竟從何處覓?" 則立言亦太易矣. 【「與錢緒山」】

| 18-58 | 旁午之中, 吾御之者, 轇轕紛紜, 而爲事物所勝, 此卽憧憧之思也; 從

려'이고, 느긋하고 여유 있지만 일들을 내려다 보고 있다면 이는 곧 '적연함의 점진적인 발현'입니다. 분주한 사려로 대응한다면 반드시 잘못이 생기기도 하는 데 이르게 될 것이고 적연한 마음으로 대응한다면 반드시 각각의 조리에 완전히 맞을 수 있을 것입니다. 이것은 곧 적연할 수 있는가 적연할 수 없는가에 따라 달라지는 결과입니다. 하루를 통해서 백년을 알 수 있습니다. 하루 동안에 움직이고 있든 가만히 있든 모두 느긋하고 여유 있는 마음을 가지고서 나아가 말갛게 아무 치우치는 일이 없으면서도 일을 싫어하는 마음이 없는 경지에 이르면 이것이 곧 몸과 마음이 안착할 곳입니다. 이런 경지에 안착할 수 있으면 그 마음의 밝기가 일들을 제대로 비추지 못할까 걱정할 것이 없게 됩니다. 점점 정미한 수준으로 접어들고 오래 지나 성숙하게 되면 곧 자득의 경지입니다. 명도가 말하지 않았습니까. "(맹자는) '반드시 집중하는 일이 있어야 하지만 미리 작정을 하지는 말아야 한다. 잊지는 말되 조장하지도 말아야 한다.'라고 하였는데, 조그만 힘도 기울이지 않는다는 뜻이니 이것이 (어진 마음을) 간직해 내는 길이다."라고.[49] 무릇 '집중하는

容閒雅, 而在事物之上, 此卽寂然之漸也. 由憧憧而應之, 必或至於錯謬; 由寂然而應之, 必自盡其條理. 此卽能寂與不能寂之驗. 由一日而百年可知也. 一日之間, 無動無靜, 皆由從容閒雅, 進而至於澄然無事, 未嘗有厭事之念, 卽此乃身心安著處. 安著於此, 不患明之不足於照矣. 漸入細微, 久而成熟, 卽爲自得. 明道不言乎? "必有事焉而勿正, 心勿忘, 勿助長." 謂未嘗致纖毫之力, 此其存之之道. 夫必有事者, 言乎心之常止於是; 勿

---

49 명도가 … 라고:『二程遺書』권2상에 실린 이른바「識仁篇」에 있는 내용이다. 원문에는 '謂'자가 없다. 정명도는 "必有事焉而勿正心; 勿忘, 勿助長"으로, 그 아우 정이천은 "必有事焉而勿正; 心勿忘, 勿助長"으로 끊어 읽었다. 해석은 큰 차이가 없다. 정이천

일이 있다'라는 것은 마음이 늘 여기에 머물러 있다는 의미이고, '조장하지 말라'라는 것은 늘 거기 머물러서 더하거나 덜하는 것이 없다는 의미이며, '조그만 힘도 기울이지 않는다'라는 것은 느긋하고 여유 있으면서 또 마치 아무 집중하는 일이 없는 것과 같다는 의미입니다. 이와 같이 하고 난 뒤에야 공부가 누적되고 오래 되어 성숙해져서 정미한 곳으로 들어갈 수 있을 것이니 이것이 바로 학문의 목표입니다. 【「서대순(徐大巡)에게 보내는 서신」】

| 18-59 | 마음이 사태에 감응하여 '물物'이 되는데 감응할 때에 반드시 도리에 맞게 정밀히 처리해야 그것이 '격물格物'입니다. 리理는 물론 마음에 있는 것이지만 또한 사태에 있는 것이기도 합니다. 사태란 마음 이외의 것이 아니고 리란 사태 이외의 것이 아니니 둘이 아닙니다. 요사이에 '심즉리心卽理'라는 한 구절에 집착하면서, 마음대로 하고 싶은 일을 하면서 자세하고 곡진하게 해야 할 일에 대해 전혀 주의를 기울이지 않는 학자들이 많습니다. 이는 이미 '치지(致知: 치양지)'의 방법이 아니고 '(치지의 방법은) 격물에 있다'라는 (『대학』의) 구절과 상반

忘助者, 言乎常止之·無所增損; 未嘗致纖毫之力者, 言乎從容閒雅, 又若未嘗有所事事. 如此而後可以積久成熟, 而入細微, 蓋爲學之彀率也.【「與徐大巡」】

| 18-59 | 心感事而爲物, 感之之中, 須委曲盡道, 乃是格物. 理固在心, 亦卽在事, 事不外心, 理不外事, 無二致也. 近時執"心卽理" 一句, 學者多至率意任情, 而於仔細曲盡處, 略不照管. 既非所以致知, 卻與"在格物" 一句正相反,

---

은 "어떤 일에 대해 생각해서 그것이 옳다고 판단한 뒤에 그 일을 한다면 이것이 바로 '正'이다.(思此而曰善, 然後爲之, 是正也.)"라고 설명하였다.

됩니다. 단지 후세의 학자들이 리를 격식이나 본보기라는 의미로 이해하여 지리멸렬하게 만드는 데 이른 것일 뿐입니다. 만약 사태란 안과 밖이 없고 마음이란 안과 밖이 없고 리란 안과 밖이 없다는 것을 안다면 격식이나 본보기가 또 모두 그 속에 있게 되는 것이지 이전의 것들을 전부 없애 버려야만 정미하게 되는 것이 아닙니다.【「유여주(劉汝周)에게 답하는 서신」】

| 18-60 | 학문이란 한마디로 다 포괄할 수 있는 면이 있는가 하면 한마디로 다 포괄할 수 없는 면이 있습니다. 예컨대 '정신을 수렴하여 한곳으로 전부 귀결시켜 늘 응취되어 있도록 해서 만물과 만사의 주재가 되게 한다'라는 것은 한마디로 다 포괄할 수 있는 면이고 또한 단번에 헤아려서 깨달을 수 있는 것입니다. 하지만 무릇 사태에 대응하느라 나왔다 들어왔다 하고 감정이나 생각에 끌려다니고 이해득실에 따라 전이되고 계산에 의해 고착되는 이런 것들의 경우에는 애매하고 복잡한 의념들이 마음에서 마구 분출되니 마음을 단단히 가지고 의지를 힘들게 연마하여 오랜 세월동안 견지하며 수많은 죽음의 고비를 넘은 사람이 아니고서는 미치지 못할 것입니다.【「소운고(蕭雲皐)에게 보내는 서신」】

| 18-61 | 유사천(劉師泉: 劉邦采)은 평소에 그윽

但後儒認理爲格式見套, 以至支離. 若知事無內外, 心無內外, 理無內外, 卽格式見套, 又皆在乎中, 非全格去舊物, 乃爲精微也.【「答劉汝周」】

| 18-60 | 學有可以一言盡者, 有不可以一言盡者. 如收斂精神, 並歸一處, 常令凝聚, 能爲萬物萬事主宰, 此可一言而盡, 亦可以一息測識而悟. 惟夫出入於酬應, 牽引於情思, 轉移於利害, 纏固於計算, 則微曖萬變, 孔竅百出, 非堅心苦志, 持之歲月, 萬死一生, 莫能幾及也.【「與蕭雲皐」】

| 18-61 | 劉師泉素

하고 텅 빈 마음의 경지를 추구하였는데 지금은 자신의 수양부터 시작하겠다는 생각으로 마음을 안으로 거둬들이고 있으니 정말 좋은 조짐입니다. 【「섭쌍강(聶雙江)에게 보내는 서신」】

持玄虛, 卽今肯向裏著己, 收拾性命, 正是好消息. 【「寄聶雙江」】

|18-62| 『주역』에서 '마음을 씻는다'라고 말하였는데 물든 것이 있어서 그런 것이 아니고, 『주역』에서 '내밀한 곳에 간직해 둔다'라고 하였는데 새는 것이 있어서 그런 것이 아닙니다. '마음을 씻고' '내밀한 곳에 간직하는' 것이 아니고는 달리 공부가 없기 때문입니다. 마음이 아주 잘 발휘되었다면 그것은 아주 굳게 지켰다는 뜻이니, 이렇게 하는 것이 요순堯舜이 '삼가고 조심하며 한평생을 보낸' 공부입니다. 【「당일암(唐一菴)[50]에게 답하는 서신」】

|18-62| 『易』言洗心, 非爲有染著; 『易』言藏密, 非爲有滲漏. 除卻洗心, 藏密, 更無功夫. 十分發揮, 乃是十分緊固, 方是堯, 舜兢業過一生處. 【「答唐一菴」】

|18-63| "어디에도 관심을 두지 않는데 저절로 잊지 않는다."라는 대목은 너무 성급하게 말한 것입니다. 이것은 가장 큰 독약입니다. 여러분들은 줄곧 이것을 절묘한 비방으로 여기고 있는데 어째서 스스로 찾을 수 없는 것입니까? 초탈하지 못하는 이유가 무엇입니까? "잡으면 생기生機에 문제가 생긴다."라는 대목

|18-63| "無所存而自不忘" 一句, 說得太早. 此最是毒藥, 諸君一向用此爲妙劑, 如何自求不得, 不見超身, 何也?" "執之則生機拂" 一句,

---

50 당일암(唐一菴): 唐樞(1497-1574)는 자가 惟中이고 호가 子一인데 사람들은 그를 一庵 선생으로 불렀다.

은 매우 옳습니다. 하지만 사람들에게 공부에서 손을 떼게 만들기 쉬우니, 사실 고생을 너무 심하게 좀 하더라도 무방합니다. '잡으면 존재하고 놓으면 없어진다'라고 공자도 말씀하셨으니 '잡는' 공부를 어찌 그만둘 수 있겠습니까. 잡을수록 더욱 무르익을 테니 설마 손을 뗄 수야 있겠습니까. 천고에 손을 뗀 성인이란 존재하지 않았습니다. '절벽에서 손을 뗀다'라는 장자莊子의 말이 있기는 하지만, 우리 유학자들이 망녕되게 피상적으로 이해할 뿐 장자의 의도가 무엇이었는지 알지를 못합니다. 지금 절벽에서 손을 뗄 수 있는 사람이 있습니까? 어찌 유독 평소에 '손을 뗀다'라는 것에 대해 말하는 것입니까? 오직 시시각각으로 수렴하여 이 양지를 저버리지 않기 위해 힘써야만 착실하게 될 수 있어서 함정에 빠지지 않을 것입니다. 【「사유세(謝維世)에게 보내는 서신」】

甚是. 但容易爲人開手, 且喫苦過甚無妨. 操則存, 舍則亡, 孔子亦且云云, 操豈可已乎? 愈操愈熟, 斷不成便放開手. 千古未有開手聖人. '懸崖撒手', 莊子有此言, 吾儒方妄以目解, 不知莊子所指何也. 今有人到懸崖上撒手者乎? 何獨在平時說撒手事? 惟有時時收斂, 務求不負此良知, 庶幾樸實頭不落陷阱耳. 【「與謝維世」】

|18-64| 보내신 서신에서 "'양지가 이루어지고' '성실해지고' '바르게' 되는 것 이외에 별도로 '격格'이라는 것이 있지 않고, 마음과 의념이 성실해지는 것 이외에 별도로 '물物'이라는 것이 있지 않고 천성天性 이외에 별도로 '지知'라는 것이 있지 않다.[51] 격格·치致·성誠·정(正)

|18-64| 來論 "知至誠正之外, 非別有格; 心意诚之外, 非別有物; 天性之外, 非別有知. 格致誠正是一時事." 所謂不

---

51   양지가 … 않다: 格物, 致知, 誠意, 正心이 모두 동시에 이루지는 일이라는 의미이다.

은 동시에 이루어지는 일이다."라고 하였는데, 이른바 '문자적 해석에 빠져 있지 않은' 경지이니, 그래서 이런 말을 할 수 있는 것입니다. 【「벗에게 보내는 서신」】

|18-65| 자신의 의념이 현재 거리낌 없이 날뛰고 있음을 아는 것이 양지이고, 자신이 할 수 없는 일인데도 늘 자신을 속이는 것은 양지를 속이는 일이며, 양지를 속이고 있다는 것을 스스로 안다면 또 그게 양지이고, 글로 써 놓고는 공공연히 그것을 자랑스러운 이야기로 삼는 것은 양지를 이루려고 하지 않는 것이네. 이 병을 어찌 다른 사람이 고칠 수 있겠는가. 【「문인에게 답하는 서신」】

|18-66| 용계(龍溪: 王畿)의 학문은 오늘날까지 기다릴 것도 없이 오래 전에 그 상세한 내용을 알고 있었습니다. 하지만 공부에 대한 그의 강론은 또 오히려 아무 실효적인 공부의 방법이 없었습니다. 그래서 그 방법을 '양지로 양지를 실현한다'라고 규정하였던 것이니, 도가에서 말하는 '선천으로 후천을 다스린다'와 같은 의미입니다. 그 말은 실제로 양명이 구두로 전수해 준 것이긴 하였지만 대체로 불교에 기원을 둔 것입니다. 『전등록傳燈錄』을 읽어 보면 그 의미를 환히 알 수 있습니다. 정말이지 우리 유학의 '조심하는 마음으로 일을 잘 처리한다'

落言詮, 故能出此言也.【「與友人」】

|18-65| 知縱肆, 是良知; 知不能, 卻常自欺, 是瞞良知; 自知瞞良知, 又是良知; 形之紙筆, 公然以爲美談, 是不肯致良知也. 此病豈他人能醫耶?【「答門人」】

|18-66| 龍溪之學, 久知其詳, 不俟今日. 然其講功夫, 又卻是無功夫可用. 故謂之"以良知致良知", 如道家"先天制後天"之意. 其說實出陽明口授, 大抵本之佛氏. 翻『傳燈』諸書, 其旨洞然. 直是與吾儒'兢兢業業', '必有事'一段絕

거나 '반드시 주목하는 일을 가진다'라는 그런 일련의 방식과는 전혀 맞지가 않으니 분명히 두 분은 서로 다른 학파의 학문 분위기에 속합니다. (양명과 용계가 각각 일가를 이룬다는 의미입니다.) 그런데도 이 둘을 동일한 것으로 간주하게 된다면 이는 천하를 어지럽히는 것입니다. (용계의) 이런 학설을 가지고 세상에 응한다면 어찌 아무렇게나 마음대로 행동하는 데 이르지 않겠습니까! 【「섭쌍강(聶雙江)에게 보내는 서신」】

不相蒙, 分明二人屬兩家風氣. (言陽明, 龍溪各爲一家.) 今比而同之, 是亂天下也. 持此應世, 安得不至蕩肆乎? 【「與聶雙江」】

|18-67| 예전에 육상산의 "(『시경』에서) '조심하는 마음으로 상제를 잘 섬긴다'라고 하고 '상제가 너에게 임하고 있으니 너의 마음을 두 갈래로 나누지 말라'라고 하였다. 늘 조심스럽게 행동하니 어떻게 한가하게 지내는 때가 있겠는가."라는 말을 글씨로 쓰기를 좋아하였는데, 용계가 곁에 있다가 그때마다 다른 말을 다시 쓰게 하려고 해서 마음에 자못 의심스러웠습니다. 『육경』에서 학문에 대해 말할 때 반드시 먼저 '조심하는 마음을 가지라'라거나 '삼가고 두려워하라'라는 말을 맨 앞에 둔 것을 매번 보고서야 '반드시 주목하는 일을 가진다'라는 마음의 자세가 자명하게 공자 학파의 가법(家法)임을 알게 되었습니다. 【「사고천(謝高泉)에게 보내는 서신」】

|18-67| 往時喜書象山 "'小心翼翼, 昭事上帝.' '上帝臨汝, 毋貳爾心.' 戰戰兢兢, 那有閒管時候" 一段, 龍溪在旁, 輒欲更書他語, 心頗疑之. 每觀『六經』言學, 必先'兢業', '戒懼', 乃知'必有事焉' 自是孔門家法. 【「與謝高泉」】

|18-68| 보내신 서신에 "사태에 대응하는 행

|18-68| 來諭 "凡應

위들이 전부 양지의 본연적 조리에 따른 것은 아닙니다. 그래서 정신이 활기찰 때는 너무 안배하려는 것처럼 보여 마치 뭐가 더해진 듯하고, 정신이 노곤해지면 바로 염증이 생겨서 뭐가 덜어 내진 듯합니다."라고 하였습니다. 이것은 이미 양지의 본연적 조리는 더할 수도 없고 덜 수도 없다는 점을 잘 설파한 것입니다. 하지만 모름지기 일상적인 언행 속에서 이 조리를 알아차릴 수 있어야만 시시각각으로 변별할 수 있게 되며, 또 모름지기 일상 속에서 익숙하게 잘 익혀야만 어느 곳에서나 공부가 있게 될 것입니다. 어찌 단지 사람이 염증을 가지게 되고서야 가감이 생기는 것이라 하겠습니까. 한가한 중에 쾌적한 상황에서도 또한 모두 있습니다. 그래서 정신이 불변적일 수 있으면 사태에 대응하는 것도 바로 '격물'이고, 정신이 잘 길러질[52] 수 있으면 일을 줄이는 것도 바로 격물입니다. 이것은 하나의 일이지 두 가지 일이 아닙니다. 【「증월당(曾月塘)[53]에게 답하는 서신」】

|18-69| (마음이) 편안히 쉬게 되는 지점은 인위적인 힘으로 억지로 도달할 수 있는 바가 아

酬未盡是良知本然條理, 故於精神足時, 太涉周旋, 似有所加; 到困憊後, 便生厭心, 似有所損." 此已說到良知本然條理不可加, 不可損處. 但須於尋常言動處, 識得此條理, 方時時有辨別, 又須於尋常中調習得熟, 方處處有功夫. 豈特遇人有厭心爲有加損? 即閒中快活處, 亦皆有之. 故精神如常, 即應酬是格物; 精神當養, 即少事是格物. 此是一事, 不是兩事.【「答曾月塘」】

|18-69| 寧息處, 非可以人力爲; 精明

52　길러질: '기르다'라는 말은 자라게 한다는 의미와 보살핀다는 두 가지 의미가 있겠는데, 여기서는 보살핀다는 의미로 쓰였다.

53　증월당(曾月塘): 曾於乾은 字가 思健이고 호가 月塘이다.

니고, 정미하고 밝게 되는 지점도 또한 인위적인 힘으로 억지로 도달할 수 있는 바가 아닙니다. 인위적인 힘으로 억지로 도달할 수 없는 그런 지점이라야 공부가 지극히 엄밀해지고 장구할 수 있을 것입니다. 【「왕당남(王塘南)[54]에게 보내는 서신」】

|18-70| "양지는 어떤 것에 대응되는 것이 아니기 때문에 '독獨'이라고 한다."라고 하셨는데 참으로 옳습니다. '홀로 아는 것'의 명료함은 양지이기 때문에 진실로 없어지지 않는 것입니다. 헤아려 보고 추측을 해보는 것이 과연 모두 양지이겠습니까. 『중용』에서 '독獨'이라고 하였는데 그 주석에서는 '독지(獨知: 홀로 알다)'라는 두 글자로 늘렸습니다.[55] 양지를 말하는 사람들은 그것을 계기로 견강부회하기를 좋아하는데 자사子思의 원래 의미가 아닐 것 같습니다. 보내신 서신에서는 "'독獨'이란 하늘이 명한 그 성性을 가리킨다."라고 하셨는데 그 말씀은 옳습니다. (공자가) '기미를 아는 이는 신묘한 경지에 이른 것이다.'라고 하였는데 '기미[幾]'는 움직임의 미미함입니다.[56] 그리고 미미

處, 亦不可以人力爲. 不可以人力爲, 而後功夫至密而可久. 【「與王塘南」】

|18-70| 謂良知與物無對, 故謂之獨, 誠是也. 獨知之明, 良知固不泯矣, 卜度擬議, 果皆良知矣乎? 『中庸』言獨, 而「註」增"獨知"二字, 言良知者, 因喜附之, 或非子思意也. 來諭謂"獨指天命之性", 言得之矣. 知幾其神, 幾者, 動之微也, 微者, 道心, 而謂有惡幾, 可乎? 故曰"動而未形, 有

---

54 왕당남(王塘南): 王時槐(1522-1605)는 자는 子直(子植으로도 쓴다)이고 호는 塘南이다. 많은 양명 제자가 배출된 강서성 吉安시의 安福현 사람이다.
55 『중용』에서 … 늘렸습니다: 주석은 주자의 『중용장구』를 가리킨다. "獨者, 人所不知而己所獨知之地也."

함은 도심道心인데 거기에 악의 기미가 있다고 말한다면 옳겠습니까. 그래서 '움직이되 형상이 생기지 않아서 있음과 없음의 사이인 것'이라고 말하는 것이니 '움직이되 움직임이 없다'라고 말하는 것과 같습니다. 그러니 뒷사람들이 '의념이 처음 움직인 때'로 규정한 것은 거리가 먼 이해입니다. 이것을 안다면 '기미' 이전에 주목하는 것은 노장과 불교이고, '기미' 이후에 주목하는 것은 오패五霸이며, '기미'에 대해 연구하여 잘 아는 이는 움직임이나 고요함 어느 편으로도 치우치지 않습니다. 주렴계는 '기미에서 선과 악이 나뉜다'라고 하였는데, 오직 기미이기 때문에 선과 악이 구별된다는 말입니다. 기미를 아는 일은 한 의념의 선함이 다 포괄할 수 있는 것이 아닙니다. 길한 결과의 조짐이 먼저 드러난 것이 대개 지선至善입니다. 늘 지선을 위주로 한다면 이는 천명이 스스로 주재가 됩니다. 늘 홀로일 때 삼갈 수 있고 늘 중용에 의지할 수 있으며 늘 이 하나의 선함을 가슴에 품고 있을 수 있으면 이것을 '기미보다 먼저'라고 부릅니다. 이와 같이 하고서도 잘못이 있고 허물이 있을 경우라야 회복하여 고치는 것이 별로 멀지 않을 수 있습니다.

無之間", 猶曰動而無動之云也. 而後人以念頭初動當之, 遠矣. 知此則幾前爲二氏, 幾後爲五霸, 而硏幾者爲動靜不偏. 周子"幾善惡"之言, 言惟幾, 故別善惡, 能知幾, 非一念之善可能盡. 吉之先見, 蓋至善也, 常以至善爲主, 是天命自主. 常能愼獨, 常依中庸, 常服膺此一善, 是謂先幾. 如是而有失有過, 其復而改, 方不甚遠. 若使兩物對待, 去彼就此, 豈所謂齋明, 豈所謂擇善固執者乎? 此宋儒傳失宗云然. 象山先立乎大, 固不若是勞擾也.【「與詹

56　기미를 … 미미함입니다: 이 문장은 『주역』「계사상」에 있는 내용이다. "子曰: 知幾其神乎! 君子上交不諂, 下交不瀆, 其知幾乎! 幾者, 動之微, 吉之先見者也."

문공 염암 나홍선 선생

만약 둘이어서 서로 대립하여 저것을 버리고 이것을 취하는 경우라면 어찌 이른바 '가지런히 하고 정갈하게 한다'라는 것일 수 있겠으며[57] 어찌 이른바 '선을 택하여 굳건히 지키는 것'일 수 있겠습니까? 이는 송유(宋儒)들이 정통을 제대로 전수하지 못하여서 그런 식으로 말하였을 뿐입니다. 상산의 '먼저 그 큰 것을 세워라'라는 주장은 진실로 이와 같이 번잡하지가 않습니다. 【「첨의재(詹毅齋)에게 보내는 서신」】

毅齋」】

|18-71| 자사(自私)라는 두 글자는 노장과 불교를 성현의 도(道)와 완전히 단절되게 하였습니다. 살아야 할 상황이면 살고 죽어야 할 상황이면 죽는 것이니 목숨을 바쳐서 도덕적 의지를 이루고 자신을 희생하여 인(仁)을 이룰지언정 어찌 이런 견식(見識: 自私를 가리킴)을 가지겠습니까! 【「능양산(淩洋山)에게 보내는 서신」】

|18-71| 自私二字, 斷得二氏盡絶聖賢之道. 當生而生, 當死而死, 致命遂志, 殺身成仁, 寧作此等見識. 【「與淩洋山」】

|18-72| 이 학문은 '고요함[靜]' 속에서 체와 용을 알아차리는 일이 지극히 어렵습니다. 대개 단지 자기 마음의 결코 속일 수 없는 부분을 주재로 일깨워야 하는 것이니, 그런 노력을 오래 지속하다 보면 마음이 정미하고 밝게 되어

|18-72| 此學靜中覺覷體用事極難, 大約只於自心欺瞞不得處, 當提醒作主, 久久精明, 便有別白

---

57 가지런히 … 있겠으며: 『중용』 26장에 나오는 말로서 제사를 지내기 위해 재계하는 것을 가리킨다. "鬼神之爲德, 其盛矣乎! 視之而弗見, 聽之而弗聞, 體物而不可遺. 使天下之人齊明盛服, 以承祭祀."

분명해지는 지점이 있게 될 것입니다. 만약 단지 사태에 하나하나 대응하고 머리로 무엇인가를 이해하는 그런 능력을 바로 '마음의 본체'라고 한다면 이것은 주재가 되기에 부족하니 문제가 있고 스스로 해결할 수 없습니다. 어떻게 해야 할까요? 단지 문제가 없는 지점을 찾아낼 수 있어야만 깨닫는 바가 있게 될 것입니다.【「주학유(周學諭)에게 보내는 서신」】

處. 若只將日用間應酬知解處, 便謂是心體, 此卻作主不定, 有差, 自救不來. 何也? 只尋得差不得處, 始有見耳.【「與周學諭」】

┃18-73┃『대학』의 '혈구絜矩'는 원래 '지지知止'로부터 전개된 말이니 근본이 없이 한 말이 아닙니다. '앎이 그쳐야[知止]' 안정되고 고요해지고 편안해지며, 그런 뒤에야 잘 사려할 수 있게 되고 잘 사려하면 '공정한 잣대로 헤아릴[絜矩]' 수 있습니다. 그래서 가운데에 있고 한쪽으로 치우치지 않아 자연히 다른 만물과 같은 몸인 것처럼 되니, 자연히 공정한 잣대로 헤아리는 것입니다. 만약 단지 '혈구'만을 논하고 이 마음이 어떠하냐를 묻지 않는다면 곧 세상에 잘 보이고 아부하는 것이 될 테니 자기를 끌어다 남을 좋게 하는 것입니다.

┃18-73┃『大學』絜矩, 原從知止說來, 卻不是無所本. 能知止, 方定靜安, 然後善慮, 善慮便能絜矩. 故中無所倚, 自然與物同體, 自是絜矩. 若只論絜矩, 不問此心若何, 卽涉於倍奉媚世, 牽己從人矣.

┃18-74┃유학과 불교의 차이점과 관련하여, 단지 우리 유학은 '중中'과 '인仁'을 말한다는 지점에서 자명하게 같지 않습니다. 요임금과 순임금의 '중'과 공자 문하의 '인'은 용어가 비록 같지 않지만 하나는 한쪽으로 기대지 않았음

┃18-74┃儒釋之辨, 只吾儒言中與仁處, 便自不同. 堯, 舜之中, 孔門之仁, 言雖不同, 一則指無所

을 가리키고 다른 하나는 혼연히 다른 만물과 같은 몸인 것처럼 된다는 점을 가리키니 둘이 다른 것이 아닙니다. 가운데에 있고 한쪽으로 기대지 않음을 '어느 한편에 머물지 않음'으로 풀이하는 것은 그럴싸해 보이지만 '조심스러운 마음 태도를 가진다'거나 '(중용을) 잘 견지한다'는 의미가 있다는 점에서 전혀 비슷하지가 않고, '혼연히 다른 만물과 같은 몸인 것처럼 된다'라는 측면은 (불교의) '깨달음의 바다는 원만하고 맑다'라는 그런 분위기와는 또 매우 다릅니다. 둘의 밑동을 가지런히 맞추지 않은 채 일치하는 언구만을 들어 판단을 내리게 되면 그 말의 종지를 놓치게 됩니다. '가운데 있고 한쪽으로 기대지 않음'과 '자연히 만물과 같은 몸인 것처럼 됨'이라는 기상에 도달하여 지키고 잃지 않는 것이 바로 우리 유학이 종일토록 견지하여 행하는 지점입니다. 연평延平이 '희로애락이 일어나기 이전의 기상을 살펴보라'라고 한 것은 대개 사람들에게 스스로 자신의 마음속에서 구하도록 한 것이었습니다. 양지 두 글자는 한번 뭐라고 규정하게 되면 더듬어 찾으려고 들기 쉽습니다. 하지만 이른바 '기대지 않음'과 이른바 '같은 몸인 것처럼 되었을 때의 그 기상'과는 그 관계가 어떠한지 알지 못합니다. 그래서 이따금 잘못 이해하는 데 이르기가 쉽지만 양지 이외에 다시 '중'이나 '인'이 있다는 의미가 아닙니다.

倚, 一則指渾然與物同體, 無二物也. 中無所倚, 釋之"無住"若近之, 至於兢業允執, 茫不相似. 渾然同物, 與其"覺海圓澄"又大相遠. 不揣其端緒, 擧言句之吻合以爲歸, 失其宗矣. 中無所倚, 自然與物同體, 得此氣象, 守而弗失, 乃吾儒終日行持處. 延平於喜怒哀樂未發以前, 觀其氣象, 蓋使人反求者也. 良知二字, 一經指點, 便易摸索. 但不知與所謂無倚, 所謂同體處當下氣象若何. 故往往易至冒認, 非謂良知之外, 復有中與仁也.

|18-75| '그침[止]'의 개념은 움직임과 고요함을 다 포괄하고 안과 밖을 총섭합니다. 이 '그침'은 곧 만물이 각각 자신의 자리를 얻은 상태입니다. 만약 사물을 보고 난 뒤에 비로소 헤아리기 시작한다면 이미 지리멸렬한 방식에 속합니다. '그치면' 한쪽으로 기댐도 없고 다른 만물과 한 몸인 것처럼 되어서 저절로 헤아릴 수가 있게 됩니다. 지금 세상에 많이 보이는, 다른 만물들에 대응은 하면서 아무런 관계가 없는 것처럼 구는 태도들은 당연히 이런 경지에 도달하지 못한 것입니다. 그리고 만물이 일체라는 주장을 견지하는 이들도 또한 자기를 끌어다 다른 만물을 따르게 하는 방식이어서 종일토록 세상일에 마음이 빠져서는 세상에 맞춰 사는 방식을 '다른 만물과 한 몸인 것처럼 되는 경지'라고 여기는 것입니다. 마음의 본모습을 잃어버려서 더 이상 수습하여 안돈시킬 수 없는 상태라는 것을 모르고, '안정되다'라거나 '고요해지다'라는 글자를 언급하자마자 곧장 자신을 해칠 것처럼 생각합니다. (마음에) 어떤 것도 없어야만 다른 사물을 그 사물에 맞게 적절히 다룰 수 있다는 것을 모른 것이니, 만일 내 마음이 이미 어떤 사물로 동화되어 버린 뒤에는 어떻게 그 사물을 부릴 수 있겠습니까. 이 지점은 조금도 어느 한편으로 기울어서는 안 됩니다. 【이상은 「유인산(劉仁山)에게 보내는 서신」】

|18-75| 止處該括動靜, 總攝內外, 此止卽萬物各得其所. 若見物方絜, 已屬支離. 止則無倚, 與物同體, 便自能絜. 今世與物酬應漠不相關, 固不足以與此. 有持萬物一體之說者, 則又牽己從之, 終日沉湎於世情, 依阿附會, 以爲同體. 不知本體淪喪, 更無收攝安頓處, 才拈定靜字面, 卽若傷我. 不知無一物方能物物, 吾心已化於物, 安能運物哉? 此處絲毫倒一邊不得.
【以上「與劉仁山」】

|18-76| 노형은 일찍이 저에 대해 '의견'에 떨어졌다고 비판하였는데 이것은 참으로 실제에 맞는 말이지만, 그렇다고 무릇 견해 중에서 이런 작용이 있는 것을 전부 다 의견으로 치부해서는 안 됩니다. 진실로 핍진하지 못할 경우에는 자호(慈湖: 楊簡)의 '무의無意'도 또한 의견입니다. 만약 지향하는 것이 있으면 거기에 힘을 열심히 기울이더라도 괜찮은 것이니, 벗어나듯 깨닫는 경지에 대해서는 또 별도로 논해야 할 것입니다. 힘이 아직 이르지 못하였는데 먼저 벗어나려고 한다면 너무 지나친 걱정을 하는 것이 아니겠습니까. 【「왕용계(王龍溪)에게 답하는 서신」】

|18-77| 이 진심眞心의 작용 이외에 달리 재능이나 지교智巧가 있지 않습니다. 【「호정보(胡正甫)[58]에게 답하는 서신」】

|18-78| 장자莊子의 이른바 '외부의 것이 들어가지 않고 내부의 것이 나가지 않는다'라고 한 말은 우리 유학에서 말하는 '앎이 그친[知止]' 경지가 정확히 거기에 일치합니다. 이 들어가지 않고 나가지 않는 그 상태가 바로 '정定'이고 이

|18-76| 兄嘗謂弟落意見, 此眞實語. 凡見中有此用處, 不應總屬意見. 苟未逼眞, 慈湖之無意, 亦意見也. 若有嚮往, 不妨其致力之勤, 到脫然處, 又當別論. 力未至而先爲解脫, 不已過憂乎? 【「答王龍溪」】

|18-77| 除此眞心作用, 更無才力智巧. 【「答胡正甫」】

|18-78| 莊子所謂外者不入, 內者不出, 吾儒知止地位, 正與相等. 卽此不入不出處, 便是定,

---

58 호정보(胡正甫): 호직(胡直)은 자가 정보(正甫)이고 호는 여산(廬山)이며 강서성 길안(吉安)시의 태화(泰和)현 사람이다.

'정'의 상태는 바로 우리 심체의 본연이고 바로 성명性命이 위치하는 곳입니다. 이 상태를 지키고 흩어 버리지 않아서 점점 순정하고 원숙해지는 단계로 접어들면 만물이 동요시킬 수 없게 될 테니 성현의 경지로 들어가게 될 것입니다. 【「왕소참(王少參)에게 보내는 서신」】

即定處, 便是吾人心體本然, 便是性命所在. 守此一意不散, 漸進於純熟, 萬物無足以撓之, 入聖賢域中矣. 【「與王少參」】

| 18-79 | 집착이란 공부가 설어서 생기는 현상입니다. 공부가 순정하고 원숙해지는 경지에 이르면 저절로 줄어들게 될 것이니 집착이 생겼다고 바로 염증을 느껴서는 안 됩니다. 이 지점에서 염증을 느끼고 주저하는 마음이 생겼다면 그것은 삿된 마가 낀 것이니 절대 그냥 두어서는 안 됩니다.

| 18-79 | 執著乃用功生疏所致, 到純熟自當輕省, 不可便生厭心. 此處一有憎厭疑貳, 便是邪魔作祟, 絶不可放過也.

| 18-80 | 이 마음이 환하게 아무 가려짐이 없는 때에는 성인과 그다지 다르지 않습니다. 이 지점에서 조금의 동요도 없고 또 변동도 없고 또 집착도 없고 또 등한시하지도 않는다면 이것이 바로 학문입니다. 단지 시시각각으로 보호하는 노력이 있고 그 환한 마음을 손상시키지 않는다면 몸가짐은 자연히 바르게 될 것이고 언어는 저절로 진중해질 것이고 신체적 욕구는 저절로 조절될 것이며 선은 저절로 행해질 것이고 악은 저절로 그칠 것이며 명성을 좋아하고 재화를 좋아하고 여색을 좋아하는 마음은 저절로 담담해질 것입니다. 이런 마음의

| 18-80 | 此心皎然無掩蔽時, 便與聖人不甚異. 於此不涉絲毫搖兀, 亦無改變, 亦無執著, 亦無忽略, 此便是學. 只時時有保護處, 不傷皎然處, 將容體自正, 言語自謹, 嗜欲自節, 善自行, 惡自止, 好名好貨好色自覺澹. 以此看書, 以

상태로 책을 읽고 이런 마음의 상태로 친구들과 교유하면 정신이 저절로 잘 응취되어 흩어지지 않을 것입니다. 【이상은 「유가현(劉可賢)에게 답하는 서신」】

|18-81| 종일토록 분분하게 일이 많더라도 피곤함을 느끼지 못하니, 정신이 동요된 뒤에 피곤함을 느끼게 되는 것이고 정신이 동요되지 않는다면 사태에 대응하고 있을 때도 마음이 고요히 있을 때와 아무 차이가 없을 것입니다. 이는 마음속이 비어서 그 안에 아무것도 없기 때문입니다.

|18-82| 자신을 대할 때나 남을 대할 때 조금의 의념도 일으키지 않으면 저절로 문제가 될 일이 없습니다. 의념이 조금 일어난다 싶으면 대응하지 않는 일이 없게 되니 곧 다른 만물과 적이 되는 것입니다. 【「왕양명(王養明)에게 보내는 서신」】

|18-83| 사태에 대응하는 행위들이 바로 학문입니다. 이때 조금이라도 나쁜 짓을 하는 부분이 있으면 잘못인 것이고 또 조금 집착하는 바가 있으면 그 또한 잘못입니다. 이른바 '마음을 기른다'라는 것도 여기에 있는 것이고, '앎을 확장한다'라는 것도 여기에 있는 것입니다. 이 지점에서 공부가 더욱 엄밀해지고 지각이

此處友, 精神自聚不散渙矣.【以上「答劉可賢」】

|18-81| 終日紛紛, 不覺勞頓, 緣動神而後有勞. 神氣不動, 即動應與靜中無有異境, 此中虛而無物故也.

|18-82| 自處與處人, 未動絲髮意, 便自無事. 稍涉動意, 未有不應者, 便是與物爲敵.【「與王養明」】

|18-83| 即處事中便是學. 此間稍有作惡處便是過, 稍有執泥處便是過, 所謂養心也在此, 擴知也在此. 此處功夫愈密, 知覺愈精, 而不

더욱 정미해져서 외물에 의해 변화되지 않는다면 이것을 '격물'이라고 부릅니다. 만약 자신이 집착을 하고 나쁜 짓을 하면서도 깨닫지 못한다면 이는 '통증이나 가려움을 느끼지 못하는 것'입니다. 이 경우 비록 아주 좋은 일을 하였다고 하더라도 또한 이기적인 사심입니다. 이 마음이 나쁜 짓도 하지 않고 집착도 하지 않게 되면 밝은 거울과 잔잔한 물과 같아서 발할 때도 또 절도에 맞게 되니 그것이 '공손한 태도로 마음을 드러낸다'[59]라는 말의 의미입니다. 그리고 여기서 잘 연마할 수 있다면 그것이 '시시각각으로 익힌다[時習]'라는 말의 의미입니다. 【「유가현(劉可賢)에게 보내는 서신」】

| 18-84 | 허虛와 실實, 적연寂然과 감통感通, 안과 밖은 원래 하나의 실재에 대한 이름들입니다. 그것이 옳지 않은 바가 없다는 점에서 말하기 때문에 '실'이라고 하고 그것이 조그만 잡스러운 것도 끼어 있지 않다는 점에서 말하기 때문에 '허'라고 하는 것이며, 그것이 사태에 따라 응할 수 있기 때문에 '감통'이라고 하고 그것이 어떤 사태에서든 아무 동요가 없기 때문에 '적연'이라고 하는 것이며, 이것으로 자신

受變於物, 此之謂格物之學. 若自家執泥作惡尙不覺, 是謂不知痛癢, 便是幹極好事, 亦是有己之私. 到得此心不作惡執泥, 明鏡止水相似, 發又中節, 便是巽以出之. 此間磨煉得去, 是謂時習. 【「與劉可賢」】

| 18-84 | 虛實寂感內外, 原是一件, 言其無有不是, 故謂之實; 言其無少夾雜, 故謂之虛; 言其隨事能應, 故謂之感; 言其隨處無有, 故謂之寂; 以此自了, 故謂之內; 以此俱了, 故

---

59 『논어』 「위령공(衛靈公)」편에 있는 말이다. "君子義以爲質, 禮以行之, 孫以出之, 信以成之. 君子哉!"

의 일을 해결하기 때문에 '안'이라고 하고 이것으로 모든 것을 해결하기 때문에 '밖'이라고 하는 것이니 진짜 아무 분별이 없습니다. 하지만 '비어 있고 적연한 본체는 늘 그쳐 있고 움직이지 않는다'라고 말한다면, 그 말은 다시 잘 살펴볼 필요가 있습니다. 그렇지 않고 본체의 차원에서 '그침'을 말하고 '움직이지 않음'을 말한다면 장애가 될 수 있을 터이니 진정한 '허'나 '적연'일 수 없습니다. 【「두도승(杜道升)에게 답하는 서신」】

|18-85| 상황마다 작은 이해심을 물리칠 수 있다면 그게 바로 '극기克己'의 실제적인 일들입니다. 삶과 죽음, 성공과 실패의 근원이라고 해도 또한 일이 있느냐 일이 없느냐와는 상관이 없습니다. 이 지점을 그냥 지나친다면 더 이상 알맞은 것이 없습니다. 물리치는 데 있어 힘들거나 혼란스러운 느낌이 든다면 이것은 공부가 어설프냐 원숙하냐, 편안하게 해내는 일이냐 억지로 해내는 일이냐의 수준 차이입니다. 자기 수준을 받아들이지 못하고 이제 막 공부를 시작하는 단계에서 덕을 온전히 이룬 단계의 일까지 논하려고 한다면 이것은 너무 지나치게 높은 것에 자신을 견주는 것이니, 공부가 순정하고 원숙해지는 것은 단지 '늘 밝은 것'이 조금 어두워졌을 때 점진적으로 진전시켜 나가는 데 있다는 것을 모른 것입니다. 한

謂之外, 眞無有分別者. 但謂虛寂本體, 常止不動, 卻要善看. 不然就本體說止, 說不動, 便能作梗, 便不眞虛寂矣. 【「答杜道升」】

|18-85| 處處從小利害克治, 便是克己實事, 便是處生死成敗之根, 亦不論有事無事. 此處放過, 更無是處. 於克治知費力與濁亂, 此是生熟安勉分限. 不安分限, 將下手實際, 便欲並成德時論, 此涉於比擬太過. 不知功夫純熟, 只在常明少昏, 漸漸求進. 到得成片段, 卻眞咽喉下能著力能下此刀, 與一念一事是非

덩이를 이루게 되었을 때 진짜 목에다 이 칼을 힘을 다해 들이밀 수 있으면, 그때는 한 가지 의념이나 한 가지 일에서 시비를 가리는 것과는 같지 않을 것이니 이는 미리 기미에서 준비를 다해 두는 것입니다. 【「증우야(曾于野)에게 보내는 서신」】

|18-86| '고요히 있을 때' 어떻게 바로 공부의 결과를 미리 예단할 수 있겠습니까. 단지 오랫동안 공부하여 이 마음이 외물을 좇을 때도 있고 외물을 좇지 않을 때도 있다는 것을 알아차리고서는 그 '외물을 좇지 않을 때의 마음'을 근본으로 삼고 일상의 모든 행위를 '외물을 좇지 않는 마음'에 의거하여 잘 살펴서 외물을 좇는 마음이 생기자마자 바로 거두어들이면 오래될수록 점점 더 성숙해질 것입니다. 이와 같이 공부한다면 얼마나 많은 날이 지나야 탄탄해질지 알 수 없는데, 하루 이틀 정좌를 한 뒤에 바로 탄탄해져서 모든 행위가 어긋나지 않기를 바란다면 어찌 가능한 일이겠습니까. 양명 선생이 사람들에게 양지에 의거하라고 가르치셨는데 이는 당장의 견식見識에 의거한다는 뜻이 아닙니다. 양지는 이 마음의 속일 수 없는 지점이니 곧 이른바 외물을 좇지 않는 마음입니다. 고요히 있을 때 그것을 인식할 수 있으면 점점 찾아갈 수 있는 가능성이 생기게 되는 것입니다. 【「나생(羅生)에게 답하는 서신」】

不同，　却是得先幾也.【「答曾于野」】

|18-86| 靜中如何便計較功效？　只管久久見得此心有逐物有不逐物時，却認不逐物時心爲本，日間動作皆依不逐物之心照應，一逐物便當收回，愈久漸漸成熟．如此功夫，不知用多少日子方有定貼處，如何一兩日坐後，就要他定貼動作不差，豈有此理！陽明先生叫人依良知，不是依眼前知解的．良知　是此心瞞不過處，卽所謂不逐物之心也．　靜中識認他，漸漸有可尋求耳．【「答羅生」】

|18-87| 보내신 서신은 분발하여 잘못을 고치려는 뜻이라고는 볼 수 없고 단지 남들이 자신을 믿고 입을 열지 못하게 하려고 할 뿐입니다. 【「왕용계(王龍溪)에게 답하는 서신」】

|18-88| 종일토록 눈앞에 전부 거짓된 사람만 있고 조금도 진실된 뜻이 없다고 하더라도 내가 그들을 대할 때는 종일 모두 진실된 사람이고 조금도 거짓된 뜻이 없다고 여겨야 합니다. 이와 같이 하면 공부에 진전이 있을 것입니다. 【「유소형(劉少衡)에게 보내는 서신」】

|18-89| 무릇 습심(習心: 이기적인 마음들)이 섞여 들게 되는 것은 모두 일상의 생활이 너무 편안해서 마음의 본체를 잘 잡고 지키는 공부를 하지 않았기 때문입니다. 뱃사공과 비슷해서, (처음에는) 종일동안 키를 보고 있어서 잠을 자지도 못하는데 익숙해지고 나면 몸과 키가 서로 일체가 되어서 둘이라는 구분이 없게 됩니다. 무릇 누구든 학문의 진실된 부분은 단연코 잘 잡고 지켜서 거둬들이는 공부가 있어서 점차 그 속으로 이르러 가기 때문입니다. 현재 상태의 마음을 그대로 두고 공부의 힘을 얻을 수 있는 이는 없었습니다. 【「구양문조(歐陽文朝)에게 답하는 서신」】

|18-90| 숙달되어 힘이 생겼다는 느낌이 들면

|18-87| 來書未見有憤發改過之意, 只是欲人相信, 不得開口. 【「答王龍溪」】

|18-88| 終日眼前俱是假人, 無一分眞實意, 自我待之, 終日俱是眞人, 無一分作僞意, 如此便是有進步. 【「寄劉少衡」】

|18-89| 凡習心混得去, 皆緣日間太順適, 未有操持. 如舵工相似, 終日看舵, 便不至瞌睡, 到得習熟, 卽身卽舵, 無有兩件. 凡人學問眞處, 決定有操持收束, 漸至其中, 未有受用見成者. 【「答歐陽文朝」】

|18-90| 自覺得力,

그대로 실천해 가면 될 것이고, 병통이 있다는 생각이 조금 들면 또 방식을 바꿔 볼 필요가 있습니다. 이 공부는 어린아이를 이끄는 일과 같아서 상황에 맞게 시시각각으로 방식을 바꿔 가면서 이끌어 주어야지 한 방식에 집착해서는 안 됩니다. 【「두도승(杜道升)에게 보내는 서신」】

只管做去, 微覺有病, 又須轉手. 此件功夫, 如引小兒, 隨時遷就, 執著不得. 【「與杜道升」】

│18-91│ 단지 조금도 (잘못된 공부를) 지나쳐서는 안 되는 것이니, 시시각각으로 외물과 상대되는 일이 없도록 하는 것이 바로 (마음을) 수렴하는 공부입니다. 【「호정보(胡正甫)에게 보내는 서신」】

│18-91│ 只是絲毫放過不得, 時時與物無對, 便是收斂功也. 【「與胡正甫」】

│18-92│ 공자 문하의 '문文[60]으로써 견식을 넓히고 예禮로써 단속한다'라는 가르침은 사람의 몸과 마음에 법도를 제시하지 않는 것이 없으니 진실로 현묘하고 고원한 내용이 아닙니다. 무릇 법도로 이끌지 않고 현묘하고 고원한 도리를 추구하는 데만 힘쓰는 이들은 문을 닫은 채 사통팔달의 큰 길에 대해 말하는 것과 같아서 옳지가 않습니다. 【「유현천(劉見川)에게 보내는 서신」】

│18-92│ 孔門博文約禮之敎, 無非卽人身心, 納之規矩, 固非爲玄遠也. 夫不誘之以規矩, 而惟玄遠之務, 是猶閉之門而談天衢, 不可得也. 【「與劉見川」】

60　문(文): 『論語集註』에서 주자는 "文, 謂詩書六藝之文."이라고 하였다. 『시경』과 『서경』을 비롯한 이른바 六經을 가리킨다는 것인데, 대체로 유교 경전을 의미하는 것으로 이해할 수 있을 것이다.

잡저

|18-93| 왕리호王鯉湖가 "'신독愼獨'의 의미는 단지 선한 의념은 반드시 실행하고 악한 의념은 반드시 저지한다는 것이라고 생각하는데 어떻습니까?"라고 물으니, 왕용계(王龍溪: 王畿)가 "이와 같이 한다면 아주 삼가지 못하는 것입니다. 옛사람의 이른바 '삼가다[愼]'라는 말은 바로 미미한 지점을 놓치지 않는다는 뜻을 가리켜 말한 것입니다. 그것이 바로 오염시킬 수 없는 지점이고 바로 늘 속일 수 없는 지점입니다. 마치 좋은 색을 좋아하고 나쁜 냄새를 싫어하는 것과 같아야 바로 이런 지점이라 할 수 있습니다. 만약 선과 악의 두 의념이 번갈아 일어난다면 이것은 주재를 하지 못한다는 뜻이니 비록 나쁜 의념을 없앤다 하더라도 이미 전승을 거둘 수 있는 방법은 아닙니다."라고 하였다. 【가정(嘉靖) 기해년(1511)의 『동유기(冬遊記)』】

|18-94| 왕도사王道思가 "의념이 끊어 낼 수 없는 것이거든 단지 그것을 그대로 내버려 두어야 한다. 어떻게 없애 버리려고 하든 더욱 일이 많아질 것이다. 이것이 내가 조금이나마 다리를 쉬게 하는 방법이다."라고 하였다. [이것이 우리 종파에서 생겨난 방탕한 말인데 뒷날 나근계(羅近溪: 羅汝芳) 등이 많이들 이 사상을 익혀서 속박에서

雜著

|18-93| 王鯉湖問: "愼獨之旨, 但令善意必行, 惡意必阻, 如何?" 王龍溪曰: "如此卻是大不愼矣. 古人所言愼者, 正指微處不放過說, 正是污染不上, 正是常得不欺, 如好好色, 惡惡臭始得. 若善惡二念交起, 此是做主不得, 縱去得, 已非全勝之道."【嘉靖己亥『冬遊記』】

|18-94| 王道思曰: "念頭斷去不得, 止是一任他過, 便要如何斬除, 恐更多事. 此吾小歇腳法也." (此宗門放蕩之語, 後來羅近溪輩多習之, 以爲

풀러나는 비법으로 삼았다.]

|18-95| 왕용계(王龍溪: 王畿)가 나염암(羅念庵: 羅洪先)에게, "그대의 학문은 경험적인 식견을 벗어나지 못해서 핍진하지가 못합니다. 핍진하게 되면 칼을 휘두르며 출전할 때 적들은 손을 쓸 수 없게 될 것입니다. 진실한 마음과 진실된 의념은 사람들이 모두 얻은 것이고 모두 아는 것인데 어떻게 허다한 기만이나 이해타산이 있을 수 있겠습니까?"라고 말하였다. "어떻게 해야 진정으로 성명性命을 위하는 것입니까?"라고 묻자 왕용계는 "성명을 버리면 그것이 바로 성명입니다."라고 하였다. 다시 물어 보니, 왕용계가 "성명이 참되지 않다 보니 늘 세계를 버리지 못하는 것입니다. 지금 선을 행하는 것에 대해 말하더라도 그건 참된 선이 아니라 그냥 좋은 마음으로 남의 말에 신경을 쓰는 것이어서 비방과 칭찬, 득과 실이라는 관문을 깨뜨리지 못한 것입니다. 만약 정말로 (관문을) 깨뜨린 사람이라면 나쁜 이름에 한평생을 파묻혀서 전혀 두각을 드러내는 일이 없다고 하더라도 또 전혀 괘념치 않을 것이니 이것이 바로 진정으로 성명을 위하는 것입니다. 진정으로 성명을 위한다면 시시각각으로 단지 여기에 주의를 기울일 테니 무슨 겨를이 있어 남의 이목을 신경쓰겠습니까. 이렇게 해야만 조화造化의 칼자루가 나의 손에 있게 될 것입니

|18-95| 龍溪謂念庵曰: "汝學不脫知見, 未逼眞, 若逼眞來輪刀上陣, 措手不迭, 眞心眞意, 人人皆得皆知, 那得有許多遮瞞計較來." 問: "如何是眞爲性命?" 龍溪曰: "棄得性命, 是爲性命." 又問, 龍溪曰: "爲性命不眞, 總是棄世界不下. 如今說著爲善不是眞善, 卻是要好心腸隨人口吻, 毀譽得失之關不破. 若是眞打破人, 被惡名埋沒一世, 更無出頭, 亦無分毫掛帶, 此便是眞爲性命. 眞爲性命, 時時刻刻只有這裏著到, 何暇陪奉他人? 如此方是造化把柄在我, 橫斜曲直, 好醜高低,

다. 그러면 횡선이든 사선이든 곡선이든 직선이든 좋든 추하든 높든 낮든 어느 상황이든 문제가 될 일이 없을 것입니다. 지금 단지 세상에 아부하려고만 한다면 자유자재한 경지가 아닙니다."라고 하였다. 그러고는 탄식하기를, "지금 세상의 이른바 득과 실이라는 것은 어떤 것을 가리켜서 득과 실이라고 하는지 모르겠고, 비방과 칭찬이라는 것은 무엇을 비방하고 칭찬한다는 것인지 모르겠습니다. 깨뜨렸다고 말한다고 하더라도 이미 한탄스럽습니다."라고 하였다. ['나쁜 이름에 파묻히다'라는 단락은 또한 우리 종파의 말이다. 옳고 그름의 문제든, 좋고 추함의 문제든 전도된 행동을 하면서 그것을 '견성(見性)'이라고 한다면 결국은 거리끼는 것이라고는 없는 소인이 될 뿐이다. 세속에서 말하는 나쁜 이름이라면 어떻게 사람을 파묻을 만한 것이겠는가. 또 언제 두각을 드러내지 못하게 된 적이 있던가. 그래서 '온 세상이 비방하더라도 신경쓰지 않는다.'라는 말은 세속의 가치를 염두에 둔 것이다. 명교(名敎: 유교)를 파괴하여 정말로 그를 파묻을 나쁜 이름이 있는 자는 이미 금수의 수준으로 들어간 것이니 또 무슨 성명(性命)이 있겠는가.]

|18-96| 왕심재(王心齋: 王艮, 1483-1541)가 '자신을 바르게 하면 남들이 바르게 된다'라는 말에 대해 논하기를, "이것이 우리들의 귀숙처이다. 무릇 남의 악을 보게 되는 것은 단지 자기가 완전히 선하지 못하기 때문이다. 자기가 만약

無往不可. 如今只是依阿世界, 非是自由自在." 因歎曰: "今世所謂得失, 不知指何爲得失? 所謂毀譽, 不知毀譽個甚? 便說打破, 已是可歎矣." (惡名埋沒一段, 亦是宗門語, 不管是非好醜, 顚倒做去, 以爲見性, 究竟成一無忌憚小人耳. 若流俗惡名, 豈能埋沒得人? 又何嘗出頭不得? 故擧世非之而不顧, 爲流俗言也. 苟其決裂名敎, 眞有惡名可以埋沒者, 則已入於禽獸, 亦何性命之有?)

|18-96| 王心齋論正己物正, 曰: "此是吾人歸宿處. 凡見人惡, 只是己未盡善, 己若盡善, 自當

완전히 선하다면 저절로 바뀌게 될 것이다. 이런 관점에서 자기를 보면 일신이 작지가 않다. 자기 하나가 바르면 백 사람이 바르게 되고 자기 하나가 완전해지면 백 사람이 완전해진다. 이것을 일러 '천하가 선해진다'고 하고, 이것을 일러 '천하의 일에 알맞게 대처한다'라고 한다. 성인은 이것으로 자기를 수양하고 백성을 편안하게 하여 천하가 화평해진다."라고 하였다. 또 '인仁이 부자 관계에서 가진 의미'를 논하면서 "고수瞽瞍가 감화를 받기 전에는 순舜이 하나의 명命이었고 고수가 이미 감화된 뒤에는 순이 또 하나의 명이었다. 성性이 명을 변화시킬 수 있다는 것을 볼 수 있다."라고 하였다.

|18-97| 왕용계가 서신에서, "세계의 관점에서 논하면 백 년, 천 년 동안 누적된 관습이고 한 사람의 관점에서 논하면 반평생 동안 의지한 신념이다. 현재 견지하고 점검하는 여러 공부는 단지 세상의 평가기준에 맞춰 가장 좋은 사업을 찾아내서 수행하는 것이니 끝내 남의 입이나 눈을 살피는 것이다. 만약 세상의 평가를 초월한 사나이라면 반드시 세상의 평가기준과 상관없이 자신의 기초를 굳건히 세워서 평판에 신경 쓰는 마음을 깨끗하게 씻어 낸다. 지엽이 생기 넘칠수록 뿌리가 더욱 굳건한 것이다. 그로부터 하늘을 낳고 땅을 낳고 사람을 낳고 만물을 낳는 것이라야 '큰 낳음'이라고 할

轉易, 以此見己, 一身不是小. 一正百正, 一了百了, 此之謂天下善. 此之謂通天下之故. 聖人以此修己安百姓而天下平." 又論仁之于父子曰: "瞽瞍未化, 舜是一樣命; 瞽瞍既化, 舜是一樣命. 可見性能易命."

|18-97| 龍溪書曰: "以世界論之, 是千百年習染; 以人身論之, 是半生倚靠. 見在種種行持點檢, 只在世情上尋得一件極好事業來做, 終是看人口眼. 若是超出世情漢子, 必須從渾沌裏立定根基, 將一種要好心腸洗滌乾淨. 枝葉愈活, 靈根愈固, 從此生天生

수 있다. 그래서 학문은 반드시 진성眞性이 홀로 가고 홀로 온다는 것을 알아서 진성이 늘 두드러지도록 할 수 있어야 남에게 잘 보이려고 노력하는 수준에 떨어지지 않게 된다."라고 하였다.

18-98 왕용계가 "미발未發의 중中은 규정하기 쉽지가 않다. 반드시 미발이 어떤 것인지 알아야 한다. '미발'이란 말은 '발현될 수 없는 것'이라는 의미이다. 눈으로 발현되는 것은 시각 활동이고 시각 활동의 근원적 능력 자체는 시각 활동을 따라 발현되지는 않으며, 귀로 발현되는 것은 청각 활동이고 청각 활동의 근원적 능력 자체는 청각 활동을 따라 발현되지 않는다. 이것은 곧 만고에 걸쳐 유행하고 그치지 않는 뿌리이니, '고요할 때'라는 시점으로 논할 수 없다."라고 하였다.

18-99 내가 왕용계에게, "무릇 사욕을 제거하려면 반드시 그것의 발생 근원이 되는 곳을 무너뜨려야 합니다. 사욕이 일어나는 것은 반드시 유래가 있으니 모두 자기한테 원래 탐내는 마음이 있고 원래 꾀하는 마음이 있기 때문입니다. 이 지점을 그냥 지나쳐 버리면 일시적으로 깨끗해졌다고 하더라도 잠복해 있는 상태에 지나지 않으니 음으로는 그것이 자라도록 북돋아 주지 않을까 걱정스럽습니다."라고

地生人生物, 方是大生. 故學問須識眞性, 獨往獨來, 使眞性常顯, 始能不落陪奉."

18-98 王龍溪曰: "未發之中未易言, 須知未發卻是何物. 謂之未發, 言不容發也. 發於目爲視矣, 所以能視者, 不隨視而發; 發於耳爲聽矣, 所以能聽者, 不隨聽而發. 此乃萬古流行不息之根, 未可以靜時論也."

18-99 予問龍溪曰:"凡去私欲, 須於發根處破除始得. 私欲之起, 必有由來, 皆緣自己原有貪好, 原有計算, 此處漫過, 一時潔淨, 不過潛伏, 且恐陰爲之培植矣." 錢緒山

물었더니, 전서산錢緒山이 "이 공부는 자잘하다. 단지 양지에 의거하여 운용하기만 한다면 어찌 무너뜨릴 필요가 있겠는가?"라고 하였는데, 왕용계가 "그렇지 않다. 이것은 소굴을 들이쳐서 도적을 수색하는 방법이다. 전혀 무익하다고 말하지 말라."라고 하였다. [전서산의 말은 앞서 『동유기(冬遊記)』에서 언급한 왕도사(王道思)의 말과 동일한 법문(法門)이다.]

▌18-100▐ 왕용계의 말에, "돌아가신 스승님이 '양지'라는 개념을 제기하였는데 곧 '도심道心의 미미함'이다. 영명靈明한 의념은 안과 밖의 구분도 없고 적연寂然과 감통(感通: 感而遂通)의 구분도 없다. 우리가 이 영명한 의념을 어두워지게 하지 않는다면 그것이 바로 '치지致知'이다. 어떤 일이나 사물에 대응할 때 언제든 이 영명한 의념을 어두워지게 하지 않는다면 그것이 바로 격물이다. 양지는 빈 것이고 격물은 채우는 것이니 빔과 채움이 상생 작용할 수 있으면 천칙(天則: 현재의 마음에 맞는 법도)이 드러나게 된다. 대개 양지는 원래 아는 것이 없으면서 알지 못하는 것이 없는 것이다. 원래 아무것도 없기 때문에 천하의 온갖 문제들을 조리 있게 대응할 수 있는 것이다. 어떤 이는 양지가 오묘한 이치를 다 담지 못한다고 여겨 양지 위에 '아무 앎이 없는 의견意見'[61]을 더 설정하는데 이것은 곧 이단의 학문이고, 어떤 이는 양지가

曰: "此件工夫零碎, 但依良知運用, 安事破除?" 龍溪曰: "不然, 此搗巢搜賊之法, 勿謂盡無益也." (緒山之言, 與前冬遊記王道思所云同一法門.)

▌18-100▐ 龍溪之言曰: "先師提撥良知, 乃道心之微, 一念靈明, 無內外, 無寂感. 吾人不昧此一念靈明, 便是致知, 隨事隨物不昧此一念靈明, 便是格物. 良知是虛, 格物是實, 虛實相生, 天則乃見. 蓋良知原是無知而無不知, 原無一物, 方能類萬物之情. 或以良知未盡妙義, 于良知上攙入無知意見, 便是異學; 或以良知不足以盡天下之變, 必加見聞知

천하의 변화를 전부 포괄하지 못한다고 여겨 굳이 견문의 지식을 더 보태 넣어서 그 발현을 도우려고 하는데 이는 세속의 학문이다. 우리가 치지의 공부에 아무 힘을 받지 못하는 것은 첫째가 의견이 방해를 하기 때문이다. 의견은 양지의 적이다. 머리를 굴려 깨닫는 것이 있어서 밝은 본체를 완연하게 알게 되면 곧 그것이 양지라고 생각하기 때문이다. 만약 양지를 믿을 수 있게 되면 의意는 곧 양지의 유행 과정이고 견見은 곧 양지의 관찰 기능이어서 안과 밖 어디든 원래 막힘이 없고 원래 보탤 것도 없을 것이니 이른바 '단부(丹府: 단전) 하나가 쇠를 금으로 변하게 만든다'라는 것이다. 만약 의견意見을 실제로 여기게 되면 본래의 영각靈覺은 생기가 막히는 것이 더욱 심해져서 머리를 내밀지 못할 것이다. 학문의 이 작은 차이를 살피지 않으면 안 된다."라고 하였다. 하지만 양명 선생의 말과 대조해 보면 더러 다 합치되지 않는 점이 있다.

양명 선생은 일찍이 "양지는 하늘이 명한 성性이니, 마음의 본체가 자연히 밝게 비추고 영묘하게 알아차리는 능력이다."라고 하였으니 이는 양지가 곧 하늘의 성이라는 의미이다. 『중

識補益而助發之, 便是俗學. 吾人致知工夫不得力, 第一意見爲害. 意見是良知之賊, 卜度成悟, 明體宛然, 便認以爲良知. 若信得良知過時, 意卽是良知之流行, 見卽是良知之照察, 徹內徹外, 原無壅滯, 原無幫補, 所謂丹府一粒, 點鐵成金. 若認意見以爲實際, 本來靈覺生機封閉愈固, 不得出頭. 學術毫釐之辨, 不可不察也." 然質之陽明先生所言, 或未盡合.

先生嘗曰: "良知者, 天命之性, 心之本體, 自然照明靈覺者也." 是謂良知卽

---

61 의견(意見): 아래에 보이는 것처럼 나홍선은 여기서 '의견(意見)'을 '의(意)'와 '견(見)'의 합성어로 쓰고 있다.

용』에서 성性에 대해 말한 것은 가리키는 바가 '보이지 않고 들리지 않음'[62]에 있다. 대개 군자의 학문은 그 보이지 않고 들리지 않는 것에 대해 삼가고 두려워하는 데 있을 뿐이다. 보이지 않고 들리지 않음 말고는 그 삼가고 두려워하는 공부를 시행할 곳이 없다. 무릇 보이지 않고 들리지 않음이란 숨겨져 드러나지 않고 미미해서 현저하지 않은 것을 말한다. 하지만 내가 밖으로 발현되는 것은 바로 이 드러나지 않은 것에 의해 이루어지는 것이지 거기에 무엇을 더한 것이 아니고, 내가 밖으로 현저해지는 이것은 곧 이 현저하지 못한 것에 의해서 이루어지는 것이지 거기에 무엇을 더한 것이 아니다. 이런 측면에서 말하면 양지의 체體를 지극한 비어 있음이라고 해도 상관없고 그 본체는 빈 것이고 드러난 것은 채운 것이라고 해도 상관없지만, 지금 '양지는 빈 것이고 격물은 채운 것이다'라고 한다면 이른바 '보이지 않고 들리지 않음'이 무엇인가를 기다려 채워진다는 것인가?

양명 선생은 또 "지선至善은 마음의 본체이

天性矣. 中庸言性, 所指在於不睹不聞, 蓋以君子之學, 惟於其所不睹不聞者而戒愼恐懼耳. 舍不睹不聞之外無所用其戒愼恐懼也. 夫不睹不聞, 可謂隱而未形, 微而未著矣. 然吾之發見於外者, 卽此未形者之所爲, 而未始有加; 吾之彰顯於外者, 卽此未著者之所爲, 而未始有加. 由是言之, 謂良知之體至虛可也, 謂其本虛而形實亦可也, 今曰"良知是虛格物是實", 豈所謂不睹不聞有所待而後實乎?

先生又曰: "至善

62 보이지 … 않음: 『中庸』, "道也者, 不可須臾離, 可離非道也. 是故君子戒愼乎其所不睹, 恐懼乎其所不聞." '不睹'와 '不聞'을 '보이지 않음'과 '들리지 않음'으로 번역하는 것이 옳을지 '보지 않음'과 '듣지 않음'으로 번역하는 게 옳을지 분명하지 않은데 이 대목의 문맥을 고려하여 번역하였다.

다. 움직인 뒤에 불선함이 있게 되는 것인데 본체의 앎은 알지 못한 적이 없다."라고 하였다. 이는 양지를 지선으로 간주한 것이다.『대학』에서 말한 지선은 그 공부가 '그칠 수 있음'에 있다. 대개 내 마음의 본체는 진실로 지선이 있는데 앎이 생긴 뒤에는 (거기에) 그칠 수 있기가 어렵다. 앎이 생겼는데도 늘 그칠 수 있는 경지는 알맞은 자리에 그친 천량(天良: 타고난 선함)이 아니고서야 누가 도달할 수 있겠는가. 그래서 정定 · 정靜 · 안安 · 여慮는 모두 지선이고, 안정될 수 있고 고요해질 수 있고 편안해질 수 있고 사려할 수 있게 된 것은 '지선에 그침'이다. 그칠 수 있고서야 지선이 모두 자기 것이 될 수 있다. 자기 것이 된 뒤에야 '얻음이 있다'라고 하는 것이다. 먼저 안정되고 고요해지고 편안해지는 공부를 하는 것은 물(物: 현재 마음의 지향)이 격(格: 바로잡힘)되도록 하는 일이니 '그침'의 시작이고, 그 뒤에 사려하는 공부를 하는 것은 지(知: 양지)가 완전히 실현되게 하는 일이니 '그침'의 완성이다. 그래서 '치지致知'를 통해 '그침'을 구하는 것은 괜찮고 '물칙(物則: 현 마음에 맞는 법도)'이 안정됨과 고요해짐에서 생긴다고 말하는 것도 괜찮지만, 지금 "빔과 채움이 상생 작용을 하여 천칙天則이 생겨난다."라고 한다면 설마 안정됨과 고요해짐이 도리어 사려로부터 생겨난다는 것인가?

者, 心之本體, 動而後有不善, 而本體之知, 未嘗不知也." 是以良知爲至善矣.『大學』之言至善, 其功在於能止. 蓋以吾心之體固有至善, 而有知之後, 得止爲難. 知而常止, 非天良之止其所, 孰能與於此? 故定靜安慮者, 至善也, 能定能靜能安能慮者, 止至善也. 能止而後至善盡爲己有, 有諸己而後謂之有得. 先之以定靜安者, 物之所由以格, 止之始也; 後之以慮者, 知之所以爲至, 止之終也. 故謂致知以求其止可也, 謂物則生於定靜亦可也, 今曰"虛實相生天則乃見", 豈定靜反由慮而相生乎?

양명 선생은 또 "양지는 미발未發의 중中이다."라고 하였고, 또 "미발의 중은 보통 사람들이 또한 다들 가지고 있지 못하다는 것을 알아야 한다."라고 하였다. 어찌 양지의 발현을 소멸되지 않는 선의 단서로 여긴 것이 아니겠는가. 미발의 중은 학문을 통해서 완전히 이루게 되는 것이다. 대개 반드시 늘 고요해지고 늘 안정되어야만 그제야 '중中'이라고 할 수 있는 것이니 무릇 '치지致知'란 또한 반드시 그 소멸하지 않는 것에 나아가 그것을 토대로 아직 이르지 못한 부분까지 더욱 채워 나가야 그제야 성의誠意가 될 수 있는 것이다. 당연히 한 번의 선을 가지고 성인의 극칙(極則: 궁극적 법도)으로 삼은 적이 없다. 지금 "만약 양지를 믿을 수 있게 된 때에는 의意가 양지의 유행 과정이고 견見이 양지의 관찰 작용이다."라고 말한다면 이욕利欲이 군건히 꽈리를 틀고 있어 막더라도 그치게 하지 못할까 염려스러운데 그 지각이 발현하는 대로 따르면서 그것을 마음을 본체로 여기고, 혈기가 들떠 있어서 거둬들여도 안정시키지 못할까 염려스러운데 그 의념이 가는 대로 맡겨 주면서 그것을 공부로 삼는 꼴이다. 어려운 것을 두려워하고 편안한 걸 구차히 추구하는 이는 쉽게 따를 수 있다는 것을 편하게 여길 것이고, 작은 것만 보고 빨리 이루려고 하는 이는 자신이 믿는 것을 더욱 견고히 위주로 삼을 것이다. 무릇 사색을 해보거나 반관反

先生又曰: "良知是未發之中." 又曰: "當知未發之中, 常人亦未能皆有." 豈非以良知之發, 爲未泯之善端. 未發之中, 當因學而後致. 蓋必常靜常定, 然後可謂之中, 則凡致知者, 亦必卽其所未泯, 而益充其所未至, 然後可以爲誠意, 固未嘗以一端之善爲聖人之極則也. 今曰"若信得良知過時, 意卽是良知之流行, 見卽是良知之照察"云云, 夫利欲之盤固, 遏之猶恐弗止, 而欲從其知之所發, 以爲心體; 以血氣之浮揚, 斂之猶恐弗定, 而欲任其意之所行, 以爲工夫. 畏難苟安者, 取便於易從; 見小欲速者, 堅主于自信. 夫注念

觀을 해보면 누군들 작은 깨달음이 없겠는가. 말을 계기로 사려해 보면 이치가 또한 환히 드러난다. '중단이 없는 참됨'이 다 없어지지 않은 데다 '먼저 들어와 있는 말'이 또 근거로 삼을 만하니, 날로 자라는 것이 날로 심해지고 날로 벗어나는 것이 날로 멀어진다. 그렇다면 마음 보존하는 일을 구속이라고 여기고 잘못 고치는 일을 미봉이라고 여기며 남의 선을 취하는 일을 견주는 것이라고 여기고 윤리를 다하는 것을 꾸미는 일로 여기는 이가 있지 않겠는가. 그리고 지리멸렬하고 방자하게 행동하는 자가 또 그 뒤를 따라 과장하고 부추겨서 천하 사람들로 하여금 드디어 횡하여 아무 돌아갈 곳이 없게 되도록 할 것이다. 그러니 그들이 잘못된 곳에 빠진 그 깊이가 세속의 학문에 비해 어떠할지 나는 모르겠다.

양명 선생은 또 "지知란 의意의 체體[63]이고 물物은 의의 용用이다."라고 하였지 물을 지의 체라고 한 적이 없다. 그런데 전서산(錢緖山: 錢德洪)이 "지知는 체가 없고 인간사와 사물의 감응을 체로 삼는다."라고 하였다. 그렇다면 인간

反觀, 孰無少覺? 因言發慮, 理亦昭然. 不息之眞旣未盡亡, 先入之言又有可據, 日滋日甚, 日移日遠, 將無有以存心爲拘迫, 以改過爲粘綴, 以取善爲比擬, 以盡倫爲矯飾者乎? 而其滅裂恣肆者, 又從而譸張簧鼓之, 使天下之人遂至於蕩然而無歸, 則其陷溺之淺深, 吾不知於俗學何如也!

先生又曰: "知者意之體, 物者意之用." 未嘗以物爲知之體也. 而緖山乃曰: "知無體, 以人情

---

63 의(意)의 체: '실체(實體)'라는 한자어가 서양철학의 'substance'에 대한 번역어로 채택한 뒤로 우리말의 '실체'는 이 의미만 가진다고 보는 사람도 있지만, 실제 언어생활에서는 '실상'이나 '실제 내용' 등을 가리키는 말로도 사용한다. 이 한자어의 본의는 '명(名)'에 대응하는 '실(實)'의 의미에 가깝다. 어떤 개념에 상응하는 구체적인 물체나 일을 가리킨다. 이 '체'는 바로 이런 의미의 실체이다. '본체'라는 말도 이런 의미로 사용될 때가 있다.

사와 사물이 없으면 지知가 없다는 말이 되어 버린다. 무릇 인간사와 사물이 지知에 감응하는 것은 마치 색이 시각에, 소리가 청각에 감응하는 것과 같다. 시각이 색을 떠나 있지 않다고 하지만 형체가 없을 때도 보는 경우가 있는데도 '색은 곧 시각의 체이니 색이 없으면 시각이 없다'라고 말하는 것이 옳겠는가. 청각이 소리를 떠나 있지 않다고 하지만 소리가 없을 때도 듣는 경우가 있는데도 '소리가 곧 청각의 체이니 소리가 없으면 청각이 없다'라고 말하는 것이 옳겠는가. 【이상은 무신년 『하유기(夏遊記)』이다.】

┃18-101┃ 왕용계가 이전의 기문記文에 동일하지 않은 점이 있어서 내게 직접 질문하였다. 내가 "양명 선생이 고심을 거쳐 과감한 방식으로 양지라는 개념을 제기하여 길이 전수할 구결로 삼았습니다. 대개 안과 밖, 앞과 뒤를 합하여 일제히 포괄하니 조금 보태는 것이 있고 조금 빠뜨린 것이 있으면 곧 당시의 본지를 잃게 됩니다. 옛날에 학문에 대해 담론하는 이들은 모두 '선을 알고 악을 아는 것이 곧 양지이다. 이것에 의존하여 행하면 그것이 바로 치지致知이다'라고 하였습니다. 내가 이 방법을 사용하여 공부를 해보았는데 끝내 진입할 길을 찾지 못하였고 오랜 시간이 지난 뒤에 후회하

事物之感應爲體.”
無人情事物之感應,
則無知矣. 夫人情
事物感應之於知, 猶
色之於視, 聲之於聽
也, 謂視不離色, 固
有視於無形者, 而曰
色卽爲視之體, 無色
則無視也, 可乎? 謂
聽不離聲, 固有聽於
無聲者, 而曰'聲卽
爲聽之體, 無聲則無
聽也', 可乎? 【以上戊
申『夏遊記』】

┃18-101┃ 龍溪因前
記有所異同, 請面
命. 予曰: “陽明先
生苦心犯難, 提出良
知爲傳授口訣. 蓋
合內外前後一齊包
括, 稍有幫補, 稍有
遺漏, 卽失當時本旨
矣. 往年見談學者,
皆曰'知善知惡卽是
良知, 依此行之, 卽
是致知', 予嘗從此
用力, 竟無所入, 久

게 되었습니다. 무릇 양지란 배우지 않고 생각하지 않고 자연히 가지는 '밝게 알아차리는 능력'이니 대개 곧 지선至善을 말하는 것입니다. 내 마음이 선하면 그것을 내가 알고 내 마음이 악하면 그것을 내가 아는 것이니 아는 것이 아니라고 할 수가 없습니다. 선과 악이 뒤섞여 있으니 어찌 그 사이에서 주재하는 것이 있겠습니까. 가운데 주재하는 것이 없는데도 그 앎이 본디 늘 밝다고 말하는 것은 옳지 못한 듯합니다. 앎이 밝지 못한데 그것에 의존하여 행하면서 '이미 발한 뒤에 어긋나는 것이 없고 사물이 오는 대로 올바르게 감응할 수 있다'라고 말한다면 옳지 못할 듯합니다. 그래서 선을 알고 악을 아는 앎은 나오는 대로 없어져 버려서 단지 일시적인 발현일 뿐입니다. 일시적인 발현을 전부 본체라고 규정할 수는 없으니 자연히 가지는 밝게 알아차리는 능력은 그 근원을 돌이켜 찾아보아야 합니다. 대개 사람이 처음 태어나 고요한 상태에서는 고요하니 선하지 않음이 없고 선하지 않음은 움직임이 망령되어서 생기는 것입니다. 고요함을 위주로 하여 회복할 수 있으면 도道가 응축되어 있고 흘러 버리지 않을 것입니다. '신神이 발현하여 앎이 되면'[64] 양지가 고요하면서 밝을 것이고 망령

而後悔之. 夫良知者, 言乎不學不慮, 自然之明覺, 蓋卽至善之謂也. 吾心之善吾知之, 吾心之惡吾知之, 不可謂非知也. 善惡交雜, 豈有爲主於中者乎? 中無所主, 而謂知本常明, 恐未可也. 知有未明, 依此行之, 而謂無乖戾於旣發之後, 能順應於事物之來, 恐未可也. 故知善知惡之知, 隨出隨泯, 特一時之發見焉耳. 一時之發見, 未可盡指爲本體, 則自然之明覺, 固當反求其根源. 蓋人生而靜, 未有不善, 不善動之妄也, 主靜以復之, 道斯凝而不流矣. 神發爲知, 良知

---

64 신(神)이 … 되면:『태극도설』에 나오는 구절이다.

되이 움직이는 일이 섞여 들면 기미에 처음으로 문제가 생겨 회복하기 어려울 것입니다. 그래서 반드시 거둬들이고 잘 모아 두는 공부를 해서 확충하고 길러 주는 기반으로 삼아야 합니다. 그런 뒤에야 안정됨, 고요해짐, 편안해짐, 사유할 수 있게 됨이 이로부터 나오게 되는 것입니다. 반드시 가족, 국가, 천하에 대해 감응하는 것이 바르지 않음이 없고 그런 물物에 의해 동요되지 않아야 격물이라고 할 수 있습니다. 대개 대처하는 것이 적당하지 않음이 없어야만 앎이 밝지 않음이 없게 됩니다. 이것이 바로 '치지'가 가능하려면 반드시 격물을 해야 하는 이유이니, 격물이 온전히 이루어진 뒤에야 앎이 온전하게 이루어집니다. 그래서 치지란 앎의 그 '고요할 때는 없다가 움직이면 생기는' 본래면목을 온전히 이루는 것입니다. 앎이 실현되면 되면 비록 미미한 한 의념이라 해도 모두 진실해집니다. 온전히 실현되지 못하고 나오는 대로 바로 없어지는 수준이라면 끝내 횅하여 아무 돌아갈 곳이 없는 상태를 면하지 못합니다. 이는 온전히 실현되었나, 그렇지 못하였나의 차이이고 빈 것이냐 채워진 것이냐의 차별입니다. '양지는 빈 것이고 격물은 채운 것이다. 빔과 채움이 상생 작용을 해야만 천칙이 드러난다'라고 말하게 되면 말이 너무 지나치지 않겠습니까. 격물을 통해서 그 앎을 온전히 실현해 가는 것이니 거두어들이는 공

者靜而明也, 妄動以雜之, 幾始失而難復矣. 故必有收攝保聚之功, 以爲充達長養之地, 而後定靜安慮由此以出; 必于家國天下感無不正, 而未嘗爲物所動, 乃可爲之格物. 蓋處無弗當, 而後知無弗明, 此致知所以必在於格物, 物格而後爲知至也. 故致知者, 致其靜無而動有者也. 知苟致矣, 雖一念之微皆眞實也; 苟爲勿致, 隨出隨泯, 終不免於虛蕩而無歸. 是致與不致之間, 虛與實之辨也. 謂之曰'良知是虛, 格物是實, 虛實相生天則乃見', 將無言之太深乎? 卽格物以致其知矣, 收攝之功終始無間, 則吾心之流行照察, 自與初

부가 시종일관 간극이 없습니다. 그렇다면 내 마음의 유행 과정과 관찰 작용이 자연히 초학자의 의견意見과는 전혀 닮지 않을 것입니다. '의견은 양지의 적이다.'라고 말하는 것은 참으로 옳긴 하지만 그 뒤에 바로 이어서 '만약 양지를 믿을 수 있게 된 때에는 의意가 곧 양지의 유행 과정이고 견見이 곧 양지의 관찰 작용이다. 이른바 단부丹府 하나가 철을 금으로 변화시킨다는 것이다.'라고 말한 것은 이미 말이 너무 경솔한 것이 아닙니까."라고 하였다.

왕용계가 "요사이에는 어떠한가?"라고 물어서, "1, 2년 사이에 이전과 또 달라졌습니다. 당시에 거두어들이고 잘 모아 두는 공부를 한 것은 편중되었습니다. 대개 내 마음의 본연을 인식하는 것이 여전히 미진하였습니다. 적연寂然함이 감통感通 이전에 있고 감통이 적연함으로부터 발현된다고 여겼습니다. 무릇 감통이 적연함으로부터 발현된다고 말하는 것은 괜찮긴 하지만 적연함이 일정한 공간이 있다고 여기는 인식 수준을 벗어나지 못한 것이고, 적연함이 감통 이전에 있다고 말하는 것은 괜찮긴 하지만 감통이 일정한 시간이 있다고 여기는 인식 수준을 벗어나지 못한 것입니다. 이쪽과 저쪽이 서로 분리되어 움직임과 고요함이 둘이 되니 이것이 곧 노장과 불교에 의해 변견邊見이라고 심하게 비판받는 바입니다. 그런데 우리가 그것을 굳건히 맹신하여 고집하고 있

學意見萬萬不侔. 謂之曰'意見是良知之賊', 誠是也, 既而曰'若信得良知過時, 意卽是良知之流行, 見卽是良知之照察, 所謂丹府一粒點鐵成金', 不已言之太易乎?"

龍溪曰: "近日覺何如?" 曰: "一二年來與前又別, 當時之爲收攝保聚偏矣. 蓋識吾心之本然者, 猶未盡也. 以爲寂在感先, 感由寂發, 夫謂感由寂發可也, 然不免於執寂有處; 謂寂在感先可也, 然不免于指感有時. 彼此既分動靜爲二, 此乃二氏之所深非, 以爲邊見者. 我堅信而固執之, 其流之弊必至重於爲我, 疏于應物. 蓋久而後

으니 그 유폐는 반드시 '위아(爲我: 자신만을 생각함)'를 중시하고 사물에 대응하는 것을 소홀히 하는 데 이를 것입니다. 대개 오랜 시간이 흐른 뒤에 의심하게 된 것입니다. 무릇 마음이란 하나일 뿐이니, 자리를 벗어나지 않는다는 점에서 말할 때는 적연함이라고 하는데 자리에는 늘 존귀한 것이 있는 것이지 안에서 지키고 있는 것을 말하는 것이 아니며, 미미한 것을 늘 통창하게 한다는 점에서 말할 때는 감통이라고 하는데 미미한 것을 발현하여 통창하게 하는 것이지 밖을 좇는 것을 말하는 것이 아닙니다. 적연은 안에서 지키는 것이 아니므로 공간을 말할 수가 없으니 그것은 감통할 수가 있기 때문입니다. 감통이 단절된 적연함은 그 적연함이 진정한 적연함이 아닙니다. 감통은 밖을 좇는 것이 아니므로 시간을 말할 수가 없는 것이니 본래 적연한 것이기 때문입니다. 적연함을 떠난 감통은 그 감통이 진정한 감통이 아닙니다. 이것은 곧 같은 것에서 나온 것인데 이름이 다른 것이니, 내 마음의 본연입니다. 적연함은 하나인데 감통은 하나가 아닙니다. 이런 까닭에 움직임이 있고 고요함이 있으며 행위하는 것이 있고 그치는 것이 있는 것입니다. 사람들은 동작이 감통이라는 것은 알지만 고요함과 움직임, 그침과 행위함의 다름은 외부의 현상일 뿐이고 내 마음에 있는 것은 외부 현상에 따라 달라진 적이 없다는 것은 모릅니

疑之. 夫心一而已, 自其不出位而言, 謂之寂, 位有常尊, 非守內之謂也; 自其常通微而言, 謂之感, 發微而通, 非逐外之謂也. 寂非守內, 故未可言處, 以其能感故也, 絕感之寂, 寂非眞寂矣; 感非逐外, 故未可言時, 以其本寂故也, 離寂之感, 感非正感矣. 此乃同出而異名, 吾心之本然也. 寂者一, 感者不一, 是故有動有靜, 有作有止. 人知動作之爲感矣, 不知靜與動, 止與作之異者境也, 而在吾心, 未嘗隨境異也. 隨境有異, 是離寂之感矣. 感而至於酬酢萬變, 不可勝窮, 而皆不外乎通微, 是乃所謂幾也. 故酬酢萬變而於寂者, 未

다. 외부 현상에 따라 달라지는 것은 적연함을 벗어난 감통입니다. 감통하기 시작하여 온갖 변화에 대응하는 데까지 이르고 끝이 없지만 모두 미미한 것을 통창하게 하는 것을 벗어나지 않으니 이것이 곧 이른바 기미입니다. 그래서 온갖 변화에 대응하지만 적연함에 대해서는 방애가 된 적이 없습니다. 방애를 하지 않은 것이 아니라 내가 주재하는 바가 있었기 때문입니다. 주재하는 바가 없으면 또한 밖으로 내달리고 돌아올 줄을 모릅니다. 소리와 냄새가 모두 없다고 하더라도 감통하는 것은 그친 적이 없습니다. 그치지 않은 것이 아니라 내가 기댄 바가 없기 때문입니다. 기댄 바가 있게 되면 또한 고착되어 통창하지 못합니다. 이것이 이른바 거두어들여 잘 모으는 공부이니 군자의 '기미를 아는' 학문입니다. 학문이 이 지점에서 스스로를 믿을 수 있어서 환한 마음으로 변동되지 않는다면 곧 '적연함을 지킨다'라고 불러도 상관없고 '오묘하게 감통한다'라고 불러도 또한 상관없습니다. '고요함을 위주로 한다'라고 불러도 상관없고 '움직임에서 삼간다'라고 불러도 상관없습니다. 이것이 어찌 언설로 고정될 수 있는 것이겠습니까. 왜 그럴까요? 마음이란 지극히 신묘한 것입니다. 아무것도 없다는 점에서 본다면 진실로 횡하지만 무엇이 있다는 점에서 말하면 진실로 형형합니다. 전부 거둬들이고자 한다면 또한 흙덩이

嘗有礙, 非不礙也, 吾有所主故也. 苟無所主, 則亦馳逐而不返矣. 聲臭俱泯, 而於感者未嘗有息, 非不息也, 吾無所倚故也. 苟有所倚, 則亦膠固而不通矣. 此所謂收攝保聚之功, 君子知幾之學也. 學者自信于此灼然不移, 卽謂之守寂可也, 謂之妙感亦可也; 卽謂之主靜可也, 謂之愼動亦可也. 此豈言說之可定哉! 是何也? 心也者, 至神者也, 以無物視之固泯然矣, 以有物視之, 固炯然矣, 欲盡斂之, 則亦塊然不知, 凝然不動, 無一物之可入也; 欲兩用之, 則亦忽然在此, 倐然在彼, 能兼體而不遺也. 使於眞寂端倪

마냥 아무것도 모르고 얼음덩이마냥 아무 움직임이 없으니 어떤 것도 그 속으로 들어갈 수 없습니다. 둘로 쓰려고 한다면 또한 홀연히 여기에 있다가 갑자기 저기에 있어서 모든 것의 근간을 이루어 빠뜨릴 수가 없습니다. 진적(眞寂: 참된 고요함)의 실마리를 과연 찰식察識할 수 있으면 때에 따라 움직이고 때에 따라 고요해져서 나가고 들어오는 차별이 없으니 세계의 사물들과 대립되지 않습니다. 자기 지견知見에 의거하여 그것을 주재로 삼지 않고 도리와 명목에 집착하여 거기서 증해證解를 생성하지 않으며 언어적 발휘에 의존하여 정신을 더 보태지 않는다면, 거둬들이고 잘 모으는 공부가 저절로 준칙이 있게 될 것입니다. 명도明道가 말하기를 '인仁의 본체를 알고 나면 성경誠敬이라는 방법으로 보존하는 것이니 방지하고 점검하거나 궁구하고 탐색할 필요가 없다. 반드시 집중하는 일이 있어야 하지만 미리 작정을 하지는 말아야 한다. 잊지는 말되 조장하지도 말아야 한다. 조금의 힘도 기울이지 않아야 하니 이것이 그 보존하는 방법이다.'[65]라고 하였습니다. 이것이 바로 그 준칙입니다."라고 하였다. 왕용계가 웃으면서 "『하유기夏遊記』가 어찌

果能察識, 隨動隨靜, 無有出入, 不與世界物事相對待. 不倚自己知見作主宰, 不著道理名目生證解, 不藉言語發揮添精神, 則收攝保聚之功自有準則. 明道云: '識得仁體, 以誠敬存之, 不須防檢窮索, 必有事而勿正心, 勿忘勿助長, 未嘗致纖毫之力, 此其存之之道.' 固其準則也." 龍溪笑曰: "夏遊記豈盡非是, 只三轉語處手勢太重, 便覺抑揚太過. 兄已見破到此, 弟復何言!"

---

65 인(仁)의 … 방법이다:『二程遺書』권2상에 실린 이른바「식인편(識仁篇)」에 있는 구절이다.

문공 염암 나홍선 선생

모두 잘못된 것이겠는가. 단지 해석하는 부분에서 자신의 견해를 너무 많이 투영하다 보니 비판이 너무 과도한 것처럼 느껴진다. 노형이 이미 이런 점을 간파하였으니 내가 더 이상 무슨 말을 더 하겠는가."라고 하였다.

┃18-102┃ 유사천劉師泉[66]이 "무릇 사람이 태어날 때는 성性이 있고 명命이 있다. 성性은 아무 하는 일 없는 오묘한 것이고 명命은 형질을 가진 것과 섞인 것이다. 그래서 반드시 이 둘을 함께 고려한 수양을 해야 진정한 학문이 될 수 있다. 대개 내 마음의 주재를 성性이라고 하는데 성은 아무 하는 일이 없는 것이다. 그래서 반드시 어떤 것들보다 앞에 놓음으로써 그 본체를 세워야 한다. 내 마음의 유행流行을 명命이라고 하는데 명은 형질을 가진 것이다. 그래서 반드시 상황에 맞게 운행함으로써 그 작용을 온전히 이뤄야 한다. 늘 알고 의념에 떨어지지 않는 것은 내가 본체를 세우는 공부이고, 늘 지나가서 의념을 이루지 않는 것은 내가 작용을 온전히 실현하는 공부이다. 두 가지는 서로 섞어서는 안 되는 것이니 그래야 늘 알고 늘 그쳐서 의념이 늘 미미해진다. 이 이론은 내가 '지금 여기 드러난 양지[見在良知]'의 학설

┃18-102┃ 劉師泉謂: "夫人之生, 有性有命. 性妙于無爲, 命雜於有質, 故必兼修而後可以爲學. 蓋吾心主宰謂之性, 性無爲者也, 故須首出庶物, 以立其體. 吾心流行謂之命, 命有質者也, 故須隨時運化, 以致其用. 常知不落念, 是吾立體之功; 常過不成念, 是吾致用之功也. 二者不可相雜, 常知常止而念常微也. 是說也, 吾爲見在良知所誤, 極探而得

---

66 유사천(劉師泉): 劉邦采는 字가 君亮이고 號가 師泉이다. 吉州 安福 사람이다.

에 그르쳐져 있다가 지극하게 탐구하여 터득한 것이다."라고 말하자, 왕용계王龍溪가 "지금 여기 드러난 양지는 성인聖人의 것과 같은가, 다른가?"라고 물었다. 유사천이 "'어린아이의 마음'이나 '어린아이의 양지'나 어리숙한 사내와 아낙의 지적 능력과 행위 능력은 마치 무딘 쇳돌이 아직 단련을 그치지 않았을 때는 아직 쇠라고 할 수 없는 것과 같소. '소리도 없고 냄새도 없는' 자연스러운 명각明覺과 비교할 때 어찌 천 리의 차이만 나겠소. 왜 그렇겠소? 순전히 음陰이기만 하고 참된 양陽은 없기 때문이오.[67] 참된 양을 회복하려면 다시 천지개벽이 이루어지고 건곤을 새로 정립해야만 가능할 것이오. 지금 여기 드러난 양지를 주로 삼고서는 결코 도道에 들어갈 기약이 없을 것이오."라고 대답하였다. 왕용계가 "지금 여기 드러난 양지가 바로 성인의 그것이라고 하면 당연히 안 될 말이지만 한 가닥의 빛을 가리키며 '이것은 결코 사방을 내리비추는 빛이 아니다'라고 한다면 그 또한 안 될 말이오. 비유하자면 오늘의 해는 본래 빛나지 않는 것이 아니고 구름에 가려진 것이오. 어리숙한 사내와 아낙을 순전한 음이라고 여기는데, 왜 이것과 다른

之." 龍溪問; "見在良知與聖人同異", 師泉曰: "不同. 赤子之心・孩提之知・愚夫婦之知能, 如頑礦未經煅煉, 不可名金. 其視無聲無臭, 自然之明覺, 何啻千里! 是何也? 爲其純陰無眞陽也. 復眞陽者, 更須開天闢地, 鼎立乾坤, 乃能得之. 以見在良知爲主, 決無入道之期矣." 龍溪曰: "謂見在良知便是聖人體段, 誠不可. 然指一隙之光, 以爲決非照臨四表之光, 亦所不可. 譬之今日之日, 非本不光, 卻爲云氣掩蔽. 以愚夫愚婦爲純陰者, 何以

---

67 순전히 … 때문이오: 『周易』에서 爻가 모두 陰인 坤卦와 初爻가 陽인 復卦를 대비하여 설명한 것이다.

문공 염암 나홍선 선생

것이오?"라고 물어서, 내가 "성현은 단지 사람들에게 지금 여기 드러난 양지로부터 그 근원까지 찾아들어가도록 요구하였으니 별도로 하나의 마음으로 이 마음을 교체한 것이 아니었소. 유사천은 큰 공업을 이루고 싶었기에 '지금 여기 드러난 양지'에 만족하지 않았던 것이오. 하지만 어찌 허공에 매달려 하는 것이겠소? 그저 시시각각으로 거두어들이고 한데 모아서 정신을 통일시키기만 하면 될 것이오. 단지 지금 여기 드러난 양지에 그대로 다 맡기고 거기에 만족해서는 안 될 것이오."라고 대답하였다.

| 18-103 | 왕용계에게 말하기를, "양명 선생의 학문은 성인의 학문이라는 것은 의심할 여지가 없소. 아쉽게도 너무 빨리 세상을 떠났기에 궁극의 경지까지는 이르지 못하였으니 문하 제자들의 책임이오. 하지만 문하의 제자들에는 두 가지가 있소. 우선, 왕래한 것이 긴밀하지 않고 단련한 시간이 길지 않은데 너무 일찍 인가를 받은 이들이 있는데 이들은 지금까지도 스승의 말씀을 그대로 지켜 남에게 모범이 되기도 하고 자신의 견해를 바탕으로 학문을 완성시키기도 하는데 이 경우는 선생을 저버린 것이 아니고 선생이 이들을 저버린 것이오. 그런데 공들의 경우에는 왕래한 것이 매우 긴밀하였고 단련을 받은 것이 가장 길었으며 질

異此?" 予曰: "聖賢只是要人從見在尋源頭, 不曾別將一心換卻此心. 師泉欲創業, 不享見在, 豈是懸空做得? 只時時收攝保聚, 使精神歸一便是. 但不可直任見在以爲止足耳."

| 18-103 | 謂龍溪曰: "陽明先生之學, 其爲聖學無疑矣. 惜也速亡, 未至究竟, 是門下之責也. 然爲門下者有二: 有往來未密, 煆煉未久, 而許可太早者, 至於今或守師說以淑人, 或就己見以成學, 此非有負于先生, 乃先生負斯人也; 公等諸人, 其與往來甚密, 其受煆煉

정을 받은 것이 가장 명백하였는데, 올해가 이미 지나갔는데도 여전히 이 학문을 궁극까지 완성하여 선생이 이르지 못한 것을 보완하려고 하지 않으니 이것은 선생이 여러분을 저버린 것이 아니라 곧 공들이 선생을 저버린 것이오."라고 하였다. 【이상은 갑인년의 『하유기(夏遊記)』】

| 18-104 | 전서산(錢緒山: 錢德洪)은 양명 선생의 문하에서 독실하고 공부를 잘 해내는 사람으로 이름이 났다. 내 나이 16,7살 이후로 예닐곱 번 만났는데 서산의 학술도 여러 번 변하였다. 처음에는 '선을 행하고 악을 제거하는 공부'에 깨달은 점이 있어서 그것을 '치양지'의 의미라고 여겼다. 얼마 뒤에는 "부족하다. 양지는 선도 없고 악도 없는 것이다. 내가 어떻게 '있다'라고 집착하여 행하기도 하고 제거하기도 하겠는가."라고 하였다. 10년 뒤에 북경에서 만났더니, "나는 내 학설을 소개하는 사람들이 착각을 일으키는 것이 싫다. '선도 없고 악도 없다'라는 것은 깨달음이지 양지가 아니다. 나는 내가 아는 바대로 선하다고 여기는 것은 행하고 악하다고 여기는 것은 제거할 따름이니 이것이 내가 할 수 있는 일이다. 이것을 벗어난 것은 내가 할 수 있는 바가 아니고 또한 내가 들어야 할 일이 아니다."라고 하였다. 올해에 청원산青原山[68]에서 만났더니 "예전

最久，　其得證問最明，今年已過矣，猶不能究竟此學，以求先生之所未至，卻非先生負諸人，乃是公等負先生矣."【以上甲寅『夏遊記』】

| 18-104 | 緒山在陽明先生之門，號稱篤實而能用其力者. 自余十六七年來，凡六七見，而緒山之學亦且數變.　其始也，有見於爲善去惡者，以爲致良知也.　已而曰："未矣.　良知者，　無善無惡者也，吾安得執以爲有而爲之而又去之."　後十年會于京師，　曰："吾惡夫言之者之淆也. 無善而無惡者見也，非良知也. 吾惟卽吾所知，以爲善者而行之，以爲惡者而去之.　此吾可能爲

의 내 말은 여전히 버금가는 것이었을 뿐이고 으뜸가는 것은 아니었다. 대개 선생(왕수인을 가리킨다)이 일찍이 이런 말을 했었다. '지선至善이 마음의 본모습이다. 움직인 뒤에 불선不善이 있게 된다.' 나는 움직일 때 불선이 없도록 보장할 수는 없다. 나는 움직이지 않을 뿐이다. 저 이른바 '의意는 움직이는 것이다'라는 말은 이 움직임을 가리키는 것이 아니다. 내가 말하는 움직임이란 움직일 때 동요되는 것이다. 내가 움직이지 않으면(즉 동요되지 않으면) 나에게 있는 것(즉 마음)이 늘 하나로 집중해 있게 된다. 나에게 있는 것이 늘 하나로 집중해 있으면 내가 공부에 힘을 쏟는 것이 쉽고도 쉬워진다."라고 하였다. 【「전서산(錢緒山)에게 보내는 글」】

| 18-105 | 왕양명의 말에 "처음에 나는 치지致知를 그럴싸하다고 여겼고 그렇게 하는 것이 물(物: 여기서는 외물을 가리킨다)을 남겨 놓게 되는 방식이라는 사실을 알지 못하였다. 내 지금에서야 격물格物이 치지致知라는 것을 알게 되

者也. 其不出於此者, 非吾所能爲, 亦非吾之所當聞也."今年相見于青原, 則曰:"向吾之言, 猶二也, 非一也. 蓋先生嘗有言矣. 曰:'至善者心之本體, 動而後有不善也.' 吾不能必其無不善, 吾無動焉而已. 彼所謂意者動也, 非是之謂動也, 吾所謂動, 動於動焉者也. 吾惟無動, 則在我者常一, 在我者常一, 則吾之力易易矣."【「贈錢緒山」】

| 18-105 | 王子之言曰:"始吾以致知爲然也, 而不知有遺於物. 乃吾今而後知格物之爲致知也.

68 청원산(青原山): 吉州(지금의 강서성 吉安)에 있는 이 산에서 鄒守益 · 劉邦采 · 羅洪先 · 聶豹 · 歐陽德 · 錢德洪 · 王畿가 講會를 열었다.

었다. 처음에 지知를 말한 것도 또한 격물을 말한 것일 뿐이었는데, 나중에 알아차릴 수 있어서 '물物은 지知에서 생기는 것이니 나는 단지 지知를 알기만 하면 될 뿐이지 물物에 대해 신경 쓸 것이 뭐 있겠는가.'라고 생각하게 되었다. 무릇 지知가 아니면 물物이 없고 물物이 아니면 지知가 없으니, 내가 처음에 지知에 대해 한 말들은 여전히 아마득하고 흐릿할 뿐이어서 웅성웅성 많이 존재하는 것을 싫어하는 듯한 점이 있었으니 여전히 물物이 지知와 하나라는 것을 알지 못한 것이다. 이 하나의 지知는 물物에 대해 바로잡은 경우도 있고 바로잡지 못한 경우도 있는데 그에 따라 나의 지知도 온전히 발현된 경우도 있고 온전히 발현되지 못한 경우도 있다."라는 대목이 있소. 비록 그러하지만 왕양명이 나중에 또 지금 한 이 말을 완전하지 못하다고 여기지 않을 줄 어찌 알겠소? 물物에 바로잡지 못한 점이 있어서 지知를 통해 보완하는 것이오. 부족한 점이 있어서 그렇게 하는 것인데 그만두어 버릴 수 있는 사람이라면 그는 정밀하다고 할 수 없소. 정밀하다면 그만둘 수 없소. 이 마음의 '(금수와 구별되는) 작은 부분'[69]은 쉽게 잃어버리고 온전히 발현할 수 없기 때문이오. 【「왕용계에게 보내는 글」】

始之言知, 亦曰格物云爾, 及而察之, 以爲物生於知, 吾但知知而已, 而何有於物? 夫非知無物, 非物無知, 乃吾始之言知, 則猶廓廓爾, 而渾渾爾, 若有厭於芸芸爾者, 則猶未見物與知之爲一也. 此一知也, 於物有格有不格, 則是吾之知, 亦有至有不至焉." 雖然, 王子後此, 又安知不以今之所言爲未至也乎! 物之有未格也, 而求足於知焉. 有所不足, 是故爲之. 可以已者, 卽不得謂之精. 精不可已, 以此心之幾希, 易失而難窮故也. 【贈王龍溪】

---

69   작은 부분: 『孟子』「離婁下」, "人之所以異於禽獸者幾希, 庶民去之, 君子存之."

|18-106| 섭쌍강 선생이 조옥(詔獄: 황제 직속의 감옥)에 갇혔다가 해가 바뀐 뒤에 석방되었다. 갇혀 있을 당시에 몸이 접습(接槢: 손발을 속박하고 있는 형구)을 떠나지 않고 시야는 감옥 문을 넘어가지 않은 채 떡하니 그 평소의 지향을 지키면서 홀로 지냈다. 얼마 뒤 제가백가와 성현들의 말 중에서 눈에 들어오는 일과 관련된 것은 굳이 사유하려고 노력하지 않아도 그 이치를 터득할 수 있었고 몸으로 직접 체험해 보아도 하는 일마다 미더움이 있었다. 그래서 탄식하며 "아, 이런 지경을 경험하지 못하였다면 의혹을 어떻게 다 잊을 수 있었겠는가."라고 말하였다. 이에 『곤변困辨』이라는 글을 지어 적연寂然함 속에서 감응할 수 있는 논리적 근거를 밝혔다. 돌아와서는 친구들에게 질정을 해 보니 친구들은 찬성하기도 하고 반대하기도 하였으며 더러는 '사전(師傳: 왕양명이 전수한 이론)'을 근거로 비판하기를, "양명의 이른바 양지와는 같지가 않다."라고 하였다. 지난 계묘년(1543)에 내가 낙촌洛村 황홍강黃弘綱[70]과 함께 선생이 '반드시 적연부동寂然不動을 위주로 해야 한다'라고 말씀하시는 것을 듣고 마음에 또한 의심하였다. 4년 뒤 정미년(1547)에 선생이

|18-106| 雙江先生系詔獄, 經年而後釋. 方其系也, 身不離接槢, 視不逾垣戶, 塊然守其素以獨居. 久之, 諸子群聖之言, 涉於目者, 不慮而得, 參之於身, 動而有信, 慨然曰: "嗟乎! 不履斯境, 疑安得盡忘乎!" 於是著錄曰『困辨』, 以明寂感之故. 歸質之友人, 友人或然或否, 或正以師傳曰: "陽明子所謂良知不類." 往歲癸卯, 洪先與洛村黃君聞先生言必主於寂, 心亦疑之. 後四年丁未, 而先生逮, 送之境上, 含涕與訣, 先生曰: "嘻! 吾自勝之,

---

70   낙촌(洛村) 황홍강(黃弘綱): 黃弘綱은 자가 正之이고 호는 洛村이며 강서성 雩縣 사람이다.

체포되어 압송될 때 경내를 벗어나는 곳까지 배웅해 드리고 눈물을 머금고 이별하였다. 선생이 "휴, 내가 스스로 이겨 낼 것이니 그대들이 마음 고생할 것이 없다."라고 말하였는데, 그 모습은 초탈하였고 그 기운은 편안하였으며 그 마음은 말갛게 보였다. 이로부터 더욱 선생에 대해 깊이 알게 되어서 드디어 변론하기를, "선생이 그 '사전師傳'이라는 것에 대해 어떻게 말씀하실지는 제가 모르겠지만, 제가 체험해 본 것을 말해 볼까 합니다. 예전에 양지의 학설을 듣고서는 좋아하여 '옳고 그름을 가리는 마음은 사람마다 모두 가지고 있으니 나는 오직 감지한 일에 나아가 그것의 자연적인 법칙을 찾기만 하면 그 또한 거의 근거를 가지게 된다.'라고 생각하였습니다. 그런데 얼마 뒤에 살펴보니 감지한 일에 집착하여 그것을 마음으로 삼으면 감지한 일에 휘둘리는 꼴을 면치 못하였습니다. 나의 마음은 한때라도 멈추는 경우가 없으니 옳고 그름에 대해서 또한 분별하지 못할 때가 있었습니다. 또 일찍이 정신을 집중하여 선입견 없는 태도로 대하고 감지된 것이냐의 여부는 계산하지 않았습니다. 그랬더니 나의 마음은 잠시 멈추었고 옳고 그름의 준칙은 또한 어떤 것도 그것을 속일 수가 없는 것 같았습니다. 그래서 스스로 '옛날에 내가 휘둘렸던 것은 이발已發을 좇다가 그런 것인데 지금 멈춘 것은 미발未發에 가깝지 않겠

無苦君輩也." 其容翛然, 其氣夷然, 其心淵然而素, 自是乃益知先生. 遂爲辨曰: "先生于師傅如何, 吾未之知, 請言吾所試. 昔者聞良知之學悅之, 以爲是非之心, 人皆有之, 吾惟卽所感以求其自然之則, 其亦庶乎有據矣. 已而察之, 執感以爲心, 卽不免於爲感所役. 吾之心無時或息, 則於是非者, 亦將有時而淆也. 又嘗凝精而待之以虛, 無計其爲感與否也. 吾之心暫息矣, 而是非之則, 似亦不可得而欺. 因自省曰: '昔之役者, 其逐於已發, 而今之息者, 其近於未發矣乎!' 蓋自良知言之, 無分於發與未發也. 自知之所以

문공 염암 나흠선 선생

는가!'라고 생각하였습니다. 대개 양지로부터 말한다면 이발已發과 미발未發의 구분이 없습니다. 그 앎이 '선할[良]' 수 있는 이유의 측면에서 말한다면 미발인 것이 있어서 안에서 주재하고 있으며, 더러 선하지 못하게 되기도 하지만 그것은 발發해서 되돌아갈 줄 몰라서 그런 것입니다. 저는 잠시 멈추는 순간에도 이런 체험을 해본 적이 있었던 것이니, 더구나 주재가 되는 것이 있는 경우이겠습니까. 무릇 움직임이 지독한 것 중에서 마음만 한 것이 없으니, 성인聖人마저도 마음을 위태롭게 여겼습니다. 만약 주재하는 바가 없이 감지하는 대로 발할 경우에는, 말을 부리는 것에 비유해 보자면 그것은 재갈과 굴레가 손을 벗어난 상태에서 잠시라도 말이 법도에 맞게 달리기를 기대하는 것과 같으니 어찌 가능하겠습니까. 도심道心과 관련해서 '미미하다'라고 하고 성性과 관련해서는 안정安定이라고 말하며71 무욕無欲과 관련해서는 고요함[靜]이라고 말하고72 치허致虛와 관련해서는 근본을 세운다고 말하며73 미발未發과 관련해서는 적연寂然을 말하는데 전부 동

能良者言之, 則固有未發者以主之於中, 而或至於不良, 乃其發而不知返也. 吾於暫息且有所試矣, 而況有爲之主者耶? 夫至動莫如心, 聖人尤且危之, 苟無所主, 隨感而發. 譬之御馬, 銜勒去手, 求斯須馳驟之中度, 豈可得哉! 道心之言微, 性之言定, 無欲之言靜, 致虛之言立本, 未發之言寂, 一也, 而何疑于先生?" 先生聞之曰: "斯言知我哉! 錄有之, '良知者, 未發之中, 寂然大公之本體', 固吾師所傳也." 問之

---

71 성(性)과 … 말하며: 정명도의 「定性書」를 염두에 둔 것이다. 장횡거가 "性을 안정된 상태로 두고 싶은데 움직일 수밖에 없어서 고민스럽다."고 호소하자 정명도가 "움직일 때도 안정되어 있고 고요히 있을 때도 안정되어 있어야 한다."라고 대답하였다.

72 무욕(無欲)과 … 말하며: 『태극도설』의 "無欲故靜"이라는 대목을 염두에 둔 것이다.

73 치허(致虛)와 …말하며: 陳獻章의 "致虛以立本"이라는 공부를 근거로 한 표현이다. '致虛'는 사욕을 깔끔히 없애 가는 공부를 가리킨다.

일한 것입니다. 선생의 말씀에 대해 무슨 의심이 있겠습니까."라고 하였다. 선생이 듣고 말하기를, "이 말은 나를 아는 것이리라! 『전습록』에 '양지는 미발의 중中이고 적연寂然히 크고 공변된 본체이다.'라고 하였는데 진실로 우리 스승이 전수하신 사상이다."라고 하였다. 벗들에게 물어보니 혹은 옳다고 하고 혹은 잘못이라고 하였다. 나는 "우리 학문은 곤궁한 상황에서도 분변해야 하고 분명히 알지 못하면 그대로 두어서는 안 된다."라고 하고는 이 말을 서문을 삼아 출간하여 '사람의 말을 잘 아는 뛰어난 사람'에게 질정해 본다. 【「곤변록(困辨錄)의 서문」】

|18-107| 내가 섭쌍강의 『곤변록困辨錄』을 읽어 보고 처음에는 시원한 느낌으로 아무 의심되는 바가 없었고 시간이 좀 지나니 흥미진진해서 손에 놓을 수가 없었다. 이에 내 의견을 붙여서 출간하여 세상에 유통시켰다. 그랬더니 어떤 이가 "말을 어찌 그리 쉽게 하는가. 양명 선생이 양지 이론을 세운 뒤로 천하가 모두 선학禪學이라고 비판하여 시끄러운 소리가 지금까지도 그치지 않는다. 무릇 양지는 적연부동寂然不動과 감이수통感而遂通,**74** 안과 밖을 합쳐

友人, 或然或否, 洪先曰: "吾學也, 困辨弗明, 弗可以措." 敍而梓之, 告於知言者. 【「困辨錄序」】

|18-107| 余讀雙江聶君『困辨錄』, 始而灑然無所疑, 已而怳然有所會, 久而津津然不能舍. 於是附以己見, 梓之以傳. 而或者謂曰: "言何易也, 自陽明先生爲良知之說, 天下議之爲禪, 曉曉然至於今

---

74 적연부동(寂然不動)과 감이수통(感而遂通): 『周易』 「繫辭傳」에 나오는 말로 '고요히

서 말한 것이다. 그런데 비판하는 이들은 여전히 '이것은 물(物: 외부의 것들)을 배제하는 방식이니 사리에 대한 토론을 싫증내는 것이다.'라고 하였다. 지금 와서 '나는 안으로 적연부동의 상태를 지키는 사람이다. 밖에서 감지되는 것들은 모두 내가 관여할 수 있는 바가 아니다.'라고 한다면 차이를 더욱 벌려 놓는 것이 되지 않겠는가. 무릇 적연부동과 감이수통을 나누는 것은 마음을 둘로 나누는 것이고, 안과 밖을 나누는 것이다. 마음이란 비유하자면 몸의 눈과 같은 것이다. 눈은 작동하여 뭔가를 보지 않을 수 없고, 뭔가를 보는 일은 작동하여 만물을 대상으로 삼지 않을 수 없다. 만물을 배제한 채 '뭔가를 보는 능력'을 지목하려고 하고 '뭔가를 보는 능력'을 배제한 채 눈을 지목하려고 한다면 과연 지목되는 무엇이 있겠는가? 나는 섭쌍강에 대해 시끄럽게 떠드는 이들이 또 끊임없이 나올까 두렵다."라고 말해서, "말이란 본래 오해의 여지가 없을 수 없다. 공자께서 말씀하지 않으셨던가. '내 도道는 하나로 관통한다.'라고. 당시에 그 하나가 무엇인지 사람들에게 설명해 주지 못하였는데 증자曾子가 '그것은 충서忠恕입니다.'라고 하였다.

未已也. 夫良知合寂感內外而言之者也, 議者猶曰: '此遺物也, 厭事理之討論者也.' 今而曰: '吾內守寂者也, 其感於外者, 皆非吾之所能與.' 其不滋爲可異歟? 夫分寂感者, 二其心者也; 分內外者, 析其形者也. 心譬則形之目者也. 目不能不發而爲視, 視不能不發而爲萬物, 離物以爲視, 離視以爲目, 其果有可指乎? 吾懼曉曉然于衆君者, 又未已也." 余應之曰: "固未可齊也. 孔子不云乎? 曰: '吾道一以貫之.' 當是時, 未能以其一者示之人也,

---

움직이지 않는 상태'와 '무엇인가를 감지하여 드디어 대응해 나가는 상태'를 가리키며 흔히 未發과 已發을 가리킨다.

지금의 말이 충서와 같은가, 다른가? 그분은 마음으로 터득한 바대로 대답하셨던 것인데 세상 학자들의 설명은 그걸 대상으로 분석하여 '무엇이 그 하나의 체體이고 무엇이 그 하나의 용用이다'라고 하니, 설마하니 그렇게 해야 충서의 의미가 비로소 명백해진다는 것인가. 아, 증자가 만약 그러하였다면 그가 공자의 말을 듣자마자 '네!'라고 짧게 대답할 수 있었겠는가. 무릇 섭쌍강도 또한 각자 자신이 마음에서 터득한 것으로 말한 것이니 본래 양지에 대해 해석할 겨를이 없었다. 그대는 마음을 눈으로 비유하였는데 누가 그대에게 묻기를, '적연부동과 감이수통은 눈에서는 어떤 것에 비유되는가?'라고 묻는다면 그대는 필시 '뭔가를 보는 것이 감이수통이고, 본 대상을 마음에 남겨두지 않는 것이 적연부동이다. 구분이 없다.'라고 대답할 것이다. 아, 이 말은 그럴싸하지만 미진하다. 그대의 생각에 눈이 뭔가를 볼 수 있고 그 능력이 가려지지 않는 것은 왜인가? 무릇 천지의 조화에는 생기는 것이 있고 그치는 것이 있는데 요컨대 '아, 그윽하다'라고 말해지는 성誠[75]이 그 근본이다. 양지의 감이수통에는 움직이는 상태가 있고 고요해지는 상태가 있는데 요컨대 '허虛를 이루는 것'이 그

而曾子乃曰: '是忠恕也.' 今之言, 與忠恕者同耶, 異耶? 彼以得之心者應之, 而世儒之言從而分曰: '孰爲一之體, 孰爲一之用', 而後忠恕者始明? 嗚呼! 使曾子若然, 其尙能聞言而唯乎? 夫聶君亦各以其得之心者爲言, 固未暇爲良知釋也. 子以心譬目, 有問於子曰: '寂感于目奚譬?' 必曰: '視者感也, 物之不留者寂也, 無有分也.' 嗚呼, 似矣而未盡也. 子謂目之所以能視而不容翳者, 何哉? 夫天地之化, 有生有息, 要之於穆者其本也. 良知之感, 有動有靜, 要之致虛者其

---

75   아 … 성(誠):『中庸』, "詩云: '維天之命, 於穆不已.' 蓋曰天之所以爲天也."

근본이다. 근본이 허虛를 이루지 못하면 앎이 고유의 선한 것[良]일 수 없다. 앎이란 그 발현한 것이고 그 발현하지 않은 것은 고유의 선이다. '사물事物'이란 앎이 대응하는 일들이고 '리理'는 그 원칙이다. 대응하는 방식이 원칙을 벗어나지 않는 것은 오직 '허를 이룬' 사람만이 할 수 있다. 그래서 '허를 이루는 것'은 '앎을 이루는' 일이다. 모든 일들마다 앎이 그 천연의 원칙을 다 할 수 있으면 리理가 다 실현된다. 리가 다 실현되면 성性이 완전히 구현되고 명命에 온전히 도달하게 된다. 어찌 안과 밖의 구별이 있겠는가. 비록 그렇지만 먼저 할 일과 나중에 할 일을 안 뒤에야 올바른 방법에 가까워지는 법이니 이것이 학문의 순서이다. 그러므로 안의 일에 전념하는 것을 즐거워하는 것이 아니라 밖의 일을 올바로 대응하려면 이것 말고는 먼저 할 수 있는 게 없기 때문이다. 적연부동을 지키는 것을 즐거워하는 것이 아니라 그 감이수통을 신묘하게 하려면 이것 말고는 먼저 할 게 없기 때문이다. 저 선禪은 당연히 도道를 해치는 것이고 그 내면의 적연함이란 당연히 모두 사물들을 배제하고 말하는 것이다. 저들은 이른바 리理를 대하는 것이 어찌 눈에 난 백태 정도로 그치겠는가. 어찌 서로 끌어들일까 걱정할 것이 있겠는가! 그러므로 말은 비슷한데 그른 경우가 있으니, 이는 맥락이 서로 맞지 않는 것을 말한다. 말은 서로 상

本也. 本不虛則知不能良, 知其發也, 其未發則良也. 事物者其應, 理者其則也, 應而不失其則, 惟致虛者能之. 故致虛者, 乃所以致知也. 知盡其天然之則於事事物物而理窮, 理窮則性盡命至, 而奚有於內外? 雖然, 知所先後, 而後近道, 此學之序也. 故無樂乎其專內也, 所以求當於外者, 非是, 則無以先也. 無樂乎其守寂也, 所以求神其感者, 非是, 則無以先也. 彼禪固賊道也, 而其內之寂者, 固皆離事物以爲言. 彼視所謂理者, 何啻於其目之眚也, 而豈患其相入哉! 故言有相徇而非也者, 乃其無與當之謂也; 言有相反而是也

반되는데 옳은 경우가 있으니, 이는 그 취지를 알아차린 것을 말한다. 그대는 남들이 시끄럽게 떠드는 것만을 두려워하지 유독 자기 안의 시끄러운 소리는 두려워하지 않는 것인가. 지금 세상에서 총명하고 말주변이 좋으며 견문이 넓고 명민한 사람을 꼽자면 누가 섭쌍강만 하겠는가. 이른바 '걸출하게 재능 있는 사나이'이다. 세유世儒의 학문을 가지고 선생(왕수인을 가리킨다)을 만났던 것은 벗으로 섬긴 것이지 스승으로 섬긴 것이 아니었는데 끝내는 머리를 숙이고 가르침을 들었다. 지금 또 그 까닭을 다 알고 조심스럽게 한마디 말을 지킴으로써 세상이 꺼리는 바를 건드렸으니 명성을 좇는다고 할 수 있겠는가. 또 나도 일찍이 듣고서 비웃었으니 머리로만 이해하는 것이라고 여겼기 때문이다. 그런데 체포되어 압송될 때 경내를 벗어나는 곳까지 배웅하였더니 슬퍼하는 말을 하거나 가련한 표정을 지어 평상시의 마음을 어지럽히지 않았다. 대개 얼마 지나지 않아 이 책이 만들어졌는데 제목을 '곤변困辨'이라고 하였다. 이는 곤궁한 상황을 만나 더욱 분명히 분변한다는 의미이지 곤궁한 상황에 닥쳐서야 분변한다는 의미가 아니다. 그런데 내가 거기에 몇 마디를 보탠 것은 또한 분변을 하는 것같이 보인다. 왜이겠는가? 대개 나는 곤궁한 상황을 만난 뒤에야 알 수 있고, 또 말하지 않아도 믿을 수 있기 때문이다."라고 대

者, 乃其喻所指之謂也. 子徒畏人之曉曉矣, 而獨不懼夫己之膠膠者乎? 今世言聰明才辯見聞強敏, 孰與聶君? 所謂表然才丈夫也. 其持世儒之學以見先生, 友之也, 非師之也, 而卒俯首以聽. 今又盡知其故, 兢兢焉自守一言, 以觸世之所諱, 其爲逐聲與塊也夫? 且吾亦嘗聞而哂之, 以其爲億也, 及逮而送之境, 無戚言憐色以亂其常. 蓋未幾而是錄作, 其曰'困辨', 是遇困而益辨, 非辨於困者也. 而余爲之言者, 亦若辨焉. 何哉? 蓋余困而後能知, 又信於未言故也."【「困辨錄後序」】

답하였다. 【「곤변록 후서(困辨錄後序)」】

| 18-108 | 『곤변록困辨錄』이란 섭쌍강이 금의옥
錦衣獄에 갇혀 있을 때 지은 글이고 그 아래에
붙인 말은 내가 예전에 손으로 쓴 해설이다.
동년同年[76]인 귀계貴溪현 원산原山의 강무환江懋
桓이 입수해서 읽고서는 자신의 마음에 맞는
것을 골라 초록해서는 늘 가지고 다녔다. 그
뒤 신녕新寧[77]의 현령이 되어서는 그 책을 발간
하여 제생諸生을 가르치려고 나에게 자문을 구
했다. 내가 생각하기에, 진백사(陳白沙: 陳獻章)
의 주정主靜 이론이 나오자 사람들은 그것을 선
禪이라고 공격하였고, 양명에 이르러서는 그
공격이 더욱 심해졌다. 치양지 이론은 주정 이
론과 다른 내용이 없기에 양지에 대해 말하는
사람들은 그것을 다시 주정이라고 공격하였
다. 그들의 주장은 "양지란 사람마다 스스로
지각知覺할 수 있는 것이고 동動이든 정靜이든
차이가 없다. 그런데 단지 정靜으로만 말하니
이는 마음의 위상을 떨어뜨리는 일이다."라는
것이었다.

지각을 양지라고 하고, 주정主靜에 대해 마음
의 위상을 떨어뜨린다고 비판하는 시각을 가

| 18-108 | 『困辨錄』
者, 聶雙江公拘幽所
書, 其下附語, 余往
年手所箋也.　同年
貴溪原山江君懋桓
獲而讀之, 取其契於
心者, 抄以自隨. 已
而作令新寧, 將刻以
授諸生,　問決于余.
余惟白沙主靜之言
出, 而人以禪謗, 至
於陽明, 謗益甚, 以
致良知之與主靜無
殊旨也.　而人之言
良知者, 乃復以主靜
謗.　其言曰: "良知
者,　人人自能知覺,
本無分於動靜, 獨以
靜言, 是病心也."

自夫指知覺爲良
知, 而以靜病心, 於

76　동년(同年): 같은 해에 과거에 급제한 사람을 가리킨다. 1529년 나홍선은 장원급제하
　　　였다.

77　호남성의 한 현으로 지금은 邵陽市에 속해 있다.

지게 되면서, 우르르 휩쓸려 백성의 일상생활 속에서 성인聖人의 정미精微함을 증명할 줄만을 알았지 소인의 중용[78]과 상반되게 함으로써 군자의 계신공구戒愼恐懼 공부를 엄하게 할 줄은 모르게 되었다. 두 선생의 학맥이 날로 황폐해지게 되었을 뿐 아니라 선학禪學을 하는 사람들이 들으면 또한 한숨을 내쉬며 실소를 금치 못할 테니 또한 실제에서 멀지 않겠는가! 무릇 말이란 대응하는 내용이 있으니 말을 모르면 학문을 할 수 없다. 양지란 양심이라는 말과 같다. 주정主靜의 공부는 (잃어버린 마음을) 찾아와서 온전히 이루는 과정이니, 마음을 거둬들이고 잘 모아서 계신공구로부터 시작하여 정미함으로 들어가는 것이다. 단지 지각만 아는 저들은 참된 지각과 잘못된 지각을 뒤섞어 표출하는 이들이다. 주정의 공부를 하게 되면 잘못된 지각을 좇아가지 않게 되니 학문의 힘이다.

왜 참된 지각과 잘못된 지각이 뒤섞여 있다고 말하는 것인가? 물에 비유하자면 양지는 원천이고 지각은 거기서 흘러나온 물이다. 흐르는 물은 이물질과 섞이지 않을 수 없기 때문에 반드시 잔잔하게 만들어 이물질들을 걸러 내야만 한다. 그러니 원천에서 나온 것과 그 의

是總總然但知卽百姓之日用, 以證聖人之精微, 而不知反小人之中庸, 以嚴君子之戒懼. 不獨二先生之學脈日荒, 卽使禪者聞之, 亦且咄唶而失笑, 不亦遠乎! 夫言有攸當, 不知言無以學也. 良知猶言良心, 主靜者求以致之, 收攝保聚, 自戒懼以入精微. 彼徒知覺焉者, 雜眞妄而出之者也. 主靜則不逐於妄, 學之功也.

何言乎其雜眞妄也? 譬之于水, 良知源泉也, 知覺其流也. 流不能不雜於物, 故須靜以澄汰之, 與出於源泉者,

---

78   소인의 중용: 우연히 중용에 맞지만 속은 소인인 경우를 말한다.

미가 다르지 않을 수가 없다. 이것이 섭쌍강이 분변하고자 한 부분이다. 비록 내가 처음에는 이 글에 직접 설명을 달고 글자 하나하나, 구절 하나하나가 내 마음에 맞지 않는 것이 하나도 없다고 여겼지만 지금 보니 또한 분변해야 할 내용이 조금 있다.

섭쌍강은 "마음이란 안을 위주로 하는 것이니 밖으로 응한 뒤에 밖이라는 것이 있게 된다. 밖이란 그 그림자이다."라고 하였는데 마음이란 과연 안과 밖이 있는 것인가?

또 "미발이란 그 자체로 체體가 아니고 미발일 때 나의 적연부동한 체를 보는 것이다."라고 하였는데. 미발이란 어떤 시간을 말하는 것이 아니고 적연부동이란 체가 없으니 볼 수가 없다. 어떤 이는 보고서 인仁이라고 하고 어떤 이는 보고서 지知라고 하니, 도道가 밝혀진 적이 많지 않다.[79] 나는 적연부동함을 보았다고 하는 것이 사실은 적연부동함이 아니지 않을까 생각한다. 그래서 발發하기는 하지만 옳은 자리를 벗어나지 않는 측면에서 말할 때는 '적寂'이라고 하고, 늘 적연부동하지만 미묘한 지점까지 통하는 측면에서 말할 때는 '발發'이라고 한다. 대개 계신공구戒愼恐懼의 공부를 해내

其旨不能以不殊. 此雙江公所爲辨也. 雖然, 余始手箋是錄, 以爲字字句句無一弗當於心, 自今觀之, 亦稍有辨矣.

公之言曰: "心主乎內, 應於外, 而後有外, 外其影也." 心果有內外乎?

又曰: "未發非體也, 於未發之時, 而見吾之寂體." 未發非時也, 寂無體不可見也. 見之謂仁, 見之謂知, 道之鮮也. 余懼見寂之非寂也, 是故自其發而不出位者言之, 謂之寂; 自其常寂而通微者言之, 謂之發. 蓋原其能戒懼而無思爲, 非實有可指, 得以示

---

79 어떤 … 많다: 『周易』 「繫辭上」, "一陰一陽之謂道, 繼之者善也, 成之者性也. 仁者見之, 謂之仁; 知者見之, 謂之知; 百姓日用而不知. 故君子之道鮮矣."

면서도 생각하는 것도 없고 작위하는 것도 없는 상태가 어떤 것인지 따져 들어가 보면, 실제로 가리켜서 사람들에게 보여 줄 만한 어떤 것이 있는 것이 아니다. 그러므로 거두어들여 잘 모아 두는 상태를 '고요한 상태'라고 말할 수는 있지만 '이것이 적연寂然의 체體이다'라고는 할 수 없고, 희로애락을 '때[時]'라고 말할 수는 있지만 '미발未發의 중中이란 없다'라고 말할 수는 없다. 왜이겠는가? 마음이란 시간도 없고 또 형체도 없으며 그 표출된 것을 포착해야 대상화될 수 있기 때문이다. 『주역』에서 말하기를, "성인은 상象을 세워 뜻을 전부 드러내고, 단사(彖辭: 괘사와 효사)를 달아 말을 전부 표현한다."[80]라고 하였으니, 말이란 본래 뜻을 전부 표현할 수는 없다. 곤坤괘가 진震괘로 변하는 데 관건이 되는 효와 박剝괘가 복復괘로 변하는 데 관건이 되는 효의 의미를 언어의 밖에서 이해함으로써 내 학문을 증명하는 것은 괜찮다. 하지만 반드시 때가 되어서 고요해지고 때가 되어 움직이는 것이 완전히 안과 밖으로 나뉘어 괘효卦爻와 같이 되는 것이 과연 성인의 뜻이겠는가. 내가 공을 못 본 지 4년이 되었는데 지금의 진보와 퇴보가 다시 어떠한지 알지 못

之人也. 故收攝保聚可以言靜, 而不可謂爲寂然之體; 喜怒哀樂可以言時, 而不可謂無未發之中. 何也? 心無時亦無體, 執見而後有可指也. 易曰: "聖人立象以盡意, 繫辭以盡言", 言固不盡意也. 坤之震·剝之復, 得之於言外, 以證吾之學焉可也. 必也時而靜, 時而動, 截然內外如卦爻然, 果聖人意哉? 余不見公者四年, 不知今之進退復何如也. 江君早年亦嘗以禪諍學, 已而入象山, 得之靜坐, 旁探博證, 遂深有契於公. 新寧故新會地, 白沙之鄉也.

80　성인은 … 표현한다: 『周易』「繫辭上」, "聖人立象, 以盡意; 設卦, 以盡情僞; 繫辭焉, 以盡其言."

하겠다. 강군江君도 초년에 또한 일찍이 선禪으로 학문을 다투었는데 나중에 상산象山에 들어가 정좌를 배우고 두루 탐구하고 널리 증명하여 드디어 공과 계합하였다. 신녕新寧은 옛 신회新會 지역이고 백사(白沙: 陳獻章)의 고향이다. 어찌 그가 남긴 말을 전수한 것이 없겠는가. 만일 주정主靜을 말하면서 공과 다른 관점을 가진 이가 있거든 반복해서 사색해 보기를 바란다. 나한테는 도움이 없더라도 반드시 남에게는 도움이 될 것이다. 이것이 양지이다. 【「독곤변록초서(讀困辨錄抄序)」】

| 18-109 | 그는 섭쌍강과 벗으로 지내면서 섭쌍강이 말한 "이 마음이 적연부동寂然不動과 감이수통感而遂通의 기틀이고 적연함으로 돌아가는 핵심이다."라는 주장을 들었지만 10여 년 동안 한 번도 가볍게 수긍하지 않았다. 그러다 하루는 홀연히 스스로 반성하여 말하기를, "공의 말이 옳다."라고 하였다. 【「유양봉육십서(劉兩峰六十序)」】

| 18-110 | 치양지는 내 마음의 '비어 있고 안정되어 있으며 고요한' 본성을 온전히 이룸으로써 나의 옳고 그름을 따지는 판단능력을 발휘하는 것이지 '감지하고 대응하는' 활동을 좇아가며 그 옳고 그름을 구하여 사람들로 하여금 어수선하게 밖으로 내달리기만 하고 돌아가

豈無傳其遺言者乎! 如有言主靜而異於公者, 幸反覆之, 不有益於我, 必有益於人, 是良知也. 【「讀困辨錄抄序」】

| 18-109 | 其與聶公友也, 聞其所語此心寂感之機, 歸寂之要, 十餘年來未嘗輕一諾焉. 一日忽自省曰: "公之言是也." 【「劉兩峰六十序」】

| 18-110 | 致良知者, 致吾心之虛靜而寂焉, 以出吾之是非, 非逐感應以求其是非, 使人擾擾外馳, 而無所於歸以爲學也.

학문을 할 수 있는 바탕이 없게 만드는 것이 아니다. 무릇 '지知'란 발동된 것이고 '지知인데 선한 것'은 그 미발未發이니, 이른바 '비어 있고 안정되어 있으며 고요한' 것이다. 내가 '비어 있고 안정되어 있으며 고요할' 수 있으면 비록 '감이수통感而遂通'을 말하지 않더라도 괜찮다. 【「쌍강칠십서(雙江七十序)」】

| 18-111 | 잘 배우는 이는 힘을 다하는 것이 최상이고 깨닫는 것이 그다음이고 남의 말을 듣는 것이 최하이다. 대개 비밀스럽게 깨달을 수 있는 뛰어난 자질을 가지고 묵묵히 수행하여 오묘하게 깨달으면서 자신의 몸으로 돌아와 스스로 실제를 구할 줄 몰라서 처음 기대했던 것에 부응하지 못하게 되는 사람은 있었다. 그렇지만 많은 어려움을 겪고 참된 진리로 깊이 들어갔는데도 발출하는 것이 밝지 못하고 반드시 밝은 스승이 직접 임하여 개인적으로 전수해 주어야만 비로소 영원토록 믿게 되는 사람은 있지 않았다. 【「양명선생연보고정서(陽明先生年譜考訂序)」】

| 18-112 | 왕용계가 "양지란 감촉하여 신묘하게 반응하는 것이어서 어리숙한 사내나 아낙이 성인聖人과 동일하다. 적연寂然함이 뭐가 필요하겠는가. 거둬들이는 공부가 뭐가 필요하겠는가."라고 말하였는데 내가 대답하지 않았

夫知其發也, 知而良則其未發, 所謂虛靜而寂焉者也. 吾能虛靜而寂, 雖言不及感, 亦可也.【「雙江七十序」】

| 18-111 | 善學者竭力爲上, 解悟次之, 聽言爲下. 蓋有密證殊資, 默持妙契, 而不知反躬, 自求實際, 以至不副夙期者矣. 固未有歷涉諸難, 深入眞詮, 而發之弗瑩, 必俟明師面臨私授, 而後信久遠也.【「陽明先生年譜考訂序」】

| 18-112 | 龍溪子曰: "良知者, 感觸神應, 愚夫婦與聖人一也, 奚以寂, 奚以收攝爲?" 予不答. 已而

다. 얼마 뒤에 배가 고파서 먹을 것을 내놓으라고 했더니 왕용계가 "이런 일에 적연함이 필요한가? 거둬들이는 공부가 필요한가?"라고 말하기에 내가 "만약 이와 같다면 학문이 뭐가 필요하겠습니까? 게걸스럽게 먹는 것과 예의를 차리고 먹는 것이 정말로 아무 차이가 없다는 것입니까?"라고 대답하였다. 며칠 뒤에 왕용계가 "양지는 본래 적연하여 '적연함으로 돌아가는' 공부가 필요없다. 적연함으로 돌아간다는 것은 마음이 말라죽게 되는 것이다. 양지는 본래 신묘하게 반응하는 것이니 '비추어 반응할' 필요가 없다. '비추어 반응한다'는 것은 '억지로 도의에 맞게 하는' 행태이다. 우리는 신묘하게 반응하지 못하는 경우라도 그것 때문에 양지를 탓해서는 안 된다. 양지는 늘어나거나 줄어든 적이 없었다."라고 말하여, 내가 "우리는 늘 적연한 것입니까?"라고 물었더니 "그렇지 못하다."라고 대답하였다. 내가 "그렇지 못하다면 거두어들여서 적연함으로 돌아가는 공부를 한다고 해서 선생님에게 무슨 문제가 되는 것입니까? 우리가 신묘하게 반응하지 못하는 경우에 대해서 '양지에 가려짐이 있다'라고 말해도 되겠습니까?"라고 물었더니, "그렇다."라고 대답하였다. 내가 "그렇다면 가려짐을 없애면 양지가 밝아진다는 것입니다. 성인과 어리숙한 사람은 차이가 있다고 말한다고 해서 왜 안 되겠습니까? 구하면 얻고 버려

腹饑索食, 龍溪子曰:"是須寂否, 須收攝否?" 予曰:"若是, 則安取於學? 饕餮與禮食固無辨乎?" 他日, 龍溪子曰:"良知本寂, 無取乎歸寂. 歸寂者, 心槁矣. 良知本神應, 無取乎照應. 照應者, 義襲矣. 吾人不能神應, 不可持以病良知. 良知未嘗增損也." 予曰:"吾人常寂乎?" 曰:"不能." 曰:"不能則收攝以歸寂, 于子何病? 吾人不能神應, 謂良知有蔽, 可乎?" 曰:"然." 曰:"然則去蔽, 則良知明. 謂聖愚有辨, 奚不可? 求則得, 舍則失, 不有存亡乎? 養則長, 失則消, 不有增損乎? 擬而言, 議而動, 不有照應乎? 是故不可泯者, 理之

두면 잃는 것이니 보존됨과 없어짐이 있지 않습니까? 잘 기르면 자라고 그렇지 못하면 쇠하게 되니 늘어나고 줄어드는 것이 있지 않습니까? 헤아려 보고 말하고 따져 보고 행동해야 하는 것이니 비추어 반응함이 있는 것이 아닙니까? 이런 까닭에 없어질 수 없는 것은 리理의 항구성이니 이것을 성性이라고 하고, 쉽게 안정安定시키지 못하는 것은 기氣의 움직임이니 이것을 욕欲이라고 합니다. 감히 잊지 못하는 것은 지志의 응결이고 명命의 주재이니 이것을 학學이라고 합니다. 성性에 맡긴다면서 욕欲을 분간해 내지 못하는 것은 흐리멍덩함의 잘못을 저지르는 것이고 학문을 담론하며 참된 성性에 근본을 두지 않는 것은 천착하는 잘못을 저지르는 것이고 성을 논하면서 힘껏 학문하는 데 노력을 기울이지 않는 것은 들떠 있는 잘못을 저지르는 것입니다."라고 하였더니, 왕용계가 "그대의 말대로라면 진실로 양지에 해를 끼치지 않을 것이다."라고 하였다. 【「양지변(良知辨)」】

▎18-113▎ 백사白沙 선생의 학문은 자연自然을 종지로 삼으니 그 핵심을 얻게 되면 움직이거나 고요히 있거나 종일토록 비추어 반응해도 저것을 떠나지 않는다. 【『『백사시(白沙詩)』에 대한 발문」】

常也, 是謂性; 不易定者, 氣之動也, 是謂欲; 不敢忘者, 志之凝, 命之主也, 是謂學. 任性而不知辨欲, 失之罔; 談學而不本眞性, 失之鑿; 言性而不務力學, 失之蕩." 龍溪子曰: "如子之言, 固未足以病良知也." 【「良知辨」】

▎18-113▎ 白沙先生之學, 以自然爲宗, 至其得要, 則隨動隨靜, 終日照應, 而不離彼. 【「跋白沙詩」】

|18-114| 주렴계는 [『통서(通書)』에서] "성誠의 경지에서는 일이 없다."라고 하였고, 또 "성誠은 작위가 없는 상태이다."라고 하였으며 마지막 편을 간艮괘로 끝내면서 "간艮은 작위를 하는 상태가 아니고 작위를 한다면 그친 상태가 아니다."라고 하였다. 무릇 요순堯舜부터 전해 내려오는 '정밀히 함'과 '한결같이 함'의 비전은 예외 없이 다들 삼가고 두려워함을 통해서 얻었다. 공자孔子 문하에서 격물치지와 계신공구戒愼恐懼와 같은 공부에 대해 말한 것이 한둘이 아니다. 그런데 지금 '일이 없다'거나 '작위가 없다'라고 말한 것은 너무 어긋난 것이 아닌가? 이런 질문에 "그렇지 않다. '무욕無欲'이란 지극히 가까우면서도 심원하고 지극히 간략하면서도 완전하며 지극히 쉬우면서도 몹시 어려운 것이다. 정명도程明道가 말하기를, '욕欲이란 꼭 완전히 어떤 것에 빠져 있는 것을 가리키는 것이 아니라 단지 어디로 향해 있기만 하면 바로 욕欲이다.'라고 하였다. 무릇 향해 있는 바가 있으면 욕欲인 것이며 반드시 무엇을 향해 있게 되는 이유는 그렇게 하도록 주재하는 것이 있기 때문이다. 무릇 의意가 향하는 바는 감촉하는 대로 쉽게 움직이니 일상의 움직임과 고요함은 어느 것 하나 의意가 아닌 것이 있겠는가. 여기서 분별하여 의意로 하여금 향하는 바가 없게 하고 저절로 감지하고 저절로 응한다면 심체心體가 태연한 상태가 되고 다른

|18-114| 濂溪曰: "誠則無事." 又曰: "誠, 無爲." 終之以艮, 則曰"艮非爲也, 爲不止矣." 夫自堯舜相傳精一之秘, 莫不由兢業以得之. 孔門格致戒愼, 其功若不一而足也. 今曰'無事''無爲', 不已悖乎? 曰: "不然. 無欲者至近而遠, 至約而盡, 至易而甚難者也. 明道曰: '所欲不必沉溺, 只有所向便是欲.' 夫有所向者欲也, 所以必向是者, 有以爲之主也. 夫意之所向, 隨感易動, 日用動靜, 何往非意? 於此辨別, 使意無所向, 自感自應, 則心體泰然, 他無干涉, 靜虛動直, 其於用力, 不已切乎? 是'無事'者, 乃所謂必有事, 而'無

간섭이 없어서 고요히 있을 때는 비어 있고 움직일 때는 곧을 테니 그 공부하는 방식이 아주 절실하지 않겠는가. 이 '일이 없음'은 곧 이른바 '반드시 일이 있다'라는 것에 해당하고 '작위함이 없음'은 곧 그 '지극히 강함'에 해당한다."라고 대답할 것이다. 【『통서(通書)』에 대한 발문】

爲'者,　乃其至剛者也."【「跋通書」】

| 18-115 | 물物은 지(知: 양지)의 감응 대상이고 지知는 의意의 영명함이다. 지知가 물物에 감응한 뒤에 의意가 있게 된다. 의意는 심心의 활동이고 심은 자신의 주인이며 자신은 천하와 국가와 가족의 근본이다. 감응하는 것이 올바른 것을 '격格'이라고 하고 영명함이 허虛에 이른 것을 '치致'라고 하며 의의 활동이 하늘의 이치에 따른 것을 '성誠'이라고 하고 심이 제자리에 있는 것을 '정正'이라고 하고 자신의 안에 주재가 있는 것을 '수修'라고 한다. 물物이 없는 지知란 존재하지 않고 지知가 없는 의意란 존재하지 않으며 의意가 없는 심心은 존재하지 않고 심心이 없는 신(身: 자신)은 존재하지 않고 신身이 없는 가족, 국가, 천하는 존재하지 않는다. 영명함이 올바른 방식으로 감응하는 것을 '지지知止'[81]라고 한다. 올바른 방식으로 감응할 수

| 18-115 | 物者, 知之感也; 知者, 意之靈也. 知感于物, 而後有意. 意者, 心之動也; 心者, 身之主也, 身者, 天下國家之本也. 感而正曰格, 靈而虛曰致, 動以天曰誠, 居其所曰正, 中有主曰修. 無無物之知, 無無知之意, 無無意之心, 無無心之身, 無無身之家之國之天下. 靈而感之以正, 曰知止; 感而以正, 天下

81　지지(知止): 여기서는 '知가 (마음의 올바른 상태에) 그쳐 있음'을 의미한다.

있으면, 천하와 국가와 가족에 대해서 들어다 적용만 하면 된다. 그래서 '지선至善'이라고 하는 것이다. 허虛한 영명함으로 감응할 수 있으면 의意가 안정될 수 있으며 천리에 다른 방식으로 활동할 수 있으면 심이 고요해지고 자신 안에 주재가 있으면 안정되니 들어다 천하와 국가와 가족의 일에 적용하면 사려하는 일들이 모두 합당하게 되어 대인大人의 일이 모두 완수된다. 【「대학해(大學解)」】

| 18-116 | 고자告子는 자신의 마음을 믿을 수 있었던 인물이다. 그는 마음이 안과 밖을 주재할 수 있다는 것을 보았다. 그렇기 때문에 그의 생각은 "마음은 말을 알 수 있는 존재이다. 무릇 말이 들려왔을 때 마음으로 응대하면 될 뿐이다. 말에 대해 이해되지 않는 부분이 있으면 필시 그 말은 굳이 알 필요 없는 것이기 때문이니 괜히 그 말(이 이해되지 않기) 때문에 마음을 동요시켜서는 안 된다. 그리고 마음은 기氣[82]를 통솔하는 존재이다. 무릇 기氣의 작용이 생기면 마음으로 제어하면 될 뿐이다. 마음으로 어떻게 할 수 없는 기의 작용이 있으면 필시 그것은 마음을 쓸 필요가 없는 일이기 때문

國家舉之矣, 故曰至善.　虛靈能感則意定,　動以天則心靜, 中有主則安, 舉而措之天下國家, 則慮無不當,　大人之事畢矣. 【「大學解」】

| 18-116 | 告子能信其心者也.　彼見心能主乎內外, 故其意曰: "心能知言者也. 凡言之來, 以心接之而已.　其有不得於言, 必其所不必知, 而不可因言以動乎心.　心能帥氣者也. 凡氣之用, 以心御之而已,　其有不得於心, 必其所不當發, 而不可役心以從乎

82　기(氣): 맹자는 온 몸을 가득 채우고 있는 것이 기(氣)라고 했으며 또 신체 자체를 가리키는 말인 것처럼 사용하였다.

이니 굳이 마음을 부려서 기를 좇아서는 안 된다. 말 때문에 마음을 동요시키지 않으면 밖의 것이 들어올 데가 없게 되고 마음을 부려서 기를 좇지 않으면 안의 것이 끌려다니는 일이 없게 된다. 밖의 것이 들어올 데가 없게 된 사람은 마음이 환경의 영향을 벗어난 상태이고, 안의 것이 끌려다니는 일이 없는 사람은 기가 마음에 합일된다."라는 것이었다. 오직 그가 환경으로부터 벗어나는 것을 마음으로 삼고 있었기 때문에 늘 마음에 일이 없는 것을 추구하여 그것을 올바른 상태로 삼았고, 일이 없는 것을 올바른 것으로 삼았기 때문에 기氣의 생장生長에 맞추어서 거기에 맞는 행동을 하지 못하였다. 늘 마음에 일이 없는 것을 추구하여 그것을 올바른 것으로 삼았기 때문에 안으로 그 마음을 한 방식으로 고착화하는 태도를 면치 못하였고 기의 생장에 맞추어서 행동하지 못하였기 때문에 밖으로 부추기는 태도를 면치 못하였다. 그는 맹자의 학문과 비교할 때 참으로 간발의 차이일 뿐이다.

│18-117│ 고자告子는 '일삼는 바 없음'을 올바른 상태로 보았다. 그래서 맹자는 "나의 경우는 반드시 일삼는 바가 있고 마음을 어느 하나로 고착시키지 않는다."라고 하였다. 고자는 밖을 잊어서 일체의 작용이 모두 저절로 안돈되게 하였는데 이것은 '억지로 생장을 돕는' 방식이

氣. 不因言以動心, 則外無所入, 不役心以從氣, 則內無所牽. 外無所入者, 心離乎境也; 內無所牽者, 氣合乎心也." 惟其以離境爲心, 故常主心之無事者以爲正; 惟其以無事爲正, 故不能順氣之生長者以有爲. 常主於心之無事以爲正, 故不免於內正其心; 不能順氣之生長以有爲, 故不免於外助其長. 其與孟子之學, 眞毫釐之辨耳.

│18-117│ 告子以無所事爲心之正, 故孟子曰: "我則必有事而不正心." 告子忘外, 一切作用, 皆自安頓, 是爲助其生

다. 그래서 맹자는 "나의 경우는 잊지를 않지만 또한 생장하도록 부추기지도 않는다."라고 말하였다. 【「맹자해(孟子解)」】

| 18-118 | 사유하고 생각하는 정도의 경지에 떨어진 사람은 사유를 하지 않으면 곧 없어지고, 간직하고 지키는 정도의 경지에 떨어진 사람은 간직하지 않으면 곧 없어진다. 이 리理가 밝게 빛나고 작용마다 고루 갖춰지게 하고 싶으면, 그것은 사유를 통해서 얻는 것이 아니고 간직함을 통해서 이르는 것이 아니다. 이 안에는 필시 하나의 끊임없이 생성하는 무엇이 있어서 다른 방식들과는 전혀 같지 않다.

| 18-119 | '이 학문은 늘 간직하는 것이다'라고 말해도 되고 '이 학문은 아무 간직함이 없다'라고 말해도 된다. '늘 간직한다'라는 것은 집착이 아니고 '간직함이 없다'라는 것은 방종이 아니다. 간직하지 않지만 간직되는 것인데 이것은 요행으로 이른 것이 아니고 오히려 찾는 과정을 통해서 얻는 것이고 사람의 노력으로 알게 되는 것이다. 【이상은 「주소로(周少魯)와 작별하며」】

| 18-120 | 이 마음은 순식간에 변하는 것이어서 붙잡을 수가 없다. 하지만 또 고정되어 어떤 것도 물들지 않는다.

長. 故孟子曰: "我則勿忘, 而亦勿助其長." 【「孟子解」】

| 18-118 | 落思想者, 不思卽無. 落存守者, 不存卽無. 欲得此理炯然, 隨用具足, 不由思得, 不由存來. 此中必有一竅生生, 复然不類.

| 18-119 | 言此學常存亦得, 言此學無存亦得. 常存者非執著, 無存者非放縱. 不存而存, 此非可以幸至也, 卻從尋求中得, 由人識取. 【以上「別周少魯語」】

| 18-120 | 此心倏忽不可執著, 卻又凝定不染一物.

|18-121| 남을 향해 잘 설명할 수 있고 잘 그려 낼 수 있으며 잘 해명할 수 있으면 '재간이 있 다'라고 말할 수는 있겠지만 학문과는 아무 상 관이 없다. 학문의 길은 반드시 사람들 속에서 모호해지기 쉬운 것을 조리가 분명하게 한 올 도 흐트러짐이 없게 해야 한다. 평소에 함양하 고 진정하는 공부를 통해 크고 작은 일이 전혀 의혹이 없게 된 수준이 아니고서는 어떻게 이 런 단계에 이를 수 있겠는가. 【이상은 「심만천 (沈萬川)을 보내며」】

|18-122| 『맹자』의 '하늘이 큰 사명을 내리려 고 할 때'[83]라는 대목은 해석에 아주 큰 차이가 있을 수 있다. 마음의 문제로 이 대목을 다룰 경우 성학聖學이 되고, 세태의 문제로 다룰 경 우 세상살이에 대한 것이 된다. 둘 사이는 비 록 현격한 차이가 있지만 모두 내밀히 거두어 들이고 내밀히 삼가서 부족한 부분을 보완해 나가는 효과가 있다. 이것은 바로 사람과 귀신 이 갈리는 지점이니 스스로 잘 살피지 않으면 안 된다. 맹자가 말한 '증익시켜 주고 고쳐 주 었다'라는 것은 기성(氣性: 기질)의 고르지 못한

|18-121| 向人說得 伸, 寫得出, 解得去, 謂之有才則可, 於學 問絲毫無與也. 學 問之道, 須於衆人場 中易鶻突者, 條理分 明一絲不亂. 此非 平日有涵養鎭靜之 功, 小大不疑, 安能 及此?【以上「別沈萬 川語」】

|18-122| "天降大 任"一節, 於此卻有 深辨. 自心術中料 理則爲聖學, 自時態 料理則爲俗情, 二者 雖相去懸絕, 然皆有 收密愼密增益不能 之效. 此正人鬼分 胎, 不可不自察也. 孟子所言增益與改 作者, 指其氣性木

---

83 하늘이 … 때: 『孟子』「告子下」, "天將降大任於是人也, 必先苦其心志, 勞其筋骨, 餓其 體膚, 空乏其身, 行拂亂其所爲. 所以動心忍性, 曾益其所不能. 人恒過然後能改: 困於 心, 衡於慮而後作; 微於色, 發於聲而後喩. 入則無法家拂士, 出則無敵國外患者, 國恒 亡. 然後知生於憂患, 而死於安樂也."

점이나 정욕情欲의 다 없애지 못한 점 내지 재력才力이 충분하지 못한 점을 가리키는 것이니 바로 이 마음이 동요하지 않기를 구하는 방식일 뿐이다. 그런데 세상 사람들은 왕왕 불행한 상황에서 지조를 꺾고 원숙한 태도로 세상과 타협하면서 맹자가 말한 증익이란 이런 것이라고 하니 또한 어긋난 것이 아니겠는가! 【「양무동(楊武東)의 시권(詩卷)에 씀」】

| 18-123 | 수렴에 대해 말할 때는 '존양存養'이라고 하고, 변별함에 대해 말할 때는 '성찰省察'이라고 하며 결택決擇에 대해 말할 때는 '극치克治'라고 한다. 성찰이란 그 밝음을 말하는 것이고 극치란 그 결단을 말하는 것이다. 결단할 수 있으면 더욱 밝아지고 그런 뒤에 존양의 공부가 순전해질 수 있다. 안으로 자신을 잃지 않고 밖으로 남을 잃지 않으며 움직일 때도 안정安定되어 있고 고요할 때도 안정되어 있어서 작거나 크거나 감히 태만하게 하는 것이 없고 처음부터 끝까지 조리가 있으니 성인이 되는 것을 바랄 만하다. 【「왕유훈(王有訓)의 부채에 씀」】

| 18-124 | 백사白沙의 시에 "천 가지로 그쳐 천 곳에서 얻고 하나의 생각을 일생 동안 견지한다."라고 하였다. 천 가지 그침 중에서 하나의 생각을 견지하는 것은 바로 만 가지 죽을 고비를 벗어나 한 가지 생을 얻는 것이다. 지금 '그

平, 情欲未盡, 與才力未充, 正求此心不移耳. 而世人往往折節於隕獲, 諧俗於圓熟, 以爲增益在是, 不亦左乎? 【「書楊武東卷」】

| 18-123 | 言其收斂, 謂之存養; 言其辨別, 謂之省察; 言其決擇, 謂之克治. 省察者言其明, 克治者言其決, 決則愈明, 而後存養之功純. 內不失己, 外不失人, 動亦定, 靜亦定, 小大無敢慢, 始終條理, 可以希聖矣. 【「書王有訓扇」】

| 18-124 | 白沙詩云: "千休千處得, 一念一生持." 於千休之中而持一念, 正出萬死於一生者也.

침'만을 얘기하고 '하나의 생각'을 거론하지 않으면 갈피를 잡지 못하게 되어 필시 쉴 수 없게 되며, '생각'만 말하고 천 가지로 그치지 못하면 곧 지리멸렬하게 되어 또한 참된 생각이 아니게 된다. 생각할 줄 모르면 또한 이른바 '그칠 수 있음'도 없을 것이고 생각을 할 수 있으면 그칠 수 있기를 기약하지 않아도 저절로 그치게 된다. 【「문인에게 보이는 글」】

| 18-125 | 처음 급제하고 위장거魏莊渠[84] 선생을 뵈었더니 선생이 "그대는 뜻이 있으니 필시 급제하는 걸 영광스럽게 생각하지 않을 것이네."라고 말하고서는 종일 동안 묵좌하여 이해나 영달에 대한 일은 전혀 입에 올리지 않았다. 내 마음이 그로 인해 두려움을 느꼈다. 이 말을 받들자니 아주 쉽지 않았다. 대개 벼슬에 오르는 것을 영화롭게 여기지 않는다는 것은 곧 명예와 지위를 잊는 것이고 명예와 지위를 잊는다는 것은 곧 세계를 잊는 것이다. 세계를 잊을 수 있어야 비로소 천고의 진정한 영웅이 될 수 있다. 【「호정보(胡正甫)에게」】

| 18-126 | 적연부동寂然不動은 성誠이니 '없음'에

今言休而不提一念, 便涉茫蕩, 必不能休. 言念而未能千休, 便涉支離, 亦非眞念. 苟不知念則亦無所謂能休者, 能念不期休而自休矣. 【「示門人」】

| 18-125 | 初及第, 謁魏莊渠先生, 先生曰:"達夫有志, 必不以第爲榮." 默坐終日, 絶口不言利達事, 私心爲之悚然. 承當此言, 然不容易. 蓋不榮進取卽忘名位, 忘名位卽忘世界, 能忘世界, 始是千古眞正英雄. 【「示胡正甫」】

| 18-126 | 寂然不動

---

84   위장거(魏莊渠): 위교(魏校, 1483-1543)는 자가 자재(子才)이고 곤산(昆山) 사람이다. 소주(蘇州) 봉문(葑門)의 장거(庄渠)에 살아서 이런 호를 사용하게 되었다. 국자감 좨주를 역임하였다.

간직하고 있는 것을 말하며, 감이수통感而遂通은 신神이니 '있음'으로 발한 것을 말하며, 움직였는데 아직 드러나지는 않아서 없음과 있음 사이에 있는 것은 기幾로서 '있지만 있은 적이 없는 것'을 말한다.[85] 이 세 가지 말은 모두 마음을 형용한 것이다. 늘 있으면서 있음에 섞이지 않게 하는 것을 '기미幾微의 순간에서 연마함'[86]이라고 한다. 진정으로 있음에 섞이지 않을 수 있게 되면 늘 그윽하고 늘 미미하면서 감지하여 잘 대응하는 묘함이 있게 마련이다. 이것이 '기미를 아는' 신묘함이다. 기미를 '한 생각의 시작'이라고 말하는 이는 이것을 어찌 알 수 있겠는가.

| 18-127 | 천지 만물을 몸으로 삼을 수 있으면 내가 커지고, 천지 만물로 인해 안 좋은 영향을 받지 않으면 내가 귀해진다. 무릇 천지 만물을 몸으로 삼는 사람은 만물을 몸으로 삼을 뿐이고 본래 (국한된) 몸이 없다. 몸이 없는 상태에서 큰 작용이 유행流行하기에 발發하지만 발한 적이 없다. 정좌하고 있을 때는 맑고 알맞고 일을 할 때에는 편안하고 엄숙하며 집에

者誠也, 言藏於無也; 感而遂通者神也, 言發於有也. 動而未形有無之間者, 幾也, 言有而未嘗有也. 三言皆狀心也. 常有而不使其雜於有, 是謂研幾. 眞能不雜於有, 則常幽常微, 而感應之妙, 是知幾之神. 謂幾爲一念之始者, 何足以知此.

| 18-127 | 能以天地萬物爲體, 則我大; 不以天地萬物爲累, 則我貴. 夫以天地萬物爲體者, 與物爲體, 本無體也. 於無體之中, 而大用流行, 發而未嘗發也.

85　적연부동(寂然不動)은 … 말한다:『通書』「聖」, "寂然不動者, 誠也; 感而遂通者, 神也; 動而未形, 有無之間者, 幾. 誠精故明, 神應故妙, 幾微故幽. 誠, 神, 幾, 曰聖人."

86　기미(幾微)의 순간에서 연마함:『周易』「繫辭上」, "夫易, 聖人之所以極深而研幾也. 唯深也, 故能通天下之志; 唯幾也, 故能成天下之務. 唯神也, 故不疾而速, 不行而至."

있을 때는 온화하고 부드러운 것을 모두 '발發' 이라고 하며 그 어느 것 하나를 잡아서 몸으로 삼을 수 없다. 늘 고요하고 늘 비어 있으며 거둬들일 수도 있고 펼 수도 있어서 모든 것을 몸으로 삼아 거대하다. 【이상은 모두 「만일충(萬日忠)에게」】

靜坐而清適, 執事而安肅, 處家而和婉, 皆謂之發, 而不可執以爲體. 常寂常虛, 可卷可舒, 全體廓如.
【以上皆『示萬日忠』】

| 18-128 | 지知는 부족한 리理가 없으니 무릇 자신의 역량을 온전히 발휘하지 못한 사람은 모두 인욕人欲대로 하는 데 안주하여 역량을 다하지 않는 이들이다. 우리들이 평소 생활에서 계신공구戒愼恐懼의 공부를 조금이라도 느슨하게 하면 곧 말을 하거나 행동을 하거나 움직이거나 가만히 있는 작은 순간에 모두 하늘의 보편성에서 벗어나고 사람으로서의 도리를 해치게 되니 성찰하지 않을 수 있겠는가! 【「왕유훈(王有訓)에게」】

| 18-128 | 知無不足之理, 則凡不盡分者, 皆吾安於肆欲而不竭才者也. 吾人日用之間, 戒懼稍縱, 卽言動作止之微, 皆違天常而賊人道, 可不省歟!【「示王有訓」】

| 18-129 | 우리는 응당 스스로 우리의 몸을 천지 사이의 공공적인 자리에 세우고 조금도 이기심을 가지지 말아야 뜻을 세운 것이라고 할 수 있다. 단지 평소에 습관이 된 것이 있어서 익숙하고 매끄럽게 이전 방식대로 안주하기 쉽다. 지금 응당 한결같이 자르듯이 해야 한다. 단지 어떤 이기심도 그냥 지나치지 말고 시시각각으로 이것(뜻)이 나타나 주재가 되고 다시는 조그만 옛 습관도 몸에 남아 있지 않게

| 18-129 | 吾人當自立身放在天地間公共地步, 一毫私己著不得, 方是立志. 只爲平日有慣習處, 軟熟滑瀏, 易於因仍. 今當一切斬然, 只是不容放過, 時時刻刻須此物出頭作主, 更

해야 공부일 수 있고 명命을 세우는 것일 수 있다.【「일차(日劄)」】

| 18-130 | 종일토록 분주하게 외물과 관계를 맺되 그것을 나로 대하고 그것이 내가 아니라고 본 적이 없으면 오래 지나면 외물과 융화되는 것을 보게 된다. 그래서 일을 제외하면 마음이라는 것이 없고 외물을 제외하면 몸이라는 것이 없다. 잠시 눈을 감고 끝이 없는 공간에서 노닐면 적막한 땅이자 광활한 들에 처해 있는 것과 같다. 외물과 대립되지 않기에 나는 우뚝하게 되는 것이다.

| 18-131 | 천지 사이에서 만 가지가 생기고 만 가지가 죽지만 천지는 그것 때문에 기뻐하거나 슬퍼하지 않으니 천지에게 있어서는 늘어난 적도 없고 줄어든 적도 없기 때문이다. 삶과 죽음이 나에게 늘어나거나 줄어드는 것이 없다면 내가 기뻐하거나 슬퍼할 것이 뭐가 있겠는가. 그래서 성인은 그것을 구분하지 않는다.

| 18-132 | 나의 몸을 얽매는 것은 외물이지 내가 아니고 내 생각을 흔드는 것은 일이지 내가 아니며 나의 누累를 풀어 주는 것은 리理이지 내가 아니고 내 흩어진 것을 수렴시켜 주는 것은 학문이지 내가 아니다. 리理와 학學을 버려

無纖微舊習在身, 方是工夫, 方是立命.【「日劄」】

| 18-130 | 終日營營與外物交, 以我應之, 未始見其非我也, 久而見化於物. 故舍事無心, 舍物無身. 暫爾瞑目, 彷徨無垠, 有如處於寂莫之鄉, 曠莽之野, 不與物對, 我乃卓然.

| 18-131 | 天地之間, 萬生萬死, 天地不爲欣戚, 以其在天地未嘗有增, 未嘗有損也. 生死不增於我, 我何欣戚? 故聖人冥之.

| 18-132 | 麗吾形者, 是物非我; 擾吾思者, 是事非我; 釋吾累者, 是理非我; 斂吾散者, 是學非我.

두고 강론하지 않고 일과 외물을 떠나 관여하지 않으면 나는 장차 어디에 있겠는가? 내가 어디에 있는지 아는 사람에 대해서는 옛날과 현재로 한계를 지을 수 없고 지혜로움과 어리석음으로 구별할 수 없으며 높이더라도 두드러지지 않고 낮추더라도 더럽게 되지 않는다. 그래서 늘 태연하게 아무 두려움이 없다. 【이상은 「오어(寤語)」】

置理學不講, 離事物不爲, 我將何在? 知我在者, 古今不能限, 智愚不能別, 高之不爲顯, 卑之不爲汚, 故常泰然無懼. 【以上「寤語」】

| 18-133 | 왕경소(王敬所: 王宗休)가 석련동石蓮洞으로 나를 찾아와서 각각 터득한 바를 얘기해보기를 청하였다. 왕경소가 "나는 '그치지 않는' 참된 본체를 보았소. 천지의 화생化生과 일월의 운행도 이 본체를 벗어날 수 없소. 하물며 사람이겠소? 내가 늦봄을 살펴보니 만물이 왁자하게 번식하고 자라나는데 누가 그렇게 만드는 것인지 아무도 모르오. 이것이 거의 가깝지 않겠소? 명도明道는 이것을 터득하여 '인仁을 안다[識仁]'라고 이름 지었소. '인을 안다'라는 것은 이 '그치지 않는 것'을 아는 것이오. 나는 때가 되어 말을 하고, 나는 때가 되어 침묵하며, 나는 때가 되어 움직이거나 정지하거나 나아가거나 물러나는 데 있어 조금도 힘을 쓰는 바가 없소. 이것을 주재하는 것이 있겠소?"라고 말해서, 나는 "들을 수 있는 것은 말이오. 이 말이 나오는 그 근원은 남들이 들을 수가 없소. 어찌 남들만이 들을 수 없겠소? 나도 또

| 18-133 | 王敬所訪余石蓮洞中, 各請所得. 敬所曰: "吾有見於不息之眞體. 天地之化生, 日月之運行, 不能外是體也, 而況於人乎? 吾觀於暮春, 萬物熙熙, 以繁以滋, 而莫知爲之, 其殆庶幾乎? 明道得之, 名爲'識仁'. '識仁'者, 識此不息者也. 吾時而言, 吾時而嘿, 吾時而作止進退, 無所庸力也. 其有主之者乎?" 余曰: "可聞者言也, 所從出此言者, 人不得

한 들을 수가 없소. 그러니 '지극히 고요한 무엇'이 주재가 되는 것이 아니겠소? 그런데 굳이 '고요함으로 돌아간다'라고 말하는 것은 왜 이겠소? 지금 말을 하는 사람은 반드시 말과 함께 치닫고 치달으면 그 주재를 떠나게 되오. 주재를 떠나게 되면 그것을 이끄는 외물을 뒤좇게 되오. 내가 비록 말을 하기는 하지만 고요함이 되는데 무슨 문제가 있겠소? 그 말이 나온 근원은 그 속에 내재되어 있으니 명을 받는 것이 메아리와 같소. 이와 같이 말하고 이와 같이 침묵하니, 말하고 침묵하는 것은 다르지만 나는 두 주재가 있었던 적이 없소. 이것으로부터 더 미뤄 나가면 움직이거나 그치거나, 나아가거나 물러나거나, 보통의 모습이거나 변한 모습이거나, 낮이거나 밤이거나 상관없이 나는 두 주재가 있었던 적이 없소. 고요하기에 '돌아간다'라고 말할 수 있는 것이오. '고요함으로 돌아간다'라는 것은 그 공부에 대해 말한 것이오. 그런데 마음의 유행에 맡겨 두는 것을 공부라고 여기는 이는 내 일찍이 그 말을 채용했지만 그것을 통해 터득한 것이 없었소."라고 하였다. 왕경소가 "이것은 곧 나의 이른바 '그치지 않는 것'이니 상대적 의미의 정(靜: 고요함)으로 말한 것이 아니오."라고 하였다. 【「설정(說靜)」】

| 18-134 | 곧고 밝은 본체가 늘 주재가 되어 비

而聞也. 豈惟人不得聞, 己亦不得而聞之, 非至靜爲之主乎? 然而必云'歸靜'者, 何也? 今之言者, 必與言馳, 馳則離其主矣. 離其主, 則逐乎所引之物, 吾雖言矣, 而靜何有? 所從出者存於其中, 受命如響. 如是而言, 如是而嘿, 語默殊而吾未嘗有二主也. 從而推之作止進退, 常變晝夜, 吾未嘗有二主. 靜矣, 斯可以言歸矣. 歸靜言乎其功也, 而謂任心之流行以爲功者, 吾嘗用其言而未之有得也." 敬所曰: "是卽吾之所謂不息者, 而非以對待之靜言之也."【說靜】

| 18-134 | 貞明之

록 유행하여 그침이 없지만 어떠한 작위도 없다. 마치 바위의 굳건함과 같아서 안과 밖으로 잘 대응하고 양쪽 어느 편으로 기울지 않으니 적연寂然함의 지극함이다.【「주동암(周洞岩)에게」】

| 18-135 | 예로부터 성현이 학문을 논할 때 '그 일에 손을 대지 않는다'라는 말을 한 적이 없으며, 배우는 데 있어 실행을 통하지 않는 것은 없었다. 오직 불가에서는 바로 성현의 지위에 오르려고 한다. 이 점은 왕용계가 사람들을 지극히 그르친 부분이다.

| 18-136 | 왕양명 문하에서는 '지(知: 양지)'라는 개념을 가지고 다투기를 마치 스승의 성함을 공경히 대하듯이 하여 남이 그것을 담론하는 것을 용납하지 않는다.

| 18-137 | 우리 유가에서는 '쉼[息]'을 말하지 않는다. 단지 기氣를 마구 다루지만 않으면 '쉼'은 저절로 그 속에 있게 된다.

| 18-138 | 하나로써 모든 사물에 모두 미루어 실행하고 조금의 지식도 끼어들지 않게 하면 그것이 바로 '인의의 덕으로 말미암아 행하는' 경지이다. 사물에서 무엇인가를 구하자마자 바로 지식이 되어 버리고 바로 '인의를 행하는'

體, 常爲主宰, 雖流行不息, 而未嘗有所爲. 如石之介, 內外敵應, 兩不相與, 寂之至也.【「贈周洞岩」】

| 18-135 | 自來聖賢論學, 未嘗有不犯做手一言, 未有學而不由做者. 惟佛家則立躋聖位, 此龍溪極誤人處.

| 18-136 | 陽明公門下爭知字, 如敬師諱, 不容人談破.

| 18-137 | 吾儒不言息, 只不暴氣, 息自在其中.

| 18-138 | 以一推行於事事物物, 不攙入些子知識, 便是由仁義行. 才於事物上求之, 便是知識, 便

수준에 머물게 된다.[87]

| 18-139 | 실마리[端倪]를 잘 살펴 알아차림으로써 확충하는 공부를 해 나간다. 이 말은 '본체를 인식한 뒤에야 비로소 공부를 하기에 좋다'라는 의미이지 실마리가 발한 지점에서 비로소 공부를 할 수 있다는 의미가 아니다.

| 18-140 | 공문孔門의 학문은 사람들에게 실사實事에 나아가 구해서 스스로 터득하게 되기를 기다리도록 가르친다. 후세에는 안과 밖을 나누고 마음과 일을 나누었다. 송宋나라 시기 이후로 공문孔門과 좀 닮지 않게 되었다는 느낌이 든다. 【이상은 「쌍강(雙江)의 『치지의략(致知議略)』을 읽고」】

| 18-141 | 잡념이 점점 적어지면 감지하여 반응하는 곳마다 저절로 올바르게 적응하게 된다. 【「송원지오(松原志晤)」】

| 18-142 | 주제넘게 여기에 뜻을 둔 것이 20여 년이다. 또한 일찍이 스스로 맹세하기를 "나는

是行仁義.

| 18-139 | 察識端倪, 以致夫擴充之功, 謂識本體後, 方好用功, 不是發處才有工夫用也.

| 18-140 | 孔門之學, 教人卽實事求之, 俟其自得. 後世分內分外, 分心分事. 自宋以來, 便覺與孔門稍不類. 【以上「讀雙江致知議略」】

| 18-141 | 雜念漸少, 卽感應處便自順適. 【「松原志晤」】

| 18-142 | 妄意於此, 二十餘年矣, 亦

---

[87] 하나로써 … 된다: '인의의 덕으로 말미암아 행한다'는 말과 '인의를 행한다'라는 말은 『맹자』에 보인다. 전자는 인의의 덕을 가진 사람이 자연스럽게 인의를 행하는 것을 말하고, 후자는 인의의 덕을 가지지 못한 사람이 피동적이든 자발적이든 노력을 통해 인의를 행하는 것을 말한다.

세상에 나와 특별히 취할 바가 없다. 단지 '자기(自欺: 자신을 속임)' 두 글자가 혹시 남들만큼 심한 지경에 이르지 않았으면 좋겠다."라고 하였다. 그리고 최근 2년 동안 제법 더 바로잡았더니 이제는 내가 편안히 여기고 두려워하지 않는 그런 일이 되었다. 바로 세상에서 말하는 '큰 거짓'이고, 혐오스럽고 부끄럽게 생각하는 바로 그런 것인데 모두 내가 관심을 두고 오랫동안 사려해서 남몰래 운명을 맡기고 종신토록 의지하는 것이다. 그것이 나를 편안히 여기고 두려워하지 않게 할 수 있었던 것은 곧 선유先儒의 논설에 의한 것일 뿐인데 그것을 자족할 만한 일로 간주하였다. 알음알이를 지혜로 여기고 의지력을 실천능력으로 여기고서는 혐오할 만하고 부끄러워할 만한 것에 관심을 두고 사려를 쌓아 간다는 것은 알음알이로 미치지 못하는 바이고 의지력으로 행할 수 없는 바라고 생각하였다. 결함이 있다고 느껴지면 하나의 이론으로 그것을 가렸고 완곡하게 표현하고 싶으면 여러 증거들을 갖다 댔다. 선유의 논설이 많을수록 내가 편안히 여기는 바는 날로 촘촘해졌다. 비유하자면 온갖 기술에 두루 능통하지만 감정이 마비되어 관심을 기울이지 않고, 긁는 것에 대해 말할 수 있지만 가려울 때 사용하지 않으며, 독약을 먹는 일을 달가워하면서 신묘한 약제라고 여기는 것과 같다. 이와 같이 해 온 날이 모두 얼마나 되는지 모르

嘗自矢, 以爲: 吾之於世, 無所厚取, 自欺二字, 或者不至如人之甚. 而兩年以來, 稍加懲艾, 則見爲吾之所安而不懼者. 正世之所謂大欺, 而所指以爲可惡而可恥者, 皆吾之處心積慮, 陰托之命, 而恃以終身者也. 其使吾之安而不懼者, 乃先儒論說之餘, 而冒以自足. 以知解爲智, 以意氣爲能, 而處心積慮於可惡可恥之物, 則知解之所不及, 意氣之所不行. 覺其缺漏, 則蒙以一說; 欲其宛轉, 則加以衆證. 先儒論說愈多, 而吾之所安日密. 譬之方技俱通, 而痿痺不恤, 搔爬能談, 而痛癢未加, 甘心於服鴆. 而自以爲神劑,

겠다. 장생불로의 묘방까지 듣게 되어 우르르 이구동성으로 응하고 그것이 멀리 있다고 말하지 않았다. 아, 이것을 학문이라고 여긴다면 비록 날로 듣는 것이 있고 시시각각으로 익히는 것이 있으며 밝은 스승이 임해 있고 좋은 벗이 도와준다고 해도 오히려 그 사심을 이루는 것에 불과할 것이다. 하물며 날마다 듣는 바와 시시각각으로 익히는 바가 세속의 범위를 드나들고 있는데다 또 밝은 스승과 좋은 벗의 도움이 없으니 이전의 병을 면할 수 있겠는가! 무릇 편안히 여기는 바가 여기에 있으면 남이 나를 혹시 들여다보게 될까 두려워할 수밖에 없고 저쪽으로부터 은혜를 입는 상황이면 그 사람이 나에게 은혜를 베풀지 않을까 두려워할 수밖에 없다. 운명을 맡긴 것이 이미 굳건하면 진실로 뽑아내기가 어렵고 힘을 쓴 것이 이미 깊으면 감추고 숨는 것이 더욱 솜씨가 있을 것이다. 이에 불명예나 명예, 이익과 손해가 걸린 상황에서 비로소 그 진심을 사용하지 않을 수 없게 될 것이다. 이것은 기미를 보고 움직이고 틈을 보고 일어나는 것이니 후유증이 드러나는 것으로서 이른바 '이미 병이 고칠 수 없게 되었다'라는 상태이다. 또 '작용하는 데마다 모두 충족한' 체體를 가지고서 남의 입에 기생해 사는 것이고 '더하지도 않고 덜하지도 않는' 참됨을 가지고서 옛사람이 내뱉어 버린 더러운 것을 탐내서 훔치는 것이다.

如此者不知日凡幾矣. 至聞長生久視之妙, 津津然同聲應之, 不謂其相遠也. 嗚呼! 以是爲學, 雖日有聞, 時有習, 明師臨之, 良友輔之, 猶恐成其私也. 況于日之所聞, 時之所習, 出入於世俗之內, 而又無明師良友之益, 其能免於前病乎! 夫所安者在此, 則惟恐人或我窺, 所蒙者在彼, 則惟恐人不我與. 托命既堅, 固難於拔除; 用力已深, 益巧于藏伏. 於是毁譽得失之際, 始不能不用其情. 此其觸機而動, 緣釁而起, 乃餘症標見, 所謂已病不治者也. 且以隨用隨足之體, 而寄寓於他人口吻之間, 以不加不損之眞, 而貪竊于古人唾

지극한 즐거움을 찾지는 않고 남의 안색을 살펴서 거기로부터 기쁨과 슬픔을 느끼고 큰 보물을 애석하게 여기지 않고 시절이 앗아 가거나 주는 것을 기대하여 거기로부터 부족함과 만족감을 느낀다. 마치 길을 잃은 사람이 돌아가려고 하는 것과 같고, 마치 집을 잃은 사람이 먹을 것을 구걸하는 것과 같다. 유리걸식하고 분주히 달리며 죽을 때까지 쉬지 못하니 맹자의 이른바 '슬프다!'라는 경우이다.[88]【「채독학(蔡督學)과 이별하며」】

棄之穢. 至樂不尋, 而伺人之顏色以爲欣戚; 大寶不惜, 而冀時之取予以爲歉盈. 如失路人之志歸, 如喪家子之丐食, 流離奔逐, 至死不休, 孟子之所謂哀哉!【「別蔡督學」】

┃18-143┃ 단지 화두로만 가지고 놀 뿐이고 자신의 성性과 자신의 명命을 손상시키면서도 알지 못한다. 그 자리에서 당장 화를 내는 것에 대해서 스스로 강하고 굳센 것이라고 여기고, 끈끈하게 휘어감는 것을 조리가 꼼꼼하다고 여기며, 억지로 남을 받들고는 도리어 그것을 공경이라고 여기고, 명백히 아부하는 것이면서 도리어 그것을 너그러움이라고 여긴다. 이와 같은 것은 온갖 말로도 그 정상을 묘사할 수가 없다. 한마디로 묶어서 말해 버리면 단지 모호하게 될 뿐이다. 비록 자칭 학문을 한다고 하더라도 자신과는 아무 상관이 없게 될 것이

┃18-143┃ 只在話頭上拈弄, 至於自性自命, 傷損不知. 當下動氣處, 自以爲發強剛毅; 纏粘處, 自以爲文理密察; 加意陪奉, 卻謂恭敬; 明白依阿, 卻謂寬仁. 如此之類, 千言萬語, 莫能狀其情變. 總之以一言, 只是鶻突到了, 雖自稱爲學,

---

88 　맹자의 … 경우이다:『孟子』「告子上」, "仁, 人心也; 義, 人路也. 舍其路而弗由, 放其心而不知求, 哀哉! 人有雞犬放則知求之, 有放心而不知求. 學問之道無他, 求其放心而已矣."

다. 그런데도 또 '정밀함'을 말하고 '한결같음'을 말하며 '감지함'을 말하고 '응함'을 말한다고 한들 또한 무슨 도움이 되겠는가!

| 18-144 | 불교와 우리 유교의 차이에 대해서는 반드시 자신이 이미 결론을 내리게 된 뒤에 비로소 입을 열 수 있소. 하지만 이것도 또한 쓸데없는 말이니, 명백히 구분할 수 있다고 한들 또한 자신과 무슨 상관이 있겠소? 노형이 이런 것을 큰일이나 되는 것처럼 간주하고 '강론이 명백하지 못하면 장차 세상을 그르치게 될 것이다'라고 여기고 있소. 저는 '정이천程伊川이 명백히 강론한 뒤에 또 성인이 몇 명이나 나왔는가. 주렴계가 명백히 강론하지 않았지만 어찌 주렴계를 그르쳤던가.'라고 생각하오. '무생無生'의 언설은 모양이 끝내 같지가 않았으니 어찌 깊이 논할 것이 있겠소! 지금 비록 선禪을 담론하지만 삭발을 하고 아내를 버리며 생사를 가볍게 여기며 명예와 지위를 버릴 수 있는 사람을 결코 보지 못하였소. 이런 몇 가지 일은 우리 유자들이 불교를 비판하는 가장 주요한 지점인데 이미 서로 범하지 않으니 저절로 걱정할 것도 없소. 노형의 '나는 이것 때문에 두려워한다'라는 한마디는 이것을 통해 조금 해소될 것 같소. 우리들의 한 성명性命이 수많은 상처를 입고서 치료하기도 겨를이 없는데 어찌 남들의 장점을 말하고 단점을 말하

而於自身邈不相干. 卻又說精說一, 說感說應, 亦何益哉!

| 18-144 | 佛與吾儒之辨, 須是自身已有下落, 方可開口. 然此亦是閒話, 辨若明白, 亦于吾身何干? 老兄將此等作大事件, 以爲講論不明, 將至誤世. 弟則以爲伊川講明後, 又出幾個聖人? 濂溪未曾講明, 又何曾誤了春陵夫子? 無生之說, 門面終是不同, 何須深論? 今縱談禪, 決未見有人削髮棄妻, 薄視生死, 拋卻名位. 此數事乃吾儒詆毁佛氏大節目處, 既不相犯, 自可無憂. 老兄'吾爲此懼'一言, 似可稍解矣. 吾輩一個性命, 千瘡百孔, 醫治

는 숱한 말들이 있을 수 있겠소. 저는 노형이 '정밀함'이니 '한결같음'이니 하는 말은 요순에게 돌려주고, '감感'이니 '응應'이니 하는 말은 공자에게 돌려주고, 양지는 양명에게 돌려주고, 무생無生은 불교에 돌려주고서 곧장 현재의 가슴속에 들러붙은 것들을 어떻게든 끊어 내고 눈앞의 복잡한 일들을 어떻게든 잘 정리하고 원래의 성명性命을 어떻게든 회복하기를 바라오. 그러면 나에게 이로운 것은 취하되 그 말만 따르는 것이 아니고, 나에게 해로운 것은 피하되 단지 말 때문만은 아닐 것이오. 이와 같이 된다면 무슨 말이 같이 않을 것이며, 두려움이 일찌감치 그치지 않겠소?【「하선산(何善山)에게 보내는 답신」】

┃18-145┃평소에 공부할 때에 곧바로 아무 폐단이 없는 수준까지 강구할 수 있기를 바란다면 이것은 속히 이루려는 마음이다. 칼도 잘 갈아야만 빛이 나는 것이니 지금 어떻게 다 그렇게 할 수 있겠는가.

┃18-146┃단지 선악을 분별하는 공부만을 하는데, 어찌 숱한 얽매임들이 있어서 언어로 풀어내야 한단 말인가!

┃18-147┃이미 근본을 북돋을 줄 알면 그것이 바로 가지가 무성히 자라는 형세인 것이니 곧

不暇, 何得有許多爲人說長道短耶? 弟願老兄將精一還堯舜, 感應還孔子, 良知還陽明, 無生還佛, 直將當下胸中粘帶, 設計斷除, 眼前紛紜, 設計平妥, 原來性命, 設計恢復. 益於我者取之, 而非徇其言也; 害於我者違之, 而非徒以言也. 如是, 尚何說之不同, 而懼之不早已乎?【「答何善山」】

┃18-145┃尋常作工夫, 便欲講求得無弊, 此欲速之心. 磨礱方有光輝. 如今安得儘是?

┃18-146┃只用分別善惡工夫, 安有許多牽絆, 爲言語分疏?

┃18-147┃既知培本, 便是扶疏之勢, 即爲

'지각이 그친' 경지이다. 줄곧 동쪽을 근심하고 서쪽을 근심하는 것은 왜인가? 【「시주(詩注)」】

▌18-148▐ 미발未發의 중中은 사려의 원래 자리이고, 정情에 있는 것은 이발已發의 중中이며 정情과 함께 발하지 않은 것이다. 같이 발하게 되면 그 자리를 벗어난 것이다. 늘 그 자리에 그쳐 있으면서 사려로 헤쳐 나간다. 그렇기 때문에 나는 움직임과 그침, 말함과 침묵함, 가고 옴, 나아가고 물러남이 없었던 적이 없었다. 이것은 정靜이 주재가 되는 것이지 내가 정靜을 위주로 하는 것이 아니다. 【「주정당기(主靜堂記)」】

知止, 一向愁東愁西, 何故? 【「詩注」】

▌18-148▐ 未發之中, 思之位也. 存乎情, 發之中, 而不與情俱發者也. 俱發則出其位矣. 常止其位而思以通之, 故吾未嘗無作止語嘿往來進退, 是靜爲之主也, 非吾主乎靜也. 【「主靜堂記」】

명유학안 권19,
강우왕문학안4

明儒學案 卷十九,
江右王門學案 四

처사 양봉 유문민 선생

處士劉兩峰先生文敏

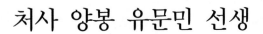

| 19-1 | 유문민劉文敏은 자가 의충宜充이고 호는 양봉兩峰이며 길주吉州의 안복安福 사람이다. 어려서부터 질박해서 세상에 음험한 일이 존재한다는 것을 알지 못하였다. 23세에 유사천(劉師泉: 劉邦采, 1490-1578)과 함께 공부하였는데 천지 사이에 스스로 설 수 있는 방법을 사유하느라 매일 밤늦게까지 잠자리에 들지 못하였다. 유사천에게 "학문이 작은 성취에 그친다면 학문을 하지 않는 것과 같다."라고 하였다. 그 뒤 『전습록』을 읽고 좋아하여 몸소 그것을 실천하였는데 움직임과 고요함이 융화되지 못한 느낌은 여전하였다. 그래서 "이것은 스승에게 배우지 않으면 안 된다."라고 생각하고는 절강성浙江省 지역으로 들어가 왕양명에게 배웠다. 이로부터 한결같이 '치양지'를 목표로 삼고 조존操存과 극치克治를 잠시도 게을리하지 않았고, 고원한 원리만 말하느라 비근한 윤리는 고

| 19-1 | 劉文敏, 字宜充, 號兩峰, 吉之安福人. 自幼樸實, 不知世有機械事. 年二十三, 與師泉共學, 思所以自立於天地間者, 每至夜分不能就寢. 謂師泉曰: "學苟小成, 猶不學也." 已讀『傳習錄』而好之, 反躬實踐, 唯覺動靜未融, 曰: "此非師承不可." 乃入越而稟學焉. 自此一以致良知爲鵠, 操存克治, 瞬息不少懈. 毋談高遠而行

려하지 못하는 경우가 없었다. 문하에 들어간 학자들은 주의를 주지 않아도 믿음직해져서 도道를 갖춘 것이 눈으로 확인되었다. 부친상을 마친 뒤에는 과거 시험에 응시하지 않았다. 화정(華亭: 聶豹)이 학사學使가 되어 선생을 공사貢士의 자격으로 특채하였지만 응하지 않았다. 섭쌍강(聶雙江: 聶豹)은 귀적歸寂을 위주로 하여 동문들과 변설을 하느라 걸핏하면 서신이 권축卷軸을 가득 채우곤 하였는데 선생이 "발한 것과 발하지 않은 것은 본래 다른 것이 없고 계신공구戒愼恐懼와 신독愼獨은 본래 두 가지 일이 아닙니다. 만약 '미발이 이발已發을 겸할 수가 없으며 치중致中 이외에 별도로 치화致和라는 공부가 있다'[1]라고 한다면 이는 자연스러운 본체를 잘 따를 줄 모르고 더하거나 줄이는 것으로서 '배워서 능하고 사려해서 아는' 수준입니다."라고 말하였다. 또 말하기를, "구체적인 일에서 공부를 하는 것은 비록 구체적인 일에서 도리를 강구하는 것보다는 낫지만 모두 진리를 터득하는 데 있어서는 도움이 되지 않습니다. 본원을 함양하는 일이 정밀할수록 더욱 한결같아지고 한결같을수록 더욱 정밀해져야만 비로소 마음과 일이 합일될 것입니다."라고 하였다. 또 "정좌하여 마음을 맑게 하며 시선

遺卑近, 及門之士, 不戒而孚, 道存目擊. 外艱既除, 不應科目. 華亭爲學使, 以貢士徵之, 不起. 雙江主於歸寂, 同門辨說, 動盈卷軸, 而先生言: "發與未發本無二致, 戒懼愼獨本無二事. 若云未發不足以兼已發, 致中之外, 別有一段致和之功, 是不知順其自然之體而加損焉, 以學而能, 以慮而知者也." 又言: "事上用功, 雖愈於事上講求道理, 均之無益於得也. 涵養本原愈精愈一, 愈一愈精, 始是心事合一." 又言: "嘿坐澄心, 反觀內照, 庶幾外好日少, 知慧日著, 生理

---

1   치중(致中) … 있다:『중용』의 '致中和'를 '致中'과 '致和'로 구분한 것이다.

을 돌려 마음속을 비추다 보면 외물에 대한 기호가 나날이 줄어들고 지혜가 나날이 드러날 것입니다. 생리(生理: 생명의 이치)도 생겨나고 생겨나 끊임이 없을 테니 이른바 '의義를 쌓는다'라는 것입니다."라고 말하였다. 또 "내 마음의 본체는 본래 그쳐 있고 본래 적연합니다. 그런데 의념을 간여시키고 도리로 꾸미며 견문으로 넓히고서는 드디어 '감이수통感而遂通'[2]을 마음의 본체라고 여기고, 내 마음이 비록 천 가지 만 가지로 상황에 대응해 나가느라 복잡한 변화가 끊임이 없다고 하더라도 그 본체는 본래 늘 그쳐 있고 늘 적연하다는 사실을 알지 못합니다. 저 '정靜은 문제가 있다'라고 말하는 사람들은 '정靜의 광경'에 대해 말하는 듯하고 '그 성질이 둘로 갈리지 않아서 생성함이 헤아릴 수 없는' 본체의 정靜에 대해 말하는 것이 아닙니다."라고 하였다. 이런 말들은 섭쌍강과 서로 거스름이 없다고 여겼다. 그러므로 사람들이 섭쌍강이 선생을 얻어서 고립되지 않을 수 있었다라고 평가한 것은 빈말이 아니다. 하지만 선생은 "나의 성性은 본디 늘 살아 있는 것이고 본디 늘 그쳐 있는 것이다. 갔다가 왔다가 하고 일어났다가 엎드렸다가 하는

亦生生不已, 所謂集義也." 又言: "吾心之體, 本止本寂. 參之以意念, 飾之以道理, 侑之以聞見, 遂以感通爲心之體, 而不知吾心雖千酬萬應, 紛紜變化之無已, 而其體本自常止常寂. 彼以靜病云者, 似涉靜景, 非爲物不貳, 生物不測之體之靜也." 凡此所言, 與雙江相視莫逆. 故人謂雙江得先生而不傷孤另者, 非虛言也. 然先生謂: "吾性本自常生, 本自常止. 往來起伏, 非常生也; 專寂凝固, 非常止也. 生而不逐, 是謂常止; 止而不住, 是謂常生.

---

2 감이수통(感而遂通): 『周易』「繫辭上傳」, "易, 无思也, 无爲也. 寂然不動, 感而遂通天下之故. 非天下之至神, 其孰能與於此." 성리학자들은 일반적으로 '寂然不動'을 마음의 未發 상태로, '感而遂通(天下之故)'은 마음이 발한 상태로 이해한다.

처사 양봉 유문민 선생

것은 늘 살아 있는 것이 아니고, 전적으로 적연하여 응고되어 있는 것은 늘 그쳐 있는 것이 아니다. 살아 있되 외물을 좇지 않으니 이것을 '늘 그쳐 있다'라고 하는 것이며 그쳐 있되 머물러 있지 않으니 이것을 '늘 살아 있다'라고 하는 것이다. 주재는 유행의 주재이고 유행은 곧 주재의 유행이다."라고 말하였으므로 그는 사문師門의 종지에 비춰 볼 때 섭쌍강과 완전히 같다고는 할 수는 없다. 대개 섭쌍강은 미발을 성性에 속하는 것으로, 이발을 정情에 속하는 것으로 보았는데 선생은 희로애락을 정情으로 여기고 정이 올바름을 얻은 것을 성性이라고 여겼다. 나이 여든에도 삼봉三峰의 꼭대기에 올라가서 100여 일 동안 정좌하였다. 문인인 왕시괴王時槐 · 진가모陳嘉謨 · 하경賀涇에게 말하기를, "지知의 본체는 본래 비어 있고 비어 있기에 낳고 낳는 것이다. 빈 것은 천지 만물의 근원이다. 우리 도道는 비어 있음을 최고의 가치로 본다. 너희는 염두에 두어라. 후학들의 말과 비교해 보면 이론이 일치하지 않으니 신중히 해서 내 종지를 어기지 않도록 하라."라고 하였다. 융경隆慶 6년(1572) 5월에 세상을 떠나니 나이는 83세였다. 장횡거는 "허虛가 기氣를 낳는다고 말하면 허虛는 무궁한데 기氣는 유한한 것이 되어서 체體와 용用이 현격히 갈라져서 노장老莊의 '유有는 무無에서 생긴다'라는 자연自然의 이론이 되어 버린다."[3]라고 하였다.

主宰卽流行之主宰, 流行卽主宰之流行." 其於師門之旨, 未必盡同於雙江. 蓋雙江以未發屬性, 已發屬情, 先生則以喜怒哀樂情也, 情之得其正者性也. 年八十, 猶陟三峰之巓, 靜坐百餘日. 謂其門人王時槐 · 陳嘉謨 · 賀涇曰: "知體本虛, 虛乃生生. 虛者天地萬物之原也. 吾道以虛爲宗, 汝曹念哉! 與後學言, 卽塗轍不一, 愼勿違吾宗可耳." 隆慶六年五月卒, 年八十有三. 張子曰: "若謂虛能生氣, 則虛無窮, 氣有限, 體用殊絕, 入老氏有生於無, 自然之論." 先生所謂知體本虛, 虛乃生生, 將無同乎? 蓋老氏之虛, 墮於斷滅, 其

선생의 이른바 '지知의 본체는 원래 비어 있고 비어 있기에 낳고 낳는 것이다'라는 이론이 거기에 가까운 것은 아닌가? 대개 노장의 허虛는 단멸斷滅에 떨어진 것이니 그것이 기氣를 낳는 것이며, 마치 빈 골짜기의 메아리와 같고 풀무의 바람과 같은 것이니 허虛와 기氣가 둘이다. 선생의 허虛는 곧 늘 그쳐 있는 참된 밝음이니 곧 이른바 양지이다. 그 늘 그쳐 있는 본체가 바로 주재이며 그 늘 그쳐 있는 것의 비춤이 곧 유행의 과정이어서 이것들은 별개의 것이 아니다. 그래서 허虛를 말하는 것은 같지만 허虛의 성격은 실제로 다르니, 여전히 장횡거의 학문과 상통한다.

生氣也, 如空谷之聲·橐籥之風, 虛與氣爲二也. 先生之虛, 乃常止之眞明, 卽所謂良知也. 其常止之體, 卽是主宰, 其常止之照, 卽是流行, 爲物不二者也. 故言虛同而爲虛實異, 依然張子之學也.

학문을 논한 핵심적인 말들

論學要語

▎19-2▎ 학문의 노력 정도가 하나로 귀결되는 데까지 이르면 '우뚝하게 서 있는' 경지에 그제야 다다를 가능성이 있을 것이다.

▎19-2▎ 學力歸一, 則卓爾之地, 方有可幾.

▎19-3▎ 선사(先師: 왕수인)께서 "학자들은 '치致'자[4]를 너무 가볍게 보고 있기 때문에 배움의 결실을 이루지 못하는 이들이 많다."라고 하였

▎19-3▎ 先師謂: "學者看致字太輕, 故多不得力." 聖賢

---

3 허(虛)가 … 버린다: 『正蒙』「太和」에 있는 글이다.
4 '치(致)'자: 致良知의 '致'를 가리킨다.

다. 성현의 천 마디 만 마디의 말이 모두 '치致' 자로부터 공부의 조리를 각자의 방식으로 설명한 것이지 양지의 본체에 조금이라도 더 보탠 것이 없다. 나면서부터 아는 사람, 배워서 아는 사람, 곤혹을 겪고서 알게 되는 사람, 부지런히 노력해서 아는 사람은 모두 '치'라는 공부의 등급이지 양지에 조금의 차이가 있는 것이 아니다.

千言萬語, 皆從致字上發揮工夫條理, 非能於良知之體增益毫末也. 生學困勉, 皆致字工夫等級, 非良知少有異焉者也.

|19-4| 격물과 치지는 전혀 다른 두 가지 일이 아니다. 대개 개별적인 사물들은 수많은 차이가 있지만 애초에 내 마음의 양지를 벗어나지 않기 때문에 만물이 모두 나에게 갖추어져 있는 것이다. 만약 물物을 외부적인 것으로 여긴다면 이것은 심心과 리理를 둘로 보는 것이니 장차 어떤 것을 '나에게 갖추어져 있다'라고 하겠는가.[5] 그렇기 때문에 내 마음의 '옳은 것은 옳다고 여기고 그른 것은 그르다고 여기며 선한 것은 선한 것으로 보고 악한 것은 악한 것으로 보는' 양지를 개별적인 사물들 속에서 온전히 실현시켜 나가는 과정이니 상제上帝의 법칙을 따르는 것이 아닌 경우가 없다. 이것을 일러서 '격물이 이루어지고 치지가 이루어진

|19-4| 格致非判然兩事. 蓋事事物物, 殊塗百慮, 初不外於吾心之良知, 故萬物皆備於我. 若以物爲外, 是析心與理爲二, 將以何者爲備於我乎? 是故致吾心是是非非·善善惡惡之良知於事事物物之間, 而莫非順帝之則, 是之謂物格知致.

---

5   물(物)을 … 하겠는가:『孟子』「盡心上」, "萬物皆備於我矣. 反身而誠, 樂莫大焉. 强恕而行, 求仁莫近焉."

상태'라고 한다.

|19-5| 물物이 있으면 그 속에 법칙이 있는 것이니, 법칙이란 천연적으로 스스로 존재하는 중中이다. 감지한 것에 따라서 잘 대응해 가면 하늘의 법칙이 유행하여 조금의 지력智力도 안배할 바가 없으니 양지가 더욱 잘 드러나고 뚜렷하며[6] 허령虛靈하고 통달洞達하여 남김없이 전부 실현된다.

|19-6| 심心과 의意와 지知와 물物은 곧 '보지 않고 듣지 않는' 본체이고, 격格과 치致와 성誠과 정正은 '보지 않고 듣지 않는' 공부이다. 이것을 이루면 천덕天德에 도달할 수 있고 제가·치국·평천하를 이룰 수 있으니 불교나 노장과는 다르다. 대개 우리 유학은 가족을 가지런히 도덕적으로 성장시키고 국가를 도덕적으로 다스리며 천하를 균평하게 만들어서 우주에 공훈이 가득 차지만 격格과 치致와 성誠과 정正에서 더 추가한 것이 없다. 그리고 평생 동안 곤궁하고 하나의 행실도 드러나지 않았더라도 심心과 의意와 지知와 물物은 조금도 줄어든 것이 없다. 그래서 불교와 노장의 '사의思議가 없

|19-5| 有物有則, 則者天然自有之中也. 隨感而通, 天則流行, 纖毫智力無所安排, 則良知益著益察, 虛靈洞達, 竭盡而無遺矣.

|19-6| 心意知物, 卽不睹不聞之體; 格致誠正, 卽不睹不聞之功. 了此便達天德, 便是齊家治國平天下, 而與佛老異. 蓋吾儒齊治均平, 勳塞宇宙, 而格致誠正, 無所加也. 雖窮約終身, 一行未見, 而心意知物, 無所損也. 故佛老之無思議, 無善惡, 超入精

---

6 더욱 … 뚜렷하며: 『孟子』「盡心章句上」에 있는 "行之而不著焉, 習矣而不察焉, 終身由之而不知其道者, 衆也."라는 구절을 활용한 표현이다.

처사 양봉 유문민 선생

음'이나 '선악이 없음'이나 '정미함으로 초월해서 들어감'은 우리 유자儒者들이 족히 관통할 수 있고 격格과 치致와 성誠과 정正으로 충분하다. 제가 · 치국 · 평천하는 불교와 노장은 미치지 못하는 내용이다.

|19-7| 나의 성性은 본디 늘 살아 있는 것이고 본디 늘 그쳐 있는 것이다. 갔다가 왔다가 하고 일어났다가 엎드렸다가 하는 것은 늘 살아 있는 것이 아니고, 전적으로 적연하여 응고되어 있기만 하는 것은 늘 그쳐 있는 것이 아니다. 살아 있되 외물을 좇지 않으니 이것을 '늘 그쳐 있다'라고 하는 것이며 그쳐 있되 머물러 있지 않으니 이것을 '늘 살아 있다'라고 하는 것이다. 머무름이 없고 풀려나 있지도 않으며 늘 감이수통感而遂通하고 늘 적연부동寂然不動하며 조금도 사람의 힘이 들어가는 것이 없다. 이것을 '천연적으로 스스로 존재하는 법칙'이라고 한다. 그래서 '낳고 낳는 것을 역易이라고 하고 인仁 · 경敬 · 자慈 · 효孝 · 신信에 모두 그칠 수 있는 것[7]이 성인의 덕이고 그 성性을 따르는 것이다.

|19-7| 吾性本自常生, 本自常止. 往來起伏, 非常生也, 專寂凝固, 非常止也. 生而不逐, 是謂常止; 止而不住, 是謂常生. 無住無放, 常感常寂, 纖毫人力不與焉, 是謂天然自有之則. 故生生之謂易, 而仁敬慈孝信之皆止者, 聖德也, 順乎其性者也.

微者, 吾儒皆足以貫之, 而格致誠正便了. 齊治均平者, 佛老未之逮也.

---

7   인(仁) … 것:『大學』의 "爲人君止於仁, 爲人臣止於敬, 爲人子止於孝, 爲人父止於慈, 與國人交止於信."이라는 대목을 활용한 서술이다.

| 19-8 | 성인의 학문은 언행을 떠나지 않지만 또한 어찌 언행에 집착하겠는가. 사물을 벗어나 있지 않지만 또한 어찌 사물에 고착되어 학문을 하겠는가. 그래서 "성性은 안과 밖이 없고 학문은 안과 밖이 없다."라고 말하는 것이다.

| 19-9 | 성명性命이 바뀌지 않는 것이 체體이다. 체가 막히지 않는 것이 용用이다. 막힘없이 흐르면서도 한없는 고요함을 유지하며 어디에도 기대지 않으니 지극한 하나여서 조금도 틈이 있을 수 없는 그런 것이다.

| 19-10 | 용用은 만사와 만물을 통해서 드러나지만 진체眞體는 만사와 만물을 기초로 존재하는 것은 아니다. 그렇기 때문에 만물 개개의 체體[8]여서 불가결한 것이고 만사 하나하나의 체體여서 어디든 존재한다. 날마다 이 세계와 교류하면서 끊임없이 변통하지만 나의 진체는 생기지도 없어지지도 더해지지도 덜해지지도 않는다. 비록 생기지도 없어지지도 더해지지도 덜해지지도 않지만 천하의 도道는 여기에 근원을 두지 않는 것이 없다. 이것을 아는 것을 '성性을 안다'라고 하며 성을 알면 나는 시작이 없게 되니 공리功利를 바라는 마음이나 기질

| 19-8 | 聖學不離於言行, 而亦豈著於言行? 不外於事物, 而亦豈泥於事物, 以爲學? 故曰: "性無內外, 學無內外."

| 19-9 | 性命之不易者爲體, 體之不滯者爲用. 融化廓寂, 無所倚著, 至一而不可少間焉者也.

| 19-10 | 用因萬事萬物而顯, 眞體非因萬事萬物而有. 是故體物而不可遺, 體事而無不在. 日與斯世酬酢, 變通不窮, 而吾之眞體未嘗起滅加損也. 雖無起滅加損, 而天下之道, 無不原於此. 知此者謂之知性, 知性則吾無始, 功利氣習

8　체(體): 여기서는 가장 핵심적인 부분이라는 뜻이다.

과 습관이 날로 밝게 드러나서 숨을 곳이 없게 된다. 이것을 배우는 것을 '도道를 배운다'라고 한다. 도를 배우면 나는 시작이 없게 되니 공리를 바라는 마음이나 기질과 습관이 날로 융화되어 다시는 횡행하지 못한다. 이와 같아야만 '계신공구(戒愼恐懼: 삼가고 두려워함)'의 성실한 공부라고 할 수 있다. 이른바 '동動과 정靜은 간극이 없고, 체體와 용用은 근원이 같다'[9]라는 말을 거의 회통會通할 수 있게 된다.

|19-11| 본심을 스스로 믿고 일체의 경륜과 재제宰制가 그것으로부터 형성되어야 이것이 성인의 학문이다. 좋은 일을 행하고 사람들이 모두 좋아하더라도 그 일에 대해 이 마음 안에서 찾아보아 아득히 그것이 어디에 근거한 것인지 알 수가 없다면 이것은 향원鄕愿[10]의 무리여서 공자가 혐오하던 바였다.

|19-12| 내 마음의 체體는 본래 그쳐 있고 본래 적연하다. 그런데 의념을 간여시키고 도리로 꾸미며 견문으로 넓히고서는 드디어 '감이수통感而遂通'을 마음의 본체라고 여기고, 내 마

日昭晰而無所藏伏. 學此者謂之學道, 學道則吾無始, 功利氣習日融化而未嘗復行. 如此方是戒愼恐懼樸實工夫, 所謂動靜無間, 體用一原, 庶乎會通之矣.

|19-11| 自信本心, 而一切經綸宰制由之, 此聖學也. 幹好事, 衆皆悅之, 求之此心, 茫然不知所在, 此鄕愿之徒, 孔子之所惡也.

|19-12| 吾心之體, 本止本寂. 參之以意念, 飾之以道理, 侑之以聞見, 遂以感

---

9 동(動)과 … 같다: 『伊川易傳』「序」, "至微者理也, 至著者象也. 體用一源, 顯微無間." 『二程文集』「經說」, "道者, 一陰一陽也. 動靜無端, 陰陽無始, 非知道者, 孰能識之."

10 향원(鄕愿): 『논어』「陽貨」편에 "鄕原, 德之賊也."라고 하였다. '原'은 '愿'과 통용되고 향원은 동네 사람들로부터 훌륭하다는 말을 듣기에만 열중하는 사람이다.

음이 비록 천 가지 만 가지로 상황에 대응해 나가느라 복잡한 변화가 끊임이 없다고 하더라도 그 본체는 본래 늘 그쳐 있고 늘 적연하다는 사실을 알지 못한다. 그래서 말과 행동이라는 드러난 현상은 볼 수가 있고 들을 수가 있는 것 같지만, 말을 신중하게 하고 행동을 믿음직하게 하면[11] '보지 않고 듣지 않는' 경지가 된다. 그래서 말이 지나친 경우든 행동이 모자란 경우든 반드시 알아차리며 알아차리고 나서는 반드시 감히 행동에 힘을 안 기울이는 짓을 하지 않으며 감히 말을 다 해 버리는 짓을 하지 않는데 그 감히 그렇게 하지 않지 않는 짓을 못 하는 것도 또한 '보지 않고 듣지 않는' 경지이다.

|19-13| 사람의 마음은 하늘의 '한결같음'이다. 천지 사이에 활동하면서 사람과 만물을 좌우한다. 그 감응이 드러나는 것으로서 때에 맞추어 알맞게 변화하여 그 전례(典禮: 만물 각각의 법칙)를 행하는 것은 비록 천변만화하여 이루 다 헤아릴 수 없더라도 어느 것이 나의 '한결같음'[12]이 운행하는 것이 아닌 것이 있겠는가!

通爲心之體, 而不知吾心雖千酬萬應, 紛紜變化之無已, 而其體本自常止常寂. 故言行之著, 若可睹聞, 而謹之信之, 則不睹不聞也. 故有餘不足必知之, 知之必不敢不勉, 不敢盡, 而其不敢不不然者, 亦不睹不聞也.

|19-13| 人之心, 天之一也. 俯仰兩間, 左右民物. 其感應之形著, 因時順變, 以行其典禮者, 雖千變萬化, 不可窮詰, 孰非吾之一之所

---

11 말과 … 하면: 『中庸』, "庸德之行, 庸言之謹. 有所不足, 不敢不勉; 有餘, 不敢盡. 言顧行, 行顧言, 君子胡不慥慥爾!"
12 나의 한결같음: 여기서 '한결같음'은 誠을 가리키는 것으로 보인다. 『二程遺書』권24, "主一者謂之敬, 一者謂之誠, 主則有意在." '나의 한결같음'이라는 표현은 『二程遺書』

|19-14| 만화萬化의 근원을 모르면 기교機巧와 습염習染 속에 저절로 빠지게 되어 모든 천하의 일을 천 가지 만 가지로 보게 된다. 그래서 정신이 현혹되어 종일토록 힘들고 고달프게 된다.

|19-15| 옷을 입거나 밥을 먹거나 하는 일에 대해 여러 차례 살폈는데도 그래도 숱하게 절도에 맞지 않는 곳이 있었다. 이것이 성인이 평상의 말과 평상의 행위에 대해 조금도 감히 스스로를 용서하지 않은 이유이다.

|19-16| '학문은 정靜을 통해 들어가는 것이지만 또한 정靜으로 인해 병폐가 생긴다'라고 말하는 것은 정靜의 광경을 말하는 듯하고 '그 성질이 둘로 갈리지 않아 무엇을 낳는 것이 헤아릴 수 없는' 본체의 정靜이 아니다. 대개 내 마음의 체體는 본래 잠시도 떠날 수 없는 것이니 남과 나, 멀고 가까움, 옛날과 지금의 차이가 없다. 이것에 대해 철저히 깨달으면 곧 천지와 동일하게 크게 되고 요순堯舜과 동일한 수준이 된다. 이른바 "팔을 베고 누워 자기도 하고 맹물을 마시기도 하는 상황에서나 백만 대군을

운야運耶?

|19-14| 不識萬化之根源, 則自淪於機巧習染之中, 一切天下事, 作千樣萬樣看. 故精神眩惑, 終身勞苦.

|19-15| 屢省穿衣吃飯, 猶有許多未中節處. 此聖人於庸言庸行, 一毫不敢自恕.

|19-16| 學以靜入, 亦以靜病云者, 似涉靜景, 而非爲物不貳, 生物不測之體之靜也. 蓋吾心之體, 本不可須臾離, 無人我遠近古今. 於此透悟, 便可與天地同量, 堯舜爲徒. 所謂'曲肱飲水, 金革百萬, 樂在其中', 飯糗

권15, "涵養吾一."에서 나온 것으로 보인다.

통솔하는 상황에서나 즐거움이 그 속에 있다." 라는 것이며,[13] (순임금이) 말린 밥을 먹거나 풀을 먹고 사는 가난한 삶을 살다가 천하를 다 가지게 되고도 그로 인해 마음에 동요가 생기지 않다는 것인데[14] 이것은 모두 성체性體의 자연스러움이고 조금의 노력도 들인 적이 없는 것이니 곧 천하의 지극한 고요함이다. 이런 까닭에 연기와 구름과 샘과 바위가 있는 자연 속에 살거나 자질구레한 문건들 속에 파묻혀 살거나 그 외적인 환경은 비록 다르지만 내 양지의 작용은 아무 차이가 없으니, '어찌 기대는 바가 있겠는가'라는 경지라 할 만하다.

茹草,　有天下而不與.　此皆性體之自然,　未嘗致纖毫之力,　乃天下之至靜也.　是故煙雲泉石,　案牘瑣屑,　外境雖異,　而吾良知之運無更局,　乃可謂夫焉有所倚也.

| 19-17 | 배우는 이들은 반드시 성인이 되겠다는 뜻이 없기 때문에 시절에 따라 모습을 바꾸는 일에 물들고 그것을 맹종하여 스스로 장애를 만들게 된다. 맹렬히 반성하여 씻어 내고 곧장 뜻을 세우는 일에서 '남이 한 번에 할 수 있는 일이거든 나는 백 번을 시도해서라도 성취하고 남이 열 번에 할 수 있는 일이거든 나는 천 번을 시도해서라도 성취하는' 공부를 해야 한다. 그러면 물든 것이 점점 없어지게 되

| 19-17 | 學者無必爲聖人之志, 故染逐隨時變態,　自爲障礙. 猛省洗滌, 直從志上著人一己百, 人十己千工夫, 則染處漸消, 逐時漸寡, 渣滓渾化.　則主宰卽流行之主宰, 流行卽

13　이른바 … 것이며:『二程遺書』6-48, "百官萬務, 金革百萬之衆, 飮水曲肱, 樂在其中. 萬變皆在人, 其實無一事."

14　순임금이 … 것인데:『孟子』「盡心下」, "舜之飯糗茹草也, 若將終身焉; 及其爲天子也, 被袗衣鼓琴, 二女果, 若固有之."

고 맹종하는 시간이 점점 적어져서 마음의 찌 꺼기들이 없어지게 된다. 그러면 주재는 곧 유행의 주재가 되고 유행은 곧 주재의 유행이 될 것이니 어찌 숱한 분별과 의심이 있겠는가.

主宰之流行, 安有許多分別疑慮?

|19-18| 학술의 차이점은 모두 의근意根을 아직 벗어나지 못하여 여전히 기질에 떨어져 있는 데서 기인한다. 그래서 의意·필必·고固·아我[15]가 모두 나를 해치는 나쁜 심리들이다. 만약 마음속에 태허太虛를 품고 나의 자연스러운 조리를 따른다면 쉽고 간단하게 사리에 맞아 상황에 따라 적절히 적용할 수 있을 것이고, 옛 성현의 정신과 심술心術이 모두 은연중에 잘 맞아서 그것을 묵묵히 모두 이해할 수 있을 것이다.

|19-18| 學術同異, 皆起於意根未離, 尙落氣質, 故意必固我皆所以害我. 若中涵太虛, 順吾自然之條理, 則易簡理得, 時措適宜, 往聖精神心術, 皆潛孚而默會之.

|19-19| 일의 이해관계만을 따지고 마음이 편한지를 구하지 않으니, 그렇기 때문에 화란禍亂이 계속 이어지는 데까지 이르게 되는 것이다. 오직 강물 가운데 선 지주砥柱 같은 사람은 늘 반드시 마음에서 구하여 천하 만물을 일체로 보는 도량을 회복해서 일체의 세속적인 마음이 숨어 있지 못하게 한다. 그래서 의義는 정밀해지고 의식이 홀로인 순간에서 삼갈 수 있게

|19-19| 究事之利害, 而不求心之安否, 是以禍亂至於相尋. 惟中流砥柱, 動必求諸心, 以復天地萬物一體之量, 一切世情, 不使得以隱伏, 則義精獨愼, 天

---

15   의(意)·필(必)·고(固)·아(我): 『論語』「子罕」, "子絶四, 毋意, 毋必, 毋固, 毋我."

되어 천하의 능사가 전부 이뤄진다.

|19-20| 선으로 옮겨 가고 악을 고치는 공부는 잠시라도 그쳐서는 안 된다. 만약 "내 본성이 한번 드러나면 병통이 저절로 없어지니 마치 태양이 한번 나오면 도깨비가 저절로 사라지는 것과 같다."라고 한다면, 이것은 광경만을 가지고 노는 것이고 그림자나 메아리만 좇는 것이니 속히 이루기 위해 자라게 부추기는 폐해에 해당한다. 반드시 힘껏 연구하고 정밀히 분별하여야만 하는 것이다.

|19-21| 이해利害와 생사生死의 관문을 뚫어야만 비로소 학문이 힘을 얻는 단계이다. 만약 바람이 불고 풀이 움직이자 바로 의혹이 생긴다면 학문을 한들 어디에 쓰겠는가!

|19-22| '명命을 아는 것'은 선비의 평소 절조節操이다. 나는 분수에 따라 스스로 고요해질 수 있는 사람이면서 곤핍한 상황에서 본심을 간직할 수 없는 경우는 본 적이 없다. 나는 요구하는 것이 넓고 탐욕을 부리는 데 솜씨가 있는 사람이면서 만족할 줄 아는 때가 있는 경우를 본 적이 없다.

|19-23| 대장부는 나아가서는 벼슬할 수 있고 물러나서는 능력을 감출 수 있어서 늘 넉넉히

下之能事畢矣.

|19-20| 遷善改過之功, 無時可已. 若謂"吾性一見, 病症自去, 如太陽一出, 魍魎自消." 此則玩光景, 逐影響, 欲速助長之爲害也, 須力究而精辨之始可.

|19-21| 透利害生死關, 方是學之得力處. 若風吹草動, 便生疑惑, 學在何處用?

|19-22| 知命者士人之素節. 吾未見隨分自靜者, 而困乏不能存也; 吾未見廣於干求, 工於貪取者, 而有知足之時也.

|19-23| 大丈夫進可以仕, 退可以藏,

여유가 있으면 이 몸이 늘 크고 늘 귀하여 천하의 어떤 것도 그것을 더 높여 줄 수 없다. 그렇지 않다면 외물이 크고 나는 작아서 작고 큰 것이 서로 비교되고 공격하거나 취하거나 원망하거나 탓하는 생각이 많아질 것이다.

|19-24| 벗들 중에 뜻이 있는 사람이 적지 않지만 크게 성취할 수는 없는 이유는 단지 세속적 지향이라는 틀을 초탈하기 어렵기 때문일 뿐이다. 반드시 내 마음이 스스로 주재가 되어 일체의 이해와 영욕이 내 견해를 어지럽히지 못하고 내가 견지하는 바를 빼앗지 못하게 해야만 바야흐로 성인이 되고자 하는 뜻이 비로소 크게 성취될 가망이 있게 된다.

|19-25| 사람의 마음은 본래 매우 조화롭다. 그것이 조화롭지 못하게 되는 것은 협애·퇴락·어긋남·번뇌가 장애물이 되었기 때문이다. 이 병통을 제거할 수 있으면 본심의 맑고 순수한 본체가 회복될 것이다. 이것을 가지고 양생을 한다면 무슨 어려움이 있겠는가.

|19-26| 일을 만나 그것을 그냥 지나치지 않는 것은 물론 좋은 방법이다. 하지만 모름지기 먼저 하나로 확정된 의지가 있어야 한다. 그런 뒤에야 일에 따라서 시기에 따라서 그것이 이 의지에 맞는지를 성찰해 볼 수 있다. 그러면

常綽綽有餘裕, 則此身常大常貴, 而天下之物不足以尚之. 不然, 則物大我小, 小大之相形, 而攻取怨尤之念多矣.

|19-24| 友朋中有志者不少, 而不能大成者, 只緣世情窠臼難超脫耳. 須是吾心自作主宰, 一切利害榮辱, 不能淆吾見而奪吾守, 方是希聖之志, 始有大成之望也.

|19-25| 人心本自太和, 其不和者, 狹隘·頹墮·乖戾·煩惱以爲之梗. 除卻此病, 則本心沖瀜和粹之體復矣. 以之養生何有!

|19-26| 遇事不放過固好, 然須先有一定之志, 而後隨事隨時省察其是此志與否, 則步步皆實地,

걸음걸음이 모두 실제의 공부하는 장소이고 곳곳이 모두 실제의 공부하는 일이 될 테니 그러면 정말로 그냥 지나치지 않는 것이 된다.

|19-27| 부유하고 귀하기를 바라고 가난하고 천한 것을 싫어하는 것은 나라고 해서 유독 이런 마음이 없겠는가. 내 성性은 외물과 대립되지 않고 천지의 운행은 모두 나의 운행이니, 바라거나 싫어하는 마음이 거기에 끼어들 여지가 없다.

|19-28| 마음은 곧 이른바 칼자루이다. 생식과 화육이 헤아릴 수 없이 일어나지만 모두 이 칼자루 속의 자연스러운 조리가 하나로 관통하고 있으니 본성이 보존되고 도의가 거기로부터 나온다.[16]

|19-29| 성인은 백성을 기르고 백성을 가르치는 데 있어 어느 일 하나 지극히 하지 않는 것이 없는데, 남을 위해서가 아니라 스스로 자신의 마음을 다하는 것이고 자신의 역할을 온전히 다해 내는 것이며 자기 자신을 차마 작게 보지 못한 것이다.

處處皆實事, 乃眞不放過也.

|19-27| 欲富貴而惡貧賤, 吾獨無是情哉! 吾性不與物作對, 天地之用皆我之用, 欲惡不與存焉.

|19-28| 心卽所謂把柄也. 生化不測, 皆把柄中自然之條理, 一以貫之, 成性存而道義出也.

|19-29| 聖人養民教民, 無一事不至, 非爲人也, 自盡其心, 自滿其量, 不忍小視其身也.

---

16 생식과 … 나온다: 『주역』 「계사상」, "天地設位, 而易行乎其中矣. 成性存存, 道義之門."이라는 대목을 활용한 것이다.

처사 양봉 유문민 선생

|19-30| 무릇 '그릇'이란 다른 것끼리 바꿔 쓸 수 없으니 형체에 의해 국한된다. 사람은 만물의 주재이고 마음은 만물 중에서 가장 영묘한 것이다. 이 마음을 늘 간직하면 성령性靈이 날로 드러난다. 그러면 만물의 명命이 나로 인해 세워진다. 그런 사람이 일신의 길함, 흉함, 후회스러움, 망설임의 문제에 대처할 때 무슨 어려움이 있겠는가!

|19-31| 본연이란 양지良知이다. 이것에 대해 삼가고 두려워하여 잘 보존하는 것은 곧 이른바 '치양지致良知'이다. 양지는 천하 만물의 길을 열어 주고 천하의 일들을 완성시켜 주니 이른바 '그보다 더 뚜렷한 것이 없고 그보다 더 잘 드러나는 것이 없음'이다. 치양지의 공부는 동動과 정靜을 합일시킬 수 있어서 일이 있을 때나 일이 없을 때나 하나로 관통하니 일시적으로 비록 성취를 거두지 못하였더라도 그래도 성취를 거둬 가는 점진적인 과정에 있으며 일시적으로 비록 굳건히 움직이지 않지는 못하지만 그래도 굳건히 움직이지 않는 기초를 세운 것이다. 대개 학문의 두뇌는 스스로가 끊임없이 나날이 새로워져야 하는 것이니 이것을 버리고 별도로 다른 길을 달린다면 모두 안배하는 일이고 의도하고 기필期必하는 일이다.

|19-32| 일에서 공부를 하는 것은 비록 일에

|19-30| 凡器不可互用, 局於形也. 人爲萬物之主, 心爲萬物之靈. 常存此心, 性靈日著, 則萬物之命自我立矣. 其處一身之吉凶悔吝何有!

|19-31| 本然者, 良知也. 於此兢業存存, 乃所謂致良知也. 良知能開天下之物, 能成天下之務, 所謂莫顯莫見也. 致知之功, 能一動靜, 有事無事, 一以貫之, 則一時雖未成章, 夫固成章之漸也; 一時雖未凝然不動, 夫固凝然不動之基也. 蓋學問頭腦, 旣當自將日新不已, 舍此而別趨路徑, 皆安排意必也.

|19-32| 事上用功,

서 도리를 강구하는 것보다는 낫지만 이 둘 모두 터득하는 데는 도움이 되지 않는다. 본원을 함양하면 정밀히 할수록 더욱 한결같아지고 한결같이 할수록 더욱 정밀히 될 테니 이렇게 되어야만 비로소 마음과 일이 합일될 것이다.

|19-33| 천 가지 일, 만 가지 일은 단지 하나의 일일 뿐이다. 그래서 옛사람들은 정신을 함부로 사용하지 않았던 것이니, 오직 뜻을 세우는 일에서 연마하는 데 있을 뿐이다.

|19-34| 분수에 따라 자신의 힘을 다할 수 있으면 바로 만족스럽게 되고 바로 터득하여 사용할 수 있게 된다. 과거나 미래를 생각한들 무슨 도움이 되겠는가. 그저 하늘에 죄를 지을 뿐이다.

|19-35| 하늘의 일은 '소리도 없고 냄새도 없음'을 지극함으로 삼고 군자의 학문은 '보지 않고 듣지 않음'을 공부로 삼는다. 지知의 본체는 늘 비어 있으니 진정한 밝음은 늘 그쳐 있어 천 가지 생각, 만 가지 생각이 모두 아무 생각 없음이다. 끊임없이 생식하고 화육하되 저절로 하늘의 법칙에 부합하기 때문에 '하늘보다 먼저 움직일 경우 하늘이 그것을 어기지 못하고 하늘보다 늦게 움직일 경우 하늘의 때를 받드는' 것이다.[17]

雖愈於事上講求道理, 均之無益於得也. 涵養本原, 愈精愈一, 愈一愈精, 始是心事合一.

|19-33| 千事萬事, 只是一事, 故古人精神不妄用, 惟在志上磨礪.

|19-34| 隨分自竭其力, 當下具足, 當下受用, 過去未來, 何益於思? 徒得罪於天爾!

|19-35| 上天之載, 以無聲無臭爲至; 君子之學, 以不睹不聞爲功. 知體常虛, 則眞明常止, 千念萬念, 總是無念. 生生化化, 自協天則, 故先天而天弗違, 後天而奉天時.

| **19-36** | '지知'는 일어나고 없어지는 것이 없고 '물物'은 가고 오는 것이 없다. 비록 헤아려서 말하고 따져서 행동하더라도 동일하게 변화를 이루어 그 '보지 않고 듣지 않는' 본체를 회복하는 데로 귀결된다.

| **19-37** | 천지 만물은 '허虛'에서 생기지만 허虛도 또한 천지 만물의 밖에 존재하는 것이 아니다.

| **19-38** | 귀·눈·입·코는 모두 허虛를 용用으로 삼는다.[18] 하물며 마음은 수많은 형체의 근본을 통섭하는 것이고 온갖 영묘한 것의 근본을 다스리는 것이니 어떻게 이기심으로 마음을 틀어막아서야 되겠는가.

| **19-39** | 옛사람은 심체心體로부터 점검하였기 때문에 일마다 모두 궁극적인 수준까지 이를 수 있었다. 그런데 지금 사람들은 지엽적인 것으로부터 살피니 비록 때때로 암합하는 때가 있기는 해도 끝내 힘을 얻지는 못한다. 이것이 바로 인재와 풍속이 옛날과는 다른 이유이다.

| **19-36** | 知無起滅, 物無去來, 雖擬言議動, 同歸於成變化, 復其不睹聞之體.

| **19-37** | 天地萬物生於虛, 而虛亦非出於天地萬物之外.

| **19-38** | 耳目口鼻皆以虛爲用. 況心爲統攝眾形之本, 宰制萬靈之根, 而可壅之以私乎?

| **19-39** | 古人從心體點檢, 故事事詣其極; 今人從支派處照管, 雖時有暗合, 終不得力. 此人才風俗之異於古也.

---

17 하늘보다 … 것이다:『周易』「乾·文言」에 있는 말이다.
18 귀·눈·입·코는 … 삼는다: 虛를 통해 감각기관들의 작용이 일어난다는 의미이다.

| 19-40 | 우리 도道는 끊어지거나 다시 연결된 적이 없이 천만 세世에 걸쳐 하루와 같다. 단지 사람들이 스스로 살펴서 잘 알지를 못할 뿐이다.

| 19-41 | 정신은 한가하게 사용해서는 안 된다. 모름지기 늘 본분의 일에 몰두해야 한다. 본분의 일은 비록 한 가지 일에도 물들지 않지만 만 가지 일을 모두 갖추고 있다.

| 19-42 | 의근意根의 풍파는 한 가닥 먼지도 하늘을 가린다. 호걸스러운 선비는 왕왕 그것에 의해 그르쳐졌다. 그래서 학문은 허虛를 이루어 그 근원을 맑게 하는 데 있다.

| 19-43 | 급작스러운 순간에 닥쳐서도 급작스럽게 행동하지 않을 수 있고 느슨해지기 쉬운 때에 닥쳐서도 느슨해지지 않을 수 있으며, 무섭고 놀라서 어찌할 바를 모를 수도 있는 순간에 닥쳐서도 무섭고 놀라서 어찌할 바를 모르게 되지 않을 수 있어야만 비로소 하늘을 되돌리고 명命을 바꿀 수 있는 학문이라고 할 수 있다.

| 19-44 | 기뻐하고 노여워하고 슬퍼하고 즐거워하는 것은 정情이고 그 정이 올바르게 된 것이 성性이다.

| 19-40 | 吾道無絶續, 歷千萬世如一日, 但人自不著不察耳.

| 19-41 | 精神不可閑用, 須常理會本分事, 本分事雖一物不染, 卻萬物畢備.

| 19-42 | 意根風波, 一塵蔽天. 豪傑之士, 往往爲其所誤, 故學在於致虛, 以澄其源.

| 19-43 | 當急遽時, 能不急遽; 當怠緩時, 能不怠緩; 當震驚失措時, 能不震驚失措, 方是回天易命之學.

| 19-44 | 喜怒哀樂情也, 情之得其正者性也.

|19-45| 이발已發과 미발未發은 본디 두 가지가 없으며, 계신공구戒愼恐懼와 신독愼獨은 본디 두 일이 없다.[19] 만약 '미발은 이발을 겸할 수가 없고 치중致中 이외에 별도로 치화致和라는 일련의 공부가 있다'라고 한다면 이것은 자연스러운 본체에 잘 맞추어 더하고 덜할 줄 모르는 것이다. 이른바 '배움을 통해서 능하게 되고 사려를 통해서 알게 된다'라는 수준이고, 거리끼는 것이 없이 하늘의 정해진 명命을 어지럽히는 것이다. 선사先師가 "심체心體에는 하나의 의념도 머물러 있게 두어서는 안 된다. 본체를 깨달을 수 있으면 그것이 바로 공부이다."라고 하였다. 이는 남과 자기, 안과 밖의 벽을 한꺼번에 모두 돌파하는 설명이다.

|19-46| 공리功利를 추구하는 습관이 피부에 스며들고 골수에 사무쳐 있다. 진실로 맹렬하게 내면으로 향하는 공부를 하여 늘 움직이지 않는 '과過'를 볼 수가 없다면 일시적으로 감지하여 일어나는 밝은 식별 능력은 숨어 있고 미미하며 깊이 고질이 된 병폐를 이겨 낼 수가

|19-45| 發與未發本無二致, 戒懼愼獨本無二事. 若云'未發不足以兼已發, 而致中之外, 別有一段致和之功', 是不知順其自然之體加損焉. 所謂'以學而能, 以慮而知', 無忌憚以亂天之定命也. 先師云: "心體上著不得一念留滯, 能悟本體, 即是功夫." 人己內外一齊俱透.

|19-46| 功利之習, 淪肌浹髓. 苟非鞭辟近裏之學, 常見無動之過, 則一時感發之明, 不足以勝隱微深痼之蔽. 故雖高明,

---

19 이발(已發)과 … 없다: 『中庸』, "道也者, 不可須臾離, 可離非道也. 是故君子戒愼乎其所不睹, 恐懼乎其所不聞. 莫見乎隱, 莫顯乎微, 故君子愼其獨也."와 관련하여, 주자는 '是故' 앞뒤의 문장을 '未發을 포함한 모든 순간'에 대한 '戒愼恐懼'의 공부를 설명한 것으로 보고, '故' 앞뒤의 문장을 '已發'에 대한 '愼獨'의 공부를 설명한 것이라고 나누어 설명하였다.

없다. 그래서 비록 높고 밝은 식견을 갖춘 사람도 모두들 돈오를 좋아하고 점진적인 공부를 싫어하며 초탈에 맡기고 검속하는 것을 두려워하며 현묘한 얘기를 즐기고 천근한 말은 비루하게 여겨서 함부로 거리낌 없이 굴면서 오히려 '가능하다고 정해진 것도 없고 불가능하다고 정해진 것도 없는' 경지[20]라고 여긴다. 마음대로 함부로 행동하면서 드디어 병폐를 없애는 것을 최고의 진리가 아니라고 여기며 자신의 몸과 마음이 아직 완전히 아무 돌아갈 곳이 없는 상태에 있다는 것을 모른다.

率喜頓悟而厭積漸, 任超脫而畏檢束, 談玄妙而鄙淺近, 肆然無忌而猶以爲無可無不可. 任情恣意, 遂以去病爲第二義, 不知自家身心尙蕩然無所歸也.

┃19-47┃ 불교와 노장老莊의 말을 인용하여 그 말을 논증하고 (도교적) 수련의 방법을 빌려서 그 수양을 신비화하는 것은 모두 우뚝하게 성현의 경지를 추구하는 것이 아니다. 성인의 학문은 하나가 바르면 백 가지가 바르고 하나가 완료되면 백 가지가 완료되니 그림자나 메아리 수준에 떨어지지 않고 남의 도움에 의존하지 않으며 변화에 통달하여 백성에 알맞게 행하는 것이니 진성眞性이 자연히 유행하여 관통한다. 옛 성현들이 늘 조심하고 삼가며 옛것을 좋아하여 적극적으로 구한 것은 정신·명맥이

┃19-47┃ 引佛·老之言, 以證其說, 借修煉之術, 以祕其養, 皆非卓然以聖爲歸者也. 聖學一正百正, 一了百了, 不落影響, 不靠幫助, 通變宜民, 眞性自然流貫. 古聖兢兢業業, 好古敏求, 精神命脈, 惟在一處用.

---

20   가능하다고 … 경지: 『論語』「微子」, "不降其志, 不辱其身, 伯夷, 叔齊與! 謂柳下惠, 少連, 降志辱身矣. 言中倫, 行中慮, 其斯而已矣. 謂虞仲, 夷逸, 隱居放言, 身中淸, 廢中權. 我則異於是, 無可無不可."

오직 한곳에서 쓰는 방식이었다. 기미幾微에서 조금 소홀하면 바로 이단異端이 되는 것이니 삼가지 않을 수 있겠는가!

幾微少忽, 卽屬異端, 可不謹乎?

동지 사천 유방채 선생

同知劉師泉先生邦采

|19-48| 유방채(劉邦采: 1490-1578)는 자가 군량君亮이고 호는 사천師泉이며 길주吉州의 안복安福 사람이다. 처음에 읍학邑學에 다니는 학생이었는데 그때부터 성인이 되기를 희구하는 뜻을 세우고서, "학문은 마음에서 구하는 데 있으니 과거 공부는 내 일이 아니다."라고 말하였다. 양봉(兩峰: 劉文敏)과 함께 월(越: 절강) 지역으로 들어가 왕양명을 뵙고 제자로 칭하였다. 양명이 뜻에 맞아서 "군량은 쉽게 이해한다."라고 하였다. 선생은 자질이 영민한데다 행실로 빼어났다. 부친상을 당하자 푸성귀에 맹물만 마시면서 여묘살이를 하였고 상복을 벗은 뒤에는 더 이상 과거에 응시하지 않아 선비들 사이의 여론이 더욱 그에게 돌아갔다. 가정嘉靖 7년(1528) 가을 향시가 있을 때 독학督學 조연趙淵이 속읍에 하교하여 그를 다그쳐서 시험 보러 길을 나서게 했다. 선생이 들어가서 뵈었는데 조

|19-48| 劉邦采, 字君亮, 號師泉, 吉之安福人. 初爲邑諸生, 卽以希聖爲志, 曰: "學在求諸心, 科擧非吾事也." 偕兩峰入越, 謁陽明, 稱弟子. 陽明契之曰: "君亮會得容易." 先生資旣穎敏, 而行復峻拔. 丁外艱, 蔬水廬墓, 服闋, 不復應試, 士論益歸. 嘉靖七年秋, 當鄕試, 督學趙淵下教屬邑迫之上道. 先生入見, 淵未離席, 卽卻立不

연이 자리에서 일어나지 않자 한발 물러나 선 채로 나아가지 않아서 조연이 급히 일어나서 맞이하였다. 선생은 과거 시험장의 관례에 제생들이 반드시 관冠을 벗고 웃통을 벗고 들어가게 하는 것은 선비를 대하는 예를 잃은 것이라고 여겨 들어가려고 하지 않았다. 어사 저양재儲良材가 13군의 제생들이 모두 평상복 차림으로 시험장에 들어가고 감시당하는 것을 면할 수 있도록 명을 내렸다. 얼마 뒤 수녕현壽寧縣의 교유教諭에 제수되었고 가흥부嘉興府의 동지同知[1]로 승진하였고 얼마 뒤 벼슬을 버리고 귀향하였으며 86세에 세상을 떠났다.

| 19-49 | 양명이 세상을 떠난 뒤 학자들이 양명이 입으로 한 말만을 그대로 따라 하고 점차 그 참된 종지를 잃어버린 채 어림짐작으로 넘겨짚는 것을 오묘한 깨달음이라고 여겼고, 마음대로 방종하는 것을 즐거운 경지로 여겼으며, 애정놀음을 인仁의 본모습이라고 여겼고, 관례대로 하는 것을 자연이라고 여겼으며, 구분을 없애고 뒤섞는 것을 하나로 귀결되는 것이라고 여겼다. 선생은 안절부절 걱정하며 말하기를, "무릇 사람이 태어날 때 성性이 있고 명命이 있다. 성性은 어떤 작위적인 요소도 없

前, 淵亟起迎之. 先生以棘闈故事, 諸生必免冠袒裼而入, 失待士禮, 不願入. 御史儲良材令十三郡諸生並得以常服入闈, 免其簡察. 揭榜, 先生得中式. 已授壽寧教諭, 陞嘉興府同知, 尋棄官歸, 年八十六卒.

| 19-49 | 陽明亡後, 學者承襲口吻, 浸失其眞, 以揣摩爲妙悟, 縱恣爲樂地, 情愛爲仁體, 因循爲自然, 混同爲歸一. 先生怵然憂之, 謂"夫人之生, 有性有命, 性妙於無爲, 命雜於有質, 故必兼修而後可以爲學. 蓋吾心

---

1   동지(同知): 지부(知府) 아래의 관직이다.

이 오묘하고 명命은 그 안에 기질적인 요소가 있어서 복잡성을 띤다. 그래서 반드시 이 둘을 함께 수양의 대상으로 삼아야만 학문이라고 할 수 있다. 대개 내 마음이 주재하고 있는 상태를 '성性'이라고 한다. 성은 어떤 작위적인 요소도 없는 것이다. 그래서 반드시 만물로부터 확연히 벗어나서 그 체體를 세워야 한다. 내 마음이 유행하는 것이 명命이다. 명은 기질적인 요소가 있는 것이다. 그래서 시간에 따라서 알맞은 방식으로 움직이고 변화해서 그 용用을 이루어야 한다. 늘 지각하여 의념에 떨어지지 않는 것이 내가 체를 세우는 공부이고 늘 지나가서 의념을 이루지 않는 것이 내가 용을 이루는 공부이다. 이 둘은 서로 섞여서는 안 된다. 늘 지각하고 늘 그쳐 있을수록 늘 은미하다. 이런 주장은 내가 '현재 존재하는 양지良知'의 이론에 의해 그르쳐졌다가 엄청난 탐구를 통해서 터득해 낸 것이다."라고 하였다. 왕용계가 "'현재 존재하는 양지'의 이론은 성인의 학문과 같은가 다른가?"라고 물으니, 선생이 "같지 않소. '아이의 마음'이나 '(부모를 사랑할 줄 아는) 아이의 앎'이나 '어리숙한 사내와 아낙의 앎이나 능력'이란 마치 무딘 광석이 아직 단련을 그치지 않아서 쇠라고 부를 수가 없는 것과 같소. 그것은 '소리도 없고 냄새도 없는 자연스러운 명각明覺과는 어찌 천 리의 차이만 나겠소! 왜이겠소? 순전히 음陰이기만 하고 참된 양

主宰謂之性, 性無爲者也. 故須首出庶物, 以立其體. 吾心流行謂之命, 命有質者也. 故須隨時運化以致其用. 常知不落念, 是吾立體之功; 常過不成念, 是吾致用之功, 二者不可相雜. 常知常止, 而愈常微也. 是說也, 吾爲見在良知所誤, 極探而得之." 龍溪問: "見在良知與聖人同異?" 先生曰: "不同. 赤子之心・孩提之知・愚夫婦之知能, 如頑礦未經煆煉, 不可名金. 其視無聲無臭自然之明覺, 何啻千里! 是何也? 爲其純陰無眞陽也. 復眞陽者, 更須開天闢地, 鼎立乾坤, 乃能得之. 以見在良知爲主, 決無入道之期

동지 사천 유방채 선생

陽은 없는 것이기 때문이오. 참된 양을 회복하려면 다시 천지를 개벽하고 건곤을 정립해야만 가능한 일이오. 현재하는 양지를 위주로 해서는 결코 도道에 들어갈 기약이 없소."라고 대답하였다. 왕용계가 "하나의 틈으로 비치는 빛이라고 해서 사방을 다 비추는 빛이 아니라고 해서는 안 될 것이오. 오늘의 해는 본래 빛나지 않았던 것이 아니고 구름이 가렸을 뿐이오. 어리숙한 사내와 어리숙한 아낙을 순전한 음이라고 여기는 것은 이것과 무엇이 다르겠소."라고 묻자, 나염암(羅念庵: 羅洪先)이 "성현은 단지 현재의 양지로부터 근원으로까지 찾아들어가기를 원한 것일 뿐이지 별도로 하나의 마음을 가지고 이 마음을 바꾼 것이 아니오. 유사천劉師泉은 학업을 새로 열려고 하는데 현재의 양지를 기초로 하지 않고서 어떻게 허공에 매달려 해낼 수 있는 일이겠소? 또한 단지 시시각각으로 이 현재하는 양지를 잘 거둬들여 그것을 하나로 응결되게 할 뿐이오."라고 대답하였다. 선생은 『역온易蘊』을 지었는데 이런 의미가 아닌 것이 없었다. 이른바 "성性과 명命을 함께 수양해야 한다. 그 '체體를 세우는 공부'는 곧 송대宋代 유자들이 말하는 함양涵養이고 '용用을 이루는 공부'는 곧 송대 유자들이 말하는 성찰省察이다. 함양은 곧 치중致中이고 성찰은 치화致和이다. 근본을 세우는 것과 용用을 이루는 것은 단지 그 이름이 다를 뿐이다. 그러나

矣." 龍溪曰: "以一隙之光, 謂非照臨四表之光不可. 今日之日, 非本不光, 雲氣掩之耳. 以愚夫愚婦爲純陰者, 何以異此." 念菴曰: "聖賢只要人從見在尋源頭, 不是別將一心換卻此心. 師泉欲創業, 不享見在, 豈是懸空做得? 亦只是時時收攝此見在者, 使之凝一耳." 先生著爲『易蘊』, 無非此意. 所謂"性命兼修, 立體之功, 卽宋儒之涵養; 致用之功, 卽宋儒之省察. 涵養卽是致中, 省察卽是致和. 立本致用, 特異其名耳. 然工夫終是兩用, 兩用則支離, 未免有顧彼失此之病, 非純一之學也. 總緣認理氣爲二. 造

공부가 끝내 양쪽으로 진행되니 양쪽으로 진행되면 지리멸렬해져서 '저것을 돌아보다 이것을 놓치는' 병통을 면치 못하니 순일한 학문이 아니다. 모두 리理와 기氣를 둘로 보기 때문이다. 조화造化는 단지 하나의 기氣가 유행하는 것이고 유행이 그 법칙을 잃지 않은 것이 곧 주재이다. 별도의 어떤 것이 있어서 유행을 주재하는 것이 아니다. 하지만 유행流行은 공부를 필요로 하는 내용이 없이 그 법칙을 잃지 않는 법을 터득하면 될 뿐이다."라는 이론이다. 선생의 심心·의意·지知·물物에 대한 설명은 사유설四有說이나 사무설四無說2에 비교할 때 가장 정확하다. 그는 이렇게 설명하였다. "감지함은 있고 움직임은 없는 것은 심心이고, 늘 감지하여 통하고 늘 응하여 알맞은 것은 의意이고, 늘 갔다가는 오고 늘 없어졌다가는 생겨나는 것은 물物이고, 늘 고정되어 밝고 늘 운행하여 (대상을) 비추는 것은 지知이다. 보고 들어서 생기는 지知는 그 술지게미 같은 것이고, 상象으로 드러나는 물物은 그 엉긴 거품 같은 것이고, 염려하는 수준의 의意는 그 유빙流氷 같은 것이고, 움직이고 정지하고 하는 심心은

化只有一氣流行, 流行之不失其則者, 卽爲主宰, 非有一物以主宰夫流行. 然流行無可用功體當, 其不失則者而已矣." 乃先生之言心意知物, 較四有四無之說, 最爲諦當. 謂"有感無動, 無感無靜, 心也; 常感而通, 常應而順, 意也. 常往而來, 常化而生, 物也; 常定而明, 常運而照, 知也. 見聞之知, 其糟粕也; 象著之物, 其凝漚也; 念慮之意, 其流澌也; 動靜之心, 其遊塵也. 心不失無體之心, 則心正矣; 意不失無欲之意, 則意誠矣; 物不

2 　사유설(四有說)이나 사무설(四無說): 왕기(王畿)와 전덕홍(錢德洪)이 왕양명(王陽明)의 "사구교(四句敎)"를 두고 펼친 논쟁에서 나온 말이다. 어떤 이들은 왕기는 '사무설'을, 전덕홍은 '사유설'을 주장했다고 설명하고, 어떤 이들은 '사무설'은 왕기의 주장이고 '사유설'은 왕기가 비판을 위해 설정한 주장이라고 설명한다.

그 떠도는 먼지 같은 것이다. 심이 '형체가 없
는 심'의 상태를 잃지 않으면 심이 바르게 되
고, 의가 '욕망이 없는 의'의 상태를 잃지 않으
면 의가 성실하게 되고 물이 '주착住著이 없는
물'의 상태를 잃지 않으면 물이 바로잡히게 되
고 지知가 '움직임이 없는 지知'의 상태를 잃지
않으면 지知가 온전히 실현된다."라고 하였다.
무릇 심이 형체가 없고 의가 욕망이 없고 지가
움직임이 없고 물이 주착이 없으면 모두 선만
있고 악이 없는 것이다. 유염태劉念台 부자[3]가
왕용계의 사무四無에서 한 글자를 바꾸어 "심心
은 선만 있고 악이 없는 심이고, 의意도 선만
있고 악이 없는 의이며, 지知도 선만 있고 악이
없는 지이고, 물物도 선만 있고 악이 없는 물이
다."라고 하였는데 어찌 이렇게 서로 부합한단
말인가! 나염암은 "유사천은 평소 현허玄虛를
견지하고 있었는데 지금 안으로 자기 자신으
로 향해 들어가고 성명性命을 거둬들이고 있으
니 바로 좋은 소식이다."라고 하였고, 섭쌍강
은 "유사천은 힘이 크고 주장이 조리가 있다.
문을 열어젖히는 위엄에는 주위에 앉은 이들
이 모두 굴복하였다. 사람들이 모두 자리를 피
하여 양보하고 감히 그 예봉을 건드리는 이가

失無住之物, 則物格
矣; 知不失無動之
知, 則知致矣." 夫
心無體, 意無欲, 知
無動, 物無住, 則皆
是有善無惡矣. 劉
念台夫子欲於龍溪
之四無易一字, "心
是有善無惡之心, 意
亦是有善無惡之意,
知亦是有善無惡之
知, 物亦是有善無惡
之物", 何其相符合
也! 念菴言: "師泉素
持元虛, 卽今肯向裏
著己, 收拾性命, 正
是好消息." 雙江言:
"師泉力大而說辨,
排闥之嚴, 四座咸
屈, 人皆避席而讓
舍, 莫敢攖其鋒."
疾亟, 門人朱調問:
"先生此視平時何

---

3 유염태(劉念台) 부자: 염태는 劉宗周의 별호이다. 그의 아들은 劉汋을 가리키는 것으
로 보인다.

없었다."라고 평가하였다. 질병이 극심해지자 문인인 주조朱調가 "선생께서는 지금이 평소에 비교해 볼 때 어떠합니까?"라고 여쭤 보니, "무릇 형체가 어떻게 성性에 누를 끼칠 수 있겠는가! 지금 나의 움직이지 않는 그것은 그대로이다. 단지 형체가 마른나무같이 되었을 뿐이다."라고 대답하였고, 드디어 세상을 떠났다. 선생이 공부를 통해 얻은 역량이 이와 같았다.

유사천의 『역온』

| 19-50 | 무릇 학문은 무엇을 위한 것인가? 성性을 깨닫고 명命을 닦고 천지의 화육化育을 알기 위한 것이다. 끊임없이 가고 오면서 만물이 모습을 드러내는 상황인데 적연함은 그 한결같음을 잃지 않으며, 아득하게 아무 작위가 없고 깊숙하게 만물을 포용할 수 있는데 심오함은 그 정미함을 잃지 않는다. 성을 깨닫기 때문에 천지의 거대함을 이룰 수 있는 것이고 명을 닦기 때문에 천지에 가득한 것을 포괄할 수 있는 것이다. 깨달음이 진실된 사람은 성性을 닦는 것이 아니어서 섞임이 없는 양陽이고, 닦음이 통달한 사람은 명을 깨닫는 것이 아니어서 막혀 있지 않은 음陰이다. 성性은 명命에 숨는 것이고 정精은 백魄에 저장되는 것이다. 그러므로 '명이긴 해도 성이 있기에' 군자는 명과 뒤섞지 않는 것이고, '성이긴 해도 명이 있기

如?" 答曰: "夫形豈累性哉! 今吾不動者, 自若也, 第形如槁木耳." 遂卒. 先生之得力如此.

劉師泉易蘊

| 19-50 | 夫學, 何爲者也? 悟性, 修命, 知天地之化育者也. 往來交錯, 庶物露生, 寂者無失其一也; 沖廓無爲, 淵穆其容, 賾者無失其精也. 惟悟也, 故能成天地之大; 惟修也, 故能體天地之塞. 悟實者, 非修性, 陽而弗駁也; 修達者, 非悟命, 陰而弗窒也. 性隱於命, 精儲於魄, 是故"命也, 有性焉", 君子不淆諸

에' 군자는 성性으로 여기려고 하지 않는다.[4] 처음을 캐어 들어가서 마지막을 알 수 있으면 앎이 지극한 것이다.

|19-51| 감지함이 있을 때도 움직임은 없으며 감지함이 없을 때도 정지함이 없는 것은 심心이고, 늘 감지하여 통하고 늘 응하여 알맞은 것은 의意이고, 늘 가서는 오고 늘 없어져서는 생기는 것은 물物이고, 늘 고정되어서 밝고 늘 활동하여서 비추는 것은 지知이다. 보고 들어서 아는 지知는 그 술지게미 같은 것이고, 형상이 드러난 물物은 그 엉긴 거품 같은 것이고 염려하는 수준의 의意는 그 유빙流氷 같은 것이고 움직이고 정지하고 하는 심心은 그 떠도는 먼지 같은 것이다. 심이 '형체가 없는 심'의 상태를 잃지 않으면 심이 바르게 되고, 의가 '욕망이 없는 의'의 상태를 잃지 않으면 의가 성실하게 되고 물物이 '주착住著이 없는 물'의 상태를 잃지 않으면 물이 바로잡히게 되고 지知가 '움직임이 없는 지知'의 상태를 잃지 않으면 지知가 이루어진다. 신身, 심心·의意·지知·물物은 공부의 대상이 되는 조리이고, 격格·치致·성誠·정正·수修는 조리에 행해지는 공부이다.

命也; "性也, 有命焉", 君子不伏諸性也. 原始反終, 知之至也.

|19-51| 有感無動, 無感無靜, 心也; 常感而通, 常應而順, 意也; 常往而來, 常化而生, 物也; 常定而明, 常運而照, 知也. 見聞之知, 其糟粕也; 象著之物, 其凝漚也; 念慮之意, 其流澌也; 動靜之心, 其遊塵也. 心不失無體之心, 則心正矣; 意不失無欲之意, 則意誠矣; 物不失無住之物, 則物格矣; 知不失無動之知, 則知致矣. 身, 心·意·知·物者, 工夫所用之條理;

---

4   명이긴 … 않는다: 『孟子』「盡心下」, "口之於味也, 目之於色也, 耳之於聲也, 鼻之於臭也, 四肢之於安佚也, 性也, 有命焉, 君子不謂性也. 仁之於父子也, 義之於君臣也, 禮之於賓主也, 智之於賢者也, 聖人之於天道也, 命也, 有性焉, 君子不謂命也."

'앞서 할 일과 뒤에 할 일을 안다'라는 것은 처음의 조리이고 천연적인 질서이다. 일삼을 바를 잊는 사람은 혼매하고 일이 없게 되는 방식을 찾는 사람은 분답하다. 혼매함이 분답함을 이기지 못하는 사람은 잡스럽고 분답함이 혼매함을 이기지 못하는 사람은 막혀 있다. 분답한 것은 꿈을 꾸는 것과 같고 혼매한 것은 술에 취한 것과 같다. 술이 깨고 꿈에서 깨어난 사람은 깨어 있다. 눈 깜짝 할 사이에도 보존하는 공부를 하고 숨 한번 쉴 사이에도 함양하는 공부를 하며 앞으로는 마중하는 것이 없고 뒤로는 배웅하는 바가 없으니 어찌 막혀 있게 되는 병폐가 있겠는가. 어찌 잡스럽게 될 걱정이 있겠는가.

| 19-52 | 덕이란 깊이 잠기는 과정이 없으면 빛이 나지 않으며 마음이란 담박하지 않으면 대상을 이해할 수 없다. 앎을 늘 거둬들이는 것을 '잠긴다'라고 부르며, 욕구를 늘 버리는 것을 '담박하다'라고 한다. 담박하기에 '외물을 감지하여 움직이는' 정을 평평하게 다스릴 수 있는 것이고, 잠기기에 '사람이 처음 태어날 때의 고요하게 있는' 근본을 세울 수 있는 것이다. 이렇기 때문에 맑고 밝음이 자신에게 있고 의지와 기운이 신과 같은 것이니, 잠기는 공부와 담박하게 하는 공부를 한 사람일 것이다.

格·致·誠·正·修者, 條理所用之工夫. 知所先後者, 始條理也, 天序也. 忘其所有事者昏, 索其所無事者紛, 昏不勝紛者雜, 紛不勝昏者塞. 紛猶夢也, 昏猶醉也, 醒醉遺夢者, 惺惺也. 瞬有存, 息有養, 前無迎, 後無將, 何病乎塞? 何憂乎雜?

| 19-52 | 德非潛不光, 心非澹不體. 識恒斂曰潛. 欲恒釋曰澹. 澹以平感物而動之情, 潛以立人生而靜之本. 是故清明在躬, 志氣如神, 潛且澹者與!

동지 사천 유방채 선생

|19-53| '기己'는 명命에 품부된 것이고 예禮는 성性에 갖추어진 것이다.[5] 사람의 삶에서 성은 동일한데 명은 다르다. 그래서 사람의 지나침[過]은 각각 그 사람의 인품에 맞게 생기는 것이다.[6] 우중虞仲의 방일放逸이나 유하혜柳下惠의 좁음이나[7] 자공子貢의 통달이나 자로子路의 용감함이나 원헌原憲의 강직함[8]이나 증점曾點의 활달함[9]이나 자장子張의 당당함은 모두 기己이다. 비록 통렬히 이겨 내려고 하더라도 오히려 자기를 지키려는 마음이 견고하고 남을 따르려는 마음이 가벼울까 염려된다. 오직 요순은 능히 자기를 버렸는데 온 힘을 다하지 않았다면 이겨 낼 수 없었을 것이다. 이런 까닭에 움직임이 없을 때에도 허물을 볼 수 있어서 '미微'에 통할 수 있었고 더럽힘이 없을 때에도 먼지를 깨끗이 할 수 있어서 같이 기幾를 추구할 수 있다. 초창기 혼돈의 험함이 움직임이 없을 때의 허물이고 아지랑이의 움직임이 더럽힘이

|19-53| 己者, 命之所稟, 禮者性之所具. 人之生也, 性一而命殊, 故人之過也, 各於其黨. 虞仲之放·伯夷之隘·柳下之不恭·子貢之達·子路之勇·原憲之狷·曾點之狂·子張之堂堂, 皆己也, 雖痛克之, 猶恐守己者固而從人者輕也. 惟堯·舜爲能舍, 非竭才力不能克, 是故能見無動之過, 通乎微矣; 能淨無垢之塵, 可與幾矣. 草昧之險, 無動

---

5 '기(己)' … 것이다:『論語』「顔淵」편의 克己復禮를 염두에 둔 논의이다. 命은 理와 氣를 모두 합한 개념이고 性은 理만 지칭하는 개념이다.

6 사람의 … 것이다:『論語』「里仁」편에 있는 말이다. "人之過也, 各於其黨. 觀過, 斯知仁矣."

7 우중(虞仲)의 … 좁음이나: 앞의 【19-47】의 주 20) 참조.

8 원헌(原憲)의 강직함:『論語』「憲問」, "憲問恥, 子曰:'邦有道, 穀, 邦無道, 穀, 恥也. 克伐怨欲不行焉, 可以爲仁矣.'라고 하였는데,『朱子語類』권28에 "原憲不能容物, 近於狷."이라고 평가하였다.

9 증점(曾點)의 활달함:『孟子』「盡心下」, "如琴張, 曾晳, 牧皮者, 孔子之所謂狂矣." 曾點의 字가 晳이다.

없을 때의 먼지이다. 그래서 성인은 마음을 씻어 물러나 내밀한 곳에 감추며 신묘한 무용武勇이 있으면서 누구를 죽이지는 않는다. [여전히 기질지성(氣質之性)에 대한 논의이다.]

|19-54| (자신이) 능하다는 마음을 잊으면 마음이 겸손해지고 이기려는 마음을 잊으면 마음이 평온해지며 거만한 마음을 잊으면 마음이 담담해지고 조급한 마음을 잊으면 마음이 편안해지며 질시하는 마음을 잊으면 마음이 화평해진다. 겸손한 마음으로는 도움을 받게 되고 평온한 마음으로는 알맞게 베풀 수 있고 담담한 마음으로는 지혜를 발할 수 있고 큰마음으로는 위엄을 밝힐 수 있고 화평한 마음으로는 지식을 넓힐 수 있다. 본성을 잘 보존하고 구덕九德[10]에 모두 힘을 쏟아 한다.

|19-55| 마음의 체體는 텅 빈 것이고 그 용用은 가득 찬 것이다. 의義를 바탕으로 하고 예禮로 행하며 겸손한 태도로 말을 하고 신실함으로 완성하는 것은 그 '가득 참'을 실현해 가는 방법이다. 의意가 없고 필必이 없고 고固가 없고 아我가 없는 것[11]은 그 '텅 빔'을 실현해 가

之過也; 野馬之運, 無垢之塵也. 故聖人洗心退藏於密, 神武而不殺也夫! (依然氣質之性之論.)

|19-54| 能心忘則心謙, 勝心忘則心平, 侈心忘則心淡, 躁心忘則心泰, 嫉心忘則心和. 謙以受益, 平以稱施, 淡以發智, 泰以明威, 和以通知, 成性存存, 九德咸事.

|19-55| 心之爲體也虛, 其爲用也實. 義質禮行, 遜出信成, 致其實也; 無意無必, 無固無我, 致其虛也. 虛以通天

---

10 구덕(九德): 『書經』「皐陶謨」에 나오는 표현으로, "寬而栗, 柔而立, 愿而恭, 亂而敬, 擾而毅, 直而溫, 簡而廉, 剛而塞, 彊而義"를 가리킨다.

11 의(意)가 … 것: 의는 의도하는 것이고 필은 기필하는 것이고 고는 집착하는 것이고

는 길이다. '텅 빔'으로 천하의 여러 지향을 이루어 주고 '가득 참'으로 천하의 일들을 완성시킨다. '텅 빔'과 '가득 참'은 상생하는 관계이니 덕은 고립된 것이 아니다. 이런 까닭에 늘 무아無我로써 그 체體를 살피니 마음이 만물을 보편적으로 대하여 (편벽한) 마음이 없으며, 늘 무욕無欲으로써 그 용用을 살피니 정情이 만사에 알맞게 대응하여 (편벽한) 정이 없다.

| 19-56 | 현묘함을 지향하고도 그림자나 메아리를 좇지 않는 사람은 드물고 박학에 힘쓰고도 지리멸렬해지지 않는 사람은 드물다. '지나침'을 보면서 현묘함을 이루어 가면 현묘하면서도 바탕이 있을 것이고, 간약簡約함에 힘쓰면서 박학을 이루면 박학하면서도 마음은 적연寂然할 것이다. 높고 밝음은 하늘을 본받고, 넓고 두터움은 땅을 모범으로 삼는 것이니 마음을 넓히고 뜻을 맑게 하는 학문이다.

| 19-57 | 감지하여 대응하는데 일어남과 없어짐이 없는 것은 태허의 유행이고 느긋하게 생성하고 화육化育하는 학문이다. 잘 알고 잘 살피지만 '감지하여 대응하는' 수준에 떨어지면 이성능력에만 비추어 작용하는 것이니 우왕좌

下之志, 實以成天下之務, 虛實相生則德不孤. 是故常無我以觀其體, 心普萬物而無心也; 常無欲以觀其用, 情順萬事而無情也.

| 19-56 | 見玄而不影響者鮮矣, 務博而不支離者鮮矣. 見過以致元, 元而質也; 務約以致博, 博而寂也. 高明效天, 博厚法地, 弘心澄意之學也.

| 19-57 | 感應而無起滅, 太虛之流行, 優優生化之學也. 著察而落感應, 照心之爲用, 憧憧往來之

아는 자기 것으로 여기는 것이다.

왕 왕래하는 사심일 뿐이다. 느긋하면 때에 맞게 그치고 때에 맞게 행하게 되니 잘 헤아려서 변화를 이루며, 지나침을 고치고 선으로 옮겨 가서 함께 '식별하지 않고 알지 않음'으로 돌아갈 뿐이다.

|19-58| 거백옥蘧伯玉은 공개된 자리라고 해서 행실을 더 드러내지도 않았고 아무도 안 보는 자리라고 해서 행실을 떨어뜨리지도 않았으니 감지하여 대응하는 방식이 이치를 잘 알고 잘 살피는 수준이었다. 원헌原憲은 호승심·자부심·노여움·탐욕을 부리지 않았으니[12] 잘 알고 잘 살피는 것이 감지하고 대응하는 행동으로 드러난 경우였다. 생각 생각마다 신중하게 생각하면 그 앎이 옮겨 갈 수 있고 생각 생각마다 생각을 한결같이 하면 그 앎이 응결된다. 안자顔子는 선하지 못한 행위를 하게 되는 순간 알아차리지 못하는 경우가 없었고 알아차렸으면 다시 그 행위를 하는 경우가 없었다. 주재가 유행하고 밝게 비춤이 모두 잘 이루어졌으니 비유하자면 붉은 해가 공중에 떠서 사방을 비추되 만상의 어느 하나에 떨어지지 않는 것과 같다. "명도明道가 사냥을 즐기는 마음이 다시 삐져나온 것은 왜인가?"[13]라고 묻는다면, "이

私也. 優優則時止時行, 議擬以成變, 改過遷善, 同歸於不識不知而已.

|19-58| 伯玉不以昭昭申節, 冥冥墮行, 感應之著察者也. 原憲之克伐怨欲不行, 著察之感應者也. 念念謹念, 其知也遷, 念念一念, 其知也凝. 顔子不善未嘗不知, 知之未嘗復行. 主宰流行, 明照俱至, 猶之赤日當空, 照四方而不落萬象矣. 曰: "明道之獵心復萌, 何也?" 曰: "斯固顔子之學, 過而不成念者也. 未嘗嬰明體而起知端." 曰: "然則曾子

---

12 원헌(原憲)은 … 않았으니: 주 28) 참조.

것은 진실로 안자顔子의 학문이다. 지나친 생각이 생길 때도 있지만 그것이 생각으로 정립되지는 않는 경우이다. 밝은 심체心體를 건드리지 않고 앎의 현상을 일으킨 것이다."라고 답한다. "그렇다면 증자曾子가 대자리를 바꾸게 한 것은 촛불을 든 동자의 질문으로부터 도움을 받았는데[14] 밝은 심체를 건드려 앎의 현상을 일으킨 것이 아닌가?"라고 묻는다면, "비유하자면 해와 달이 구름 낀 날이라도 공중에서 비추는 것은 동일한 것과 같다. 대개 양지는 유행하여 변통하니 (잠시) 정해지거나 옮겨감은 있지만 불변하는 방식은 없다. 증자의 '텅 빔으로 남을 받아들인 태도'[15]는 또 잘못을 하고 그것을 고치는 수준과 같이 논할 것이 아니다."라고 대답한다. "그 '바르게 된 뒤에 세상을 떠났다'라는 것은 왜인가?"라고 묻는다면 "바름이란 정해진 모습이 있는 것이 아니다. 마음이 편한 것이 바로 바른 것이다. 이렇게 때문에 학문은 치지致知보다 나은 것이 없고 비

之易簀, 得於童子之執燭, 非嫛明體而起端乎?" 曰: "猶之日月雲瀚空照一也. 蓋良知流行變通, 有定徙而無典常. 曾子之以虛受人, 又非過焉改焉者可論也." 曰: "其謂得正而斃焉, 何也?" 曰: "正無定體, 唯意所安, 是故學莫蹟於致知, 訣莫要於知止."

---

13 명도(明道)가 … 왜인가:『二程遺書』권7, "獵, 自謂'今無此好.' 周茂叔曰: '何言之易也? 但此心潛隱未發, 一日萌動, 復如前矣.' 後十二年, 因見, 果知末."

14 증자(曾子)가 … 받았는데:『禮記』「檀弓上」, "曾子寢疾病, 樂正子春坐於牀下. 曾元曾申坐於足, 童子隅坐而執燭. 童子曰: '華而睆, 大夫之簀與?' 子春曰: '止.' 曾子聞之, 瞿然曰: '呼!' 曰: '華而睆, 大夫之簀與?' 曾子曰: '然. 斯乃季孫之賜也. 我未之能易也, 元起易簀.' 曾元曰: '夫子之病革矣, 不可以變. 幸而至於旦, 請敬易之.' 曾子曰: '爾之愛我也, 不如彼. 君子之愛人也以德, 細人之愛人也以姑息. 吾何求哉! 吾得正而斃焉斯已矣.' 舉扶而易之, 反席未安而沒."

15 텅 … 태도:『周易』「咸·象」, "山上有澤, 咸. 君子以虛受人."

결은 '지지知止보다 핵심적인 것이 없다."

|19-59| 많이 듣지만 들은 것을 쌓아 두지 않으면 듣는 것이 없는 것이고, 많이 보지만 본 것을 묵혀 두지 않으면 보는 것이 없는 것이다. 한쪽만 들으면 막히게 되고 한쪽만 보면 집착하게 될 것이니 작은 성취일 뿐이다. 군자는 이전의 말과 과거의 행위를 많이 알아서 그 덕을 쌓으니 이것이 '크게 쌓음'[大畜]이다.

|19-60| 구용九容¹⁶을 닦지 않으면 그것은 몸이 없는 것이고, 구사九思¹⁷를 신중히 하지 않으면 그것은 마음이 없는 것이며, 구주九疇¹⁸를 잘 시행하지 못하면 그것은 천하와 국가와 가족이 없는 것이다. 용모를 닦아 인도人道를 세우고 생각함을 신중히 하여 천덕天德에 부합하고 구주를 잘 시행하여 하늘의 법칙을 잘 따른다. 군자는 이 세 가지를 추구하기 때문에 완전할 수 있다.

|19-59| 多聞不畜聞, 無聞也; 多見不宿見, 無見也. 獨聞者塞, 獨見者執, 小成而已矣. 君子多識前言往行, 以畜其德, 大畜也.

|19-60| 九容不修, 是無身也; 九思不愼, 是無心也; 九疇不敘, 是無天下國家也. 修容以立人道, 愼思以達天德, 敘疇以順帝則, 君子理此三者, 故全也.

---

16 구용(九容): 『禮記』「玉藻」편에 있는 내용이다. "君子之容舒遲, 見所尊者齊遬. 足容重, 手容恭, 目容端, 口容止, 聲容靜, 頭容直, 氣容肅, 立容德, 色容莊, 坐如尸."
17 구사(九思): 『論語』「季氏」편에 있는 내용이다. "君子有九思: 視思明, 聽思聰, 色思溫, 貌思恭, 言思忠, 事思敬, 疑思問, 忿思難, 見得思義."
18 구주(九疇): 『尙書』「洪範」의 九疇이다. "初一曰五行; 次二曰敬用五事; 次三曰農用八政; 次四曰協用五紀; 次五曰建用皇極; 次六曰乂用三德; 次七曰明用稽疑; 次八曰念用庶徵; 次九曰嚮用五福, 威用六極."

|19-61| '극極을 세움'은 군주에게 달려 있고 '극을 닦음'은 공경에게 달려 있으며 '극을 따름'은 수령에게 달려 있고 '극을 본받음'은 백성에게 달려 있다. 부모는 자애롭고 자식은 효도하며 형은 우애롭고 아우는 공손하면 백성들이 본받는다. 형벌을 잘 살피고 세금을 공평하게 하며 노인을 공경하고 어린아이를 자애롭게 대하는 것은 '수령의 따름'이다. 현자를 존중하고 유능한 이에게 맡기며 제도를 신중히 만들고 교화를 펼치는 것은 '공경을 닦음'이다. 하늘을 공경하고 백성의 일을 부지런히 행하여 예법이 펼쳐지고 음악이 조화롭게 되는 것은 '군주의 극[皇極]이 세워짐'이다.

오직 군주라야 극을 세우는 것이고 오직 군주라야 해낼 수 있다. 군주의 마음이 한결같으면 백성의 의지가 하나로 모이게 된다. 원기元氣가 가득 차서 태화太和가 잘 보존되며 사람들이 감격하고 하늘이 감응하여 비가 내리는 시기와 날씨가 맑은 시기가 적절하며 추위와 더위가 지나치게 길지 않는 것은 치세의 극이 실현된 것이다.

|19-62| "'잘 알고 잘 살핌'을 근거로 '감지하고 대응하는' 것은 본체이니 일어나지 않고 없어지지 않는 것이며, '감지하고 대응함'을 따라 '잘 알고 잘 살피는' 것은 의념이니 우왕좌왕하며 왕래하는 것이다. 이것은 대개 주재가 있

|19-61| 建極在君, 修極在公卿, 遵極在守令, 徵極在庶民. 父慈子孝, 兄友弟恭, 庶民徵矣; 省刑平稅, 敬老慈幼, 守令遵矣; 尊賢任能, 謹度宣化, 公卿修矣; 敬天勤民, 禮敍樂和, 皇極建矣.

惟皇作極, 惟帝時克. 一哉王心, 協哉眾志. 元氣充塞, 太和保合. 人感天應, 雨暘時若. 寒暑不侵, 治之極也.

|19-62| 問: "嘗著察而感應者, 本體也, 不起不滅; 隨感應而著察者, 念也, 憧憧往來. 此蓋有主宰

는 것과 주재가 없는 것의 구별인가?'라고 물었다.

그래서 "물론 그러하다. 여기에 대해서는 설명이 있다. 감지하고 대응하는 것이 마음을 따르고 의념을 따르지 않으면 성인의 일이다. 성인의 경지에 이르지 못하면 또한 성의誠意의 공부가 없을 수가 없다. 주재에 대해 논하자면 의견意見을 따르는 경우가 있고 의리義理를 따르는 경우가 있으며 의리를 따르지만 '본체에 따라 발육發育하는 학문'을 터득하지는 못한 경우가 있다. 의견을 따르는 사람은 할 수 있는 일도 있고 할 수 없는 일도 있어서 자기에게 집착하며, 의리를 따르는 이는 할 수 있는 일을 알고 할 수 없는 일을 알아서 자기를 완성하며, 본체를 따르는 이는 할 수 있다고 여기는 일도 없고 할 수 없다고 여기는 일도 없어 자기를 밖으로 확장한다. 자기에 집착하는 이는 외물을 문제시하고, 자기를 이루는 이는 외물을 공정하게 바라보며, 자기를 밖으로 확장하는 이는 외물을 사랑으로 대한다. 그래서 '그 의意를 성실하게 하려는 이는 먼저 그 지知를 이룬다'라고 말한 것이다. 지를 이루면 외물이 바로잡히게 되고 천지 만물과 소통할 수 있게 되니 그래서 인仁이 되는 것이다. 이렇기 때문에 주재하고 잘 알고 잘 살피는 것은 인仁을 구하는 것이다. 공자는 '어려운 일이라고는 할 수 있겠다. 하지만 인仁이라고 할 수 있는지

與無主宰之別."

曰: "固然矣, 此有說焉. 感應從心不從意, 聖人之事也. 未至於聖, 則亦不可無誠意之功. 至論主宰, 有從乎意見者, 有從乎義理者, 有從乎義理而未得乎本體發育之學者. 從乎意見者, 有適有莫, 執乎己; 從乎義理者, 知適知莫, 成乎己; 從乎本體者, 無適無莫, 達乎己. 執乎己者, 病物; 成乎己者, 公物; 達乎己者, 仁物. 故曰'欲誠其意, 先致其知'. 知則物格, 而與天地萬物流通矣, 故爲仁. 是故主宰者察者, 求仁也. 夫子曰: '可以爲難矣, 仁則吾不知也.' 謂此也."

는 내가 모르겠다.'라고 하였는데[19] 이것을 말
한 것이다."라고 대답한다.

19 　공자는 … 하였는데: 『論語』 「憲問」, "憲問恥. 子曰: '邦有道, 穀, 邦無道, 穀, 恥也. 克
　　　　伐怨欲, 不行焉, 可以爲仁矣.' 子曰: '可以爲難矣, 仁則吾不知也.'"

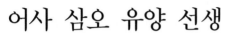

어사 삼오 유양 선생
[유인산(劉印山)과 왕유천(王柳川)을 붙임]

御史劉三五先生陽

附劉印山, 王柳川

┃19-63┃ 유양劉陽은 자가 일서一舒이고 호가 삼오三五이며 안복安福현 사람이다. 어려서 팽석옥彭石屋과 유매원劉梅源에게서 학업을 익혔다. 왕양명의 어록을 보고서는 좋아하여 드디어 건주虔州[1]로 가서 왕양명에게 배웠는데 교외의 하천에 배를 대고 바람과 눈을 맞는 청빈한 삶을 나쁘게 여기지 않았다. 양명이 보고서는 제생들을 바라보며 "이 사람은 청빈한 삶의 즐거움을 아는 사람이다."라고 하였다. 이에 선생에게 "진실로 지극히 가난하고 지극히 천한 생활을 감내할 수 없으면 성인이 될 수 없다."라고 가르쳤다. 가정嘉靖 4년(1525)에 향시에 선발되어 탕산碭山의 지현知縣이 되었다. 그 고을에는 도적이 많았는데 침명沉命의 법[2]으로 고을

┃19-63┃ 劉陽, 字一舒, 號三五, 安福縣人. 少受業於彭石屋·劉梅源. 見陽明語錄而好之, 遂如虔問學. 泊舟野水, 風雪清苦, 不以爲惡. 陽明見之, 顧謂諸生曰: "此生清福人也." 於是語先生, 苟不能甘至貧至賤, 不可以爲聖人. 嘉靖四年, 擧鄉試. 任碭山知縣. 邑多盜, 治以沉

1 　건주(虔州): 강서성 贛州이다. 왕양명은 正德 11년(1516) 9월 巡撫南贛汀漳等處가 되어 이듬해에 감주로 부임하였다. 1521년까지 기본적으로 강서성에 머물렀다.

을 다스리자 도적이 없어졌고, 그 뒤 바로 예교禮教를 시행하여 풍속을 변화시켰다. 조정에 들어가 복건도어사福建道御史에 제수되었다. 세종世宗이 만수궁萬壽宮을 영희선궁永禧仙宮으로 고쳐 짓자 백관들이 표表를 올려 경하해야만 하였는데 어사로는 선생이 첫 번째 차례였다. 선생은 "이것은 잘못을 바로잡도록 간언해야 할 일이지 경하해서는 안 된다."라고 하였다. 조정 대신들이 살벌한 말로 위협했지만 끝내 소신을 꺾지 않았다. 환관이 상소문을 들고 오면 관례에 환관이 남면하여 서고 각 아문이 북면하여 받으며 받고 난 뒤에는 다시 앞서와 같이 마주하여 읍하게 되어 있었는데 선생은 '북면을 하는 것은 상소문을 중하게 여기는 것이지 환관을 중하게 여기는 것이 아닌데 상소문이 일단 손에서 떠났으면 어떻게 다시 앞서와 같이 할 수 있겠는가'라고 하고는 동향을 하고 읍하는 것으로 고쳤는데 아무도 문제 삼지 않았다. 재상인 엄숭嚴嵩[3]이 친해져 보려고 하였는데 선생은 끝내 병이 났다고 핑계를 대고 귀향하였다. 서문정徐文貞[4]이 재상이 되어 광록시

命之法, 盜爲衰止. 旋示以禮教, 變其風俗. 入拜福建道御史. 世宗改建萬壽宮爲永禧仙宮, 百官表賀, 御史以先生爲首. 先生曰: "此當諫, 不當賀." 在廷以危言動之, 卒不可. 中官持章奏至, 故事南面立, 各衙門北面受之, 受畢, 復如前對揖. 先生以爲北面者, 重章奏, 非重中官也, 章奏脫手, 安得復如前哉! 改揖爲東向, 無以難也. 相嵩欲親之, 先生竟引疾歸. 徐文貞當國, 陪推光祿寺少卿, 不起. 築雲霞

2 　침명(沉命)의 법: 漢武帝 때 유민과 도적 문제를 해결하기 위해 만든 법령이다. 태수 이하의 하급 관리가 도적을 규찰하고 체포하는 일을 제대로 해내지 못하면 사형에 처하도록 규정되어 있다.

3 　엄숭(嚴嵩): 严嵩(1480-1566)은 자가 惟中이고 호가 勉庵 등이며 袁州 사람이다. 奸臣으로 유명하다.

4 　서문정(徐文貞): 徐階(1503-1583)는 시호가 文貞이며『世經堂集』과『少湖文集』등을

소경光祿寺少卿으로 추천하였지만 부임하지 않았다. 삼봉三峰에 운하동雲霞洞을 지어 선비들과 학문을 담론하였다. 양봉(兩峰: 劉文敏)이 거기를 들렀더니 적적하기가 마치 세상 밖에 있는 것 같았다. 선생이 "환경이 적적하다고 내가 적적해지면 이미 격이 한 층이 떨어진다."라고 하니, 양봉이 "이것은 뼈에 사무치는 말이다."라고 하였다. 추동곽鄒東廓이 세상을 떠난 뒤에 강우江右의 학자들이 모두 선생에게 몰려갔다. 동쪽으로 태산부터 남쪽으로 형산衡山까지 한밤에 산 정상에 올라서 일출을 보았는데 녹지 않고 남은 얼음과 눈에 의해 주장柱杖이 쨍그랑 울리곤 하였다. 왕양명의 이른바 '청빈한 삶의 즐거움'을 걸어 두고 기억하였다. 선생은 사문師門의 종지를 몸으로 실천하고 정미하게 연마하여, "'중中'은 앎이 보고 들음에 기대지 않는 것이고, '경敬'은 앎이 태만함이 없는 것이며, '성誠'은 앎이 욕망이 없는 상태이고, '적寂'은 앎이 사려나 행위가 없는 상태이며, '인仁'은 앎이 끊임없이 생성되어 만물과 한 몸이 되는 상태이다. 각각 특정한 측면을 지적한 것이고 모두 앎의 고유한 '선함[良]'을 가리킨다. '치지致知'를 할 수 있으면 완벽하다."라고 하였다. 선생의 관점에서 말하면 양명의 학

洞於三峰, 與士子談學. 兩峰過之, 蕭然如在世外. 先生曰: "境寂我寂, 已落一層." 兩峰曰: "此徹骨語也." 自東廓沒, 江右學者皆以先生爲歸. 東至岱宗, 南至祝融, 夜半登山頂而觀日焉, 殘冰剩雪, 柱杖鏗爾. 陽明所謂淸福者, 懸記之矣. 先生於師門之旨, 身體精硏, 曰: "中, 知之不倚於睹聞也; 敬, 知之無怠者也; 誠, 知之無妄者也; 靜, 知之無欲者也; 寂, 知之無思爲者也; 仁, 知之生生與物同體者也. 各指所之, 而皆指夫知之良也, 致知焉盡矣." 由先生言之, 則陽明之

남겼다.

문은 여전히 송유宋儒와 다르지 않다. 그래서 선생은 양봉의 「전傳」을 작성하면서 "송학宋學의 문호를 승묵繩墨처럼 삼가 지킨 분으로는 양봉이 있다."라고 하였던 것이다. 그 한 시대에 성대했던 강석講席은 모두 선생이 깊이 마음에 든 것이 아니었다. 일찍이 유사천劉師泉에 대해, "해내에 강학을 하고 실천을 한 사람은 몇 명 있고 남의 스승이 될 만한 사람도 몇 명 있지만 선사先師의 학문을 전수한 사람은 한 사람도 본 적이 없다."라고 말하였다. 대개 그 뜻이 여기에 있었으리라! 뜻이 여기에 있었으리라!

| **19-64** | 유병감劉秉監은 자가 준교遵教이고 호는 인산印山이고 삼오(三五: 劉陽)와 같은 고을 사람이다. 그 부친 유선劉宣은 공부상서工部尚書였다. 선생은 정덕正德 무진년(1508)에 진사로 급제하였다. 형부주사刑部主事를 거쳐 원외랑에 서용署員되어 하남첨사河南僉事로 발령되었다. 대명병비부사大名兵備副使로 옮겼다가 막강한 세력을 가진 환관의 뜻에 어긋나서 체포되어 조옥(詔)에 갇혔다가 목숨은 부지하고 소주韶州의 판관으로 유배되었다. 사면령이 있을 때 조주潮州의 좌이관(佐貳官: 輔佐官이라고도 하며 副職이다)으로 이배되었다가 임안부臨安府의 지부知府에 제수되었는데 부임하지 못하고 세상을 떠났다. 하남河南의 풍속이 귀신에 현혹되어 잡다한 사당이 많았다. 선생이 글을 지어 "재앙

學, 仍是不異於宋儒也. 故先生之傳兩峰也, 謂"宋學門戶, 謹守繩墨, 兩峰有之." 其一時講席之盛, 皆非先生所深契. 嘗謂師泉曰: "海內講學而實踐者有人, 足爲人師者有人, 而求得先師之學未一人見." 蓋意在斯乎! 意在斯乎!

| **19-64** | 劉秉監, 字遵教, 號印山, 三五同邑人也. 父宣, 工部尚書. 先生登正德戊辰進士第. 歷刑部主事. 署員外郎. 出爲河南僉事. 遷大名兵備副使. 以忤巨奄, 逮系詔獄, 得不死, 謫判韶州. 量移貳潮州, 知臨安府, 未至而卒. 河南之俗惑鬼, 多淫祠, 先生爲文諭之曰: "災祥在德, 淫鬼

을 만나느냐 복을 만나느냐는 덕에 달려 있는 것이지 잡다한 귀신이 어떻게 재앙을 내리거나 복을 내리겠느냐?"라고 타일렀다. 이에 경내의 잡다한 사당들 1천여 개를 허물었다. 얼마 뒤에 체포당하게 되자 하남성의 포정사布政使에게 서신을 보내 "잡다한 사당이 백성의 풍속을 해쳤으니 이는 교화를 담당한 관리의 책임입니다. 제가 화를 당해서 떠나게 되었으니 간사한 사람들이 사람들을 현혹시키며 필시 보응을 당했다는 말을 할 것입니다. 명부(明府: 포정사를 지칭)께서 힘껏 견지하지 않으면 동요하지 않는 이가 드물 것입니다."라고 말하였다. 그가 올바름을 지키고 꺾이지 않음이 이와 같았다. 형을 섬기는 태도가 매우 엄정하여 봉록을 자기 식구만 차지하지를 않았다. 선생은 처음에 감천(甘泉: 湛若水)에게 배웠고 양명에게 더욱 뜻이 독실하였다. 강학하는 모임에 참여할 때는 말 한 마리에 아이 종 하나를 데리고 산골짜기를 오고갔으니 검약하기가 마치 가난한 선비 같았다. 모부인이 노고를 걱정하며 "아들은 효성스럽고 공손한데 강학을 할 필요가 어디 있는가?"라고 하여, 선생이 대답하기를, "사람이란 그 외면만 보고 그 내면은 보지 못합니다. 장차 내 참된 본성을 구하고자 하니 감히 강학을 하지 않을 수 없습니다."라고 하였다. 세상을 떠났을 때 나이가 쉰이 되지 않았다. 유삼오(劉三五: 劉陽)가 "선배 학자들의 말

焉能禍福." 於是毀境內淫祠以千數. 已而就逮, 寓書其僚長曰: "淫祠傷害民俗, 風教者之責. 監以禍行, 奸人惑衆, 必爲報應之說, 非明府力持, 鮮不動搖." 其守正不撓如此. 事兄甚謹, 俸入不私於室. 先生初學於甘泉, 而尤篤志於陽明, 講學之會, 匹馬奚童, 往來山谷之間, 儉約如寒士. 母夫人勞之曰: "兒孝且弟, 何必講學." 先生對曰: "人見其外, 未見其內, 將求吾眞, 不敢不學." 歿時年未五十. 劉三五評之曰: "先輩有言, 名節一變而至道, 印山早勵名節, 烈烈不挫, 至臨死生靡惑, 宜其變而至道無難也."

중에 '명절(名節: 명예와 절개를 지키는 태도)이 한 번 발전하면 도道에 이르게 된다'라고 하였는데 인산(印山: 劉秉監)은 어려서부터 명절에 힘써서 무서운 세력 앞에서도 꺾이지 않았고 생사에 임해서도 미혹되지 않았으니 당연히 그가 한 걸음 더 발전하여 도道에 이르는 것은 어려움이 없을 것이다."라고 평가하였다.

|19-65| 왕쇠王釗는 자가 자무子懋이고 호가 유천柳川이니 안성安成 사람이다. 처음에 매원梅源5과 추동곽에게 배웠고 그 뒤에는 왕양명에게 배웠다. 한때 학교의 제생諸生이 되었지만 그것을 버리고 산꼭대기나 물가와 같은 적막한 곳에서 배회하며 이른바 '신심身心과 성명性命의 학문'을 구하였다. 30년 동안 하루도 마음속에서 간절하게 구하지 않은 적이 없었다. 친구가 선한 일을 하거나 불선한 일을 하면 자기가 그런 일을 한 것과 다름없이 여겼으며, 귀에 거슬리는 말을 사람들이 많은 자리에서 시도 때도 없이 내뱉곤 하였지만 사람들은 그가 마음에서 우러나는 말을 하는 것을 보고서 그를 원망하지 않았다. 그들은 모두 "지금 강학을 할 때 공리공담을 하지 않는 이는 유천이다."라고 하였다. 당시에 강남촌康南村이라는

|19-65| 王釗, 字子懋, 號柳川, 安成人. 始受學梅源, 東廓, 旣學於文成. 嘗爲諸生, 棄之. 棲棲於山顚水涯寂莫之鄉, 以求所謂身心性命. 蓋三十年未嘗不一日勤懇於心, 善不善之在友朋無異於己, 逆耳之言, 時施於廣座. 人但見其惻怛, 不以爲怨, 皆曰: "今之講學不空談者, 柳川也." 時有康南村者, 性耿

---

5   매원(梅源): 劉曉는 자가 伯光이고 호가 梅源이며 安福 사람이다.

이가 성품이 강직하고 선한 것은 선하다고 하고 악한 것은 악하다고 하여 사람들과 교유할 때 꺼리는 것이 없었으며 고례古禮를 참작하여 그림으로 그리고 선행을 주워 모아 규범으로 정했다. 세시歲時에 지팡이를 짚고 사람들의 집으로 찾아가면 집집마다 신을 거꾸로 신고 달려와 맞이하였다. 선생은 그 강남촌을 보기를 자신과 한 몸인 것처럼 여겼다. 강남촌이 가난하면 선생도 가난하였다. 해진 옷에 매조미를 먹으며 일생을 마쳤으니 강하지 않은가!

삼오선생의 『동어』

|19-66| 맑고 밝음이 자신에게 있는 것이 앎의 지극한 상태이다. 앎을 기르는 방법으로는 욕심을 줄이는 것보다 좋은 것이 없다.

|19-67| 삶의 변화가 있고 죽음의 변화가 있다. 사람들은 죽음의 변화는 알지만 삶의 변화는 알지 못한다. 혼이 유변遊變할 때 누가 이것을 주재하는 것인가? 공자가 말하기를, "귀鬼와 신神을 합일하는 것이 가르침의 지극함이다."라고 하였다.[6]

介, 善善惡惡, 與人
不諱. 嘗酌古禮爲
圖, 撫善行爲規, 歲
時拄杖造諸大家之
門, 家家倒屣以迎.
先生視南村如一人,
南村貧, 先生亦貧,
敝衣糲食, 終其身,
非矯也!

三五先生洞語

|19-66| 淸明在躬,
知之至也. 養知莫
善於寡欲.

|19-67| 有生之變,
有死之變, 人知死之
變, 而不知生之變
也. 魂遊變也, 孰主
張是? 孔子曰: "合
鬼與神, 敎之至也."

---

6 공자가 … 하였다. 『禮記』「祭義」에 있는 공자의 말이다.

|19-68| 배우는 이들은 살피지 않고, 다들 그 자질을 바탕으로 키워 가고 그 악을 스스로 고치는 공부는 대개 적다. 잘 배우는 사람은 그 악을 고치지 않고서는 그치지 않는다.

|19-69| 보통 사람들은 운수에 얽매여 있지만 군자는 다스린 상황에서는 그것을 지켜 내고 어지러운 상태에서는 해결방법을 모색한다. 『역易』을 통해서 미래를 아는 것이니 변역의 도리가 거기에 있다. 저절로 완성되고 저절로 무너지도록 두고 그대로 지켜보기만 한 채 한결같이 운수로만 돌린단 말인가!

|19-70| 천하에 처리하기 힘든 일이 있겠는 가. 이해를 계산하는 것은 어렵고 도의를 따르는 것은 어렵지 않다. 도의를 따르는 것이 밥을 먹는 것처럼 달지 않으면 마음이 주눅들 수밖에 없는 것이다. 천하에 이해를 위해 계산하지 않는 사람이 드물다. 그래서 불안해 하는 사람이 많다.

|19-71| 군자는 세월을 귀하게 여긴다. 비유하자면 산을 만드는 것과 같아서 덕이 날로 높아진다. 진실로 닦지 않는다면 어떻게 귀해질 수 있겠는가. 더구나 허물을 쌓는 자이겠는가.

|19-72| 오직 자신을 하찮게 대하기 때문에

|19-68| 學者不察, 率因其質以滋長, 而自易其惡之功蓋寡. 善學者, 不易其惡不已也.

|19-69| 眾人囿於數, 君子治則防, 亂則修. 『易』以知來, 有變易之道. 聽其自完自裂, 一歸之數已哉!

|19-70| 天下有難處之事乎? 利害之計也難, 道義之從也無難. 義不甘於食粟, 則有死餒而已矣. 天下之不爲利害計者寡矣, 故戚戚者多.

|19-71| 君子以歲月爲貴, 譬如爲山, 德日崇也. 苟爲罔修, 奚貴焉? 況積過者耶!

|19-72| 惟待其身

구차한 짓을 할 수 있는 것이다. 오직 자임하는 것이 무겁지 않기 때문에 방일한 짓을 하는 것이다.

|19-73| 옛사람은 다스려짐을 자신에게서 구하였고 후대의 사람들은 다스려짐을 천하에서 구하였다. 천하를 쉽게 하고 귀찮게 하지 않는 것은 자신에게서 구하는 자이다. 천하를 어지럽히면서 개의치 않는 것은 천하에서 구하는 자이다. 이렇기 때문에 『주관(周官: 周禮)』만 쥐고 있고 호오好惡의 규범을 지키지 못하는 사람은 천하를 다스릴 수 없다.

|19-74| 물을 탁 쳐서 튀게 한 상태는 물의 참된 본성을 잃은 것이다. 정情을 그렇게 물처럼 튀게 하는 것처럼 격하게 만들면 정의 참된 본성을 잃은 것이다. 군자의 정은 격하지 않으니 그렇기 때문에 그 말이 격하지 않다.

|19-75| 불선에 대해 듣는 것은 잘못을 고쳐서 얻는 보탬은 적고 가만히 손해를 입는 것이 많다. 그래서 남의 선하지 못한 것을 말하면 자신이 손해를 입고 또 듣는 사람이 손해를 입는다.

|19-76| 걸핏하면 엄호하는 짓을 하는 것은 덕을 쌓는 마땅한 처사가 아니라 명성을 좋아

|19-73| 者小, 故可苟; 惟自任者不重, 故逸.

|19-73| 古人求治於身, 後人求治於天下. 休天下而不煩, 身求者也; 擾天下而不恤, 求之天下者也. 是故執『周官』而不能執好惡之矩者, 不可以治天下.

|19-74| 水之激, 失水之眞矣; 情之激, 失情之眞矣. 君子之情不激也, 故不激其言.

|19-75| 不善之聞, 懲創之益少, 而潛損者多. 故言人不善, 自損也, 又聽者損.

|19-76| 動有掩護, 非德之宜, 好名者

하는 자이다. 그래서 명성을 좋아하는 자는 마음이 힘들다.

|19-77| 홀로 군자의 일을 행하는 경우는 신실한 마음에서 나왔더라도 성인의 성誠에 비해서는 차이가 있다. 효성스러움과 공손스러움이 신명神明에 통하는 수준이지만 성인이 인륜을 드러내는 것에 비해서는 차이가 있다.

|19-78| 후학에게 학문의 길을 열어 주는 데 뜻을 둔 사람은 성명性命을 다할 수가 없고, 성명性命에 뜻을 둔 사람은 후학에게 학문의 길을 열어 줄 수 있다.

|19-79| 현명하도다! 자신을 믿지 못하는 사람이 자신을 믿는 것이란!7 비록 성인이 해 주는 말이라고 해도 믿지 않고 자기가 아는 것만 믿는 사람이다. 그는 자신을 잘 알아서 미혹되지 않으며 그가 스스로 구하는 것은 작지가 않다.

|19-80| 덕이란 '얻는다'라는 뜻이다. 자기는

也. 故好名者心勞.

|19-77| 獨行君子, 出於實心, 而於聖人之誠有辨焉. 孝弟通神明, 而於聖人之察倫有辨焉.

|19-78| 志於開來者, 不足以盡性命; 志於性命者, 足以開來.

|19-79| 賢哉. 未信者之自信也! 雖聖人弗之信, 而信其自知者焉. 其自知不惑, 其自求不小.

|19-80| 德者得也.

---

7 현명하도다 … 것이란: 『論語』 「公冶長」편에 있는 "子使漆彫開仕. 對曰: '吾斯之未能信.' 子說."이라는 대목을 토대로 한 말이다. 공자는 칠조개에게 벼슬을 하라고 시켰지만 칠조개가 자신이 그 일을 해낼 수 있으리라고 믿지 못하겠다고 대답하자 공자가 좋아했다는 것인데 칠조개는 자신의 판단을 믿은 것이다.

얻지 못하였는데 그것에 대해 말한다면 부끄러운 일이다. 자신은 얻지 못하였으면서 말하게 되면 남에게 믿음을 받지 못한다.

| 19-81 | 오직 텅 비어 있기 때문에 신묘한 것이며, 오직 경敬을 유지하기 때문에 텅 빌 수 있는 것이다.

| 19-82 | 기미를 알고 난 뒤에 말을 알 수가 있다. 자기의 말을 안 뒤에야 남의 말을 알 수 있다.

| 19-83 | 늘 지성스럽고 간절한 마음에서 나온 정치를 하면 왕도王道이고 늘 자신에게 책임을 지우면 대인의 사업이다.

| 19-84 | '앎[知]'은 마음의 신명神明한 능력이다. 선을 알고 불선을 알며 선을 좋아할 줄 알고 불선을 싫어할 줄 알며 반드시 선을 행해야 함을 알고 반드시 불선을 행하지 않아야만 아는 것이 지선至善이고 사람의 명덕明德이다. 그래서 '양良'이라고 부른다. '이룸[致]'은 '배움'을 말한다. 이룸이 힘이 있어야만 '타고난 것[天]'이 온전히 구현될 것이다. '명덕明德을 밝힘'이나 '하늘의 밝은 명命을 주시함'은 모두 '이룸'을 말한 것이다. 오상五常 내지 백행百行이 밝혀지고 드러나게 되면 신명神明이 두루 가득 차게

無得於己而言之, 恥也; 無得於己而言之, 不信乎人矣.

| 19-81 | 惟虛故神, 惟敬乃虛.

| 19-82 | 知幾而後能知言, 知己之言, 而後能知人之言.

| 19-83 | 動出於至誠惻怛爲王道, 動責之我爲大人之業.

| 19-84 | 知者, 心之神明者. 知善, 知不善, 知好善, 知惡不善, 知必爲善, 知必不爲不善, 是至善也, 是人之明德也, 天之明命也, 故曰良. 致, 言學也, 致者力而後天者全, 曰 '明明德', 曰'顧諟天之明命', 擧致之之

될 것이니 이것을 '그 앎을 이룰 수 있음'이라고 부른다. 옛 성인 중에 요堯임금만 한 분이 없는데 (『書經』에서) 그분을 찬탄하기를, '공경스럽고 밝았다'라고 하였으니 앎이 지극히 이루어진 것이 아니고 무엇이겠는가? 중中이란 앎이 보는 것이나 듣는 것에 치우치지 않은 것이고, 경敬은 앎이 태만해지지 않은 것이며, 성誠은 앎이 거짓됨이 없는 것이고, 정靜이란 앎이 욕심이 없는 것이며, 적寂이란 앎이 '사려함이나 작위함'이 없는 것이고, 인仁이란 앎이 '생성하고 생성하며 만물과 한 몸을 이룬' 것이다. 각각 특정한 측면을 가리키지만 모두 앎의 훌륭함[良]을 가리키는 말들이다. 그래서 앎을 이루게 되면 완벽한 것이다.

|19-85| 홀로만 아는 밝음은 큰 밝음을 드러낸 것이니 천하를 내려 비추는 것이 그것과 비슷하다. 이것은 대개 진晉괘를 보고서 하는 말이다. 원칙을 잃은 사람은 밝음이 땅으로 들어가고, 사특하고 편벽된 견해를 가진 사람은 왼쪽 배로 들어간다.[8] 이것은 대개 명이明夷괘를 보고 하는 말이다.

謂也. 五常百行, 明焉察焉, 神明充周, 是謂能致其知. 古聖人莫如堯, 贊曰 '欽明', 非知之至而何? 中, 知之不倚於睹聞者也; 敬, 知之無怠者也; 誠, 知之無妄者也; 靜, 知之無欲者也; 寂, 知之無思爲者也; 仁, 知之生生與物同體者也. 各指所之, 而皆指夫知之良也, 故曰 '致知'焉盡矣.

|19-85| 獨知之明, 大明懸象, 照臨天下者似之, 蓋觀於「晉」. 人有失則者, 明入於地矣, 有邪僻之見者, 入左腹矣, 蓋觀於「明夷」.

8　원칙을 … 들어간다:『周易』「明夷·象」에 나오는 말이다. '왼쪽'이란 후미져서 보이지 않는 곳을 말하니 사특하다는 의미이고, '배'란 깊은 곳을 의미한다고 한다. 소인이 사특한 방식으로 밝은 지혜를 상실한 군주의 마음을 깊이 얻는다는 뜻이다.

｜19-86｜ 밝게 알고 소상히 알아서[9] 전혀 남김이 없는 것은 성인의 알지 못함이 없음이고, 실천하고 행동으로 옮겨서 이기지 못하는 것이 없는 것은 성인의 하지 못함이 없음이다. 충분하게 듣는 것도 또한 앎이고 재능이 많은 것도 또한 능함이지만 중대한 것에 대해 어두운 것이다.

｜19-87｜ '지극한 강건함'이란 앎의 강건함이고, '지극히 유순함'이란 앎의 유순함이다. 오직 강건하기에 그를 위태롭게 할 수가 없고 그는 위태함을 알며, 오직 유순하기에 그를 막을 수가 없고 그는 막힘을 안다. '인심人心은 위태하다'라는 말은 위태롭고 막힘이 있음을 말하는 것이고, 강건함과 유순함은 정미하고 한결같음의 지극함이다. 군자는 대개 어느 때나 위태함을 두려워하지 않는 경우가 없다.

｜19-88｜ 나 자신을 사람들 속에 놓고서 (공정하게) 그릇되다고 하거나 옳다고 할 수 있고, 미워하거나 아껴 줄 수 있고, 빼앗거나 줄 수 있는 사람이어야만 자신을 내세움이 없는 경지로 같이 나아갈 수 있다.

｜19-86｜ 著焉察焉, 無或遺焉者, 聖人之無不知; 踐焉履焉, 無不勝焉者, 聖人之無不能. 洽聞亦知, 多藝亦能, 闇於其大者矣.

｜19-87｜ 至健者知之健, 至順者知之順. 唯健也不可險之而知險, 唯順也不可阻之而知阻. 人心惟危, 險阻之謂也; 健順, 精一之至也. 君子蓋無時而不懼夫危也.

｜19-88｜ 置我身於人人之中, 而非之是之惡之愛之奪之予之者, 夫然後可與無我.

---

9 밝게 … 알아서: 『孟子』 「盡心上」에 나오는 표현이다. "行之而不著焉, 習矣而不察焉, 終身由之而不知其道者衆也."

| 19-89 | 외물은 싫증내어서는 안 되는 것이
다. 외물을 싫증내는 사람은 격물格物을 할 수
가 없다.

만정기

| 19-90 | 이빨과 머리카락이 쇠하면 되돌이킬
수 없지만 심지와 기력이 쇠한 것이야 어찌 되
돌이킬 수 없겠는가. 날마다 어깨를 걷어붙이
고 소, 양, 돼지를 잡더라도 그것은 심지와 기
력에는 아무 상관이 없고 날마다 부지런히 노
력하며, 죽은 뒤에야 그치면 그것이 잘 늙어
가는 것이겠지!

| 19-91 | 강건하고 중정中正하며 순수하고 정
미하여 조금도 부끄러울 일이 없어야만 조금
도 건체乾體[10]가 아닌 것이 없게 된다.

| 19-92 | 지내는 장소가 고요해야 자아가 고요
해진다면 격이 이미 한 층 떨어진 것이다.

| 19-93 | 현재의 사건들을 들여다보며 상심하
여 천천히 자신이 살펴보는 것은 질시하는 것
이지 가엾게 여기는 것이 아니다. 가엾게 여기

| 19-89 | 物不可厭,
厭物者不能格物.

晚程記

| 19-90 | 齒 髮 衰 ,
不可返已， 志氣衰,
奚有不可返者哉?
日三牲, 日袒割, 無
關志氣. 日孜孜, 斃
而後已, 善自養老者
乎?

| 19-91 | 剛健中正,
純粹精， 無一毫髮
歉, 而後無一毫髮非
乾體.

| 19-92 | 境寂我寂,
已落一層.

| 19-93 | 閱 時 事 而
傷神, 徐自察之, 嫉
之也, 非矜之也. 矜

---

10   건체(乾體): 하늘의 본연적 모습을 가리킨다.

는 것은 인仁이고 질시하는 것은 편벽됨이다.

|19-94| 잠곡潛谷 등자鄧子[11]의 유학과 불교를 비교하는 수천 마디의 논변에 대해 여러 벗들 중에 구하는 이가 있어서 선생님이 "단지 격물치지를 하면서 날마다 몸소 비교해 보면 된다."라고 말하였다.

|19-95| 세상에는 강학을 하고 실천을 하는 사람도 있고 남의 스승이 될 만한 사람도 있지만 선사先師의 학술을 얻으려고 노력하는 사람은 하나도 보지 못하였다.

|19-96| 불선한 점이 있으면 알지 못하는 적이 없는 것은 '치지致知'이고, 알게 되면 다시는 그런 짓을 하지 않는 것은 '격물'이다.

之仁, 嫉之偏.

|19-94| 潛谷鄧子儒釋之辨數千言, 諸友有求其說者, 子謂之曰: "只格物致知, 日以身辨之矣."

|19-95| 海內講學而實踐者有人, 足爲人師者有人, 而求得先師之學者未一人見.

|19-96| 有不善未嘗不知, 是致知; 知之未嘗復行, 是格物.

---

11   잠곡(潛谷) 등자(鄧子): 등원석(鄧元錫, 1529-1593)은 자가 여극(汝極)이고 호가 잠곡이다. 江西省의 新城縣 城南津(지금은 黎川縣 日峰鎭) 사람이다.

현령 매원 유효 선생

縣令劉梅源先生曉

| 19-97 | 유효劉曉의 자는 백광伯光이고 호는 매원梅源이며 안복安福 사람이다. 향거鄕擧를 통해 신령현新寧縣의 현령이 되었다. 남경에서 왕양명을 만나고 드디어 가르침을 받았다. 양명이 시詩를 한 수 지어 주었는데 그 내용에 "『육경』이 모두 내 마음의 주석이라고 대충 말하기나 하지 누가 한마디에 참된 기틀을 깨달을 수 있는가."라는 대목이 있었다. 고향으로 돌아가 동지들을 모아 '시간을 아끼는 모임[惜陰會]'을 조직하였다. 길안吉安[1] 지역에 학자가 많은 데는 선생의 노력이 컸다. 선생은 말을 할 때 지엽적인 것이 없었다. 일찍이 두보杜甫의 "말이 남을 놀라게 할 정도가 아니면 죽을 때까지 노력을 멈추지 않는다."라는 구절을 외우며 감탄하기를, "심력을 헛되이 낭비하는 것은 안타까

| 19-97 | 劉曉, 字伯光, 號梅源, 安福人. 鄕擧爲新寧令. 見陽明於南京, 遂棄受焉. 陽明贈詩"謾道『六經』皆註脚, 還誰一語悟眞機." 歸集同志爲惜陰會. 吉安之多學者, 先生爲之五丁也. 先生下語無有枝葉, 嘗誦少陵"語不驚人死不休"之句, 歎曰: "可惜枉費心力, 不當云'學不聖人死不休'

---

1 길안(吉安): 安福·吉水·吉州 등을 포함하는 강서성 서쪽 지역이다.

운 일이다. '학문이 성인의 경지에 이르지 못하면 죽을 때까지 노력을 멈추지 않는다'라고 말해야 하지 않겠는가."라고 하였다. 배우는 이가 '귀신에게 질정해도 의혹이 없다'라는 말에 대해 질문하자, 선생이 "사람은 속일 수 있어도 귀신은 속일 수 없고, 현재 세상을 속일 수는 있어도 뒷날의 성인이 태어나면 참과 거짓을 속일 수가 없다는 의미이다."라고 대답하였다.

耶?" 學者擧質鬼神無疑, 先生曰: "人可欺, 鬼神不可欺, 今世可欺, 後聖有作, 眞僞不可欺."

원외 청천 유괴 선생

員外劉晴川先生魁

| 19-98 | 유괴劉魁는 자가 환오煥吾이고 호는 청천晴川이며 태화泰和 사람이다. 향거鄕擧를 통해 가정嘉靖 연간에 5년간 보경현寶慶縣의 통판通判을 지냈고, 7년간 균주鈞州의 군수를 지냈으며, 6년간 조주潮州의 통판을 지냈다. 공부원외랑工部員外郞으로 승진하고서 치국 방안 10가지를 올렸는데 모두 핵심이 되는 문제들이었다. 뇌단(雷壇: 雷神을 위한 祭壇)을 금중禁中으로 옮기라는 황제의 명이 내렸는데 선생이 상소문을 올려 뇌전雷殿 짓는 일을 늦춤으로써 종묘 건립을 완성하고 변방 방어를 충족시키자고 건의하였다. 황제가 진노하여 40대의 장杖을 치고 감옥에 가두었다. 상처가 심하였는데 백호百戶인 대경戴經이 치료하여 살아날 수 있었고, 양곡산楊斛山[1]과 주눌계周訥溪[2]와 함께 임인년

| 19-98 | 劉魁, 字煥吾, 號晴川, 泰和人. 由鄕擧, 嘉靖間判寶慶五年, 守鈞州七年, 貳潮州六年. 陞工部員外郞, 上安攘十事, 皆爲要務. 詔徙雷壇禁中, 先生上疏, 請緩雷殿工作, 以成廟建, 足邊備. 上怒, 杖四十. 入獄, 創甚, 百戶戴經藥之, 得不死, 與楊斛山·周訥溪講學不輟, 自壬寅至乙巳,

---

1   양곡산(楊斛山): 양작(楊爵)은 자가 백수(伯修)이고 호는 곡산(斛山)이며 섬서성의 부

(1542)부터 을사년(1545)까지 4년간 강학을 중단 없이 진행하였다. 가을인 8월에 황제가 재초(齋醮: 도교의 제례) 의식을 거행할 때 신神이 기箕에 내려와 선생 등 세 사람을 위해 억울함을 말해 주어서 석방시켰다. 하지만 집에 도착하기도 전에 다시 체포되어 10월에 감옥으로 다시 들어갔다. 또 2년이 지나 정미년(1547) 11월 5일 밤에 고원전高元殿에 불이 났는데 황제가 어질한 상태에서 불 속에서 선생 등 세 사람의 이름을 부르는 소리를 들어서 사면하여 집으로 돌려보냈다.

| 19-99 | 선생은 왕양명에게 배웠고 추동곽(鄒東廓: 鄒守益)에게서 학업을 마쳤다. 직절直節을 갖춘 것으로 유명하였으나 학문에 있어서는 융합적이었다. 이맥천李脈泉이 "군주에 있을 때 선생과 1년을 동료로 있었는데 말을 빨리 하거나 다급한 기색을 보인 적이 없었다."라고 하였다. 동네 사람들이 술을 마시다가 선생에게 노래를 부르도록 요청하면 시를 노래하였는데 가락을 높이고 누르고 하는 것이 들을 만하였다. 문인인 우희尤熙가 학문의 요체가 무엇인지 묻자, "성실성을 세우는 것이다."라고 답하

凡四年. 秋八月, 上齋醮, 神降於箕, 爲先生三人頌冤, 釋之. 未抵家而復逮, 十月還獄, 又二年. 丁未十一月五日夜, 高元殿火, 上怳忽聞火中呼先生三人名氏, 赦還家.

| 19-99 | 先生受學於陽明, 卒業東廓. 以直節著名, 而陶融於學問. 李脈泉言在鈞州與先生同僚一年, 未嘗見其疾言遽色. 鄉人飲酒, 令之唱曲, 先生歌詩, 抑揚可聽. 門人尤熙問: "爲學之要", 曰: "在立誠." 每舉

평(富平) 사람이다.

2 주눌계(周訥溪): 주이(周怡)는 자가 순지(順之)이고 호는 눌계(訥谿)이며 선주(宣州) 태평(太平) 사람이다.

였다. 매번 왕양명의 고사를 거론하여 문인들을 선으로 진작하였으며, "양명 선생은 사람을 변화시키는 방식이 경쾌하였다. 한 벗이 다른 사람과 소송을 벌이다가 와서 그 시비를 물었더니, 양명이 '자네가 며칠 뒤에 마음이 가라앉고 기운이 누그러지면 자연히 자네에게 얘기해 주겠네.'라고 하였다. 며칠 뒤에 그 사람이 '저는 지금 마음이 가라앉고 기운이 누그러졌습니다. 가르침을 주십시오.'라고 하자, 양명이 말하기를, '이미 마음이 가라앉고 기운이 누그러졌으면 또 무엇을 가르쳐 달라는 것인가?'라고 하였다. 벗들이 서원에서 투호를 하고 있었는데 양명이 지나가다가 불러서 '본원을 떠나지 말라.'고 말하였다." 양명의 언행은 어떠한 기상이었는지 물었더니 선생은 "단지 보통 사람이었다."라고 하였다. 황덕량黃德良이 "양명의 학문은 처음에는 체계를 이루지 못하였는데 그를 따라 배우는 사람들이 많아지면서 그들을 붙들어 주느라 쉴 새도 없다 보니 이와 같이 성취하게 되었다."라고 하였는데 누가 선생에게 이 말을 해 주었더니 "그렇다고 할 수 있겠다. 벗들의 도움이 매우 컸다."라고 하였다.

陽明遺事, 以淑門人. 言: "陽明轉人輕快. 一友與人訟, 來問是非, 陽明曰: '待汝數日後, 心平氣和, 當爲汝說.' 後數日, 其人曰: '弟子此時心平氣和, 願賜敎.' 陽明曰: '旣是心平氣和了, 又敎甚麼?' 朋友在書院投壺, 陽明過之, 呼曰: '休離了根.'" 問陽明言動氣象, 先生曰: '只是常人.' 黃德良說陽明學問, 初亦未成片段, 因從遊者衆, 夾持起, 歇不得, 所以成就如此. 有擧似先生者, 曰: "也是如此, 朋友之益甚大."

주사 낙촌 황홍강 선생

主事黃洛村先生弘綱

│19-100│ 황홍강(黃弘綱, 1492-1561)의 자는 정지正之이고 호가 낙촌洛村이며 강서성 우현雩縣 사람이다. 정덕正德 11년의 향시에 합격하였다. 건태虔台에서 양명에게 배웠다. 양명의 교육 방침은 학자가 처음 들어오면 먼저 뛰어난 제자에게 가르치게 한 뒤에 나중에 직접 가르쳤는데, 선생은 바로 그 뛰어난 제자의 반열에 들었다. 양명이 절강성으로 돌아간 뒤에도 선생은 4, 5년간 곁을 떠나지 않았다. 양명이 세상을 떠나자 그 집에서 또 3년간 상복을 입었다. 가정嘉靖 23년 처음으로 정주부汀州府의 추관推官이 되었고 형부주사刑部主事로 승진하였다. 당시 변방에 사건이 많아서 장교가 하옥이 된 경우에 형리들이 가혹하게 심문하고 판결하여 황제의 뜻에 영합하였는데 선생은 법률에 맞추어 가볍게 변동시키지 않았다. 그래서 사람들의 미움을 샀고 드디어 치사致仕를 청하

│19-100│ 黃弘綱, 字正之, 號洛村, 江西雩縣人. 舉正德十一年鄉試. 從陽明於虔台. 陽明教法, 士子初至者, 先令高第弟子教之, 而後與之語. 先生列於高第. 陽明歸越, 先生不離者四五年. 陽明卒, 居守其家, 又三年. 嘉靖二十三年, 始任爲汀州府推官, 陞刑部主事. 時塞上多故, 將校下獄者, 吏率刻深以逢上意. 先生按法不輕

게 되었다. 향리로 돌아가 추동곽과 나염암(羅念庵: 羅洪先)과 함께 강학하였으며, 한 달이나 어울려 지내기도 하였다. 학생이 질문을 하면 선생은 바로 말을 하지 않고 똑바로 쳐다보고 귀 기울여 듣고서는 그 학생이 자기 생각을 다 풀어내고 글로 다 써낸 뒤에 천천히 한두 마디로 핵심을 찔러서 얼음 녹듯 의문이 풀리지 않은 경우가 없었다. 가정 40년 5월 28일에 세상을 떠나니 향년 70세였다.

| **19-101** | 선생의 학문은 두 번 변화하였다. 처음에는 지수(持守: 마음을 견지하여 지킴)의 공부가 몹시 견고하였는데 그 뒤에 '조금의 힘도 들이지 않고 전적으로 자연에 순응함'을 위주로 삼았다. 그의 일생은 자신이 넘쳤고 영합하는 일이 드물었으며 진중함이 뛰어났고 속임수를 쓸 줄 몰랐다. 대개 멀리서 바라보면 그가 도덕을 갖춘 사람임을 알 수 있었다. 양명의 양지는 원래 주렴계의 '진실되고 한결같으며 거짓이 없는[誠一無僞]' 본체이었지만 학자들과 대화할 때는 발용發用의 측면에서 말하는 경우가 많았는데 이것은 '옳음을 알고 그름을 아는' 지점에서 발길을 옮겨 옳은 길로 옮겨 갈 수 있게 하려는 의도였다. 이것은 방편으로 행한 법문이었는데 그의 문하에 들어가 그 학설을 받든 사람들이 드디어 의념의 선함을 양지로 삼

上下, 以故不爲人所喜, 遂請致仕. 歸與東廓·雙江·念菴講學, 流連旬月. 士子有所請質, 先生不遽發言, 瞠視注聽, 待其意盡詞畢, 徐以一二言中其竅會, 莫不融然. 四十年五月二十日八日卒, 年七十.

| **19-101** | 先生之學再變, 始者持守甚堅, 其後以不致纖毫之力, 一順自然爲主. 其生平厚於自信, 而薄迎合, 長於持重, 而短機械, 蓋望而知其爲有道者也. 陽明之良知, 原卽周子誠一無僞之本體, 然其與學者言, 多在發用上, 要人從知是知非處轉個路頭. 此方便法門也, 而及門之承其說者, 遂以意念之善

아 버렸다. 그래서 선생이 "의념의 선함을 양지라고 여기면 그것은 끝내 천연적으로 저절로 존재하는 '양良'이 아니다. 그런 지知는 의념이 있는 지知이고, 그런 각覺은 의념이 있는 각覺이어서 태胎와 뼈가 깨끗하지 못하여 끝끝내 범체(凡體: 평범한 존재)가 될 뿐이다. 이것을 통해서 양명의 '선함이 있고 악함이 있는 의意'와 '선함을 알고 악함을 아는 지知'는 모두 확정된 관점이 아니라는 것을 알 수 있다. 의意에 이미 선함이 있고 악함이 있으면 지知는 선함과 악함을 좇아가지 않을 수 없고 단지 의념이 일어나고 의념이 사라지는 차원에서만 공부를 할 수 있을 뿐이니 평생 동안 본체와 합일되지 못한다."라고 하였다. 사구교법四句教法은 선생이 채택하지 않았다. 섭쌍강의 '귀적歸寂'에 대해 선생은 "적연부동寂然不動과 감이수통感而遂通을 일률적으로 보아서는 안 된다. 그 본체를 얻은 것도 있고 그 본체를 잃은 것도 있다. 그 본체를 얻은 적연부동의 관점에서 말하면 비록 존양하는 것이 아주 오래되고 함영涵泳하는 것이 매우 깊더라도 심오한 정미함이 존재하지 않은 적이 없다. 그 본체를 얻은 감이수통의 관점에서 말하면 비록 외물들이 분답하게 이르러 오고 아득히 다가오더라도 응용應用의 신묘함이 존재한 적이 없다. (응용의 신묘함이) 존재한 적이 없으니 감이수통 속에는 적연부동이 있는 것이고, (심오한 정미함이) 존재하지 않은

者爲良知. 先生曰: "以意念之善爲良知, 終非天然自有之良. 知爲有意之知, 覺爲有意之覺, 胎骨未淨, 卒成凡體. 於是而知陽明有善有惡之意, 知善知惡之知, 皆非定本. 意既有善有惡, 則知不得不逐於善惡, 只在念起念滅上工夫, 一世合不上本體矣." 四句教法, 先生所不用也. 雙江'歸寂', 先生曰: "寂與感不可一例觀也, 有得其本體者, 有失其本體者. 自得其本體之寂者言之, 雖存之彌久, 涵之極深, 而淵微之精未嘗無也. 自得其本體之感者言之, 雖紛然而至, 杳然而來, 而應用之妙未嘗有也. 未嘗有, 則感也寂在其中矣; 未嘗

적이 없으니 적연부동 속에 감이수통이 있다. '보지 않고 듣지 않음'은 그 본체이고 '삼가고 두려워함'은 그 공부이니, 모두 적연부동과 감이수통을 합쳐서 말한 것이다."라고 하였다. 살피건대 섭쌍강의 적연부동이 곧 선생의 이른바 본체이다. 주정主靜이 동정動靜의 그 정靜이 아니라는 것을 알면 귀적(歸寂: 寂然으로 돌아감)은 적연부동과 감이수통의 그 적寂이 아니다. 하지만 거기에는 설명되어야 할 내용이 있다. 예로부터 학자들은 미발未發을 성性이라고 여기고 이발已發을 정情이라고 여겼는데 사실상 성과 정 두 개념은 쪼개질 수가 없다. 성과 정의 관계는 리와 기의 관계와 같다. 정이 아니면 어디에서 성을 볼 수 있겠는가. 그래서 희로애락은 정이고, 중화中和는 성이다. (『중용』에서) '미발'의 차원에서 희로애락을 말하였으니 이것은 분명히 미발에 정이 있다는 것이다. 어떻게 성과 정을 쪼갤 수 있겠는가. 그러니 성을 찾고자 하는 사람은 반드시 미발에서 찾아야 한다는 것이니 이것이 귀적파의 종지가 세워진 논리이다. 섭쌍강과 논변을 펼친 같은 시기의 동문들은 모두 이발에서 미발을 보는 방법을 취하였으니 또한 정을 이발로 분류하고 성을 미발로 분류한 것이어서 그 성과 정이 합일되지 못하였다.

無, 則寂也感在其中矣. 不睹不聞其體也, 戒愼恐懼其功也, 皆合寂感而言之者也." 按雙江之寂, 卽先生之所謂'本體'也. 知主靜非動靜之靜, 則歸寂非寂感之寂矣. 然其間正自有說. 自來儒者以未發爲性, 已發爲情, 其實性情二字, 無處可容分析. 性之於情, 猶理之於氣, 非情亦何從見性, 故喜怒哀樂, 情也; 中和, 性也. 於未發言喜怒哀樂, 是明明言未發有情矣, 奈何分析性情? 則求性者必求之未發, 此歸寂之宗所由立也. 一時同門與雙江辨者, 皆從已發見未發, 亦仍是析情於發, 析性於未發, 其情性不能歸一同也.

낙촌어록

| 19-102 | 선사先師가 양지 개념을 내세운 뒤로 양지의 이론에 대해 알지 못하는 사람이 없고, 또한 의념의 선함을 양지라고 생각하지 않는 이가 없다. 의념의 선함을 양지라고 여기면 그 것은 끝내 천연적으로 저절로 존재하는 양良이 아니다. 그런 지知는 의념이 있는 지知이고, 그 런 각覺은 의념이 있는 각覺이어서 태胎와 **뼈**가 깨끗하지 못하여 끝끝내 범체凡體가 될 뿐 이다.

| 19-103 | 병을 다스리는 약은 병을 없애는 데 이롭다. 만일 병이 없어지게 되면 냄새나고 썩은 것이나 신묘하고 기특한 것이나 다 같이 원기元氣이다. 본령이 이미 지각知覺이니 의념이 양지가 아닌 것이 없다. 결코 두 개의 뿌리가 없다.

| 19-104 | 희로애락의 미발은 그런 때가 존재하느냐의 여부는 논할 수 없다. 다만 자사子思께서 "희로애락의 미발을 중中이라고 한다. 중中은 천하의 대본大本이다."라고 하였는데 천하의 대본을 시간으로 말할 수 있겠는가. 미발이 시간을 가리키는 것이 아니라면 도道를 체득하는 공부는 전적으로 귀적歸寂에만 있는 것은 아닌 것 같다. 그래서 자사께서 "중中과 화和를

洛村語錄

| 19-102 | 自先師提揭良知, 莫不知有良知之說, 亦莫不以意念之善者爲良知. 以意念之善爲良知, 終非天然自有之良. 知爲有意之知, 覺爲有意之覺, 胎骨未淨, 卒成凡體.

| 19-103 | 治病之藥, 利在去病, 苟無病, 臭腐神奇同爲元氣. 本領既是知覺, 意念莫非良知, 更無二本.

| 19-104 | 喜怒哀樂之未發, 且不論其有時與否. 但子思子云: "喜怒哀樂之未發謂之中. 中也者, 天下之大本也." 曾謂天下之大本, 可以時言乎? 未發非時, 則體

이룬다."라고 말했던 것이니, 대개 적연부동과 감이수통을 합쳐서 공부로 삼은 것이다.

| 19-105 | 어떤 이가 양자호[楊慈湖: 양간(楊簡)]의 학문이 단지 광명의 경계境界만을 말하고 조금만 힘을 들이면 '의도를 개입시키는 것'으로 간주한다고 의심하였다. 이것은 양자호에 대해 제대로 이해하지 못한 것이다. 정밀하게 힘을 잘 들이는 데 있어서 양자호만 한 사람이 없었다. 이른바 '의도를 개입시키지 않는다'라는 것은 그가 힘을 들인 지점이었다. 『절사기絕四記』에서 말한 내용은 양자호가 힘을 들인 것이 정밀하였다는 것을 보여 준다. 명도明道가 "반드시 일삼는 바를 두되 기필하지 말고, 잊지 말고 조장하지 말라'라는 말은 조금의 힘도 들이지 않는다는 것이다."라고 하였는데 이것이 그가 존양하는 방법이었다. 힘을 잘 들이는 사람들은 진실로 이와 같다. 양자호의 천 마디 만 마디 말들은 단지 지극히 신령하고 지극히 밝으며 넓고 크고 거룩하고 분별 있는 본성을 따른 것이었다. 밖에서 구할 필요가 없었고 밖으로부터 얻지 않았다. 본원으로부터, 근원으로부터, 신령함으로부터, 밝음으로부터 말을 끄집어내어서 사람들이 거기서 깨닫는 것이 있게 하였다. 힘을 들일 곳이 없다고 걱정할 것이 없고, 힘을 잘 들이지 못하는 것을

道之功, 似不專於歸寂而已也. 故子思子曰: '致中和', 蓋合寂感以爲功者也.

| 19-105 | 或疑慈湖之學, 只道一光明境界而已, 稍涉用力, 則爲著意. 恐未盡慈湖. 精於用力者, 莫慈湖若也, 所謂不起意者, 其用力處也. 『絕四記』中云云, 慈湖之用力精且密矣. 明道云: "必有事焉而勿正, 勿忘, 勿助長, 未嘗致纖毫之力." 此其存之之道, 善用其力者, 固若是. 慈湖千言萬語, 只從至靈至明・廣大聖知之性, 不假外求, 不由外得. 自本自根・自神自明中提掇出來, 使人於此有省. 不患其無用力處, 不患不能善用其力矣.

걱정할 것이 없다. 단지 이것에 대해 많이 얘기한다고 해서 그가 힘을 들인 적이 없다고 말한다면 양자호의 의도를 제대로 이해하지 못한 것이다.

| 19-106 | 존주(存主: 存養과 主敬)의 밝음이 어찌 일찍이 비춤을 벗어나 있겠는가. 유행流行의 비춤이 어찌 일찍이 밝음을 벗어나 있겠는가. 이것은 천연적인 양지良知여서 체와 용, 앞섬과 뒤섬, 안과 밖, 깊음과 얕음, 정미함과 거침, 위와 아래가 없이 하나로 관통하는 것이다.

| 19-107 | 사람의 마음은 단지 이 '홀로 아는 것'이다. 자신에게서 나와서 타인에게 행위가 미치는 것은 단지 이 보고 듣고 기뻐하고 노하는 일들[物]뿐이다. 이것 말고 다시 별달리 힘을 기울여야 할 곳이 없다. 천하의 일들[物] 중 눈앞에 닥쳐오는 것에는 올바른 것도 있고 올바르지 않은 것도 있다는 것이고, 또 앎, 의념, 마음, 몸 중에서 천하, 국國, 가家의 일들[物]을 떠나서 홀로 존립할 수 있는 것이 없다는 의미이다. 그래서 '일들[物]'을 몸(자신)이 접하는 것으로 간주하고 이른바 '나에게 갖추어져 있는 것'이 아니라고 보는 것이다. 비록 보고 듣고 기뻐하고 노함이 그 속에 있지 않은 적이 없지만 근본과 말엽, 손님과 주인 사이에는 큰 차별이 있다. 후세의 격물格物이라는 학문이 성

徒見其喋喋於此也,
遂謂其未嘗用力焉,
恐未盡慈湖意也.

| 19-106 | 存主之明,
何嘗離照? 流行之
照, 何嘗離明? 是則
天然良知, 無體用先
後, 內外深淺, 精粗
上下, 一以貫之者也.

| 19-107 | 人心只此
獨知, 出乎身而加乎
民者, 只此視聽喜怒
諸物. 舍此更別無
著力處矣. 謂天下
之物, 觸於前者有正
有不正, 又謂知意心
身, 無能離天下國家
之物而獨立. 是以
物爲身之所接, 而非
所謂備於我者, 雖視
聽喜怒未嘗不在其
中, 而本末賓主則大
有間. 後世格物之
學, 所以異於聖人

인의 그것과 다른 지점은 바로 이 '물物'자를 잘못 이해한 데 있다. 그래서 격물치지의 공부가 어긋나지 않을 수 없었고, 또한 주경主敬과 존양存養을 보충하여 몸과 마음을 수습해 들이지 않을 수 없었고 안과 밖, 움직임과 고요함이 둘이 되지 않을 수 없었다.

│ 19-108 │ 예전에 선사(先師: 왕수인)의 책을 읽을 때 의문스럽고 이해되지 않던 곳이 있으면 곧 자신의 마음에 돌이켜 구해서 엄밀하게 살피며 정진해 나갔더니 곧 자신의 의문스러움이 어디서부터 생긴 것인지 알 수 있었다. 어떤 것은 옛 견해에 구애되었던 것이었고 어떤 것은 자신의 공부가 단지 현상의 차원에서 추측하거나 문의의 차원에서 헤아리는 수준을 벗어나지 못하고 후유後儒의 작풍과 비슷한 점이 있어서 그런 의문이 있게 된 것이었다. 선사의 말을 자세하게 완미해 보면 참으로 본심으로부터 곧장 나온 것이지 한낱 견문의 지식으로 전전하는 것이 아니다. 이른바 '백세百世 이후에 있을 성인의 평가를 기다리더라도 의심스럽지 않다'라는 것이니, 이를 통해 성인을 독실하게 믿는 사람은 반드시 자기 자신에게 돌이켜 구한 뒤에야 성인을 독실하게 믿는다는 것을 알 수 있다. 그래서 도道는 반드시 깊이 파고들어 자득해야만 옛 가르침의 옳고 그름을 판단하여 가려짐을 걷어 내고 의혹을 풀

者, 正惟差認此一物字. 故格物致知之功, 不容不差, 亦不容不補, 主敬存養以攝歸身心, 而內外動靜不得不爲二矣.

│ 19-108 │ 往歲讀先師書, 有惑而未通處, 卽反求自心, 密察精進, 便見自己惑所從來. 或是礙著舊聞, 或是自己工夫猶未免在事蹟上揣量, 文義上比擬, 與後儒作用處相似, 是以有惑. 細玩先師之言, 眞是直從本心上發出, 非徒聞見知識輪轉. 所謂百世以俟聖人而不惑者, 乃知篤信聖人者, 必反求諸己. 反求諸己, 然後能篤信聖人. 故道必深造自得, 乃能決古訓之是非, 以解蔽辨惑. 不

어낼 수 있다. 그렇지 않다면 계속 의혹을 키울 뿐이다.

| 19-109 | 사자謝子에게 "태고太古 시절에는 작위가 없었고 중고中古 시절에는 사사로움이 없었다. 태고 시절은 지극한 도道였고 중고 시절은 지극한 덕이었다. 나는 장차 그대와 더불어 지극한 덕으로부터 나아가 지극한 도를 들여다보려고 하며 사사로움이 없음으로부터 나아가 작위가 없음에 노닐고자 하는 것이겠는가."라고 말하였더니, 사자가 "옛 도는 멀리 있소. 어떻게 그것을 들여다보고 어떻게 거기서 노닌다는 것이오?"라고 하였다. 그래서 "자네는 귀와 눈과 입과 코의 보고 듣고 말하고 냄새 맡는 것을 보지 못하였는가? 지금 사람들이 귀와 눈과 입과 코로 보고 듣고 말하고 냄새 맡는 것은 옛날 사람이 귀와 눈과 입과 코로 보고 듣고 말하고 냄새 맡는 것과 같다. 내가 무슨 의심스러울 것이 있겠는가. 내 마음이 옳고 그름을 가리고 참되고 거짓된 것을 가리는 것은 에나 지금이나 다름이 없다. 내가 또 무슨 의심스러울 것이 있겠는가. 해가 지고 달이 뜨며, 추위가 가고 더위가 오는 것이다. 지금의 해와 달과 추위와 더위는 옛날의 해와 달과 추위와 같다. 그러니 또 무슨 어긋남이 있겠는가. 내 마음이 지극한 덕이고 내 마음이 지극한 도이며 내 마음이 사사로움이 없음이고 내

然則相與滋惑也已.

| 19-109 | 謂謝子曰: "太古無爲, 中古無私; 太古至道, 中古至德. 吾將與子由至德而觀至道, 由無私而游無爲乎?" 謝子曰: "古道遼矣, 孰從而觀之? 孰從而遊之?" 曰: "子不見耳目口鼻視聽言臭乎? 今之人耳目口鼻之於視聽言臭也, 猶古之人耳目口鼻之於視聽言臭也, 吾何疑焉? 則吾心之於是非誠僞, 無古今之殊焉, 吾又何疑焉? 日往而月來, 寒往而暑來, 今之日月寒暑, 猶古之日月寒暑也, 則又何爽焉? 吾心至德, 吾心至道, 吾心無私, 吾心無爲, 而奚觀乎? 而

마음이 작위함이 없음이니 무엇을 들여다볼 것이며 어디 노닐 것이 있겠는가. 옛시절을 희구하는 뜻이 있다면 돌이켜 자신의 마음에서 구해 보면 어디를 가나 옛시절이 아닌 것이 없을 것이다."라고 하였다.

|19-110| 선사先師의 학문은 비록 일상적으로 지내던 날에 갑자기 깨닫기는 하였지만 온갖 어려움을 다 겪고 온갖 위험을 다 거치며 심성을 단련하고 오랜 세월 동안 실천을 통해 직접 확인한 뒤에 비로소 벗어나듯 양지를 깨닫게 되었던 것이다. 비록 지극히 쉽고 지극히 간략하지만 마음은 홀로 고달팠다. 학자들이 그냥 듣는 것은 쉽게 듣고 믿기는 어려워하는 것은 왜인가!

|19-111| 관직이 바뀔 때 먼 지방인지 가까운 지방인지 힘든 곳인지 편한 곳인지 따지는 이가 있었다. 그에게 "그렇지 않다. 남에게 책망하는 것을 '멀다'라고 하고, 자신의 노력을 다하려고 하는 것을 '가깝다'라고 하며, 먼 지방인지를 따지는 것을 '힘든 것'이라고 하고, 멀고 가까움의 바깥에서 다 잊어버리는 것을 '편하다'라고 한다. 내 마음을 다할 수 있으면 멀고 가깝고 힘들고 편한 것을 내가 무슨 택할 것이 있겠는가. 나는 오직 내 마음을 다할 뿐이다."라고 말하였다.

奚遊乎? 苟有志於希古者, 反而求之吾心, 將無往而非古也已."

|19-110| 先師之學, 雖頓悟於居常之日, 而歷艱備險, 動心忍性, 積之歲月, 驗諸事履, 乃始脫然有悟於良知. 雖至易至簡, 而心則獨苦矣. 何學者聞之之易, 而信之之難耶!

|19-111| 有遷官而較遠近勞逸者, 曰: "不然. 責望於人者謂之遠, 求盡於己者謂之近, 較計於遠者謂之勞, 相忘於遠近之外者謂之逸. 苟有以盡吾心, 遠近勞逸, 吾何擇焉, 吾惟盡吾之心而已矣."

주사 선산 하정인 선생

主事何善山先生廷仁

| 19-112 | 하정인何廷仁은 자가 성지性之이고 호는 선산善山이며 초명은 진秦이고 강서성 우현雩縣[1] 사람이다. 가정嘉靖 원년(1522) 향시에 합격하였고 가정 20년에 비로소 알선謁選[2]하여 신회현新會縣[3]의 지현이 되었는데, 기뻐하며 "내가 비록 백사白沙의 문하에 들어가지는 못했으나 다행히 그 고향에서 지내게 되었으니 감히 속리의 자세로 그 자제를 대할 수 있겠는가!"라고 말하고는 사당에 석채례(釋菜禮: 공자 사상에 지내는 제사)를 올리고 난 뒤에 업무를 시작하였다. 남경공부주사南京工部主事로 옮겼다가 관리 고과 기한이 차서 치사致仕하였다. 가정 30년에 세상을 떠났으며 나이는 66세였다.

| 19-112 | 何廷仁, 字性之, 號善山, 初名秦, 江西雩縣人. 舉嘉靖元年鄉試. 至二十年, 始謁選, 知新會縣. 喜曰: "吾雖不及白沙之門, 幸在其鄉, 敢以俗吏臨其子弟耶?" 釋菜於祠, 而後視事. 遷南京工部主事, 滿考致仕. 三十年卒, 年六十六.

---

1   우현(雩縣): 우현은 현재 贛州시 于都현이다.
2   알선(謁選): 이부로 가서 관리선발에 응하는 것을 말한다.
3   신회현(新會縣): 광동성 江門시에 속한 현으로 진백사의 고향이다.

처음 양명이 강학한다는 소식을 듣
고 개연히 말하기를, "난 백사의 제자가 되지
못한 것을 한스러워하였는데 지금 또 기회를
잃어버릴 수 있겠는가!"라고 하고는 남강南康[4]
에서 양명을 만났다. 이 당시 학자들이 남안南
安[5]과 감주贛州에 모여 있었지만 양명은 군무가
복잡하여 강석講席에 임하는 것이 드물었다.
선생은 곧 중리中離와 약호藥湖 등 양명의 제자
들과 함께 양명을 대신해서 배우러 오는 사람
들을 가르쳤다. 선생은 마음이 성실하고 기운
이 온화하여 상세히 가르치는 일을 싫증내지
않았다. 그래서 배우러 온 사람들이 더욱 친근
감을 가졌다. 얼마 뒤에는 양명을 따라서 월
(越: 절강성) 지역으로 갔는데 선생은 월 지역의
학생들을 가르칠 때도 남안과 감주에 있을 때
와 동일하게 하였다. 양명이 세상을 떠난 뒤에
동지들과 함께 남경에 모였는데 왕래하는 제
생이 늘 수백 명이었다. 그래서 그 당시에 이
일에 대해 말하기를, "절강성에는 전錢과 왕王
이 있고 강서성에는 하何와 황黃이 있다."라고
하였는데, 전서산(錢緒山: 錢德洪)·왕용계(王龍
溪: 王畿)·황낙촌(黃洛村: 黃弘綱)과 선생을 가리

初聞陽明
講學, 慨然曰: "吾恨
不得爲白沙弟子, 今
又可失之耶!"相見
陽明於南康. 當是
時, 學人聚會南, 贛,
而陽明師旅旁午, 希
臨講席. 先生卽與
中離, 藥湖諸子接引
來學. 先生心誠氣
和, 不厭縷覼, 由是
學者益親. 已從陽
明至越, 先生接引越
中, 一如南·贛. 陽
明歿後, 與同志會於
南都, 諸生往來者恒
數百人. 故一時爲
之語曰: "浙有錢·
王, 江有何·黃."指
緒山·龍溪·洛村
與先生也. 先生論
學, 務爲平實, 使學

4　남강(南康): 현재 강서성 贛州시에 속해 있는 현으로 晉代에 설치되었다. 여산 남쪽에
　　주자가 지방관으로 있었던 강서성 南康軍과는 다른 곳이다.

5　남안(南安): 宋 淳化 원년(990)에 南康縣 등을 관할하는 南安軍이라는 행정구역을 설
　　치하였다. 그 관아 소재지는 현재 강서성 贛州시의 大余현에 속해 있다.

킨다. 선생은 학문을 논할 때 평범하고 실제에 맞도록 힘썼으며 배우는 사람들이 지키고 따를 수 있는 것이 있게 하였다. 일찍이 "우리는 의념이 처음 일어나는 지점에서 찰식察識해야 한다. 이 공부에서 득력하게 되면 이미 절반을 넘어서게 된다."라고 하였고, 또 "의념의 잘못을 알게 되면 그것이 바로 양지이고, 잘못을 고치면 그것이 바로 본체이다."라고 하였고, 또 "성인의 이른바 '의意가 없음'과 '정情이 없음'이란 진짜 아무것도 없는 것이 아니다. 사의를 일으키지 않아 저절로 머물러 있는 의념이나 머물러 있는 정이 없을 뿐이다. 만약 정말 의념이 없다면 어디로부터 성誠의 공부를 할 수 있겠으며, 만약 정말 정이 없다면 어디로부터 정精의 공부를 할 수 있겠는가?"라고 하였다. 어떤 이가 "마음에서 구하면 아무것도 얻는 것이 없어서 일상의 활동에서 전혀 확정하여 지키는 것이 없게 된다."라고 하자, 선생이 "무릇 양지는 사람에게 있어서 쉽게 이해되는 것이다. 참으로 '잘못된 의념'에서 구하는 데 있지 않다. 만일 아무 얻은 것이 없고 아무 확정하여 지키는 것이 없다는 것을 알게 되었으면 그것이 바로 양지이다. '아무 얻은 것이 없음을 알게' 된 지점에서는 마음을 편안히 하여 아무것도 얻음이 없다고 여기고, '확정하여 지킴이 없음을 알게' 된 지점에서는 마음을 편안히 하여 지키도록 한다면 이것이 어찌 입문

者有所持循. 嘗曰: "吾人須從起端發念處察識, 於此有得, 思過半矣." 又曰: "知過卽是良知, 改過卽是本體." 又曰: "聖人所謂無意無情者, 非眞無也, 不起私意, 自無留意留情耳. 若果無意, 孰從而誠? 若果無情, 孰從而精?" 或謂: "求之於心, 全無所得, 日用云爲, 茫無定守." 先生曰: "夫良知在人爲易曉, 誠不在於過求也. 如知無所得, 無所定守, 卽良知也. 就於知無所得者, 安心以爲無得, 知無定守者, 安心以守之. 斯豈非入門下手之實功乎? 況心性旣無形聲, 何從而得? 旣無定體, 何從而守? 但知無所得, 卽有所悟

하며 착수하는 실제의 공부가 아니겠는가. 더구나 심성이란 형체도 소리도 없는 것이니 어디로부터 '얻을' 수 있겠으며, 이미 정해진 모습이 없으니 어디로부터 '지킬' 수 있겠는가. 하지만 아무것도 얻음이 없음을 알게 되면 그것이 곧 깨달음이 있는 것이고, 확정하여 지킴이 없음을 알게 되면 그것이 곧 확정하여 위주로 하는 것이 있는 것이다."라고 하였다. 그 말이 지나치게 높지 않은 것이 이와 같았다. 그래서 학문에 대한 담론이 조금 현묘하고 고원해지는 걸 들으면 늘 손을 저으며 "선생(양명)의 말은 이런 것이 없었네, 이런 것이 없었네."라고 경계하였다. 남경의 이 한 시기 이론이 "공부는 단지 '심心'의 차원에서 수행하는 것이니, 의意의 차원으로 넘어가는 순간 이미 부수적인 일로 떨어지고 만다. 그러므로 '선을 행하고 악을 제거하는' 공부는 사문(師門: 왕수인 문하)의 최상승最上乘 가르침이 아니다."라고 하였는데, 선생이 "스승께서 '선도 없고 악도 없다'라고 하신 것은 심心이 감촉된 일에 응할 때 흔적이 없어서 일이 지나면 감정을 남겨 두지 않음을 가리키니 천연의 지선한 본체이다. 심이 감촉에 응하는 것을 의意라고 하는데 선한 것도 있고 악한 것도 있어서 대상에 함몰되어 벗어나지 못하니 '유有'로 드러나는 것이다. 그래서 '의意의 움직임이다'라고 한 것이다. 만약 심을 '무無'라고 하고 의를 '유'라고 하면 이것

矣. 知無定守, 卽有定主矣." 其言不爲過高如此. 故聞談學稍涉玄遠, 輒搖手戒曰: "先生之言, 無是無是." 南都一時之論, 謂"工夫只在心上用, 才涉意, 便已落第二義. 故爲善去惡工夫, 非師門最上乘之敎也." 先生曰: "師稱無善無惡者, 指心之應感無跡, 過而不留, 天然至善之體也. 心之應感謂之意, 有善有惡, 物而不化, 著於有矣. 故曰 '意之動'. 若以心爲無, 以意爲有, 是分心意爲二見, 離用以求體, 非合內外之道矣." 乃作『格物說』, 以示來學, 使之爲善去惡, 實地用功, 斯之謂致良知也.

은 심과 의를 둘로 나눠 보는 것이고 용用을 떠나서 체體를 구하는 것이니 안과 밖을 합하는 도道가 아니다."라고 하였다. 이에 『격물설格物說』을 지어 배우러 오는 학생들에게 보이고 그들로 하여금 선을 행하고 악을 제거하며 실지로 공부하도록 하였으니 이것을 '치양지致良知'라고 한다.

|19-114| 선생의 말을 상세히 살펴보면 대개 '사무四無'의 관점을 공격하고 '사유四有'의 관점을 지지하는 것이었다. '무선무악無善無惡'이 '감촉에 응하는 것이 흔적이 없다'라는 의미라고 한다면 심체는 무선무악이 아님이 명백하다. '유有로 드러남'이 '의의 움직임'이라고 한다면 '유선유악有善有惡'은 의에 병통이 생긴 상황이다. 만약 심이 이미 무선무악이라면 이 의意·지知·물物의 선악은 어디서 온 것이란 말인가? 관통하지 못하는 설명이다. 의가 이미 선과 악이 뒤섞인 상태라고 한다면 비록 극력 선을 행하고 악을 제거하더라도 그 근원은 끝내 맑아지지 않을 것이다. 그래서 왕용계가 '사무四無'의 이론으로 승리를 거둔 것이다. 심·의·지·물이 모두 선악이 없으니 심心에서 공부를 수행하면 모든 것이 다 완료되고, 선을 행하고 악을 제거하는 일을 일삼을 바가 없게 된다. 불가에서 '곧바로 성인의 지위에 오른다'라고 한 것이 이것이다. 선생의 입장에서 말한

|19-114| 細詳先生之言, 蓋難四無而伸四有也. 謂無善無惡, 是應感無跡, 則心體非無善無惡明矣. 謂著於有爲意之動, 則有善有惡是意之病也. 若心旣無善無惡, 此意知物之善惡, 從何而來? 不相貫通. 意旣雜於善惡, 雖極力爲善去惡, 源頭終不淸楚, 故龍溪得以四無之說勝之. 心意知物, 俱無善惡, 第心上用功, 一切俱了, 爲善去惡, 無所事事矣. 佛家之立躋聖

다면 심이 이미 지선하니 의는 본래 말갛게 움직임이 없고 의의 영명함이 곧 지知이고 의가 비추는 대상이 곧 물物이다. 선을 행하고 악을 제거하는 것은 진실로 의意에서 행하는 공이니 그렇다면 양명의 사유四有는 어찌 근기가 낮은 사람을 위한 설교이겠는가!

선산어록

| 19-115 | 성인의 이른바 '의意가 없음'과 '정情이 없음'이란 진짜 아무것도 없는 것이 아니다. 사의를 일으키지 않아 저절로 머물러 있는 의념과 머물러 있는 정이 없을 뿐이다. 만약 정말 의념이 없다면 어디로부터 성誠의 공부를 할 수 있겠으며, 만약 정말 정이 없다면 어디로부터 정精의 공부를 할 수 있겠는가? 이는 요순의 경우 굳이 정精의 공부를 할 필요가 없고 공자의 경우 의로움으로 옮겨 가고 잘못을 고치는 공부를 할 필요가 없다는 말이 되어 버린다. 나는 그래서 "학문이 정情을 없애는 데 힘쓰면 이는 천성을 끊어 없애는 것이고, 학문이 정情을 존재하게 하는 데 힘쓰면 정情에 따라 작용을 일으켜 본심을 알지 못하게 될 것이다. 이 두 방식은 모두 병통이다."라고 말한다.

位是也. 由先生言之, 心旣至善, 意本澄然無動, 意之靈卽是知, 意之照卽是物. 爲善去惡, 固是意上工夫也, 然則陽明之四有, 豈爲下根人說教哉!

善山語錄

| 19-115 | 聖人所謂無意無情者, 非眞無也, 不起私意, 自無留意留情耳. 若果無意, 孰從而誠? 若果無情, 孰從而精? 是堯·舜不必惟精, 孔子不必徙義改過矣. 吾故曰: "學務無情, 斷滅天性, 學務有情, 緣情起孼, 不識本心. 二者皆病."

| 19-116 | 의意가 있으면 물론 '의견意見'이라고 말하지만, 반드시 의가 없어지게 하려고 하면 이것도 또한 의견이 아니라고 할 수 없다. 그렇기 때문에 학문을 논할 때는 너무 고원하게 할 필요가 없고 단지 본령을 알아야 할 뿐이다. 진실로 본령을 알면 비록 '의意를 쓴다'라고 하더라도 저절로 정情을 남기는 것이 없게 될 것이며, 진실로 본령을 알지 못하면 비록 '의意가 없게 하려고 한다'고 말한다고 해도 단지 그림자나 메아리일 뿐이다.

| 19-117 | 어떤 이가 "마음에서 구하면 아무것도 얻는 것이 없어서 일상의 활동에서 전혀 확정하여 지키는 것이 없게 된다."라고 하지만, 무릇 양지는 사람에게 있어서 쉽게 이해되는 것이다. 참으로 지나치게 구하는 데 그 방법이 있지 않다. 만일 아무 얻은 것이 없고 아무 확정하여 지키는 것이 없다는 것을 알게 되었으면 그것이 바로 양지이다. '아무 얻은 것이 없음을 알게' 된 지점에서는 마음을 편안히 하여 아무것도 얻음이 없다고 여기고, '확정하여 지킴이 없음을 알게' 된 지점에서는 마음을 편안히 하여 지키도록 한다면, 이것이 어찌 입문하며 착수하는 실제의 공부가 아니겠는가. 더구나 심성이란 형체도 소리도 없는 것이니 어디로부터 '얻을' 수 있겠으며, 이미 정해진 모습이 없으니 어디로부터 '지킬' 수 있겠는가. 하

| 19-116 | 有意固謂之意見, 而必欲求爲無意, 是亦不可謂非意見也. 是故論學, 不必太高, 但須識本領耳. 苟識本領, 雖曰用意, 自無留情; 苟不識本領, 雖曰欲無意, 只是影響.

| 19-117 | 或謂: "求之於心, 全無所得, 日用云爲, 茫無定守." 夫良知在人爲易曉, 誠不在於過求也. 如知無所得, 無所定守, 卽良知也. 就於知無所得者, 安心以爲無得; 知無定守者, 安心以守之. 斯豈非入門下手之實功乎? 況心性旣無形聲, 何從而得? 旣無定體, 何從而守? 但知無所得, 卽有所悟矣, 豈眞無所

지만 아무것도 얻음이 없음을 알게 되면 그것이 곧 깨달음이 있는 것이니 어찌 정말로 아무 얻는 것이 없겠는가. 확정하여 지킴이 없음을 알게 되면 그것이 곧 확정하여 위주로 함이 있는 것이니 어찌 정말로 아무 확정하여 지키는 것이 없겠는가.

| 19-118 | 후세의 유자儒者들이 성인의 경지에 이르지 못한 것은 그 미미한 차이가 단지 이것을 믿지 못한 데에 있다. 진정으로 참된 앎을 가지게 되면 즉각 단번에 모든 것이 다 해결될 것이니 그로부터 평생 문제가 생기지 않을 것이다. 현재의 이 마음은 처음부터 원만히 완성되어 있는 것이고 처음부터 구족한 것이니 다시 무슨 의념을 일으킬 것이 있겠으며 어떤 이치를 생각할 것이 있겠는가. 만일 사려하는 바가 있다는 그것은 '길은 달라도 동일하게 귀결되고, 하나인데 백 가지 다른 사려로 분화되는' 그런 일에 지나지 않는다.

| 19-119 | 외물에 감응하는 일을 끊고 정靜한 경지를 추구하는 사람이 있었는데, 거기에 대해 말하기를 "잘못된 것이다. 군자도 또한 그 양지를 실현할 뿐이다. 양지가 실현되면 보는 것이 환하지 않은 것이 없고 듣는 것이 밝지 않는 것이 없으며 말하는 것이 절도에 맞지 않는 것이 없으며 행동하는 것이 경건하지 않은

得耶? 知無定守, 卽有定主矣, 豈眞無定守耶?

| 19-118 | 後世儒者, 不能至於聖人, 其毫釐之差, 只不信此. 使果眞知, 卽刻一了百當, 自是了得終身. 見在此心, 合下圓成, 合下具足, 更有何意可起? 何理可思? 苟有所思慮, 蓋不過殊塗同歸, 一致百慮而已.

| 19-119 | 有欲絶感以求靜者, 曰: "非也. 君子亦惟致其良知而已矣. 知至則視無不明, 聽無不聰, 言無不中, 動無不敬. 是知應物之

것이 없다. 이를 통해서 외물에 감응하는 마음은 '움직임'이 아니고 단지 '바라는 바'가 있기 때문에 '움직임'이라고 부를 뿐이다. 감응을 끊은 마음은 '고요함'이 아니고 단지 '바라는 바'가 없기 때문에 '고요함'이라고 부를 뿐이다. 만일 바라는 바가 있다면 비록 문을 걸어 잠그고 고요함을 익히며 심재心齋를 하고 좌망坐忘을 하더라도 그 마음은 동요되지 않은 적이 없다. 만일 바라는 바가 없다면 비록 북적대고 화려하며 복잡하고 어지러운 곳에서 온갖 방식으로 대응하더라도 그 마음은 고요한 상태에 있지 않은 적이 없다. 움직이되 바라는 바가 없기 때문에 '움직이지만 움직임이 없고' 그 움직임은 본디 안정安定되어 있고, 고요한 상태로 있되 바라는 바가 없기 때문에 '고요한 상태로 있지만 고요함이 없고' 그 고요함은 늘 정미하다.[6] 움직일 때도 안정되어 있고 고요할 때도 안정되어 있으면 성인의 경지에 가깝다."

| 19-120 | "여기서 헤아리는 것이 조금이라도 어긋나면 그 속에 광명光明의 장애가 몇 겹이나 생긴다. 양지가 절대적 긍정이나 부정이 없음을 믿을 수 있으면 일이 닥친 뒤에 연마할 것

心非動也, 有欲故謂之動耳. 絕感之心非靜也, 無欲故謂之靜耳. 苟有欲焉, 雖閉關習靜, 心齋坐忘, 而其心未嘗不動也. 苟無欲焉, 雖紛華雜擾, 酬酢萬變, 而其心未嘗不靜也. 動而無欲, 故動而無動, 而其動也自定. 靜而無欲, 故靜而無靜, 而其靜也常精. 動定靜定庶矣."

| 19-120 | 所論"個中擬議差毫髮, 就裏光明障幾重. 肯信良知無適莫, 何須事

---

6 움직이되 … 정미하다: '動而無動'과 '靜而無靜'은 주렴계의 『통서』 「動靜」편에 있는 내용이다. "動而無靜, 靜而無動, 物也; 動而無動, 靜而無靜, 神也." 주자는 이것을 '태극'에 대한 서술로 이해했는데, 여기서는 성인의 경지를 형용하는 말로 사용하였다.

주사 선산 하정인 선생

이 뭐가 있겠는가."라고 하였는데, 이 양지를 통해 곧바로 선천先天으로 나아갈 수 있다. 무릇 본래면목이 어찌 단지 헤아림만 필요 없는 것일 뿐이겠는가. 비록 광명이라고 하더라도 또한 무슨 필요가 있겠는가! 진실로 본체에 대해서는 노력을 기울일 필요가 없음을 안다면 이전에 의중을 기울여 추구하였던 일들이 모두 문을 두드리는 데 사용하는 기와돌일 뿐이다. 문이 열리면 그 기와돌은 아무 쓸데가 없어진다. 비록 태허 속에는 어떤 것인들 없는 게 없어 문을 두드리는 기와돌도 색색들이 다 갖추어져 있기는 하지만 그것이 태허를 오염시키지는 못한다. 생각을 하되 생각함이 없고 헤아리되 헤아림이 없으니, 도道가 본래 이와 같을 뿐이다. 그렇기 때문에 계신공구戒愼恐懼와 격물치지는 비록 보통의 사람들을 위해 공부법을 만든 것이지만 성인聖人이라고 해도 '유정(惟精: 정밀히 함)'의 공부는 또한 폐기하지 않았다.[7] 그렇지 않다면 공자께서 일찍이 "내가 아는 것이 있겠는가? 아는 것이 없다."라고 말하고 또 '의로운 일에 대해 듣고서도 거기로 행동을 옮겨 가지 못하고, 불선한 일에 대해 듣고도 고치지 못할까봐' 우려하였겠는가! 그러

後費磨礱"卽此知直造先天. 夫本來面目, 豈特無容擬議, 雖光明亦何所有! 誠知本體無容用其力, 則凡從前著意尋求, 要皆敲門瓦礫耳. 門開則瓦礫誠無所施. 雖太虛中何物不有, 門戶瓦礫, 色色具列, 而不能染於太虛. 思而無思, 擬議而無擬議, 道本如是耳. 是故戒愼恐懼, 格物致知, 雖爲衆人設法, 在聖人惟精亦不廢. 不然, 孔子嘗謂"吾有知乎哉? 無知也." 而又憂"聞義不能徙, 不善不能改". 是以上達不離下學中得之, 則磨礱改過, 正見聖人潔淨

---

7 성인(聖人)이라고 … 않았다:『書經』「大禹謨」, "人心惟危, 道心惟微. 惟精惟一, 允執厥中."

므로 상달上達은 하학下學을 벗어나지 않고 얻는 것이다. 그러니 연마를 하여 잘못을 고치는 것에서 바로 성인聖人의 정결하고 정미한 경지를 볼 수 있다.

| 19-121 | 천하의 일은 원래 선과 악이 없다. 학자들은 그중에 어떤 것을 선택해서 거취를 정해서는 안 되고 단지 스스로 주의(主意: 의도)를 살펴보아야 한다. 만약 주의主意가 진심眞心이라면 처하는 곳마다 모두 옳을 것이고, 만약 주의가 사심이라면 좋은 일을 가려서 하더라도 모두 그릇된 것이다. 비유하자면 남을 놀리는 것은 좋지 못한 일이지만 그 근본 의도가 남과 함께 선을 지향하자는 마음이라면 비록 몇 마디 놀리는 말을 해서 그 사람의 선한 동기를 유발시킬 수 있으면 스스로 헤아려 볼 때 역시 진심이다. 하지만 그 근본 의도가 명성을 좋아하는 마음이라면 비록 부모에게 효도하고 어른을 공경하며 겨울에는 따뜻이, 여름에는 시원히 해 드리며 아침저녁으로 문안을 드리더라도 스스로 헤아려 볼 때 여전히 속이는 마음이다.

| 19-122 | 이 학문은 일용의 평범한 일이니 스스로 알고 스스로 만족하며 다른 데서 구할 일이 없다. 익숙해지면 기쁜 마음이 들고 따르면 여유로워지니 참으로 천하의 지극한 즐거움이

精微.

| 19-121 | 天下之事, 原無善惡, 學者不可揀擇去取, 只要自審主意. 若主意是個眞心, 隨所處皆是矣; 若主意是個私心, 縱揀好事爲之, 卻皆非矣. 譬如戲謔是不好事, 但本根是個與人爲善之心, 雖說幾句笑話, 動人機括, 自揣也是眞心. 但本根是個好名之心, 則雖孝親敬長, 溫凊定省, 自揣還是欺心.

| 19-122 | 此學是日用尋常事, 自知自足, 無事旁求. 習之則悅, 順之則裕, 眞

다. 지금 동지들 중에 고명한 경지에 뜻을 둔 이들은 허황하고 현묘한 말을 좋아하고, 독실한 실천을 연마하는 이들은 규범을 잘 지키는 것을 즐거워한다. 생각건대 각각 쓸데가 있기는 하지만 그 소견을 잊지는 못한다. 이것이 군자의 도를 실천하는 이들이 드문 이유이다.

| 19-123 | "중화中和를 잘 실현하면 천지가 제자리를 잡고 만물이 길러진다."라는 말은 다음과 같은 의미이다. 예컨대 객기에 의해 동요되고 물욕에 의해 질곡되어 가슴속이 번잡하고 어지러우면 천지가 곧 이미 뒤집혀지고 친하게는 부자나 형제, 가깝게는 하인들, 멀게는 천하의 사람들이 모두 안 좋아 보일 것이고, 산천초목이나 닭, 개, 의자, 탁자의 경우 아무 상관이 없는 것 같은데도 절로 안 좋아질 것이다. 천하가 비록 크더라도 나는 절로 그 평안함을 얻지 못할 것이다. 얼마 뒤에 그 마음을 평안히 하고 그 기운을 누그러뜨려서 양지가 정미하게 살필 수 있고 조금의 사의도 없게 되면 천지와 비슷해지는 느낌을 받게 될 것이다. 부자 형제나 하인들이 절로 좋지 않은 것이 없게 될 뿐 아니라 천하의 사람들도 좋지 않은 것이 없게 되고 닭, 개, 의자, 탁자나 산천초목에 이르기까지 또한 좋지 않는 것이 없게 될 것이니 참으로 만물이 모두 봄기운을 가진 것을 보게 될 것이다. 중간에 자기 자리를 얻지

天下之至樂也. 今之同志, 負高明之志者, 嘉虛玄之說, 厲敦確之行者, 樂繩墨之趨. 意各有所用, 而不能忘所見, 此君子之道所以爲鮮.

| 19-123 | 致中和, 天地位, 萬物育者, 如或動於客氣, 梏於物欲, 覺得胸中勞耗錯亂, 天地卽已翻覆, 親而父子兄弟, 近而童僕, 遠而天下之人, 皆見得不好. 至於山川草木, 雞犬椅桌, 若無相干, 也自不好. 天下雖大, 我自不得其平矣. 少卽平其心, 易其氣, 良知精察, 無有私意, 便覺與天地相似矣. 不惟父子兄弟童僕自無不好, 而天下之人亦無不好, 以至雞犬椅桌, 山川草木, 亦無不好, 眞

못한 것이 있으면 절로 측은하게 관심을 보이게 되어 반드시 그것을 잘 처리해 줄 방법을 생각한 뒤에야 마음이 편해질 것이다. 그러므로 천하의 본성을 다한다는 것은 단지 자신이 그 본성을 다하는 것일 뿐이다.(천지가 제 자리를 잡고 만물이 길러지는 이치는 확연하다.)

| 19-124 | 천지 만물은 나와 원래 동일한 몸이다. 내가 천지 만물과 이미 동일한 몸임을 알게 되면 사람들 사이의 관계나 세상의 이치는 모두 양지의 작용(으로 대응할 수 있는 것)임을 알게 될 것이다. 그러므로 사람들 사이의 관계나 세상의 이치를 제외하고는 양지를 실현할 곳이 없다. 이를 통해 사람들 사이의 관계나 세상의 이치는 비록 '늘 감응한다'라고는 하지만 요컨대 감지하여 알맞게 응하는 것은 모두 현상에 잘 응하는 것이어서 사실은 '감응하면서도 감응함이 없는' 것이며, 양지는 바라는 바가 없으니 비록 '늘 적연하다'라고는 하지만 요컨대 원래 소리도 없고 냄새도 없는 것은 언제나 신묘하게 응하고 일정한 방소가 없는 것이어서 사실은 '적연하면서도 적연함이 없는' 것임을 알 수 있다. 이것이 바로 '치지致知의 방법이 격물格物에 있는' 이유이며 격물이 그 양지를 실제로 실현하는 방법인 이유이다. 명도는 '리理를 궁구하고 성性을 다하여 명命에 이름을 한꺼번에 이룬다'고 하였는데 그 이유를 여기에

見萬物皆有春意. 至於中間有不得其所者, 自惻然相關, 必思處之而後安. 故盡天下之性, 只是自盡其性. (位育之理確然.)

| 19-124 | 天地萬物與吾原同一體. 知吾與天地萬物既同一體, 則知人情物理要皆良知之用也. 故除卻人情物理, 則良知無從可致矣. 是知人情物理, 雖曰常感, 要之感而順應者, 皆爲應跡, 實則感而無感. 良知無欲, 雖曰常寂, 要之原無聲臭者, 恒神應無方, 實則寂而無寂. 此致知所以在於格物, 而格物乃所以實致其良知也. 明道以窮理盡性至命, 一下便了, 於此可見.

서 볼 수 있다.

| 19-125 | 육상산이 말하기를, "이 늙은이는 할 줄 아는 것이 없고 단지 병을 알아볼 뿐이다." 라고 하였다. 이를 통해 성현은 병이 없는 것을 귀히 여기지 않고 잘못을 고치는 것을 귀히 여겼음을 알 수 있다. 지금의 학자들은 병을 알게 되면 바로 고치겠다는 생각은 하지 않고 단지 병이 있을까 우려한다. 어찌 지금 학자들에 대해 알겠냐마는 요컨대 모두 '성년이 된 뒤에 수행을 시작하는 이'들이다. 그러니 습관으로 인해 물든 것이 이미 깊은데 어떻게 병통이 없을 수 있겠는가. 더구나 병통이 있다고 한들 무슨 문제가 있겠는가. 잘못이 있어서 고칠 수 있으면 비록 '병통이 있다'고 하더라도 모두 본래 물들지 않은 것이며 공부도 또한 '정밀하게 살피고' '한결같이 지키는' 실학이 될 뿐이다.

| 19-126 | 오늘날 학문을 논할 때는 단지 '양지'라는 본령이 과연 신독愼獨 공부와 같은지 같지 않은지를 분별해야 하는 것이지 그 처신이라는 말단적인 것이 옛사람의 출처出處에 비추어 다른지 다르지 않은지를 논해서는 안 된다. 만일 그 본령이 이미 동일하다면 그 처세방식에 있어서 혹 그릇되더라도 절로 속히 고쳐서 '성명誠明'의 영역으로 들어갈 수 있는 것이며, 만일 그 본령을 잃었다면 처신이 그릇됨이 없기

| 19-125 | 象山云: "老夫無所能, 只是識病." 可見聖賢不貴無病, 而貴知病, 不貴無過, 而貴改過. 今之學者, 乃不慮知病卽改, 卻只慮有病. 豈知今之學者, 要皆半路修行者也. 習染旣深, 焉能無病? 況有病何傷? 過而能改, 雖曰有病, 皆是本來不染, 而工夫亦爲精一實學耳.

| 19-126 | 今日論學, 只當辨良知本領, 果與愼獨工夫同與不同, 不當論其行事標末, 律之古人出處異與不異. 使其本領旣同, 而行事或過, 自可速改而進誠明之域; 使其本領已

가 비록 제갈량·한기韓琦·범중엄·정명도보다 뛰어나더라도 '사리를 알지 못하고 도리를 살피지 못하는' 것을 여전히 애석하게 여기게 될 것이고 도道에 대해 듣지 못했다는 탄식이 있게 될 것이다!

| 19-127 | "근래에 열심히 몸으로 고구考究하고 있다. 사의가 움직일 때마다 알아차리자마자 바로 내려놓으려고 한다."라고 말하였는데 이와 같다면 어찌 절실한 공부가 아니겠는가. 하지만 말하기는 쉬워 보여도 내려놓는 것은 매우 어려울 것 같다. 만약 사의가 이미 뿌리에 걸려 있다면 비록 내려놓고자 해도 그럴 수가 없다. 모름지기 '인仁을 좋아하는 사람이라면 거기에 더할 가치가 없다'[8]라는 마음을 가져야 한다. 그런 뒤에야 사의가 비로소 뿌리에 걸려 있지 않게 된다. 이와 같이 되고서 알아차리자마자 내려놓는다면 정결하고 정미한 학문이 될 것이다.

失, 而操履無過, 雖賢如諸葛·韓·范·明道, 尚惜其不著不察, 而有未聞道之歎!

| 19-127 | 謂"近來勉強體究, 凡動私意, 一覺便欲放下." 如此豈不是切實工夫? 但說得似易, 恐放下甚難. 若私意已嘗掛根, 雖欲放下, 卻不能矣. 須有好仁無以尚之之心, 然後私意始不掛根. 如此一覺放下, 便就是潔淨精微之學.

---

8   인(仁)을 … 없다:『論語』「八佾」, "子曰: '我未見好仁者, 惡不仁者. 好仁者, 無以尚之. 惡不仁者, 其爲仁矣, 不使不仁者加乎其身.'"

주사 선산 하정인 선생

| **19-128** | 진구천(陳九川: 1494-1562)은 자가 유준惟浚이고 호는 명수明水이며 임천臨川 사람이다. 그 모친이 꿈에 별을 삼키고 임신하였다. 나이 열아홉에 이공동李空同[1]의 인정을 받았다. 정덕正德 갑술년(1514)에 급제하였고 3년 간 휴직하고 태상박사太常博士에 제수되었다. 무종武宗이 남순南巡하려고 하였을 때 선생이 서분舒芬·하양승夏良勝·만조萬潮와 연이어 상소하여 중단하도록 간언하였다가 오문午門에서 5일 동안 칼을 쓰고 있는 처벌을 받았고 장杖을 50대 맞았으며 제명되었다. 세종世宗이 즉위하여 원래의 관직에 기용되었다가 예부원외랑禮部員外郎, 낭중郎中으로 승진하였고 주객(主客: 외교 담당 관직)으로서 불필요한 경비를 삭감하였다가 소인들의 미움을 받았다. 장계張桂가 연산鉛山[2]

| **19-128** | 陳九川, 字惟浚, 號明水, 臨川人也. 母夢吞星而娠. 年十九, 爲李空同所知. 正德甲戌進士. 請告三年, 授太常博士. 武宗欲南巡, 先生與舒芬, 夏良勝, 萬潮連疏諫止, 午門荷校五日, 杖五十, 除名. 世宗卽位, 起原官. 進禮部員外郎·郎中, 以主客裁革妄費, 群小恨之. 張桂

---

1   이공동(李空同): 李夢陽(1473-1530)은 자가 獻吉, 호가 空同이다.

과 사이가 벌어졌을 때 선생이 공옥貢玉을 비굉費宏에게 바쳤다고 무고하며 통사通事인 호사신胡士紳에게 쟁송하도록 사주하였기 때문에 조옥詔獄에 내쳐져 고문을 받고 진해위鎭海衛로 유배되었다. 그 뒤에 은조(恩詔: 사면령)가 내려져 복관되었고 치사致仕하였다. 이름난 산을 두루 다니며 강학하였으니, 태탕산台宕山·나부산羅浮山·구화산九華山, 광려산(匡盧山: 盧山) 등 이르지 않은 곳이 없었다. 만년에 청력을 잃었지만 서차書劄와 논학을 쉬지 않았다. 같은 시기에 강학한 공들이 '명수의 변박이 몹시 엄하여 사람을 숨을 곳이 없게 한다.'라고 하였다. 가정嘉靖 41년(1562) 8월에 세상을 떠나니 나이 67세였다.

| 19-129 | 선생은 휴직하고 건주(虔州: 지금은 贛州)로 들어가 양명을 스승으로 모시게 되었을 때 바로 자신의 저서를 불태워 버렸다. 그 뒤로 두 번을 만나서 그동안 모르던 것을 다 배웠다. 양명이 세상을 떠나자 그 묘로 달려가 배알하고 그 집안일을 살펴 주었다. 선생의 자서自敍에 다음과 같이 말하였다. "선사先師로부터 치지致知의 가르침을 받든 뒤로 중간에 세

與鉛山有隙, 誣先生以貢玉餽宏, 使通事胡士紳訟之, 下詔獄榜掠, 謫鎭海衛. 已遇恩詔復官. 致仕. 周流講學名山, 如台宕·羅浮·九華·匡盧, 無不至也. 晚而失聽, 書劄論學不休. 一時講學諸公, 謂明水辯駁甚嚴, 令人無躱避處. 嘉靖四十一年八月卒, 年六十九.

| 19-129 | 先生自請告入虔師陽明, 卽自焚其著書. 後凡再見, 竟所未聞. 陽明歿, 往拜其墓, 復經理其家. 先生自敍謂: "自服先師致知之訓, 中間凡三起意

---

2 연산(鉛山): 費宏(1468-1535)은 자가 子充이고 鉛山 사람이다. 1487년 장원 급제하였다.

번이나 의견을 일으켰고 세 번이나 공부를 바꾸었는데 종지를 얻지 못하였다. 처음에는 염려의 차원에서 선을 증진시키고 악을 없애는 공부를 하였는데 그것은 사물에서 구하는 방법보다는 핵심에 다가간 것이었다. 얼마 뒤에는 스스로 지류로 빠져들고 선악의 차원에서 맴돌았다고 비판하며 다시 '선이 없고 악이 없음'에서 본성을 인식하는 방법을 채택하여, 염려로 떨어지지 않고 곧장 본체를 깨달을 것이라고 여겼다. 그 뒤에는 다시 공연히 깨달음에만 의존하여 찌꺼기가 완전히 없어지지 않았음을 깨닫고는 다시 '중中' 속에서 늘 넓히고 맑게 하는 공부를 진행하여 선과 악을 모두 없애서 조금도 배웅하거나 마중하거나 의도하거나 기필하거나 하는 가려짐이 없게 하였더니 마치 '전체全體가 환하여 기미가 생기기 이전에 밝고 온갖 생각들이 모두 여기서부터 나오니 의념은 성실하지 않은 것이 없고 발한 것은 절도에 맞지 않는 것이 없어야 비로소 선이 없고 악이 없는 실제의 공부이고 대본大本의 차원에서 앎을 실현해야만 곧 기미를 아는 공부이다'라는 사실을 깨달은 듯하였다. 그래서 스스로는 이것이 바로 성문聖門의 '의意·필必·고固·아我가 전혀 없는' 바른 학맥으로서 선사의 치지致知라는 종지를 깨닫게 되리라고 생각하였다. 그런데 나중에 절강성으로 가서 왕용계王龍溪에게 질정을 구해 보고서는 비로소 깨달음

見, 三易工夫, 而莫得其宗. 始從念慮上長善消惡, 以視求之於事物者要矣. 久之自謂淪注支流, 輪迴善惡, 復從無善無惡處認取本性, 以爲不落念慮直悟本體矣. 旣已復覺其空倚見悟, 未化渣滓, 復就中恒致廓淸之功, 使善惡俱化, 無一毫將迎意必之翳, 若見全體炯然, 炳於幾先, 千思百慮, 皆從此出. 卽意無不誠, 發無不中, 才是無善無惡實功. 從大本上致知, 乃是知幾之學. 自謂此是聖門絶四正派, 應悟入先師致知宗旨矣. 乃後入越, 就正龍溪, 始覺見悟成象, 悗然自失. 歸而求之, 畢見差謬, 卻將誠意看作效驗, 與

이 무엇인지 알게 되어 망연자실하게 되었다. 그래서 집으로 돌아와 탐구해 보고서는 결국 잘못이 무엇인지 알게 되었다. 성의誠意 공부를 효험으로 잘못 알아 격물과는 다른 것이라고 양분하였기에, '그 의념을 성실하게 하고 싶은 경우 그 방법은 그 마음을 바르게 하는 데 있다'라는 말처럼 되어 버려서 선사의 가르침과 성인의 경전과 모순되고 전도되었으며[3] 응수하는 일과 인식하는 일이 서로 합일되지 못하였던 것이다. 비로소 부끄러움을 느끼고 등에 땀이 흘러내려서 평소에 가지고 있던 '정밀하게 사유하고 오묘하게 인식한다'라는 견해를 모두 쓸어 버리고 '홀로 아는 기미의 지점'에서 삼갔더니, '지속시켜 나가고 밝혀 가는' 공부가 비로소 실제로 이루어졌고 사물에 대응하는 데 있어서는 참된 기틀을 얻은 듯하였고 그러면서 선으로 옮겨 가는 것이나 잘못으로 고치는 것이 모두 정미한 경지로 들어갔다. 그제서야 양지란 만사만물의 근간으로서 어떤 것도 그것을 배제할 수 없는 것이며 격물은 곧 치지의 실제 공부이고 일상의 모든 것이 전부 이 본체가 가득 채우고 관통해 있어 틈이 없고 장애가 없다는 것을 알게 되었다. '치致'라는 공부는 끝이 없는 것이어서 '선이 없고 악이 없

格物分作兩截, 反若'欲誠其意者, 在先正其心', 與師訓聖經矛盾倒亂, 應酬知解, 兩不湊泊. 始自愧心汗背, 盡掃平日一種精思妙解之見, 從獨知幾微處謹, 緝熙工夫, 才得實落, 於應感處, 若得個眞幾. 卽遷善改過, 俱入精微, 方見得良知體物而不可遺, 格物是致知之實, 日用之間都是此體, 充塞貫通, 無有間礙. 致字工夫, 儘無窮盡, 卽無善無惡非虛也, 遷善改過非粗也. 始信致知二字, 卽此立本, 卽此達用, 卽此川流, 卽此敦化, 卽此成務, 卽此入神, 更無本末精粗內外

---

3 그 … 전도되었으며:『大學』원문의 "欲正其心者, 在先誠其意"와 상반된다는 뜻이다.

음'은 허虛가 아니고 '선으로 옮겨 가고 잘못을 고침'은 거친 방식이 아닌 것이니, 비로소 '치지致知' 두 글자는 바로 거기서 근본을 세우고 바로 거기서 작용을 펼치며 바로 거기서 시내처럼 흐르고 바로 거기서 거대하게 변화하며 바로 거기서 할 일을 이루며 바로 거기서 신의 경지로 들어서는 것이어서 다시 근본과 말엽, 정미함과 거침, 안과 밖, 앞섬과 뒤짐의 차이가 없음을 알게 되었다. 양명의 「대학고본방석서大學古本旁釋序」 속의 내용과 대조해 보니 구절구절 다 합치하였다. 그런 뒤에 거의 어긋남이 없게 되었다."라고 하였다.

先後之間. 證之古本序中, 句句吻合, 而今而後, 庶幾可以弗畔矣."

▎19-130 ▎ 살펴건대 양명은 치양지를 종지로 삼았는데 문인들은 점차 그 전승을 잃어 가서 다들 '미발未發의 중中'을 '이발已發의 화和'로 간주하였다. 그래서 공부는 단지 '치지致知'에 있을 뿐이라고 여겼다. 더 심해져서는 경박한 관점을 가지게 되어 '선과 악이 드러나기를 기다려 그것을 다스리는' 방법을 택하였으니 이미 힘들어지고 잡스러워진 것이 이루 말할 수 없었다. 그래서 섭쌍강(聶雙江: 聶彪)과 나염암(羅念菴: 羅洪先)이 귀적歸寂 이론으로 구제하였으니 연평(延平: 李侗, 1093-1163)의 방법을 따른 사람들이라고 할 수 있다. 선생은 적연부동寂然不動과 감이수통感而遂通을 합일하여서 적연부동이 감이수통 속에 있으면 감이수통의 본체가

▎19-130 ▎ 按陽明以致良知爲宗旨, 門人漸失其傳, 總以未發之中, 認作已發之和. 故工夫只在致知上, 甚之而輕浮淺露, 待其善惡之形而爲克治之事, 已不勝其艱難雜糅矣. 故雙江・念菴以歸寂救之, 自是延平一路上人. 先生則合寂感爲一, 寂在感中, 卽感之本體, 感在寂

되고 감이수통이 적연부동 속에 있으면 적연부동의 묘용이 된다는 이론을 세웠다. 양명의 이른바 '미발일 때 경천동지하고 이발일 때 적막한 천지이다'라는 말과 그 이론이 동일하다. 그래서 그는 섭쌍강에 대해 "우리 어르신은 가슴속에 넓고 커서 거대하고도 깊다. 10년 전에 웅크린 용과 구부린 자벌레가 그 마음속에 재앙의 뿌리가 되었다. 오랫동안 돌침으로 고치고 싶었지만 부끄럽게도 국수國手가 아니었다. 지금 우리 어르신이 훌륭한 약방을 정채롭게 채택하여 좋은 약을 잘 지어 주셨기에 범태凡胎를 모두 변화시킬 것이니 두 벌레(용과 자벌레)가 도망갈 곳을 모르게 되었다."라고 평가하였다. 이는 선생이 '치지'에만 편벽하게 힘을 쏟는 이들과 아주 다르다는 것을 말해 준다. 그런데 나염암이 그를 위해 쓴 묘지명에, "양지는 곧 미발의 중이니 움직임과 고요함의 구분이 없는 것이다. 그런데 (진명수는) '미발의 중' 속에서가 아니라 외물과 교류하는 상황 속에서 감응을 거론하였으니 치양지에 대해서는 조금 이해가 미진한 점이 있는 것 같다."라고 하였다. 이것은 선생의 종지를 잘 알지 못한 것이다.

명수논학서

│19-131│ 옛날의 배우는 일들은 자기의 도덕

中, 卽寂之妙用. 陽明所謂'未發時驚天動地, 已發時寂天寞地', 其義一也. 故其謂雙江曰: "吾丈胸次廣大, 蕩蕩淵淵. 十年之前, 卻爲蟄龍屈蠖二蟲在中作祟, 久欲竊效砭箴, 愧非國手. 今賴吾丈精采仙方, 密煉丹餌, 將使凡胎盡化, 二蟲不知所之矣." 是先生與偏力於致知者大相逕庭. 顧念菴銘其墓猶云: "良知卽未發之中, 無分於動靜者也." 指感應於酬酢之跡, 而不於未發之中, 恐於致良知微有未盡. 是未契先生宗旨也.

明水論學書

│19-131│ 古之學者

적 완성을 추구하였기에 천하의 일이 다 이루어졌습니다. 요순이 천하를 다스리는 방식도 또한 자신의 본성을 다하여 군주의 도를 충실히 수행하는 것일 뿐이었습니다. 어찌 그 사이에 남과 자신, 앞과 뒤의 구분을 두었겠습니까. 뒷날의 유자儒者들은 성정性情의 학문이 무엇인지 알지 못하여 비로소 '나라를 위하고 백성을 위하며 자신을 위해서 도모하지 않는' 것을 '공公'이라 여기는 이들이 나타났습니다. 이들은 현명하고 호걸스러운 선비이기 때문에 유속流俗의 인물들과는 저절로 구별되지만 그들의 행동하는 방식이나 조치하는 방식이 중도에는 합치되지 못하니 천덕天德·왕도王道라고 할 수 없습니다.【「섭쌍강(聶雙江)에게 보내는 서신」】

| 19-132 | 기습氣習을 편안히 여겨서 왕왕 그것을 '자연自然'이라고 여기지만, 억지로 노력하는 것도 또한 '천명天命'임을 알아야 합니다. 공력을 들여 수양하는 것은 억지로 사람의 힘을 기울이는 일이 아닌 것이 없습니다. 그러나 모두 천명의 자연스러움으로 볼 때 응당 이와 같아야 합니다.

| 19-133 | 근년에 이 학문을 체험하여 비로소 참된 기틀을 얻으니 발아래가 드디어 든든한 터전이 되어 걸음걸음에 스스로는 그칠 수 없

爲己, 天下事盡矣. 堯·舜之治天下, 亦盡其性充其君道而已, 何嘗有人己先後於其間哉! 後儒不知性情之學, 始有爲國爲民, 不爲身謀以爲公者. 此賢豪之士, 所以自別於流俗. 而其運動設施, 不合於中道, 不可語天德王道也.【「與聶雙江」】

| 19-132 | 便安氣習, 往往認作自然, 要識勉強, 亦是天命. 用功修治, 莫非勉強人力, 然皆天命自然合如此者.

| 19-133 | 近年體驗此學, 始得眞機, 脚跟下方是實地, 步有

는 도덕적 감정이 일었습니다. 이전의 '깨달음'으로부터 전환된 것이기에 스스로 '초탈'이라고 불렀습니다. 하지만 이 진체眞體에 대해 간직하고 있는 것 같기도 하고 잃어버린 것 같기도 하였으니, 지식적 이해에 의존하는 방식들이란 질질 시간을 끌며 버티면서 헛되이 지내는 상황이 적지 않음을 알게 되었습니다.【이상은 「동조명(董兆明)」에게 보내는 서신】

| 19-134 | 일상의 처신에 있어서 마음이 가는 대로 따르고 일찍이 생각을 개입시킨 적이 없었습니다. 간혹은 또 조금 사려를 하고 구획을 하는 경우도 있었지만 스스로 생각하기에 양지의 변화는 원래 이와 같아야 한다고 여겼습니다. 하지만 모두 후회스럽게 되는 것을 면치 못하였습니다. 돌이켜 살펴보니 참으로 미진하고 합당치 못한 점이 있었습니다. 이른바 '양지를 인식한 것이 참되지 못한' 상황인 것입니까?

| 19-135 | 무릇 일마다 반성하고 잘못을 극복하지만 본체가 유행하는 자연스러움을 환히 보지 못하였다면 비록 몸가짐을 삼가고 행실을 갈고 닦더라도 천덕天德이라고 할 수 없다는 것이야 당연합니다. 하지만 드디어 '욕심을 막고 분노를 억누름'을 수준 낮은 공부라고 여기고 '선으로 옮겨 가고 잘못을 고침'을 망령된

不容自已者. 從前見悟轉換, 自謂超脱, 而於此眞體, 若存若亡, 則知凡倚知解者, 其擔閣支吾虛度不少矣.【以上「與董兆明」】

| 19-134 | 日用應酬, 信手從心, 未嘗加意. 間亦有稍經思慮區畫者, 自以爲良知變化原合如此, 然皆不免祇悔. 及反觀之, 信有未盡未當處, 豈所謂認得良知不眞耶?

| 19-135 | 夫逐事省克, 而不灼見本體流行之自然, 則雖飭身勱行, 不足以言天德固矣. 然遂以窒欲懲忿爲下乘, 遷善改過爲妄萌, 使初學之

싹이라고 간주한다면, 처음 배우기 시작한 학인인 주제에 급하게 달려 나가 그림자나 메아리를 엿보려고 하는 이들로 하여금 모두 말 한 마디로 모든 것을 완성하고 스스로 허물이 없는 지경에 서려고 들게 할 것입니다. 그 결과 그 치우친 기질에 안주하고 그 옛 습관을 편히 여길 뿐이면서 스스로는 본성을 따르고 마음을 따르는 것이라고 여기고, 양지의 정미하고 긴절하여 옳음을 알고 그름을 알아서 '밝음'을 통해 '성실함'으로 나아가는 능력을 도리어 멸시하여 아무 의미 없는 것으로 보고서는 잘못된 짓을 완수하고 허물을 길러 주면서 까마득히 돌아가는 것을 잊어버리게 만들 것입니다. 그 유폐가 어찌 단지 옛날의 지리멸렬한 습관 정도에 그치겠습니까.

| 19-136 | 본체는 지선至善한 것이니, 감히 선한 의념을 선으로 여길 수 없습니다. 만약 선한 의념을 선으로 여기게 되면 악한 의념이 일어날 때 선함은 진실로 없어지게 되는데 어디에서 그것이 지선으로서 '천명天命처럼 그침이 없음'을 볼 수 있겠는가!

| 19-137 | 삼가고 두려워하는 공부는 곧 천기天機가 그치지 않는 성誠의 경지인 것이니, 이것을 바탕으로 해서 '도道에 들어가고 본성을 회복하는' 공부를 하는 것이 아닙니다.

土, 驟窺影響者, 皆欲言下了當, 自立無過之境. 乃徒安其偏質, 便其故習, 而自以爲率性從心, 卻使良知之精微緊切, 知是知非所藉以明而誠之者, 反蔑視不足輕重, 而遂非長過, 蕩然忘返, 其流弊豈但如舊時支離之習哉!

| 19-136 | 本體至善, 不敢以善念爲善也. 若以善念爲善, 則惡念起時, 善固滅矣, 惡在其爲至善天命不已者耶!

| 19-137 | 戒懼兢惕工夫, 卽是天機不息之誠, 非因此爲入道復性之功也.

| 19-138 | 지각知覺을 양지라고 간주해서는 안 된다는 것은 당연합니다. 하지만 양지의 발용發用은 둘이 있을 수 없습니다. 선사(先師: 왕수인)가 말하기를, "견문을 배제하고서는 달리 '치(致: 실현함)'의 대상으로 삼을 지知란 존재하지 않는다."라고 하였는데 더구나 지각이겠습니까. 그러므로 지각이 사용되지 않으면 양지는 거의 중단되어 버리게 될 수도 있습니다. 근래에 제공諸公들은 단지 '본체가 자연히 유행하므로 사람의 노력이 필요없다'라고만 말하니 마치 참된 본성을 깨달은 것 같지만 실제로는 본성을 인식하지 못한 것일 듯합니다. 사의私意가 한번 싹트면 본체가 이미 가려지고 막히기 때문에 더 이상 유행하며 비추는 본연이 없게 됩니다. 그래서 반드시 그 사의를 완전히 없앤 뒤에야 그 유행하며 비추는 본체가 충만하게 흘러넘칩니다. 이것이 양지가 반드시 이루어진 뒤에야 덕이 밝아지고 자신이 수양되는 이유입니다.

| 19-139 | 왕심재(王心齋: 王艮)가 만년에 한 말은 스스로 기지를 발휘하려고 한 것이 많아서 선사의 종지를 잃어버렸습니다. 어쩌면 또한 조금은 문호 의식이 있었던 것이겠습니까? 개탄스럽습니다. 선사께서는 환란을 겪고 난 뒤에 이 뜻을 갈고 닦아서 수많은 성인들이 남겼던 비전秘傳을 곧바로 얻어 양지의 학문을 발명

| 19-138 | 不當以知覺爲良知固矣, 然乃良知之發用, 不容有二. 先師云: "除卻見聞, 無知可致." 況知覺乎? 故知覺廢則良知或幾乎息矣. 近諸公只說本體自然流行, 不容人力, 似若超悟眞性, 恐實未見性也. 緣私意一萌, 卽本體已蔽蝕阻滯, 無復流行光照之本然也. 故必決去之, 而後其流行照臨之體, 得以充達. 此良知所以必致, 而後德明身修也.

| 19-139 | 心齋晚年所言, 多欲自出機軸, 殊失先師宗旨. 豈亦微有門戶在耶? 慨惟先師患難困衡之餘, 磨礱此志, 直得千聖之祕, 發明良

發明하였습니다. 그런데 얼마 오래 유전되지 못한 채 제현들이 각자 의견을 그 속에 집어넣어 '정미하고 한결같은[精一]' 이론을 볼 수 없게 되었습니다.

| 19-140 | 선사께서 깨달음을 통해 성인의 경지로 들어갈 수 있었던 것은 실제로 『대학』에서 얻은 것이었고, 천하 후세에 공을 세운 것이라면 고본古本『대학』을 회복한 것입니다. 비록 직접 '양지'라는 종지를 내걸었지만 실제로 공부에 착수할 지점으로 지적한 것은 '격물'에 있었습니다. 「고본대학서古本大學序」와 『전습록』에 기재된 내용에 상세합니다. 어찌 입문하는 착수처를 생략한 채 말하지 않고서 왕심재(王心齋: 王艮)가 나중에 나와 말하기를 기다렸겠습니까? 오직 이미 성문화된 가르침이 있어서, 물物·지知·의意·신身·심心을 한 가지 일로 간주하고 격格·치致·성誠·정正·수修를 한 가지 공부로 간주하였습니다. 그래서 성인이 되는 공부는 의거할 만한 실제 터전이 있게 되었습니다. 그런데 또 별도로 이론을 세워 교법敎法으로 삼으니 문호를 세우려는 사의가 아니라 해도 또한 의견으로 인한 차이를 면치 못합니다.

| 19-141 | 성의誠意의 학문은 '의意'에는 오히려 공부를 할 수가 없으니 곧장 '양지'의 전체가

知之學, 而流傳未遠, 諸賢各以意見攪和其間, 精一之義無由睹矣.

| 19-140 | 先師所以悟入聖域, 實得於『大學』之書, 而有功於天下後世, 在於古本之復. 雖直揭良知之宗, 而指其實下手處, 在於格物. 古本「序」中及『傳習錄』所載詳矣. 豈有入門下手處, 猶略而未言, 直待心齋言之耶? 惟其已有成訓, 以物知意身心爲一事, 格致誠正修爲一工, 故作聖者有實地可據. 而又別立說以爲教, 苟非門戶之私, 則亦未免意見之殊耳.

| 19-141 | 誠意之學, 卻在意上用不得工

통철洞徹하여 두루 모든 것을 비추고 조금도 가림이나 막힘이 없게 해야 합니다. 그러면 온갖 사려와 모든 기틀이 모두 여기서 나올 것이니 그것이 바로 기틀을 아는 것이 신과 같은 것이고 그것이 바로 이른바 '그 의意를 성실히 함'입니다. 만약 의意가 불선해지기를 기다린 뒤에 그것을 깨닫는 한 생각에 의존한다면 곧 이미 성의誠意가 아니고 부차적인 것에 떨어질 테니, 정심正心이 별도로 그 위의 한 층 공부인것처럼 되어 버릴 것입니다. 그래서 가만히, '기미幾微 이전에 대해 환해야 성의의 공부이다'라고 생각하였습니다. 선사가 "치지가 성의의 근본이다."라고 하였으니, 만약 (치지를) '성의의 공부'라고 말하는 순간 그릇된 것입니다. 격물이 바로 성의의 공부입니다. 그래서 (『대학』에서) '치지는 격물에 달려 있다'라고 한 것입니다. 무릇 지知를 이루지[4] 못하는 이유는 물物이 바로 잡히지 않기 때문입니다. 여기서 물이란 비록 의意의 소재所在이지만 온전히 바로잡히지 못하면 그대로 물(物: 외물)일 뿐입니다. 모든 감지된 일들을 모두 바로잡을 수 있으면 가슴속에 아무 걸리는 것이 없게 될 것입니다. 그런 뒤에야 본체가 확연하게 넓어져서 천지와 한

夫, 直須良知全體洞徹普照, 旁燭無纖毫翳障. 卽百慮萬幾, 皆從此出, 方是知幾其神, 乃所謂誠其意也. 若俟意之不善, 倚一念之覺, 卽已非誠意, 落第二義矣. 卻似正心, 別是上面一層工夫, 故竊謂'炳於幾先, 方是誠意之學.' 先師云: "致知者, 誠意之本也." 若謂誠意之功, 則非矣. 格物卻是誠意之功, 故曰"致知在格物". 夫知之所以不致者, 物未格耳. 物雖意之所在, 然不化則物矣, 誠能萬感俱化, 胸中無一物矣. 夫然後本體擴然, 與天地同體, 卽意無不

---

4 이루지: '致'자에 대한 번역이며, '실현하다'라는 뜻일 텐데, 편의적으로 이렇게 번역하였다.

몸이 될 것이고 그러면 의意는 성실해지지 않는 것이 없게 될 것입니다.

│19-142│ 육상산의 '인간관계의 여러 일들에서 공부를 한다'라는 것은 여러 일들 속에서 그 덕성을 높이는 것이었습니다. 성性이란 그 바깥의 영역이 없으며 일들 이외에 별도로 도道가 존재하지 않습니다. '움직이면서 움직임이 없는' 그런 것입니다. 진백사(陳白沙: 陳獻章)의 '고요함 속에서 실마리를 길러 낸다'라는 것은 망념이거나 '같은 무리들만 너의 생각을 따르는'5 그런 상황 속에서 갈고 닦아서 천리天理를 체인해 내는 것입니다. 성이란 그보다 안쪽의 영역이 없으며 도道 이외에 별도로 일들이 존재하지 않습니다. '고요하지만 고요함이 없는'6 그런 것입니다. 이것을 '같은 귀결' 또는 '한 가지'라고 합니다.7

│19-143│ 무릇 시선을 거둬들이고 귀를 내면으로 기울이도록 한 것은 다 이유가 있습니다. 이것은 정신이 들떠 있고 외면적인 것에 힘쓰고 말단을 좇아가는 이들을 염두에 두고 한 말

│19-142│ 象山人情事變上用工, 是於事變間尊其德性也. 性無外也, 事外無道也, 動而無動者也. 白沙靜中養出端倪, 是磨煉於妄念朋思之間, 體貼天理出來. 性無內也, 道外無事也, 靜而無靜者也. 是謂同歸一致.

│19-143│ 夫收視返聽於中, 有個出頭. 此對精神浮動務外逐末者言, 良爲對病

誠矣.

---

5 같은 … 따르는: 『周易』「咸卦」, "憧憧往來, 朋從爾思."
6 고요하지만 … 없는: 『通書』「動靜」, "動而無靜, 靜而無動, 物也; 動而無動, 靜而無靜, 神也."
7 이것을 … 합니다: 『周易』「繫辭下」, "天下同歸而殊途, 一致而百慮."

이었으니 참으로 질병에 알맞은 약이라고 할 수 있습니다. 하지만 대도大道에 있어서는 오히려 방애가 되니, 바로 심체心體를 모르는 것이기 때문입니다. 마음이란 정해진 체가 없고 감촉되는 일들은 정지된 적이 없습니다. 무릇 사유의 대상이 될 수 있고 힘을 쏟을 수 있는 일이라면 모두 '감感'이라고 부르는데 그 사유를 내고 지각 활동을 하는 주체가 무엇인지는 명확하게 지목할 수가 없습니다. 그래서 '감이수통感而遂通' 이전에 '적연부동寂然不動'이라는 것을 찾는다면 이것을 '뱀을 다 그리고 뱀 다리를 그려 넣는다'라고 하고, '감이수통' 속에서 '적연부동'을 찾는다면 이것을 '나귀를 타고 나귀를 찾는다'라고 합니다. 무릇 학문이란 '기미를 밝혀내는' 데 이르면 '신神'의 경지에 든 것입니다. 하지만 『주역』에서는 "기미란 움직임이 미미한 것이다."라고 하였고, 주렴계는 "움직이지만 형체가 만들어지지 않아서 있음과 없음의 사이에 있는 것이 기미이다."라고 하였습니다. 이미 '움직이다'라고 하였으면 '고요한 것'이라고 할 수 없으니 감촉이 있으면 움직인 것인데 성인은 기미를 알기 때문에 움직임이 선하지 않음이 없습니다. 성인을 배우는 방법으로는 이것 말고 힘을 기울일 만한 데가 없습니다. 이것을 지나쳐 더 나아간다면 기미를 잃어버린 것이어서 성학聖學이라고 할 수 없습니다.

之藥. 然於大道, 卻恐有妨, 正爲不識心體故耳. 心無定體, 感無停機, 凡可以致思著力者, 俱謂之感, 其所以出思發知者, 不可得而指也. 故欲於感前求寂, 是謂畫蛇添足, 欲於感中求寂, 是謂騎驢覓驢. 夫學至於研幾, 神矣. 然『易』曰: "幾者, 動之微." 周子曰: "動而未形, 有無之間者, 幾也." 既謂之動, 則不可言靜矣, 感斯動矣. 聖人知幾, 故動無不善. 學聖者舍是, 無所致其力. 過此以往則失幾, 不可以言聖學矣.

| 19-144 | 마음은 본래 적연부동寂然不動하면서 늘 감이수통感而遂通한 것입니다. 적연부동이 감이수통 속에 있으면 감이수통의 본체입니다. 만약 다시 감이수통 속에서 적연부동을 찾으면 비유하자면 '나귀를 타고 나귀를 찾는 것'이라고 하는데, 적연부동이 없다는 의미가 아닙니다. 감이수통이 적연부동 속에 있으면 적연부동의 묘용妙用입니다. 만약 다시 감이수통 이전에 적연부동을 찾으면 비유하자면 '뱀을 그리다 뱀 다리를 그려 넣는 것'이라고 하는데, 감이수통한 때가 없다는 뜻이 아닙니다. 『주역』에서는 '적연부동'과 '감이수통'을 신神의 경지라고 하였습니다.[8] 감이수통이 아니고서는 적연부동을 볼 길이 없습니다.

| 19-145 | 나염암(羅念庵: 羅洪先)이 "감이수통은 변역이 있을 때가 있지만 적연부동은 변역이 있었던 적이 없다. 감이수통은 만 가지로 다르지만 적연부동은 오직 하나이다."라고 하였는데, 선생은 "의념이 이미 형성되었더라도 적연부동은 존재하지 않은 적이 없으니 어찌 감이수통 이전에 적연부동이 있겠는가. 섭쌍강은 비록 적연부동에서 공부를 하였지만 적연부동

| 19-144 | 心本寂而恒感者也. 寂在感中, 卽感之本體, 若復於感中求寂, 辟之謂'騎驢覓驢', 非謂無寂也. 感在寂中, 卽寂之妙用, 若復於感前求寂, 辟之謂'畫蛇添足', 非謂未感時也. 『易』以寂感爲神, 非感, 則寂不可得而見矣.

| 19-145 | 念菴謂: "感有時而變易, 而寂然者未嘗變易. 感有萬殊, 而寂然者惟一." 先生言: "念已形, 而寂然者未嘗不存, 豈感前復有寂乎? 雙江雖在寂上

---

8   『주역』「계사상」, "易无思也, 无爲也. 寂然不動, 感而遂通天下之故. 非天下之至神, 其孰能與于此."

과 감이수통이 나뉘지 않을 때여서 적연부동이 또한 감이수통이다. 나염암의 이론은 둘이 나뉜 때에 대한 것이니 섭쌍강의 뜻과 또 조금 다르다."라고 하였습니다. 무릇 적연부동은 미발未發의 중中이니 곧 양지이고 곧 지선입니다. 선유先儒가 "'미발未發' 두 글자는 아무리 해석을 해봐야 결국 분명하게 설명할 수가 없다."라고 하였는데, 그 이유는 '미발'이라는 시기가 있다고 생각하였기 때문일 뿐입니다. 오직 주렴계가 심체心體를 환히 보았기 때문에 곧바로 "중中이란 화和이고 '절도에 맞음'이다."[9]라고 말하였고 '대본大本' 쪽은 언급하지 않았습니다. 그분이 어찌 '미발의 중'을 모른 사람이겠습니까? 바로 대본과 달도達道를 둘로 나누어 볼까 염려했기 때문에 합쳐서 말한 것이니 사려가 지극히 깊은 것입니다. 그런데 주자朱子가 다시 자기 뜻대로 해석하면서[10] 주렴계의 뜻이 흐려져 버렸습니다. 어떤 벗이 저에게 "발하기 전에 함양하는 것은 '치중(致中, 중을 다하다)'의 공부인가?"라고 물어서 제가 "이곳에는 '전前'이라는 글자를 쓰면 안 된다. 희로애락은 춘하추동

用工, 然寂感不分時, 則寂亦感也. 念菴則分時, 與雙江之意又微異矣." 夫寂卽未發之中, 卽良知, 卽是至善. 先儒謂未發二字, 費多少分疏, 竟不明白, 只爲認有未發時故耳. 惟周子洞見心體, 直曰: "中也者, 和也, 中節也, 天下之達道也." 去卻大本一邊. 彼豈不知未發之中者哉? 正恐認作兩截, 故合一言之, 慮至深也. 而晦翁復以己意釋之, 則周子之意荒矣. 有友人問川曰: "涵養於未發之前, 是致中工

---

9 중(中)이란 … 맞음이다: 『通書』「師」, "或問曰: '曷爲天下善?' 曰: '師.' 曰: '何謂也?' 曰: '性者, 剛柔, 善惡, 中而已矣.' '不達.' 曰: '剛善, 爲義, 爲直, 爲斷, 爲嚴毅, 爲幹固; 惡, 爲猛, 爲隘, 爲强梁. 柔善, 爲慈, 爲順, 爲巽; 惡, 爲懦弱, 爲無斷, 爲邪佞. 惟中也者, 和也, 中節也, 天下之達道也, 聖人之事也."

10 주자(朱子)가 … 해석하면서: 『通書解』「師」, "此以得性之止而言也. 然其以和爲中, 與『中庸』不合. 蓋就已發如過不及者而言之, 如『書』所謂'允執厥中'者也."

과 같은 것인데 '전'이라는 게 있겠는가? 미발의 중이 태화太和의 원기元氣인 것이니 그것 말고 또 아직 사계절이 시작되지 않은 때라는 것이 있겠는가? 단지 지금 사람들이 희로애락을 대충 이해하고 있기 때문에 숱한 의견들을 첨가하는 것일 뿐이다. 선사께서 '양지는 미발의 중이고 천하의 대본이다'라고 하였다. 그것(양지)을 이루면 곧 천하의 달도인 것이니, 천하의 달도를 행하는 것이 바로 양지를 실제로 다하는 길이다. 양지를 실제로 다할 수 있으면 곧 대본을 세우는 것이다. 대본을 세운 뒤에 거기로부터 더 미뤄 나가서 달도가 되는 것이 아니다."라고 대답하였습니다.

│19-146│ 요사이의 학자들은 심心·의意·지知·물物이 동일한 것이고, 격格·치致·성誠·정正이 동일한 공부라는 것을 모르고 심으로 물物에 응하려고 하니 이는 곧 심과 물이 둘이 되는 상태라는 것을 모르는 것입니다. 심이란 의意의 체體이고 의란 심의 움직임이며 지知란 의의 영명함이고 물物이란 의의 실제입니다. 의가 심이라는 것은 알지만 물이 지知라는 사실을 모르면 치지致知의 공부가 구체적으로 시행될 곳이 없어집니다. 그래서 '먼저 그 심을 맑게 하여 그것을 물에 응하는 준칙으로 삼으

夫?" 川答曰: "此處下不得前字. 喜怒哀樂如春夏秋冬, 有前乎? 未發之中, 是太和元氣, 亦有未發爲四序之時者乎? 只緣今人看粗了喜怒哀樂, 故添許多意見耳. 先師云: '良知者, 未發之中, 天下之大本.' 致之, 便是天下之達道, 則行天下之達道, 乃實致良知也. 實致良知, 乃立大本也. 非立大本後, 乃推而爲達道也."

│19-146│ 近時學者, 不知心意知物是一件, 格致誠正是一功, 以心應物, 卽心物爲二矣. 心者意之體, 意者心之動也; 知者意之靈, 物者意之實也. 知意爲心, 而不知物之爲知, 則致知之功, 卽無下落. 故未免欲

려고 하는' 방식을 면하지 못하니 그래서 정미하고 전일한 것 같지만 사실은 지리멸렬해지는 이유입니다.

| 19-147 | 노형은 무엇이 '감이수통'인지 모르고 있습니다. 만약 심이 흐르고 움직이는 것을 감이수통이라고 여기면 '적연부동'과 '감이수통'의 모습이 달라서 조금만 파동이 있어도 곧 흐트러진 것으로 간주되어 감이수통은 모두 적연부동의 누累가 되는 것으로 취급될 테니, 반복해서 질곡시키지 않은 상태에서도 그 '말 갛게 허명한 본체'를 잃게 됩니다. 그리고 만약 물物을 비추어 보는 일을 감이수통으로 삼게 되면 종일토록 비추어 보더라도 여전히 그 것은 잔잔히 그친 상태로 간주될 수 있습니다. 그침과 비춤은 서로 떨어진 적이 없고, 또한 그치고 비추지 않은 때가 있다고 말할 수도 없습니다. 만약 '본체가 잔잔히 그쳐 있지 않아서 비추어보는 것이 밝지 못하다'라고 걱정한다면 또한 비추어 보는 바로 그때에 안정安定시켜야 하는 것이지 비추어 보는 일을 떠나서 '잔잔히 그침'의 상태를 구해서는 안 됩니다. 왜 그렇다는 것일까요? 그 본체는 늘 비추어 보는 그런 것이어서 '비추어 봄'을 떠날 수는 없기 때문입니다.【이상은 「왕용계(王龍溪: 王畿)에게 보내는 서신」】

先澄其心, 以爲應物之則, 所以似精專而實支離也.

| 19-147 | 兄不知何者爲感. 若以流動爲感, 則寂感異象, 微波卽蕩, 感皆爲寂累, 固不待梏之反覆, 而後失其湛然虛明之體矣. 若以鑑物爲感, 則終日鑑, 固無傷於止也. 止與鑑未始相離, 亦不得言有止而不鑑時也. 若患體之不止, 故鑑之不明, 亦當卽鑑時定之, 不當離鑑以求止也. 何者? 其本體恒鑑, 不可得而離也.
【以上「與王龍溪」】

| 19-148 | 어르신이 근년에 견지하는 종지는 '지각을 양지로 간주해서는 안 된다'라는 것입니다. 하지만 '발용發用한 지각'을 대체 뭐로 봐야 하는지 모르겠습니다. 만약 본체의 자연스러운 명각明覺이라면 그것은 양지입니다. 만약 사사롭고 작은 지혜가 감정을 기초로 이리저리 펼쳐지는 것을 의미한다면 그것은 곧 '말을 듣고 이해함'이나 '억측을 본성으로 생각함'이니 본체의 영각靈覺이 아닙니다. 그러므로 '지각知覺' 두 글자는 그 뜻이 '허虛'인 것도 있고 '실實'인 것도 있어서,[11] 그 용법이 어떤 것인지 보아야 합니다. 예를 들어 '바른 앎과 바른 깨달음[正知正覺]'이라고 할 때는 실實에 속하는 것이어서 체體로 보아야 하고, '늘 알고 늘 깨닫는다[恒知恒覺]'라고 할 때는 허虛에 속하는 것이어서 용用으로 보아야 합니다. 하지만 '늘 안다'라는 활동은 '바른 앎'이 어느 쪽에 기대지 않는 지점이며 '늘 깨닫는다'라는 활동은 '바른 깨달음'이 장애가 없는 지점이니, 무엇이 발생하는 일도 없고 서로 떨어짐도 없습니다. 별도로 어떤 '빛을 비춤'이 있어서 이것으로부터 탈태脫胎하여 경물境物에 드러나는 것이 아닙니다. 어떻게 그것을 둘로 나누려고 하는 것입니까. 지금 무릇 소리라는 것은 생겨남과 사라짐

| 19-148 | 吾丈近年宗旨, 謂不當以知覺爲良知, 卻不知將發用知覺竟作何觀? 若本體自然之明覺即良知也. 若夫私智小慧, 緣情流轉, 是乃聲聞緣入, 憶度成性, 即非本體之靈覺矣. 故知覺二字, 義涵虛實, 顧所指用何如. 如曰'正知正覺', 即屬實作體觀, '恒知恒覺', 即屬虛作用觀. 然恒知即正知無倚處, 恒覺即正覺無障處, 無生發, 無間離也, 非別有一段光照, 從此脫胎著於境物也, 奈何其欲貳之耶? 今夫聲有起滅, 而聞性無起滅也, 色有明暗, 而見性無明暗. 見聞性

---

11   허(虛)인 … 있어서: 여기서 '허(虛)'는 동사나 형용사를, '실(實)'은 명사를 가리킨다.

이 있지만 성性을 듣는 것은 생겨남과 사라짐이 없으며, 색이라는 것은 밝음과 어둠이 있지만 성性을 보는 것은 밝음과 어둠이 없습니다. 성을 보고 듣는 것은 바로 성을 알고 깨닫는 일입니다. 만약 본체로부터 지각을 분리한다면 이것은 소리와 색이 있고 없는 지점에서 보고 들음을 판단하는 것이니 그 지각에는 생겨남과 사라짐이 있어서 도리어 늘 보고 늘 듣는 본체를 잃어버리게 됩니다.

| 19-149 | 옛날 회옹(晦翁: 주자)이 '계신공구戒愼恐懼'는 본원을 함양하는 공부이고 미발未發의 공부이고 치중致中의 공부이며, '신독愼獨'은 단예(端倪: 의식이 싹트는 순간)를 찰식察識하는 공부이고 이발已發의 공부이고 치화致和의 공부라고 하여 이 두 가지 공부를 함께 수행하도록 가르쳤으니 정밀한 것처럼 보이지만, 억지로 동動과 정靜을 두 가지 공부로 나누어서 '정밀하고 한결같음'으로 귀결되지 못하였습니다. 지금 우리 어르신께서 '단예를 찰식함'을 부차적인 공부라고 간주하고 그 '본원을 함양함'이라는 이론만을 취하여 이미 지리멸렬한 병폐를 쓸어 내었습니다. 하지만 우리 어르신은 또 '감응感應하고 발용發用함'을 뒤편에 있는 다른 한 층의 일로 삼았으니 이른바 '터럭같이 작은 차이'입니다. 무릇 '보이지 않고 들리지 않는' 홀로인 상태는 곧 '그보다 더 잘 보이는 것이 없

卽知覺性也. 若離知覺於本體, 是從聲色有無處認見聞, 卽知覺有起滅, 反失卻恒見恒聞之本體矣.

| 19-149 | 昔晦翁以戒懼爲涵養本原, 爲未發, 爲致中; 以愼獨爲察識端倪, 爲已發, 爲致和, 兼修交養. 似若精密, 而強析動靜作兩項工夫, 不歸精一. 今吾丈以察識端倪爲第二義, 獨取其涵養本原之說, 已掃支離之弊. 但吾丈又將感應發用, 另作一層在後面看, 若從此發生流出者, 則所謂毫釐之差爾. 夫不睹不聞之獨, 卽莫見莫

고 그보다 더 현저한 것이 없음'이니, 곧 본체의 자연스러운 명각이며 '발용하지만 발용하지 않고 움직이지만 움직임이 없음'입니다. 그러므로 이것을 '미발의 중'이라고 말할 수 있습니다. 이미 '삼간다'라고 하고 또 '두려워한다'라고 하였으니 이것은 힘을 기울인 것이고 공부를 시행한 것인데 그런데도 '감응함이 없다'거나 '발함이 없다'라고 할 수 있겠습니까? 무릇 굽힘과 펴짐, 닫힘과 열림은 서로 뿌리가 되는 것이고 되돌아옴과 분발함, 잠겨 있음과 날아오름은 시간상으로 앞과 뒤가 다른 것이니 '늘 되돌아와 있고 끝까지 잠겨 있기'를 바라거나 '함께 운행하고 같이 나오기'를 바라는 것은 영원토록 이루어질 수 없는 일입니다. 그것은 '정靜을 주로 하여 내밀한 곳에 간직하며 감응하여 유행해서 그치는 때가 없음'과는 같은 모습이라고 동일하게 볼 수 없다는 것도 또한 아주 명확합니다. 저는 지극히 은미한 것에서 지극히 현저한 것을 보는데 공公은 '은미한 것으로부터 현저한 것으로 간다'라고 말하니 소견이 '터럭만 한 차이'가 날 뿐입니다.

| 19-150 | 물物은 의意의 실제이고, 지知는 물의 준칙입니다. 그러므로 단지 발현한 기미의 지점에서 공부를 하여 '삼감'의 공부를 다하는 데 달려 있습니다. 그것이 바로 '용用을 온전히 이룸'이고 그것이 바로 '근본을 세움'입니다. 만

顯, 乃本體自然之明覺, 發而未發, 動而無動者也, 以爲未發之中可也. 既曰'戒愼', 曰'恐懼', 於是乎致力用功矣, 而猶謂之未感未發, 其可乎哉? 夫屈伸翕闢, 互爲其根, 復奮潛飛, 後先異候, 欲其恒復而終潛, 與並行而同出, 即永劫不可得. 其與主靜藏密, 感應流行, 無時可息者, 不可同象而例觀, 亦較然明矣. 弟觀至顯於至微, 公言由微以之顯, 所見在毫釐之隔耳.

| 19-150 | 物者意之實也, 知者物之則也. 故只在發見幾微處用功致謹焉, 即是達用, 即是立本. 若

약 본원을 온전하게 함양한 뒤에 그것이 '발하여 절도에 맞기'를 기대한다면 이것은 연평延平이래로 서로 이어져 내려오는 학문인데 비록 정미한 것 같지만 공문孔門의 종지가 아닌 것 같습니다. 【이상은 「섭쌍강(聶雙江)에게 보내는 서신」】

欲涵養本原停當, 而後待其發而中節, 此延平以來相沿之學, 雖若精微, 恐非孔門宗旨矣. 【以上「與聶雙江」】

태상 수주 위양필 선생

太常魏水洲先生良弼

| **19-151** | 위양필(魏良弼: 1492-1575)은 자가 사열師說[1]이고 호가 수주水洲이며 남창부南昌府 신건현新建縣 사람이다. 가정嘉靖 계미년(1523)에 진사에 급제하여 송양현松陽縣의 현령을 지냈고 조정으로 들어가 급사중給事中이 되었으며 여러 차례 관직을 옮겨 예과도급사중禮科都給事中이 되었다. 가정 10년(1531)에 왕경王瓊을 징소하여 총재(冢宰: 이부상서)로 삼자 남경어사南京禦史 마양馬揚 등이 왕경을 탄핵하다가 조옥詔獄에 넘겨졌는데, 선생이 상소를 올려 구제하려다가 또한 하옥되어 고문을 겸한 신문을 받았으며 얼마 뒤에 복직하였다. 이듬해에 혜성이 동방에 나타나자 선생은 그 원인이 응당 장부

| **19-151** | 魏良弼, 字師說, 號水洲, 南昌新建人. 嘉靖癸未進士. 知松陽縣, 入爲給事中, 累遷禮科都給事中. 十年, 召王瓊爲冢宰, 南京禦史馬揚等劾之, 下詔獄. 先生疏救, 亦下獄拷訊. 尋復職. 明年, 彗見東方, 先生以爲應在張孚敬, 孚敬疏辯, 先生受杖

---

1 사열(師說): 魏良弼의 아우들은 자가 각각 師伊·師顔으로서 '이윤(伊尹)을 스승으로 삼는다'와 '안연을 스승으로 삼는다'는 뜻인 것처럼 사열(師說)은 '부열(傅說)을 스승으로 삼는다'는 뜻이다.

경張孚敬에게 있을 것이라고 주장하였는데,[2] 장부경이 상소를 올려 해명하였기 때문에 선생이 전정殿廷에서 장杖을 맞고 죽었다가 다시 살아났다. 장부경도 그 일로 인해 스스로 잘못을 인정하는 상소를 올리고 치사致仕하자 혜성이 과연 사라졌다. 다음 달에 왕횡汪鉉[3]을 이부상서로 삼았기에 선생이 또 탄핵하였다. 또 이듬해 부도어사副都禦史 왕응붕王應鵬이 상소하면서 직명을 안 썼다가 하옥되었는데, 선생이 그것은 작은 잘못이니 용서해야 한다고 주장하다가 또 하옥되어 고문을 겸한 신문을 받았다. 선생은 여러 차례 정장廷杖을 맞고 살갗이 다 벗겨지고 뼈가 이어지지 못했는데 말하는 것은 더욱 과격해졌다. 상上이 그가 죽지 않는 것을 의아하게 여겨 거둬들이고 번번이 사면하거나 혹은 관직을 옮겨 주었으며 그가 떠나는 것을 바라지 않았다. 영가永嘉[4]가 복위復位하자

於殿廷, 死而復蘇. 孚敬亦自陳致仕, 彗果滅. 越月, 改汪鉉爲吏部尚書, 先生又劾之. 又明年, 副都禦史王應鵬上疏失書職名下獄, 先生以爲細故當原, 又下獄拷訊. 先生累遭廷杖, 膚盡而骨不續, 言之愈激. 上訝其不死, 收之輒赦, 或且遷官, 不欲其去. 永嘉復位, 始以京察罷. 先生居鄉, 情味眞至. 鄉人見先生有所告誡, 退輒稱其

2 이듬해에 … 주장하였는데: 張璁(1475-1539)은 자가 병용(秉用)이고 호가 나봉(羅峰)이다. 뒤에 세종이 '부경(孚敬)'이라는 이름과 무공(茂恭)이라는 자를 하사하였다. '대례의(大禮議)' 사건에서 세종의 친부모에 대한 봉호(封號)에 '황(皇)'자를 넣자고 주장하는 일파를 이끌었다. 그는 '예(禮)란 하늘에서 내려온 것도 아니고 땅에서 솟은 것도 아니며 인정에 맞춘 것일 뿐이다'라고 주장하였다.

3 왕횡(汪鉉): 汪鉉(1466-1536)은 字가 宣之이고 號가 誠齋이며 婺源 사람이다. 弘治 15년(1502)에 급제하여 1521년에 廣東海道副使로서 포르투갈 해적을 물리쳤으며 포르투갈 총을 보급시켰다. 여러 지방관을 거쳐 1529년에 刑部右侍郎이 되었고 甘露를 世宗에게 진상하여 右都禦史에 올랐고 1532년에는 吏部尚書가 되고 1534년에는 兵部尚書까지 겸하였다.

4 영가(永嘉): 장총, 즉 장부경은 온주(溫州) 영가(永嘉)현 사람이었다.

비로소 경찰京察[5]을 거쳐 파직되었다. 선생은 향리에서 지낼 때 인정미가 참되고 지극하였으며 향리 사람들은 선생이 타이르는 말을 들으면 물러나 그 말대로 집안사람을 가르치곤 하였는데 우연히 방언으로 바꿔 말하기도 했지만 깊고 절실한 내용은 법언(法言: 격식에 맞는 말)을 그대로 쓰며 "위수주魏水洲가 운운한 것이니 바꿀 수가 없다."라고 하였다. (동네에) 질병이 생기면 그에게 약방을 묻고 가뭄이나 장마가 들면 구제 방안을 물었는데 선생은 그에 따라 잘 부응해 주어서 각자 그 원하는 바를 얻었기에 그 동네가 순식간에 교화되었고 쟁송이 또한 그쳤다. 사람들 중에 밤에 선생 꿈을 꾼 사람은 다음날 새벽 반가운 손님을 맞곤 하였으며, 아이를 낳는 사람이 꿈에 선생이 그 집에 찾아오면 동네 사람들이 상서로운 일이라고 축하해 주었다. 벼가 처음 익고 과실이 떨어지지 않으면 집에 노인이 있어도 감히 맛보지 않고 반드시 선생에게 바쳤다. 그가 향리에서 사랑받고 존경받는 것이 이와 같았다. 선생의 형제는 모두 양명이 강서성 무주撫州와 남창南昌에 있을 때 수학하였기 때문에 "치양지는 '밝음'으로부터 '성실함'으로 나아가는 것이

說以教家人. 其偶然流爲方語而深切者垂爲法言, 曰"魏水洲云云, 不可易也." 疾痛則問藥, 旱澇則問捄, 先生因而付之, 各畢所願, 閭里頓化, 爭訟亦息. 人有夜夢先生者, 明旦得嘉客. 生兒者夢先生過其家, 則里中相賀以爲瑞. 稻初登, 果未落, 家有老人不敢嘗, 必以奉先生. 其爲鄕里所親敬如此. 先生兄弟皆於陽明撫豫時受學, 故以"致良知自明而誠, 知微以顯. 天地萬物之情, 與我之情自相應照. 能使天回象, 君父易慮, 士大夫永思, 至

5　경찰(京察): 경관(京官)에 대한 고핵(考核) 제도를 말한다. 6년에 한 번 치러졌으며 5품 이하는 성적에 따라 치사(致仕)를 하거나 강등을 당하거나 일반 백성이 되거나 하는 처분이 내려졌다.

니 지知가 미묘하면서도 드러나게 된다. 천지 만물의 정情과 나의 정은 서로 상응하는 것이니 능히 하늘로 하여금 천문 현상을 바꾸게도 할 수 있고 군부君父로 하여금 생각을 바꾸게도 할 수 있으며 사土와 대부로 하여금 길이 그리워하게도 할 수 있고 어리숙한 사내나 아이들조차 자나 깨나 징계하게도 할 수 있다."라고 주장하였다. 왜 그렇다는 것인가? '생각하지 않고도 아는 것'은 천하에 두루 미치니, 지혜로운 이, 어리석은 이, 소원한 이, 가까운 이 등 수많은 차이가 있지만 누가 고유의 앎이 없겠는가. 이것이 '경계하지 않고도 믿음직하게 되는' 이유이다. 세상을 떠나는 날 그 자손들을 가르치기를, "나는 평생을 충신忠信에 의존하였으니 황천皇天이 나의 부득이한 말을 살펴주었고 후토后土가 나의 '속히 썩어 버리고자 하는' 뼈를 가엾게 여기셨다. 능곡陵谷은 변하더라도 인심은 바뀌지 않으니 묘명墓銘이나 묘지墓志는 필요 없다. 융경隆慶 원년(1567)에 태상소경太常少卿으로 승진하여 치사致仕하였다. 만력萬曆 을해년(1599)에 세상을 떠나니 84세였다. 아우에 위양정魏良政과 위양기魏良器가 있다.

愚夫孺子, 亦徵於癃寐." 何者? 不慮之知, 達之天下, 智愚疏戚, 萬有不同, 孰無良焉? 此所以不戒而孚也. 歿之日, 詔其子孫曰: "予平生仗忠信, 皇天鑒不得已之言, 后土憐欲速朽之骨. 陵谷有變, 人心無改, 不必銘志." 隆慶改元, 晉太常少卿致仕. 萬曆乙亥卒, 年八十有四. 弟良政, 良器.

해원 사이 위양정 선생

解元魏師伊先生良政

| 19-152 | 위양정魏良政의 자는 사이師伊이다. 평소에 집에서 지낼 때도 흐트러진 모습이 없었다. 일찍이 "학문의 두뇌는 이미 밝혀졌으니 오직 전일專一을 통해서 얻을 수 있다. 기氣가 전일하면 정밀해지고 정精이 전일해지면 밝아지고 신神이 전일하면 영묘해진다."라고 말하였고, 또 "사람을 탓하지 않으면 누구인들 함께 지내지 못하겠으며 일을 누累로 여기지 않으면 무슨 일인들 해내지 못하겠는가."라고 하였다. 향시에 장원으로 급제하고 얼마 뒤에 세상을 떠났다. 그의 형인 수주水洲가 말하기를, "나는 꿈속에서 사이師伊를 보면 늘 땀이 흘러 등이 흥건하게 젖는다."라고 하였다. 그가 엄격하기가 이와 같았다.

| 19-152 | 良政, 字師伊. 燕居無墮容, 嘗曰: "學問頭腦旣明, 惟專一得之. 氣專則精, 精專則明, 神專則靈." 又曰: "不尤人, 何人不可處? 不累事, 何事不可爲?" 擧鄕試第一, 尋卒. 水洲言: "吾夢中見師伊輒流汗浹背." 其方嚴如此.

처사 약호 위양기 선생

處士魏藥湖先生良器

| 19-153 | 위양기魏良器는 자가 사안師顔이고 호가 약호藥湖이다. 홍도(洪都: 南昌)에서 왕양명에게 배운 뒤로 왕양명을 따라 월越 지역까지 이르렀다. 이때 왕용계가 제생諸生으로 있었는데 행동이 거침없어서 매번 방건方巾과 중의中衣 차림으로 오가며 강학하는 사람을 볼 때마다 가만히 욕을 하였고 거처가 왕양명과 이웃에 있었지만 뵙지 않았다. 그래서 선생이 여러 모로 왕용계를 권하였다. 하루는 선생이 동문 벗들과 함께 투호를 하고 아가雅歌를 불렀는데 왕용계가 지나가며 보고서는 "썩은 선비가 또 이 짓을 하는가?"라고 말하니, 선생이 "우리들은 학문을 하면서 융통성이 없지 않았는데 자네가 그것을 모를 뿐이다."라고 대답하였다. 왕용계가 이에 조금 친근감을 보였고 얼마 뒤에는 그 말에 매력을 느꼈다. 드디어 왕양명을 북면하였다. 서산(緒山: 錢德洪)은 일을 처리하

| 19-153 | 良器, 字師顏, 號藥湖. 洪都從學之後, 隨陽明至越. 時龍溪爲諸生, 落魄不羈, 每見方巾中衣往來講學者, 竊罵之. 居與陽明鄰, 不見也. 先生多方誘之, 一日先生與同門友投壺雅歌, 龍溪過而見之曰: "腐儒亦爲是耶?" 先生答曰: "吾等爲學, 未嘗擔板, 汝自不知耳." 龍溪於是稍相嫵就, 已而有味乎其言, 遂北面陽明. 緒山臨

는 데 있어 막힘이 많았기에 (선생은 그를) 경계하기를 "마음이 어찌 그리 시원스럽지 못한가?"라고 하였으며, 왕용계는 공부가 느슨하였기에 경계하기를, "마음이 어찌 그리 엄격하지 못한가?"라고 하였다. 선생이 무엇이든 그냥 보아 넘기지 못하는 것이 이와 같았다. 일찍이 왕용계와 동행하다가 비를 만났는데 선생이 손으로 비를 가리자 왕용계도 어쩔 수 없이 손으로 비를 가리면서 부끄러워하는 모습을 보이다가 선생의 자연스러운 모습을 보고서는 비로소 두려워하는 마음을 가졌다. 왕양명이 내상(內喪: 모친상)을 당하였을 때 선생과 왕용계가 회계업무를 맡아 번잡한 일을 처리하면서 싫증내지 않았다. 왕양명이 "두 사람은 가히 '일을 맡아서는 집중해서 수행한다'라는 공자 말씀에 부합한다고 할 수 있다."라고 말하였다. 돌아와서는 백록동서원白鹿洞書院의 산장이 되었는데 생도가 수백 명이었고 모두 왕문王門의 학문을 떠받들 줄 알았다. 등에 등창이 나서 의원이 썩은 살을 도려내려고 하였는데 시술을 거절하고 세상을 떠나니 나이가 42세였다. 선생이 말하기를, "리理는 정해진 곳이 없고 마음이 편안한 곳이 바로 리理이다. 효도는 정해진 법이 없고 부모가 편안히 여기는 것이 곧 효이다."라고 하였다. 왕용계는 선생과 가장 막역지우라고 일컬어졌지만 왕용계의 현묘하고 고원한 것을 추구하는 성향은 선생의

事多滯, 則戒之曰: "心何不灑脫?" 龍溪工夫懶散, 則戒之曰: "心何不嚴栗?" 其不爲姑息如此. 嘗與龍溪同行遇雨, 先生手蓋, 龍溪不得已亦手蓋, 而有怍容, 顧先生自如, 乃始愓然. 陽明有內喪, 先生, 龍溪司庫, 不厭煩縟. 陽明曰: "二子可謂執事敬矣." 歸主白鹿洞, 生徒數百人, 皆知宗王門之學. 疽發背, 醫欲割去腐肉, 不可, 卒年四十二. 先生云: "理無定在, 心之所安, 卽是理. 孝無定法, 親之所安, 卽是孝." 龍溪與先生最稱莫逆, 然龍溪之玄遠不如先生之淺近也.

천근함을 좋아하는 지향과 같지 않았다.

수주선생집

| 19-154 | 도道는 동動과 정靜이 없고 성性은 안과 밖이 없습니다. 그래서 말하기를, "움직일 때도 안정安定되어 있고 고요할 때도 안정되어 있다."라고 한 것이며, 또 말하기를, "감응하지 않을 때가 먼저인 것이 아니고 이미 감응한 때가 나중인 것이 아니다."라고 하였던 것입니다. 요사이의 이론들은 감촉할 때 혹은 움직일 때 양지를 체인하는 방식이 많고 '하나로 안정됨'에서 공부를 하지 않습니다. 그래서 지리멸렬해지는 병통을 면하지 못합니다. 【「추동곽(鄒東廓: 鄒守益)에게 보내는 답신」】

| 19-155 | 선사(先師: 왕수인)가 "양지는 마음으로 깨닫는 데 있다."라고 하였는데, '깨달음'이란 '심득心得'에서 말미암는 것이니 참으로 강구講求를 통해서 얻는 것이 아닙니다. 마음을 운용하는 데 있어 분산되지 않으면 곧 신神이 응집되며 신이 응집되면 지(知: 양지)가 저절로 이루어질 뿐입니다. 신이 응집되게 하려면 모름지기 바깥의 유혹을 끊어야 합니다. 완고하게 헛되이 정좌해서도 안 되지만 또한 가무歌舞를 통해서 강구할 수도 없는 것이니 요컨대 스스로 깨닫는 바가 있어야 합니다. 【「나염암(羅

水洲先生集

| 19-154 | 道無動靜, 性無內外, 故言"動亦定, 靜亦定." 又曰: "未感不是先, 已應不是後." 近論多於觸處, 動念處體認良知, 不於一定處下著, 故不免支離之病. 【「答鄒東廓」】

| 19-155 | 先師謂"良知存乎心悟", 悟由心得, 信非講求得來. 用志不分, 乃凝於神, 神凝知自致耳. 要得神凝, 須絶外誘, 固非頑空打坐, 亦非歌舞講求, 要自有悟處. 【「答羅念菴」】

念菴)에게 보내는 답신」】

19-156 '붙잡음[操]'과 '이룸[致]'은 자연히 구분이 있는 것입니다. '이룸'은 공부의 전체이고 '붙잡음'은 단지 시작하는 일입니다. '이룸'은 '붙잡음'을 포괄할 수 있지만 '붙잡음'은 '이룸'이라고 말할 수 없습니다.【「회중(會中)의 제자(諸子)에게 답함」】

19-157 '자기가 바라지 않는 바'란 내 마음의 앎[知]이고, '남에게 베풀지 말라'라는 것은 내 마음의 양지를 이룸을 의미합니다. 참으로 '남에게 베풀지 않으면' '자기가 바라지 않는 바'의 물物이 바로잡혀지게 될 것입니다. '아랫사람에게서 바라지 않는 바'는 내 마음의 굽자[矩]이고, '(자신이 바라지 않는 방식으로) 윗사람을 섬기지 않음'은 '내 마음의 굽자'로 헤아리는 것입니다. 참으로 '(자신이 바라지 않는 방식으로) 윗사람을 섬기지 않으면' 내 마음의 '아랫사람에게서 바라지 않는 바'의 굽자가 정당하게 잰 것이라 하겠습니다.

19-158 누군가가 "미발의 중은 어떤 것인가?"라고 물어서, "그대는 단지 보지 않을 때 삼가고 듣지 않을 때 두려워하여 이 마음을 잘 길러 순수하게 천리天理가 되면 자연히 성인의 학문이 '무아無我'보다 큰 것이 없다는 것을 보

19-156 操與致自是有辯，致是全功，操特始事，致可包操，而操未可以言致.【「復會中諸子」】

19-157 '己所不欲'，吾心之知也，'勿施於人'，致吾心之良知也. 誠'勿施於人'，則'己所不欲'之物格矣. 所惡於下，吾心之矩也，毋以事上，絜吾心之矩也. 誠毋以事上焉，則吾心所惡於下之矩絜矣.

19-158 或問："未發之中如何?" 曰："汝但戒慎不睹，恐懼不聞，養得此心，純是天理，便自然見聖人

게 될 것이다. 성性의 본체는 무아이다. 형체에 질곡되어 사욕을 일으키고 총명함을 부려서 사지私智를 일으키기에 이에 비로소 '아我'가 있게 되는 것이다. 이 둘의 병폐를 없애면 무아의 본체가 회복된다."라고 대답하였습니다.

| 19-159 | 군자가 (어떤 원칙을) 자기 자신 안에 갖추게 되면 득실이 그를 바꿀 수 없습니다. 그러므로 얻더라도 이것을 말미암고 얻지 못하더라도 이것을 말미암습니다. 소인은 자기 자신 안에 가진 것이 없기에 득실만을 볼 뿐입니다. 그래서 얻지 못할까 근심하고 잃게 될까 근심하여 못하는 짓이 없게 됩니다.

| 19-160 | 군자는 '성신誠身'을 귀하게 여깁니다. 자기 자신에 실제로 갖추게 되는 것을 '성신'이라고 합니다. 무릇 천하 만물 중에서 실제로 자기 자신에 실제로 갖출 수 있는 것은 오직 선善밖에 없습니다. 그것이 고유한 실제의 리理이기 때문에 실제로 가질 수 있는 것일 뿐입니다. 저 밖에서 취하는 자들이 이것을 행할 수 있겠습니까?

| 19-161 | (사람들이) 양지의 가르침을 배우지 않기 때문에 (맹자가) '아이가 우물에 기어들어가려 하는 목격하면 누구나 가슴이 철렁하여 가여워하는 마음을 가진다'거나 '아이 때에도

之學莫大於無我. 性之本體無我也, 梏形體而生私欲, 作聰明而生私智, 於是始有我爾. 去二者之累, 無我之體復矣."

| 19-159 | 君子有諸己, 則得失不足易也. 故得之自是, 不得自是. 小人無諸己, 惟見於得失而已矣. 故患得患失, 無所不至.

| 19-160 | 君子以誠身爲貴, 實有於身, 謂之誠身. 夫天下之物, 可以實有於身者, 惟善爲然. 由其爲固有之實理, 故可實有焉耳. 彼取諸外者, 夫豈可得而行之耶?

| 19-161 | 良知之教不之學, 故以入井怵惕, 孩提愛敬, 平旦好惡爲證. 然以三

부모를 사랑하고 형을 공경할 줄 안다'거나 '새벽 시간에는 누구든 호오好惡가 선량하다'라는 것을 증거로 삼아서 제시하였던 것입니다. 하지만 이 세 가지는 모두 하나의 실마리가 발현된 것이어서 전체를 볼 수는 없습니다. 그래서 '철렁하며 가여워하다'라고 말하고는 반드시 '확충해야 한다'라고 이어서 말하고, '호오가 선량하다'라고 말하고는 반드시 '잘 길러야 한다'라고 이어서 말하고, '사랑하고 공경한다'라고 말하고는 반드시 '천하에 두루 미치게 해야 한다'라고 이어서 말한 것입니다.

者皆一端之發見, 而未見乎全. 故言怵惕必以擴充繼之, 言好惡必以長養繼之, 言愛敬必以達之天下繼之.

| 19-162 | "양지와 천리는 어떤 점에서 다르고 같은가?"라고 묻는다면 "지知의 고유하게 선한 지점이 곧 천리입니다. 그 지知를 어둡게 하고 그 고유한 선을 잃으면 인욕이 되는 것입니다. 대개 '명각明覺'의 관점에서 말하면 '지知'라고 하고 '조리條理'의 관점에서 말하면 '리理'라고 하는 것이지 둘이 아니다."라고 대답할 것입니다.

| 19-162 | 問: "良知天理異同." 曰: "知之良處卽是天理. 昧其知, 失其良, 則爲人欲. 蓋自明覺而言, 謂之知, 自條理而言, 謂之理, 非二也."

| 19-163 | '인의仁義의 마음으로 말미암아 행한다'라는 것은 '마음에서 뿌리를 두고 모습으로 드러나고 얼굴에 함치르르하게 빛나고 등에 가득하게 차고 넘친다'는 뜻이고, '인의를 행한다'라는 것은 이 마음에서 말미암지 않는 것은 아니지만 끝내 '그렇게 하는 것이 좋다는 것을

| 19-163 | 由仁義行, 卽根心, 生色, 睟面, 盎背之意. 行仁義, 非不是由此心也, 終是知得爲好. 必如此做方好, 乃第二

알아서 반드시 이와 같이 해야 좋다고 여기는' 수준이니 곧 가장 높은 수준은 되지 못합니다. 내면에서 생기는 것이 아니기 때문에 '의義를 외부적인 것으로 여기는 것이다'라고 말하는 것입니다.

義，便不是從中生，故曰'義外'.

┃19-164┃사람은 본래 천지의 생의(生意: 만물을 살게 하려는 의지)를 얻어서 저절로 생명을 유지해갈 수 있습니다. 다만 습심習心에 가려지기 때문에 생명을 유지해 가지 못하는 것입니다. 단지 그 가려진 것만 걷어 내면 본체가 저절로 드러날 것이니 막고 단속할 필요도 없고 궁구하고 사색할 것도 없이 자연히 흘러나오는 것이 곧 그 생의生意입니다. 【이상은 「제생(諸生)에게 보이는 글」】

┃19-164┃人本得天地之生意自能生，但被習心遮蔽，故不能生. 但去其蔽，則本體自然呈露，不須防檢，不須窮索，自然流出，乃其生意也. 【以上「示諸生」】

인명 · 개념어 · 서명/편명 색인

482

서명/편명 색인

저자

황종희(黃宗羲, 1610-1695)

중국 명말청초(明末清初)의 학자이다. 자는 태충(太沖), 호는 남뢰(南雷) 또는 이주(梨洲)이며, 절강성(浙江省) 여요(餘姚) 사람으로 동림파(東林派) 관료였던 황존소(黃尊素)의 아들이다.

청년 시절 동림의 후예이자 복사(復社)의 명사로서 활약하며 정치 운동에도 참가하였고, 청(淸) 나라 군대가 남하하자 의용군을 조직하여 저항하였다. 명조(明朝) 회복의 희망이 사라진 뒤에 는 학문과 저술에 전념하며 청조(淸朝)의 부름을 거절하고 명(明)의 유로(遺老)로서 일생을 마 쳤다.

스승인 유종주(劉宗周)를 통해 양명학(陽明學)의 온건한 측면을 계승하고 관념적인 심학(心學) 의 횡류(橫流)를 비판하였으며, 경세(經世)를 위한 경학(經學)과 사학(史學)을 제창하여 청대 고증학의 형성에 기여하였다. 저술로는 『명이대방록(明夷待訪錄)』, 『명유학안(明儒學案)』, 『역 학상수론(易學象數論)』 등 다수가 있다.

역주자

전병욱(田炳郁)

고려대학교 한문학과를 졸업하고 같은 대학교 철학과에서 석사와 박사학위를 받았다. 현재 중 국 난창(南昌)대학교 교수로 재직하고 있으며, 중국과 한국의 성리학에 관심을 갖고 연구를 진 행하고 있다. 논문으로 「주자 수양론에서 성의 공부의 의미」(2022), 「『입학도설』의 심성론에 대한 철학적 재해석」(2020), 「장횡거 철학에서 심통성정의 의미」(2020), 「퇴계 철학에서 '리도' 의 문제」(2012) 등이 있다. 저서로는 『시대 속의 맹자, 주제 속의 맹자』(공저, 2021), 『밀암 이 재 문파 연구』(공저, 2020), 『성학십도 역주와 해설』(공저, 2009) 등이 있고, 번역서로는 『사서 장도은괄총요』상중하(2019), 『양명철학(원제: 유무지경)』(2003) 등이 있다.

명유학안 역주

An Annotated Translation of
"Records of the Ming Scholars"